资本市场实务丛书

Equity Investment

Transaction
and
Legal Practice

股权投资实务精要

林 立 著

中国法制出版社
CHINA LEGAL PUBLISHING HOUSE

序　言

随着经济要素发展的驱动，股权已经成为资源整合的重要工具和手段。同时，在不断升温的股权投资热潮中，人们对股权的重要性的认识和关注度也越来越高。特别是近几年，股权投资交易也从传统的简单出资、股权转让等演变到复杂的结构化股权投融资，尤其是在与金融资本的结合下，投资主体也从传统的自然人、企业拓展到国企、政府基金、私募基金、资管公司、金融机构等，呈现出日趋多元化、多样性的特点，交易模式也由单一的直接投资，转变成复杂的结构性投资，使得实务中的股权投资交易更加变化多端。

从本质上来看，股权是公司、企业运营的核心要素之一。从内容上来看，股权兼有人身属性和财产属性，涵盖了股东的分红权、公司剩余资产分配权、参与公司管理和决策权、股权转让和受让权、公司信息知情权等身份和财产关系，股权与公司所有权一样，其最终都将指向公司的财产利益。

事实上，不论是一般的公司设立和运营，还是产业投资或是财务投资，都离不开股权这个话题，也都会涉及股权法律事务的点点滴滴。不论是将股权投资作为一门艺术，还是作为一门科学，都是在法律框架之下的行为，没有人能够超越法律的界限，而一旦发生争议，也自然需要求助于法律。股权投资的艺术也必然是基于法律科学的行为艺术。对于交易双方而言，如果不做好前期投资规划和后期投资管理，不重视法律对于投融资交易的重要性，恐怕真的会出现“投前一时爽，投后悔断肠”的结果。

从实务角度来看，传统上的法律业务被区分为诉讼和非诉。笔者认为，法律业务可以进一步细分为交易型、管理型和争议解决型。而股权投融资交易就是一项融合了交易、管理和争议预防、解决的多角度、全景式的复杂法律事务。因此，本书从股权交易律师的视野出发，以全方位的角度对股权投资所涉及的法律考量和风险因素进行分析，并提出相应的预防和解决方案。当然，由于股权投资交易涉及诸多的法律问题，现实中的交易行为也纷繁复杂，本书内容无法覆盖股权投资的全部内容，而仅是截取了部分交易实务中经常遇到的，也是相对值得统筹考虑和探讨的问题。

为构建股权投融资交易知识的体系化、系统化，本书紧紧围绕股权这一核心要素，结合股权的法律逻辑和交易规则，对股权投资交易实务中涉及的股东、股权转让、股权投资定价、股权融资、跨境股权投资、股权投资担保、股权投资协议安排，以及投后公司治理等重点和疑难问题进行阐述和分析，充分考虑股权投资领域所涉及的法律事务的广度和深度。并且，对于不同的投资主体，还会涉及国有资产管理、外资市场准入、金融监管及合规等要求，这就要求股权投资交易的各方不能仅限于交易本身，还需要关注市场、宏观等方面的变量，以便提前、统筹具体的交易安排。

对于股权交易实务中的某些议题，有时候法律并无明确规定，或是法律规定并不十分清晰明确，因而容易产生不同的理解或分歧，从而可能会对现实的交易产生不同的影响，甚至引发争议。而且，即使有明文的法律规定，由于法律思维有其科学严谨和讲究逻辑的一面，实务中仍然可能对相关规定产生不同的理解。因此，了解不同的观点和理由，对于避免和减少争议，保障交易完成也应当是不可缺少的功课。在写作本书的过程中，笔者也对不同的理论观点、司法实践做了比较，以便读者不仅可以知道是什么，也可以进一步理解其背后的深层原因，以期为实务运用提供相应的参考和借鉴。

最近几年，随着司法裁判文书的公开，理论界和实务界对司法案例也越来越重视。最高人民法院除发布指导案例、公报案例外，也提出了类案检索处理的意见。各地方人民法院对股权投资交易涉及的法律问题也会存在不同的观点和意见，同样需要关注。因此，为了更好地理解股权投融资中涉及的法律问题，本书中也选取部分法院的典型案例，可作为实务的借鉴和参考。不过，应当特别注意，我国并非判例法国家，当事人对于案例的使用也应当加以区分、审慎使用。并且，由于个案的背景、事实和处理都有其特殊性，法院的裁判观点也并不具有当然和普遍的法律约束力，故不宜照搬照抄。综合而言，读者有必要以具体事情具体分析的态度阅读股权投资的相关案例。

此外，由于股权投融资交易涉及的法律体系和内容纷繁复杂，实践又具有多样性的特点，笔者凭借自己对相关法律的理解和交易实践，独自完成本书写作，保证了全书行文、体系和观点的统一，但限于时间和写作水平以及法律的发展和实践的多变性，书中也难免会有观点和理解上的错误，以及内容和结构上的疏漏、偏差，也请广大读者朋友批评指正（作者邮箱：linpancg@163.com）。

需要特别说明的是，鉴于股权投融资项目所涉法律关系的复杂性、实践的多样性以及法律规范的复合性，及其不断修订和完善的现实，本书的内容仅是笔者个人对股权投资交易的实践和理解。本书中的所有观点也仅代表作者个人观点和理解，并不代表任何机构（本人所在律师事务所或本人所属的专业机构等）对相关问题的看法和意见，本书中的观点和建议也不构成法律意见或建议的部分或全部。

目 录
CONTENTS

第一章 CHAPTER ONE
股权投资概述

第二章 CHAPTER TWO
股东和股权

第三章　CHAPTER　THREE

股权投资和转让

第四章　CHAPTER　FOUR

股权投资和定价

第五章 CHAPTER FIVE

股权投资和融资

第六章 CHAPTER SIX

跨境股权投资

附　录

第一章
股权投资概述

概　述

股权是公司运营和公司治理的核心要素，尽管小股占大权或者其他方式控制公司已是常态，但是用“得股权者得公司”来说明股权的重要性仍不为过。从法律上来看，股权是一种综合性的权利，本身兼有身份权和财产权的特征。通过股权，股东可以行使议事权、选举权、分红权等不同形式和内容的权利。股权在与公司治理结构的组合下，对公司的管理、控制、发展都会产生不同程度的影响。

鉴于股权的财产性能，它与实践中的物权、债权有着明显的差异，而现实商业交易中的股权投资与债权投资更有着本质的区别。股权投融资作为复杂商业交易行为，又会涉及不同的交易结构和模式，从而牵涉到不同的主体，其涉及的法律问题兼具广度和深度、其法律主体和法律关系也纷繁复杂，这也就使得参与股权投融资交易的各方当事人都需要提前对股权投资做好决策和规划，做好相应的法律尽调和风险管理，以降低和避免因股权本身的瑕疵，或者交易问题造成的损失。

一、股权投资筹划

股权投资是一项系统性的工程，从作为股权交易的前期调研、决策、尽职调查、融资、投资交割、管理和退出的基本路径来看，其涉及的法律和商业问题错综复杂，加上新设公司的股权投资和股权收购、增资的投资也有各自的特点，因此，股权类投资项目从一开始就需要投资人进行全面和统筹的投资规划，并需要针对股权投资的类型和方式不同而可能发生的突发问题做好应急预案。自然，不可否认的是，不同的投资类型、领域所适用的投资决策、筹划、交易结构、投资管理也会有极大的差异。

首先，股权投资的目的、类型和可能性是多样复杂的。在实务中，有些股权投资是为了进入某一个特定的产业或行业领域，有一些股权投资是为了开发某些特定的项目，完善自身的产业链，而另一些则可能是纯粹的财务投资，为了获得进入特定行业可能带来的利润。具体来讲，股权投资的动因可以包括：（1）为了获得资产控制权，并通过资产的调整、重组和增值来获得利益；（2）获得对公司的参与权或控制权，参与企业的经营决策，并借以进一步获取商业机会；（3）调整产业结构、实现企业转型；（4）响应政策需要，如混改；（5）投机，以获取买卖价格的差额，比如股票市场。股权投资的动机因产业投资、金融投资等不同的性质而有所不同，但一般而言，股权投资最终都是以获取包括股利和资本利得在内的收益为目标。

其次，股权投资的整体规划也是投资之前就要事先考虑的基本要求，涉及"投—融—管—退"的各个环节，并直接影响投资的实际进展和最终效果。通常情况下，股权交易的各方参与人从一开始就会统筹考虑交易项目从开始介入、前期尽职调查，到各类交易文件的谈判和签署、具体的项目实施，再到股权交割，以及之后的投后管理、投资退出等一系列的安排。如果单纯地从前期投资角度考虑，忽视投后管理和退出机制的预设，则可能会引发争议，最终导致交易目标落空。

再次，在进行股权投资统筹考虑时，除了尽职调查的范围和深度、投资方式、估值、融资、投资资金来源等方面的考虑外，往往还需要综合考虑公司治理结构问题，包括股权架构类型、公司组织结构的设计、公司章程的设计、公司管理层人员安排、非控股情况下对公司的控制、公司僵局的解决方式等诸多方面。从经济学的角度来看，公司治理结构的核心问题是如何在不同的企业参与人之间分配企业的剩余索取权和控制权①。

---

① 张维迎：《理解公司》，上海人民出版社2014年版，第26页。

最后，在股权投资的退出问题上，在前期的股权投资筹划时也必然需要同步考虑，并留有余地。其原因在于受限于投资当时的法律法规和政策，选定的投资退出方案可能存在法律障碍，比如名股实债、股权代持、固定收益等，然而随着时间的推移和法律规则的变化而发生变化。股权投资交割完成之后，因股权结构变化、公司治理的推进，原定的退出方案未必可行，或需要进行调整。因此，只有将股权投资和投后管理结合起来，股权投资才能有效地实现目标。

结合股权投资的各交易阶段和环节，在考虑股权投资筹划的各类因素中，前期的法律和财务尽职调查、股权结构设计、投后的治理结构应当是交易各方关注的重中之重。同时，也需要考虑新形势发展环境下的新的关注点。比如，在 2021 年第 26 届联合国气候变化大会之后，结合气候环境方面新形势的需要，以及“双碳目标”“绿色发展”等的提出，对于投资并购中的 ESG（Environmental，Social and Governance；环境、社会和治理）问题，也受到了投资交易各方的密切关注，有关 ESG 的统筹考虑也必然会纳入投资分析与决策过程之中。

当然由于股权投资交易本身不仅涉及普通的民商事法律行为，需要依据公司法①、民法典（包括合同、物权、继承等）以及最高人民法院的相关司法解释等法律法规的规定，而且还涉及各类政府主管机关（国企、外资、金融）的管理、监管，在这种情况下，同时考虑监管机构的合规性要求也促使双方更加审慎地关注股权交易的方方面面。

二、股权的本质

（一）股权的内容

股权，也就是股东享有的权利。从法律上讲，股权有广义和狭义之分，通常理解的股权为狭义股权的概念，是指股东基于出资而拥有的资格和身份，并依据公司法、股东协议以及公司章程而享有的参与公司经营、治理，以及从公

① 本书规范性文件的名称使用简称，如《中华人民共和国公司法》简称公司法。以下不再标注。

司经营中获得相关利益的权利。

股权的内涵和外延关系到股东的权利范围和界限，从传统的股权理论上来看，股权主要可以概括为四项权利内容，即股东对股权凭证的占有和支配权、股东在股东大会上的投票权、股东取得股息红利的权利、股东在公司解散时的分配剩余财产权①。英美公司法认为股权的内容主要是分红权、剩余财产分配权和控制权。鉴于股权的综合特点，笔者理解，从公司法和股权交易的实际情况来看，其具体涵盖的范围和内容实际上并不仅限于此。

对此，施天涛教授也提出根据公司法的规定，股权的内容可具体分为股利分配请求权、剩余财产分配请求权、优先认股权、表决权、知情权、诉讼权②。刘俊海教授则进一步提出股权的范畴应当包括“股东享有的从公司获得财产利益、参与公司治理并转让其所持股权的权利，包括股利分配请求权、剩余资产分配请求权、股东会出席权、表决权、股东代表诉讼提前权、新股认购优先权、公司信息知情权等”③。

而按照公司法第4条的规定，股权包括“资产收益、参与重大决策和选择管理者等权利”。按照股权的构成来看，股权可以概括为两大类别的内容，即参与管理权和资产收益权④。结合现行公司法的规定，股权可以具体包括以下内容：

（1）参与管理权是股东行使表决权，对公司经营、管理进行决策的权利，它涉及一系列的内容，具体包括表决权、股东会召集权、查阅和知情权、提案权、质询权、撤销公司决议或宣告决议无效的诉讼权、代表诉讼权、对董事和高管的直接诉权、解散公司的诉权。这些权利中最核心的内容就是表决权。

（2）资产收益权则是股东基于股权而享有的财产权利，具体包括利润分配请求权、剩余财产分配请求权、新股优先认购权、异议股东退股请求权、股份转让权。资产收益权是股东之所以进行投资的根源之一，因此在这些权利内容中最主要的是利润分配请求权，也是股权的价值体现。

从上述内容来看，笔者理解，不论股权的形式和内容如何表现，其最终都

---

① 康德瑄：《股权性质论辩》，载《政法论坛》1994年第1期。

② 施天涛：《公司法论（第三版）》，法律出版社2014年版，第261~270页。

③ 刘俊海：《现代公司法（第三版）》，法律出版社2014年版，第273页。

④ 王军：《中国公司法》，高等教育出版社2015年版，第274~275页。

集中反映在对人的权利和对财产的权利两个方面。股权对人的权利，即股东依据其股权比例，对公司的董事会、监事会、法定代表人、财务负责人等相关人员的选择和确定。而股权对财产的权利，除了前述的资产收益权之外，还可以通过股权来控制和实现对资产、物权、债权的行使。

此外，除了上述股权所包含的基本内容之外，对于股权的衍生权利或派生权利也是理论和实务中经常遇到的议题。在股权投融资实务中也可以经常在相关的协议中看到类似“股权及其派生权利”“股权及相应的衍生权利”等表述。但是，由于我国的公司法并没有股权的派生权利的相关规定，对于“股权的派生权利”的内涵和外延也没有相关的界定，因而给理解和实务操作带来了一定的障碍，对此，也更有待于立法、司法实践、行政管理方面的进一步明确。

笔者理解，实务中的股权表决信托权、股权质押权等也具有股权派生权利的属性。尽管对于股权派生权利存在不同的看法，现行法律也没有相应的规定，但现实的股权投融资交易中无法排除和避免各方当事人对此做出相应的约定和安排，因此有必要对此加以重视。而且，对于股权派生权利的内容、行使和保护也更有待于立法、司法实践、行政管理方面的进一步明确。

（二）股权的法律属性

股权、物权和债权是法律实务中经常遇到的术语。与后两者相比，股权有其特殊的法律属性。关于股权的法律属性，传统理论界多有不同的观点，诸如债权说（认为由于所有权和经营权的分离，使得股权成为一种以请求分配利益为目的进而获得股利分红的凭证[①]）、社员权说（认为股东是基于其营利性的出资团体的社员身份而享有的权利，这是大陆法系的通说）、所有权说（认为股权是一种所有权）、独立民事权利说等。

有学者指出“股权是一种自成一体的独立权利类型”，并且具有以下法律特征[②]：

---

① 程晓峰：《关于股权性质的法律思考》，载《山东法学》1998 年第 6 期。

② 孔祥俊等：《论股权》，载《中国法学》1994 年第 1 期。

1. 股权是股东转让其作为出资的财产所有权的对价形成的独立权利类型。出资人认缴、受让股份公司的股份或者有限责任公司的出资就可以换取股权，并成为股东。股权和股东是同一出资法律关系的两个因素，股权不是基于股东身份而产生，而是与股东同时产生。

2. 股权兼有请求权和支配权的特征。股权的请求权表现在对于分红权、剩余财产分配权等财产性请求权，以及公司事务的会议召集、查阅账簿等非财产性请求权。而股权的支配权主要是通过行使表决权支配公司的重大事务。

3. 股权同时具有资本性和流转性。这是因为，公司以资本为基础，股东的地位以其拥有的股权或股份为唯一的判断标准。因此，股权是一种能够以股份额或者出资额计算经济价值的权利。

笔者理解，股权是财产权和身份权的综合，股权专属于股东，有股东身份和资格才有股权，股东身份是股权的体现，而股权则是股东身份和权利实施的载体。

此外，也需要注意的是，公司法理论上也认为股东所享有的股权是自益权和共益权的综合体，前述股权的内容都可以分别归入自益权和共益权的范畴。前者即是股东基于自己的出资并且为了自己的利益而行使的权利，如股息红利和利润的分配权、公司剩余财产的请求权、新股认购权、股权转让异议收购权、退股权等；后者是股东基于自己的出资而享有的参与公司经营管理的权利，是为了公司的利益而行使的权利，如表决权、经营决策权、知情权、查阅权、会议召集权、人事任命权、公司解散请求权等。而事实上，笔者认为尽管股权有此区分，但是自益权和共益权的区分并不是完全独立的，两者存在重合的情形，从根本上来看，股权中共益权的行使目的最终也仍然是实现股东的自益权。

（三）股权分级制度

现实中的股权实务是丰富多彩的，股权的基本原则是同股同权。公司法在做出一些原则性和强制性规定的同时，也赋予了股东更多的自治权。例如，股东可以在章程中约定股东不按照出资比例分取红利或者不按照出资比例优先认缴出资，章程可以约定股东会会议可以不按照股东的出资比例行使表决权，章程可以约定公司的利润分配方案和弥补亏损方案由股东会审议决定，可以自行约定股东的具体出资额、出资方式和时间等。

此外，股东还可以在出资协议和公司章程中约定股东持股比例与出资比例不同。例如，在某迪公司与某华公司、某信公司、某投资公司的股权确认纠纷案[①]中，各方当事人在《投资协议》中约定某投资公司1000万元的注册资本全部由某华公司负责投入，而该协议和某投资公司的章程均约定股权按照某迪公司55%、某华公司35%、某信公司15%的比例持有。该协议还约定，某华公司7000万元资金收回完毕之前，公司利润按照某迪公司16%、某华公司80%、某信公司4%分配，某华公司7000万元资金收回完毕之后，公司利润按照某迪公司55%、某华公司30%、某信公司15%分配。后各方当事人因股权争议而诉至法院。

最高人民法院经审理后认为，股东认缴的注册资本是构成公司资本的基础，但公司的有效经营有时还需要其他条件或资源。因此，在注册资本符合法定要求的情况下，我国法律并未禁止股东内部对各自的实际出资数额和占有股权比例做出约定，这样的约定并不影响公司资本对公司债权担保等对外基本功能实现，并非规避法律的行为，应属于公司股东意思自治的范畴。当事人之间对出资比例与股权比例做出不同的约定，这是各方对各自掌握的经营资源、投入成本及预期收入进行综合判断的结果，是各方当事人的真实意思表示，并未损害他人的利益，不违反法律和行政法规的规定，属有效约定，当事人应按照约定履行。

需要注意的是，尽管公司法规定股东之间可以对出资比例与股权比例、表决权、分红权做出不同的约定，但是同股同权、同股同利仍然是股权的基本特征，也是股权平等原则在公司法中的体现。对此，公司法也明确规定，股东所持每一股份享有一个表决权。与此相应，在公司董事会中，董事会的决议也实行一人一票制度。笔者理解，股权平等、同股同权的规定侧重于同一种类的每一个股权对应的内容、权利、义务的一致性，而不是厚此薄彼。这与股权投融

---

① 《某迪公司与某华公司、某信公司、某投资公司股权确认纠纷案》，载最高人民法院网站，网址http：//gongbao. court. gov. cn/Details/fbe6d9445efa7f67c6038aab44831a. html？sw，2022年7月12日访问。

资实践中常见的普通股、优先股、次优先股、劣后股的股权分级制度有着不同的内涵和外延。

在股权投资交易实务中，一般多以有限责任公司的股权或者股份有限公司的股份为交易标的，虽然关于公司的股东权利能否设定不同顺序的股权次序，法律并无明确的规定。但是，仅就公司法的基本规定来看，公司的股权（股份）仍应当遵循同等权利原则而无股权优先劣后的区别，至于在公司实务中可能出现的关于某个股东一票否决权的规定，其依据也是对于公司法中关于股东会的议事方式和表决程序，除了公司法有规定的外，由公司章程另行规定的体现，而不是股权的分级制度安排。

近年来，随着社会投资和资本市场的发展，理论界和实务界也对现行的同股同权提出了不同的意见和建议，尤其是对于拟上市公司的创始人和创始团队，对于同股不同权的呼声也日渐高涨。“同股不同权”，又称“双层股权结构”，即在其资本结构中包含两类或多类不同投票权的普通股架构。其操作上一般采用“AB 股结构”，B 类股一般由作为管理层的始创股东及其团队持有，而 A 类股一般为外围股东持有，通常在其表决权上作出一定的让渡。这种双层股权结构能够在一定程度上保障创始人和管理团队的稳定性及其对公司的控制权，避免因股权被稀释导致创始人和管理团队的更迭。同时，双层股权结构源自对公司法规定的同股同权的基本原则的变通处理。

2018 年 9 月 18 日，国务院在《关于推动创新创业高质量发展打造“双创”升级版的意见》中提及：“推动完善公司法等法律法规和资本市场相关规则，允许科技企业实行‘同股不同权’治理结构。”中国证监会随后于 2019 年 1 月 30 日发布了《关于在上海证券交易所设立科创板并试点注册制的实施意见》，“允许特殊股权结构企业上市”，“允许科技创新企业发行具有特别表决权的类别股份，每一特别表决权股份拥有的表决权数量大于每一普通股份拥有的表决权数量，其他股东权利与普通股份相同”。而随着 2019 年 6 月国内首批科创板企业的审批通过，“同股不同权”正式被实践和监管机构所认可。

同时，最高人民法院在《关于为设立科创板并试点注册制改革提供司法保障的若干意见》中也明确提出，在案件审理中，要准确界定特别表决权股东权利边界，坚持“控制与责任相一致”原则，在“同股不同权”的同时，做到

"同股不同责"。这也被认为是司法机关对"同股不同权"的认可和支持。但是，应当注意，目前"同股不同权"仅用于科创企业，仍然不是普遍适用和认可的公司机制，未来如何发展，有待于新公司法修订后方可见分晓。

（四）优先股

尽管股权平等是原则，但是在实务中，并不排除会出现某些股东希望享有特别权利的情形，这就涉及普通股和特别股的问题。普通股是股权的基本形态，普通股的股东之间享有平等权利，不加以特别限制或者赋予特别优势的权利，每一股权对公司财产都拥有平等的权益。特别股又可以分为优先股和劣后股。优先股是指依照公司法，在一般规定的普通种类股份之外，另行规定的其他种类股份，其股份持有人优先于普通股股东分配公司的利润和剩余财产，但参与公司决策管理等权利受到限制。而劣后股则后于普通股进行分配利润和清偿，其适用的情形较为少见。

按照国务院《关于开展优先股试点的指导意见》和证监会《优先股试点管理办法》的规定，优先股的适用有其特定的要求和条件，比如：

1. 优先股一般应用于上市公司和非上市的公众公司，而且其发行也应当符合公司法的相关规定。

2. 不允许发行在股息分配和剩余财产分配上具有不同优先顺序的优先股，而只允许发行在其他条款上具有不同设置的优先股。

3. 优先股股东按照约定的票面股息率，优先于普通股股东分配公司利润。公司应当以现金的形式向优先股股东支付股息，在完全支付约定的股息之前，不得向普通股股东分配利润。

4. 相同条款的优先股应当具有同等权利。同次发行的相同条款优先股，每股发行的条件、价格和票面股息率应当相同；任何单位或者个人认购的股份，每股应当支付相同的价额。

当然，优先股未来是否会被普遍适用，成为股权投融资的常用形式并得到立法、司法的认可和推广，也有待时间和实践的证明。仅就目前的法律法规规定来看，在股权投融资交易中，投资人若选择优先股方式，则应当注意其中的法律风险。

三、股权与类似概念

从法律上和实践中来看，股权经常与物权、所有权、债权等概念穿插使用，但是，由于股权具有综合性的特点，其内容上既有财产权的一面，比如股利分配请求权，又有非财产权的一面，如表决权、质询权和对公司的建议权等[①]。因此，股权与物权、债权有着天然的本质区别。而区分这些不同权利的法律性质，则有助于各方当事人正确地行使权利，以及在权利受到侵害时得到不同的、有效的保护和救济。

（一）股权与物权

物权，是指权利人依法对特定的物享有直接支配和排他的权利，包括所有权、用益物权、担保物权。按照物权法理论，物权的特点包括“一物一权”“物权法定”“物权的排他性和对世性”等。

物权中的所有权是最为常见的表现形式，因此，在日常生活中，物权有时候也会与所有权这一表述交替使用。所有权主要表现为所有权人对物享有的占有、使用、收益和处分的权利。而现实中，股权的权能也包括了股东对股权本身的占有、使用、收益和处分，以及通过股权实现对公司相关资产和权益的间接的占有、使用、收益和处分。尽管如此，股权与物权仍有重大区别，两者具有不同的法律属性，在实际运用中也有不同的功能。

1. 物权体现了权利人静态的财产支配关系，用于满足物权人对物的占有、使用、收益和处分，或是用于实现对债权的担保。而股权则体现股东与公司之间、股东与股东之间的权利义务关系，用于实现股东对公司享有的管理权和财产权益。

2. 物权针对的是特定物，是有形的财产权利。而股权针对的更多是一种权利形态，不以财产权利为限，还包括身份权利。

3. 物权关系一旦确定，物权人即有权对特定物产生排他的支配权，无须征

---

① 赵旭东：《公司法学（第二版）》，高等教育出版社2006年版，第320页。

得他人的同意。而股东享有的股权是一种请求权，不具有对公司财产的直接支配权。

4. 物权具有排他的优先权，即同一特定物上有不同性质、内容的物权时，先设立物权者，特别是特定物上既有物权，又有债权时，物权具有优先效力。而股权平等则是公司的基本原则，不分股东大小，其每一股所代表的权利都是相同的。

另外，股权与公司财产权也经常在实务当中被混淆。股权的行使基于股东身份和资格，虽然其权利行使的对象可能涉及公司的财产，但是，不容忽视的是，按照公司法的规定，公司是企业法人，有独立的法人财产，享有法人财产权。股东对公司进行出资、投入财产后，这些财产即脱离并独立于股东本人而成为公司的财产，这些财产权利的行使也只能以公司的名义来行使。正如前文所述，股权的内容既有身份权也有财产权，股权也并不等同于公司财产权。

区别了股权与物权、公司财产权，有助于理解在现行法律环境下，投资者进行投融资交易中其所投入的资金、资产的属性、归属、投资者本人能够获得的利益，也有助于投资者提前了解发生投资争议时的权利救济途径和保障措施。

（二）股权与债权

债权是指因合同、无因管理、不当得利和侵权等关系而在特定当事人之间形成的给付金钱、履行或者不履行特定行为的请求权，其中享有权利一方为债权人，承担义务一方为债务人。按照债法理论，债权是一种典型的相对权，即只在特定的债权人和债务人之间发生法律效力，双方之间的债权债务关系原则上不能对抗善意第三人，并且债权具有相容性，也就是说同一标的物上可以成立内容相同的数个债权。

了解了债权的上述法律特征之后，在股权投融资实务中，还有必要注意区分股权与公司债权的不同属性和权利行使的方式：

1. 股权对应的是股东的分红和利润分配权，以及经营管理权，同样也要对公司经营造成的亏损承担责任。而债权人不参与分配，也不参与公司管理，不论公司盈亏，债权人都有权获得与其债权、利息相等的对价。

2. 股权的全部或者部分可以在股东之间相互转让，也可以在经过其他股东过半数同意后向股东以外的人转让股权。而合同债权的转让只需通知债务人即可，只有在涉及债权和债务的概括转移时才需要征得债权人的同意，并且债权人在债务人怠于履行义务时，还可以行使代位权，要求次债务人偿还债务。

3. 股东对公司可以同时享有股权和债权，只是股东在行使股权和债权时需要遵循不同的程序，各自的权利行使对象、条件也存在差异。例如，在公司表决对作为债权人的股东提供担保时，该股东应当予以回避。

4. 公司在破产、清算时，股东享有的股权和债权人享有的债权具有不同顺序的法律效果，即“公司财产在分别支付清算费用、职工的工资、社会保险费用和法定补偿金，缴纳所欠税款，清偿公司债务后的剩余财产，有限责任公司按照股东的出资比例分配，股份有限公司按照股东持有的股份比例分配”。换句话说，债权要优先于股权。

区分两者的不同属性，有助于投资人了解其不同的投资方式所带来的不同的权利形式，及其在公司中享有的权利和权利的行使方式。当然，不可否认的是，债权在特定情形下也可以转化为股权，实现债权人向股东的转变。

（三）股权、股份与股东

股东、股权和股份是公司法以及股权投融资实务中经常使用的术语，三者密切相关，但又有所区别。

股东也就是投资人，其解决的是人，即主体身份问题。除法律另有特殊规定外，包括自然人、法人和非法人组织在内的各类主体形态都可以基于投资行为而成为股东。股权是股东行使权利、承担义务的载体，股东以其认缴的出资额为限对有限责任公司承担责任。而股份多用于股份有限公司中，其对应的是进行量化的公司资本份额，是公司资本的最小计量单位，每一股份的金额都相同，股份背后所承载的则是出资人的诸多权利和义务，出资人按照其所购买的股份享有相应的权利、承担相应的义务，并以此为限对公司承担责任。股东持有的有限责任公司的股权多记载于股东名册并登记在工商注册信息中，公司向股东签发出资证明书。而股东持有的股份公司的股份则以股票形式记载，这些股份或者内部认购，或者用于对外公开发售。

股权和股份的另一个较为重大的区别在于有限责任公司的股东可以相互之

间或者向第三人较为自由地转让其持有的股权。而股份有限公司的股份以自由转让为基本原则，但同时对发起人、董事、监事、高级管理人员转让股份的行为又作了一定的限制，包括：

1. 发起人持有的本公司股份，自公司成立起1年内不得转让；

2. 公司公开发行股份前已发行的股份，自公司股票在证券交易所上市交易之日起1年内不得转让；

3. 公司董事、监事、高级管理人员应当向公司申报所持有的本公司的股份及其变动情况，在任职期间每年转让的股份不得超过其所持有本公司股份总额的25%。

所持本公司股份自公司股票上市交易之日起1年内不得转让；离职后半年内，不得转让其持有的本公司股份。

（四）名股实债

如前文所述，债权和股权各有优势，但又有着本质的区别，前者属于“保本收息”，而后者则以“损益自负”为原则，并且债权要优先于股权获得回报。因而在实务中，投融资双方可能会出现希望借用股权投资的名义，而行债权投资的实际，这就是“明股实债”，或称“名股实债”。也就是说，投资人的资金在形式上或财务安排，甚至是工商登记上都表现为股权，但是实际上，在双方的权利义务安排、风险的承担方式等内容上则体现为债权债务。明（名）股实债在房地产金融、PPP① 项目、金融资管、信托等业务领域都非常普遍。

1. 明（名）股实债的成因

实务中，投融资双方以明（名）股实债的方式进行合作有着各自复杂的环境因素影响，不仅涉及投融资双方对于资金、风险、收益等方面的综合考量，也与金融监管等有着密不可分的关系。

对投资人而言，可能并不想承担较大的投资盈亏风险，不是真的想获得被

① PPP（Public-Private Partnership），即政府和社会资本合作，指公共基础设施中的一种项目运作模式。

投资公司的股权，参与经营管理，而只是想获得相对稳定的债务利息和固定收益，如基金公司基于刚性兑付的保本收益的需要、资管公司基于获取通道管理报酬的考虑。明（名）股实债也可能是由于投资人自身的对外投资额的限制。

而融资方和被投资人愿意采用此种方式，可能是基于被投资人的负债比率等有关的要求所限，或者是考虑融资成本和借贷利率的影响，或者是出于明（名）股实债可以通过增资扩股的方式来扩大股本金，不占用授信额度并且还能降低资产负债比。

至于金融监管方面，包括央行和银监会等主管机关都有相应的规定，比如《贷款通则》规定，只有具有银监会监管的持牌金融机构和地方政府批准的小额贷款公司才可以从事放贷业务。最高人民法院在《关于审理民间借贷案件适用法律若干问题的规定》第 11 条也明确规定，除依法属于无效的情形外，法人之间、非法人组织之间以及它们相互之间为生产、经营需要订立的民间借贷合同，当事人主张民间借贷合同有效的，人民法院应予支持。其适用性仍有一定的限制。而《中国银监会办公厅关于加强信托公司房地产、证券业务监管有关问题的通知》也明确严禁以投资附加回购承诺等方式间接发放房地产贷款，严禁以购买房地产开发企业资产附加回购承诺等方式变相发放流动资金贷款。上述这些规定，对于投资人实际从事债权投资都作出了相应的限制和禁止，使得明（名）股实债成为变通的常用方式。

2. 明（名）股实债的认定

现行法律、法规并没有明（名）股实债的统一认定标准。但是，相关的主管机构对于明（名）股实债有着不同的表述。例如，《证券期货经营机构私募资产管理计划备案管理规范第 4 号——私募资产管理计划投资房地产开发企业、项目》中，对“名股实债”进行了相应的定义，即名股实债，是指投资回报不与被投资企业的经营业绩挂钩，不是根据企业的投资收益或亏损进行分配，而是向投资者提供保本保收益承诺，根据约定定期向投资者支付固定收益，并在满足特定条件后由被投资企业赎回股权或者偿还本息的投资方式，常见的形式包括回购、第三方收购、“对赌”、定期分红等。

原银监会/中国银保监会也对明（名）股实债作了相应的界定。其在 2017

年更新的《G06 理财业务月度统计表》报表中将明（名）股实债界定为“带回购条款的股权性融资”，即“投资方在将资金以股权投资方式进行投资之前，与资金需求方签署一个股权回购协议，双方约定在规定期间内，由资金的使用方承诺按照一定的溢价比例，全额将权益投资者持有的股权全部回购的结构性股权融资安排”。但笔者理解，在股权自由转让的原则之下，“带回购条款的股权性融资”仍然可能被认定为真股权投资，其与债权投资、明（名）股实债仍存在不少差异。

另外，税务总局认为，从会计和税务的处理角度来看，如果符合下列条件，则应当按照债权投资来界定：

（1）被投资人接受投资后，需要按照投资协议约定的利率定期支付利息，或定期支付保底利息、固定利润、固定股息；

（2）有明确的投资期限或特定的投资条件，并在投资期满或者满足特定投资条件后，被投资人需要赎回投资或者偿还本金；

（3）投资人对被投资人的净资产不拥有所有权；

（4）投资人对被投资人不具有选举权和被选举权；

（5）投资人不参与被投资人的日常生产经营活动。

不容忽视的是，从法律上来看，一项权利不可能既是债权又是股权，债权和股权具有完全不同的性质，实践中法院在认定或股或债的性质和处理结果方面也各不相同。

例如，在某信托公司与某置业公司、叶某嗣、叶某真金融借款合同纠纷案①中，某信托公司与叶某嗣、叶某真于 2013 年 5 月 3 日签署《信托融资合同》《股权收益权转让合同》，由某信托公司受让叶某嗣、叶某真持有的某置业公司 100%股权收益权。叶某嗣、叶某真负有按约履行收益权回购、支付回购本金及溢价款的义务。同日，某信托公司与某置业公司签订《抵押合同》，作

---

① 《某信托公司与某置业公司，叶某嗣等金融借款合同纠纷一审民事判决书》，载中国裁判文书网，网址 https：//wenshu. court. gov. cn/website/wenshu/181107ANFZ0BXSK4/index. html？ docId = 599b9d82828d4cc08c3fbef369367004，2022 年 7 月 12 日访问。《某信托公司与某房地产开发公司合同纠纷一审民事判决书》，载中国裁判文书网，网址 https：//wenshu. court. gov. cn/website/wenshu/181107AN FZ0BXSK4/index. html？ docId = 51137b1ded8f487eadfd738a1c7686f7，2022 年 7 月 12 日访问，该案中重庆市高级人民法院同样认定类似案件所涉合同属于明（名）股实债。

为《信托融资合同》履行的担保，抵押范围包括收益权回购本金、溢价款、利息、罚息等。某信托公司并与叶某嗣、叶某真签署《股权质押合同》，约定范围与《抵押合同》一致。2013 年 5 月 21 日，某信托公司将募集到的 1.6 亿元信托资金划付至监管账户。2013 年 5 月 31 日，某置业公司向某信托公司支付了第一期回购溢价款。其后因某置业公司违约，叶某嗣、叶某真未支付股权收益权回购本金、溢价款、利息等，为此，某信托公司向法院提起诉讼，要求叶某嗣、叶某真支付股权回购本金、溢价款、利息并实现抵押权和质权等。

就双方当事人之间诉争的法律关系的性质认定问题，法院认为应当根据合同约定的实质内容及各合同之间的相互关系来综合判断。本案中，法院经审理后认为双方之间是债权债务关系，某信托公司提出的本案是股权收益权转让合同关系的主张不能成立，具体理由如下：

（1）《信托融资合同》是本案法律关系主合同，该合同名为信托融资合同，但其实质内容为借款合同。《股权收益权转让合同》为《信托融资合同》的附件，合同附件的性质不应影响《信托融资合同》的性质。《股权收益权转让合同》中对回购价款并无明确约定，实质上并非转让股权收益权，而是为了保障《信托融资合同》的履行。因此，各方当事人之间实质上是金融借款合同关系。

（2）某信托公司与叶某嗣、叶某真签署《股权质押合同》，与某置业公司签署《抵押合同》，约定叶某嗣、叶某真和某置业公司不履行主合同项下到期支付或不履行被宣布提前到期的支付义务时，抵押权人、质押权人有权行使抵押权、质押权，并且当事人也办理了相应的抵押和质押手续。故上述抵押、质押符合物权法的相关规定，某信托公司有权就抵押物、质押物享有优先受偿权。

然而，在某投资策划公司与某房地产公司、某房产公司股权（权益）转让纠纷案[①]中，最高人民法院对双方的股债性质作出了完全不同的认定。2007 年 1 月 9 日，某投资策划公司经竞拍获得某房产公司（由某轻公司和某康公司设

① 《某房地产公司与某投资策划公司、某房产公司、某国际理财公司股权转让纠纷案》，载“最高人民法院公报”网站，网址 http：//gongbao. court. gov. cn/Details/4ba9637a6a57e9a51895bc9fdc68dc. html? sw，2022 年 7 月 12 日访问。

立的中外合作企业）100%的出资额及权益，并在产交所的见证下，与某房产公司以及原出资人签订了《出资额及权益转让合同》，约定标的公司“某大厦”项目建成后甲方（某轻公司）占40%，乙方（某康公司）占60%建筑面积的分配权利，丙（某投资策划公司）、丁（某国际理财公司）受让甲、乙两方对标的公司的全部出资额及权益，转让价格8500万元。

2007年4月28日，某投资策划公司为股权出让方（甲方），某房地产公司为股权受让方（乙方），某国际理财公司为项目合作方（丙方）共同签订《股权转让及项目合作合同》，甲方和丙方获得某房产公司100%的股权，甲方占40%股权，丙方占60%股权，该拍卖标的金额为人民币8500万元，甲方与丙方共同支付该拍卖款项人民币4280万元，出现资金缺口人民币4591.8万元，经三方协商一致同意实行股权转让，乙方受让甲方所占28.5%的某房产公司股份。为了能从产交所将全部股权过户到甲、丙方，乙方代甲方一次性垫付人民币4300万元，并受让甲方28.5%股权的对价，该笔资金由甲方及丙方的股权作质押担保并将有关房地产项目的有关证照原件交给乙方作为履约的另一保证。股权变更登记手续完成后，某投资策划公司和某国际理财公司并未按照《股权转让及项目合作合同》的约定将某投资策划公司所受让40%股权中的28.5%过户到某房地产公司名下，某房地产公司认为某投资策划公司、某国际理财公司的行为已构成违约，起诉要求某投资策划公司履行股权过户手续及承担违约责任。

本案主要争议之一为：《股权转让及项目合作合同》的性质认定问题，是否为“明股实债”。最高人民法院经审理后认为：

（1）当事人争议的合同名称为《股权转让及项目合作合同》，其内容也是某房地产公司受让某投资策划公司持有的28.5%股权，股权需变更至某房地产公司名下，并约定了未按期完成股权变更的违约责任，故该合同是典型的股权（权益）变更合同。

（2）某投资策划公司称从《股权转让及项目合作合同》订立的背景和目的看，该合同是借款合同。该合同签订的背景是某投资策划公司在竞拍某房产公司权益时出现资金缺口，这是事实。但在现实经济生活中，通过借款来解决资金困难不是唯一的方式，当事人还可以通过转让股权（权益）等方式来筹资。本案当事人选择了转让股权（权益）这种方式来筹资，并无借款的意思表示。

（3）某投资策划公司称《股权转让及项目合作合同》第5条第2款为保底条款，由此可推断该合同只能是借款合同。按照该合同条款，某投资策划公司和某房地产公司在某房产公司获得的贷款中提取一部分先行收回投资，该条款是提前收回出资的条款，而不是保底条款，更不能据此认定整个合同是借款合同。

（4）某投资策划公司称他人为该合同履行提供了担保，故该合同就是借款合同。担保法第2条第1款规定："在借贷、买卖、货物运输、加工承揽等经济活动中，债权人需要以担保方式保障其债权实现的，可以依照本法规定设定担保。"该款仅列举了适用担保的部分情形，但不能根据该款规定得出只能为借贷、买卖、货物运输、加工承揽提供担保的结论。因此，不能根据肖某田等人为《股权转让及项目合作合同》的履行提供了担保就认定该合同只能是借款合同。

因此，结合上述案例可以看出，如果投融资双方出现明（名）股实债纠纷，必然要对其法律属性进行定性分析和判断，方可从根源上解决问题，而不是仅根据合同的名称来确定。笔者认为，实务中，尽管明（名）股实债在内容和形式上有不同的表现方式，但只要不符合"风险共担，盈亏自负"的基本特征，就不应当认定为投资行为和股权，至于是否属于债权，则需要视其具体情况不同而区分对待。当然，对于投融资双方来讲，也有必要在交易之前充分论证，以尽可能地避免或减少可能发生的风险。

3. 明（名）股实债的实务安排

基于各方面因素的综合考虑，在投融资实务中，明（名）股实债通常需要通过相关的法律文件加以明确，并对各方的权利义务进行相应的安排，其中就包括了两份非常关键的协议，一份是《股权投资协议》或《增资扩股协议》，另一份则是《股权转让协议》或《股权回购协议》。这两份协议一般都由投融资双方同时签署，前者可以借此确立投资人参与投资的事实，并辅之以工商登记，取得形式上的股东身份，后者则以股权转让或者回购的方式实现退出和债权投资的目的。

在明（名）股实债的具体表现形式上，通常情况下，投资人是处于财务投资人的身份和地位，其本身并不实际参与公司的具体经营管理，也不参与分红，而只是取得固定的利息等收益作为投资回报。

需要注意的是，实务操作中有关明（名）股实债的交易架构是丰富多彩的。其具体架构通常会因融资来源、投资行业和领域的不同而有所不同，并且也可能会因投资人是属于直接投资，或是利用信托、基金、保险和券商的资管计划等结构化方式并通过特殊目的载体（SPV）进行投资而存在差异。另外，明（名）股实债的交易结构还会因为涉及的收益回报按照定期回购、有条件转让、固定分红、业绩“对赌”等不同的方式而产生众多不同的操作方式。

例如，在一个较为简单和普通的明（名）股实债的交易架构中，主要涉及投资人、融资人及其担保人，具体由投资人以定向增资入股的方式提供融资，原股东提供股权回购和质押，并同时由关联方提供保证等担保措施，在某些特殊情况下还可能需要由目标公司提供担保。其具体交易结构如图 1.1 所示。

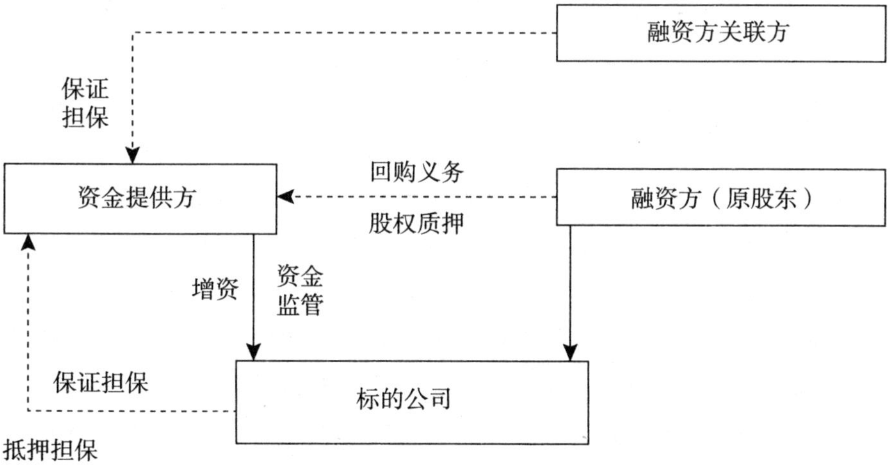

图 1.1 明（名）股实债基本结构

而在更为复杂的交易中，明（名）股实债类融资工具可以采用私募发行的非标准化融资工具来实现，如可以通过股权投资计划、信托计划等具有较强监管约束的资管计划作为 SPV 贯穿资金募集和项目股权投资的全过程，也可以通过私募股权基金份额（以优先级 LP[①] 份额为主）的方式实现间接股权投资，或者在优先级有限合伙份额之上嵌套资管计划等，以更好地满足监管和资产配置方要求，同时以非项目主体远期回购受让股权或承担差额补足的支付义务作为配套增信，以完成明（名）股实债的结构设计（参见图 1.2）[②]。

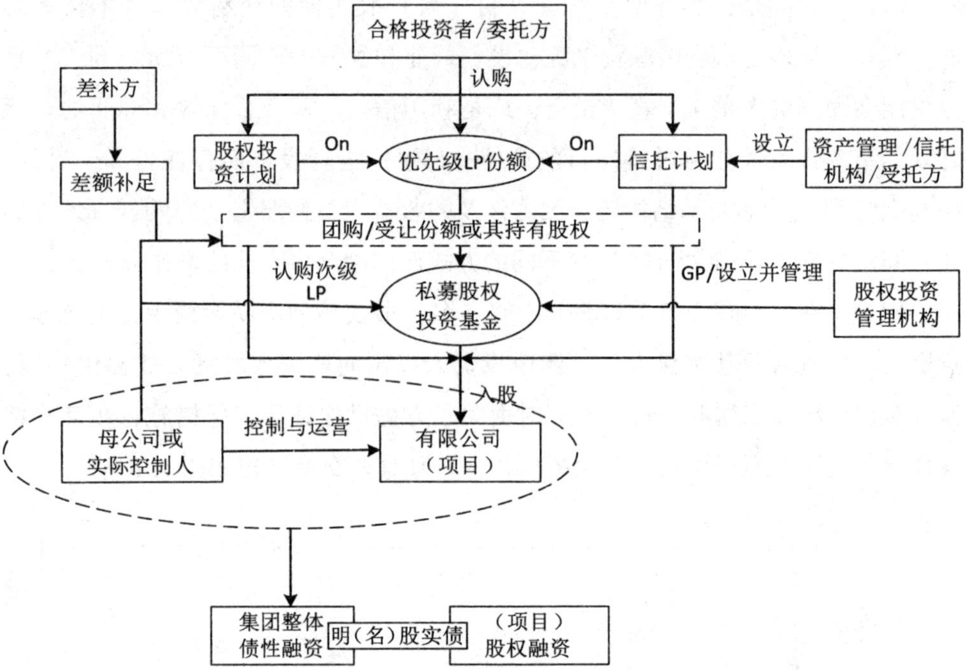

图 1.2　明（名）股实债类融资工具交易结构

4. 明（名）股实债的风险

司法实务中，明（名）股实债协议的主要法律风险之一就在于协议的效力争议引发的权益的不确定性。如前所述，不论是对投资人，还是接受投资的一方，股权和债权所对应的权利、义务存在重大差异，但是法律并没有对明（名）股实债作出禁止性的规定，因此依据民法典的规定，当事人之间签署的协议仍然有效。但是，在司法实践中，鉴于个案的特殊性等因素，法院对明（名）股实债的性质和效力的认定仍然存在不同的观点和做法，由此造成投融

① LP，指有限合伙人。

② 苏奎武：《明股实债类融资工具的交易结构与风险识别》，载《债券》2016 年第 9 期。

资双方在权利义务上的不确定性，并进而可能对各自权益保护的方式、途径产生千差万别的影响。

严格来讲，民法典延续了合同法和合同法相关司法解释所明确的只有当合同“违反法律、行政法规的强制性规定”时，合同才会被认定为无效。违反地方性法规、规章的合同并不会导致合同无效。而且这里的强制性规定，也仅指效力性的强制规定，并且应当以明示“合同无效”为要件，并不包括违反管理性的强制性规定。因此，一般情况下，明（名）股实债的协议并不会被认定为无效。

例如，在某信托公司与某甲房地产公司、某乙房地产公司合同纠纷案①中，某信托公司、某甲房地产公司、某乙房地产公司于2010年10月15日签署《合作协议》，约定：“某甲房地产公司通过股权信托方式将其持有的某乙房地产公司100%股权全部过户至某信托公司名下……三方同意，某信托公司可以根据实际情况采取本协议约定方式实现信托资金退出。信托资金提前退出，某信托公司应当向某甲房地产公司发出书面通知，由某甲房地产公司或其指定第三方受让某信托公司持有某乙房地产公司的股权。”后因某乙房地产公司未按期支付相关费用，某信托公司向法院提起诉讼，提请判决要求某甲房地产公司支付股权受让价款受让股权。

最高人民法院经审理后认为，本案所涉交易实际内容是某信托公司以受让并定期出售股权，或转让信托资产份额，或到期清算目标公司财产的方式，向项目公司进行投资，用于房地产项目开发，到期获取固定资金收益（股权收益或利息）。签订的《合作协议》等相关协议，意思表示真实，内容不违反法律法规的禁止性规定，某信托公司依约履行了投资及受让股权等合同义务，但合同约定期满后，融资方未按照约定回购该股权、返还融资款项及收益，已构成违约。

与此相类似，在某集团公司与某省高速公路公司股权转让纠纷案②中，某

---

① 《某信托公司与某甲房地产公司、某乙房地产公司合同纠纷二审民事判决书》，载中国裁判文书网，网址 https：//wenshu. court. gov. cn/website/wenshu/181107ANFZ0BXSK4/index. html？ docId＝624e5f40212b4900b7166bfb3c9b81c2，2022年7月12日访问。

② 《某集团公司与某省高速公路公司股权转让纠纷二审民事判决书》，载中国裁判文书网，https：//wenshu. court. gov. cn/website/wenshu/181107ANFZ0BXSK4/index. html？ docId＝05bdb8268c724b7b9caa2ee6936e03dc，2022年7月12日访问。

集团公司与某省高速公路公司签订《股权转让协议书》，约定：（1）由某省高速公路公司受让某集团公司持有的某公司的49%股权；（2）某省高速公路公司同意在受让该股权后的两年内，某集团公司在符合约定的回购条件下可以回购上述转让的全部股权；（3）某省高速公路公司承诺，自本次股权转让完成之日起两年内，对受让的股权不转让给第三方，如某集团公司提出购回本次被转让的股权，在符合本协议约定的条件下，某省高速公路公司同意该回购请求，回购金额由以下部分组成：本次转让金+本次转让金×［同期银行贷款年利率（自本次股权转让完成日至回购完成日）+1%（指同期银行利息上浮一个点的利率）］；（4）自本次股权转让完成日起两年内，某集团公司没有行使约定的股权回购权利（包括没有提出回购请求，或虽提出回购请求但没有按约支付回购金额），则某集团公司失去本次被转让股权的回购权，某集团公司不得再就购回该股权提出请求，或者某集团公司虽然提出请求但某省高速公路公司可以不予支持。

此后，双方因发生争议诉至法院，关于案涉股权转让是否属于名为股权转让，实为企业之间借贷的事实，法院经审理后认为，股权协议转让、股权回购等作为企业之间资本运作形式，已成为企业之间常见的融资方式。如果并非以长期牟利为目的，而是出于短期融资的需要产生的融资，其合法性应予承认。据此，本案上诉人关于双方股权转让实为融资借贷应认定无效的上诉理由不能成立，故其该点上诉主张，本院不予支持。

然而，应当注意的是，在一些特定的行业领域，尤其是对于投融资双方的明（名）股实债或类似协议，在违反金融监管的情况下是否应当认定为无效，在司法实践中有着不同的处理结果。

在范某某与某信托公司、某云投资公司等股权转让纠纷案①中，2012 年 6 月 11 日，某信托公司与某基金公司签订《单一资金信托合同》，约定某基金公司将 1.4 亿元人民币作为信托资金划至某信托公司指定账户，用于向某基金公司指定的某禹投资公司进行股权投资。某信托公司与某禹投资公司及其

---

① 《范某某与某信托公司、某云投资公司等股权转让纠纷申请再审民事裁定书》，载中国裁判文书网，网址 https：//wenshu. court. gov. cn/website/wenshu/181107ANFZ0BXSK4/index. html？ docId = fb17bec9bd7347b38638006087f3bc40，2022 年 7 月 12 日访问。

股东某云投资公司及范某某签订《增资入股协议书》。同日，某信托公司作为甲方与乙方某云投资公司签订了《股权转让协议书》，载明某信托公司已将信托计划项下的信托资金1.4亿元用于向某禹投资公司增资，相关增资手续已全部完成，现持有标的公司58.33%股权。为保证某信托公司及时对信托计划进行清退，乙方（某云投资公司）愿意受让甲方（某信托公司）所持有的全部标的公司58.33%的股权并支付行权费及股权转让价款。最高人民法院再审认为本案的实质是某信托公司基于信托计划，并在某信托公司以信托资金对某禹投资公司增资入股、信托期限届满后，以股权转让方式实现信托资金的清退时因股权转让引发的纠纷，本案应定性为股权转让纠纷。

从上述股权投融资案例的不同判决结果可以看出，不同的事实基础和不同的法院以及具体交易结构不同，最终对于明（名）股实债的定性都有着不同的影响。同时，从前述案件也可以看出，对于一般的商业交易活动，首先应当遵循合同意思自治原则，但有时候意思自治也会与行政监管因不同的适用环境发生本质的影响和冲突。

当然，实践中尤其不能忽视的一点是，与英国、美国等普通法国家不同，中国仍然是成文法国家，并非判例法国家，各地、各级法院的判决并不具有普遍法律约束力，最高人民法院的判决除被最高人民法院审判委员会确定为指导性案例予以公布外，也仅是一案一议的结果，并不能成为以后处理类似案件的司法依据，相关的判决结果也只能在投融资双方进行股权交易行为时作为考虑其可能的影响因素和风险防控使用。

不过，作为投资方和融资方，需要关注的是，司法机关对于明（名）股实债协议的定性及其效力的不同处理，最终将直接关系到投资人能否安全退出，以及投资收益能否得到合理的保障等诸多现实问题。因此，为了尽可能地避免类似的风险，投融资双方都有必要对交易结构和交易文件的设计进行充分的法律风险分析和评估，并提前采取相应预防和保障措施。

四、股权投资风险管理

正如常说的，“市场有风险，投资需谨慎”。任何投资都有风险，股权投资、债权投资也同样会与各类风险相伴。实践中，不论采用何种投融资模式、交易架构和合同设计，由于交易行为的主客观因素的影响，风险始终都会存在。但是，投资人对于风险本身及其管理的认识则是千差万别，比如对风险和机会并存的理解。因而在一定程度上，风险管理所要解决的是风险在各方主体之间如何承担和分配的问题，在本质上，对于风险的应对和处理也是资本的趋利性和投融资各方主体风险偏好的集中反映和体现。

由此可见，不论是股权交易的投资人，还是股权交易的融资人，任何一方都需要意识到风险无处不在，才可能提前做好预防措施和解决方案。当然，风险由于其不确定性的特征，若想要用一劳永逸的方式规避和解决所有的风险也是不切实际的想法。对于股权投融资双方而言，正视风险、识别风险、采用有效的风险管理手段才是正确的方式。

（一）风险界定和管理

实际上，风险一词并无明确的定义，其在各行各业具有不同的内涵和外延。作为全球范围内银行、金融资本的主要风险监管标准，风险是指未来的不确定性对企业实现其经营目标的影响。风险通常以风险源、潜在事件及其后果等方式来表述，它是指一种不确定性对目标的影响，这种影响可以是积极的或消极的并与预期存在偏差，而目标本身也可以有不同的特征或种类，并可以被用于不同的层级。从企业风险管理的角度看，风险的定义为事项发生并影响战略和商业目标实现的可能性。

尽管如何定义风险有着不同的标准和方式，但是可以看出，风险基本的核心内涵就是“对未来结果的不确定性”。同时，也应当注意到，风险是股权交易遭受损失的可能性，但对交易本身而言，风险还同时涉及机会的选择和不利因素的威胁。

在认识到风险所对应的不确定性之后，积极做好风险管理则是公司、企业、股权投融资双方面临的重大课题。一般而言，风险管理的流程如图 1.3 所示：

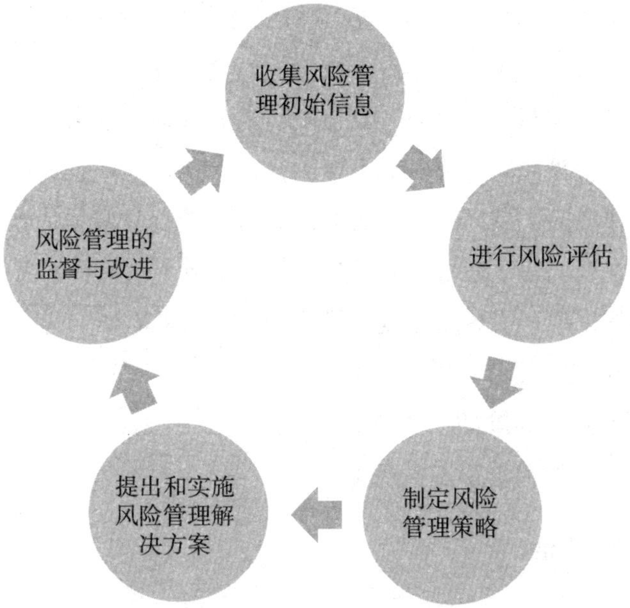

图 1.3 风险管理的流程

而在上述风险管理的全流程中，其核心内容则是风险识别、风险评估以及风险的应对和处理。当然，也必须注意到，风险管理的最终目的并不是消除所有的风险，而是确保风险能够被有效地管理，对于某些特定的风险仍将由交易双方承担，并由交易双方对此类风险的存续时间和成本进行评估和估值。

（二）风险识别

风险识别是指在风险发生之前，运用各种方法系统地、连续地认识所面临的各种风险以及分析风险事故发生的潜在原因。它是整个项目风险管理的基础工作，风险能否准确、有效地加以识别也是其后风险分配、风险转移，以及风险预防和管理的前提条件。

现实生活中，风险的来源多种多样。《巴塞尔协议》认为风险一般可分为战略风险、财务风险、市场风险、运营风险、法律风险等类别。这些风险类别对于股权交易中的风险识别也具有极好的借鉴意义。

风险识别包括识别内在风险和外在风险，前者是能够加以控制和影响的内在风险，如人事任免和成本估计；后者则是超出控制力和影响力的外在风险，如市场转向或政府行为等。当然内外风险的区分也并不是绝对的。在股权投资交易中，其涵盖了包括“投、融、管、退、清”在内的几大阶段，其中既有内在风险，如投资决策风险、融资成本风险，也有外在风险，如政治风险、商业风险，还有法律风险。就风险发生后的影响后果进行分析和识别，股权类项目风险主要表现在合同无法履行、交易延期、交易成本增加等方面。

就具体操作来说，交易双方进行风险识别可以采用如下几项内容和步骤：

1. 识别并确定项目有哪些潜在的风险；
2. 识别引起这些风险的主要影响因素；
3. 识别项目风险可能引起的后果。

（三）风险评估

正因为风险无处不在，而风险的存在直接影响到股权交易的实现，以及股权交易双方以及关联方利益的获得，因此，在进行风险识别后，对交易风险进行分析和评估就成为必需的工作。而且，也只有在经过评估之后被认为可能对交易双方期望通过该交易获取的利益产生负面影响的情形才能称为风险，可以说风险评估是风险分配的重要前提工作。

风险评估主要就是分析和论证风险可能给股权交易带来的不利影响或损失，或者说风险评估就是量化测评某一事件或事物对交易项目带来的影响或损失的可能程度。风险评估的目的之一就是对各种风险进行量化的、现实的衡量，并折算成相应的对价，作为各方合作交易的条件。因此，风险评估必须基于前期翔实的财务和法律尽职调查、风险的有效识别、风险的合理分配，以及对自留和转移的风险的可接受程度的判断。

风险评估需要确定风险发生的可能性、风险强度、风险持续时间、风险发生的区域及关键风险点，以及风险发生的后果，并以此为基础确定风险的价值。当然，股权交易双方对于风险的分析、识别和评估内容都有不同的出发点和侧重。比如，投资人会侧重资金的有效使用和安全性、投资回报率的保障及其实现和安全退出机制等；而融资人则会看重投资人对于标的公司的干预、可利用的经济和管理资源、投资人的预期、股权的配比等。

风险评估是预防风险的有效手段，然而在股权交易实践中，多数股权交易项目都缺少充分的风险评估，更欠缺实时的动态风险评估机制，这些不适当的做法都会给股权交易带来隐患和潜在的风险，影响交易高效实施和预期目标的实现。

（四）风险估值

众所周知，风险估值的本质是对项目中的不确定因素进行量化和计价，反过来风险的不确定性也增加了准确定价的难度。通过对风险源的识别、估计风险量和情形、估计风险总量等步骤，能够通过风险模型测算出较为可靠的风险系数，从而为风险估值提供一定的依据。

对股权交易项目风险进行评估，确定风险的价值有助于投资人、金融机构和融资方确定对项目的投融资额度、对交易风险的可接受度。实践中风险分配和转移的常见错误做法是一方试图将所有的风险都转移给另一方，而这种方式实际上并不可行，如果一方试图将尽可能多的或者所有的风险都转移给另一方，另一方则势必会要求获得足够多的回报，然而这些回报最终都将体现和分摊到投资人的成本和收益中，可以说这是“羊毛出在羊身上”。而且，这种做法也给友好型的交易模式带来潜在的因利益不均衡、一方交易优势形成的显失公平、情势变更等因素诱发争议和纠纷的隐患。因此，尽管追逐利益是资本的特性，但是，适度地平衡双方的利益，不竭泽而渔，创建公平合理的市场环境对于股权投融资交易具有长远的战略意义。

由此可见，风险估值严格上讲是一个商务和经济问题，不仅仅是法律问题，但是它又与交易结构、合同模式、各方权利义务分配密切相关。交易各方是否理解、接受风险并且对风险进行估值也是项目交易前期具有基础性的工作内容，这一工作将贯穿至融资关闭，或者至少在主要的合同文件达成一致意见时。

至于无法通过风险转移、风险转换、风险对冲或风险控制进行管理，而且又无法规避、不得不承担的项目风险，投资人可以采取通过附加风险溢价，即通过提高风险回报的方式，获得承担风险的价格补偿。

（五）股权投资法律风险

在股权投融资交易实务中，风险来源具有多样性、复杂性的特点，如商业风险、政治风险、法律风险、金融风险、技术风险、市场风险、监管风险、信用风险以及人为因素风险等，不一而足。在这些风险中，关注法律风险是不可忽视的一个环节，也是股权交易双方做好合法、合规、风险防控以及影响交易能否成功的重要内容。

从司法实践的角度来看，法院审理的股权纠纷涵盖了股权转让纠纷、股东资格确认纠纷、股东知情权纠纷、公司决议纠纷、股东出资纠纷、公司解散纠纷、损害公司利益责任纠纷、股东损害公司债权人利益责任纠纷，以及合同效力、合同权利义务纠纷等高频案件类型。换言之，股权投资实务中，常见的法律风险主要集中在股权交易的合规性、股东出资和身份认定、股权转让、公司内部治理，以及与之对应的合同纠纷等几个方面，上述风险通常并非单一因素引起的风险，而是融合了公司法、物权、合同等诸多专业领域的法律问题。

另外，来源于合同、公司决议、章程等法律文件的风险也是不容忽视的方面。这种风险可能来源于选择了不合适的交易结构、合同模式，也可能来源于合同起草者、使用者对某些合同条款的不正当修改，合同履行过程中各方主体因关注的利益的不同而对合同文件所做的不同理解，还有的则是章程约定、各类决议本身所存在的瑕疵。

对于上述不同的交易风险，股权交易双方和相关的关联方可采取风险承担、风险规避、风险转换、风险控制等方法。具体包括自行保留和消化、通过合同约定适当转移、购买保险。而对于前述因法律文件引起的法律风险，则需要结合不同情形予以处理。因前者引起的风险可以通过选择合适的合同模式、合同架构，加强履行过程中的风控，做好事前预防、事中监督、事后解决；因后者引起的法律风险，需要事先规划和设计、实施合法合规、合约操作，在发生争议时，本着诚信、合作的态度或许可以缓解相关的争议。

五、股权投资前的法律尽调

正如前文所述，股权投融资中充满了风险和变数，为了保障交易的合法、合规，降低风险，提高交易的成功率，交易双方以及相关的关联方对交易项目、交易对手进行详尽的尽职调查就显得尤为关键。

实务中常见的尽职调查包括商业尽调、财务尽调和法律尽调等。当然，由于交易标的、对象等因素不同，尽职调查的介入时间、范围、内容、方式等也会千差万别。实务中通常会由财务尽调先行入场，此后才会考虑公司法务尽调。但是，鉴于法律尽调分析、论证的结果对于交易方式、交易成本、融资结构、股权交割等都有重大的影响。因此，尽早安排外聘专业律师完成法律尽调，进行充分的法律论证对于促进和推动交易至关重要。而且，一般来说，法律尽调完成的时间不应晚于交易双方正式开始讨论交易条件之时。

（一）法律尽调的重要性

通常情况下，股权交易双方对于彼此而言都是相对陌生的，尤其对于其内部的法律和财务事宜很难做到知根知底，由此造成了交易主体之间对于交易项目信息的不对称，从而导致交易成本的增加、交易期限的延长等不利影响。而法律尽职调查的目标就是找出股权投融资交易中已经存在的风险和问题，或者可能存在的潜在风险，进行及时补救或提前预防和解决，为股权交易、投融资的顺利进行提供有力的法律支持。

根据尽调结果进行法律风险分析和评估是不可或缺的工作环节。鉴于股权交易项目及其融资结构的复杂性，对于投资人而言，前期法律尽调工作对于股权投资具有非常重要的现实意义和指导作用：

（1）前期法律调研有助于确定股权项目的合法性、合规性。通过对股权交易主体、标的、标的公司的合法合规性调研，可以知悉法律法规对涉及交易对象、股权及其涉及的融资等事项是否存在禁止性或者限制性规定、投资人参与交易的适格主体身份的确定、股权本身是否存在限制、投资人获得股权的实体和程序条件是否合法等内容，能够给投资人进行投资决策提供有效的参考。

（2）前期法律调研有助于投资人提前做好投资风险评估和管理工作。投资风险管理贯穿于交易的全过程。风险管理的目的在于防范和规避风险的发生。通过前期法律调研对股权投资的法律风险及早进行识别、分析，并做好应对管理措施，有利于交易的整体和全过程的风险管理。提前评估和规划风险管理工作，可以较低的成本对投资风险做到有效的控制，达到更好的风险管理效果。

（3）前期法律调研有助于保障股权投资的顺利实施。投资人在项目准入、主体身份的确认，完成交易项目的全过程，以及投后管理中都会受到本国法律和项目所在地政府的管辖。了解并严格遵守、充分利用当地的法规规章，也是保障投资成功的重要因素之一。通过前期法律调研，不仅为决策提供参考，还能够为项目合同的签署、履约管理以及争议解决提供可靠的法律依据，进而保障项目的顺利交割。

司法实践中，如果未进行审慎的尽职调查，导致投资失败，则将自行承担由此产生的交易风险和损失。例如，在祝某某与王某某股权转让纠纷案①中，法院认为，股权转让是否构成欺诈，要依照欺诈行为认定的共性标准，也要结合股权转让的特性进行判断。公司生产经营活动由于受市场因素影响较大，股权受让人所接受的股权价格，实际上包含签订股份转让协议时公司的资产投入状况、经营状况、财务状况、市场前景、技术水平等一系列复杂因素，故股份转让协议中公司股权的价格不能简单地通过各项资产值相加或依据审计报告确定，更不等同于公司的注册资本金和股东的出资额。转让方应告知受让方公司在经营中存在的影响股份转让价格的情况，受让方作为与转让方平等的商事主体，在商事活动中应尽谨慎、注意义务，通过合理途径对转让方就公司经营状况的陈述及公司的其他情况进行审慎调查后，再作出是否受让股权的意思表示。确立此种权利义务分配原则，与现代市场经济社会的风险制度相符，有助于提高市场交易者的风险意识。

而股权价值的构成因素复杂，股权转让对价与目标公司净资产、注册资本

---

① 《祝某某、王某某股权转让纠纷再审审查与审判监督民事裁定书》，载中国裁判文书网，网址 https：//wenshu. court. gov. cn/website/wenshu/181107ANFZ0BXSK4/index. html? docId = 01f80f6cb7c941d1989ca90500bdb71f，2022 年 7 月 12 日访问。

金等之间并非一一对应关系，对收购的股权进行价值评估是受让方应当承担的责任。根据祝某某在一、二审的举证，可以认定其完全有能力对某旅游公司的资产投入、经营状况等开展调查，以决定是否与转让方签订股份转让协议，从而妥善保护自身的商业利益，但其作为商事合同一方当事人怠于行使权责，对股权转让方的陈述及提供的财务资料等未作审慎调查就全部信赖，显然未尽到谨慎、注意义务，应承担由此产生的交易风险。

（二）法律尽调的步骤和内容

认识到项目法律调研的重要性，对于股权投资项目法律尽调的程序和内容等也应当引起足够的重视。法律尽调不应当是泛泛而为，也不是为了尽调而尽调。笔者认为，法律尽调需要结合股权投资项目本身的特点来进行，量身定做，有针对性地为项目服务。尽调清单的详尽程度和法律论证最终体现了律师的实践经验和专业功力。

1. 法律尽调的基本步骤

项目前期的法律尽调工作步骤因尽调的内容和项目本身的产业、行业的不同而不同，但是基本上，法律尽调工作都会包括下列几个步骤：

（1）组建法律尽调团队。投资人在进行法律尽调前首先应组建法律尽调团队。明确牵头组织实施的部门或人员，通常为合同法律部门及人员。该步骤实际上也需要和财务部门协同作战，并可以提前与聘请外部律师一同进行。公司法务和外部律师可以相互配合，共同完成法律尽调工作。

（2）聘请外部律师团队。由于股权投资项目所涉及的法律环境的复杂性，对于法律法规的解读获得直接项目决策，因此，这一阶段特别有必要委托外部律师介入，一同参与团队的组建工作、协助进行法律尽调，而且越早越有利于项目的实施，包括对交易标的、项目本身的情况进行详尽的尽调。

（3）编制切实可行的法律尽调方案和清单。法律尽调清单和方案应明确尽调的范围、内容和组织实施计划，对参与尽调的人员、尽调所需的时间、方式进行说明，并制作尽调清单。可以说法律尽调清单的好坏直接影响到法律尽调的目的和效果。

(4) 尽调方式。尽调首先需要有法律知识基础，在此基础上才能有效地利用尽调清单，采取合适的尽调方式。尽调方式可以是通过国内相关机构了解、通过项目合作方了解、向当地政府及相关机构了解、聘请当地律师代为调研等。笔者认为，对于涉及股权投资交易项目的法律调研，还应当重视项目的实地调研和熟悉当地的法律规范，并辅以其他调研方式。

(5) 形成前期法律尽调报告。尽调结束后，应当形成一份完整的报告，包括对尽调过程的概述、对项目所涉的法律法规和框架结构的清晰介绍、详细阐述尽调清单所列的各项法律及问题，以及在尽调过程中扩展尽调的问题，并有相应的分析和评价。有些复杂的项目，尽调清单和尽调工作还可能分为几轮进行。

2. 法律尽调的内容

就股权投资尽调的内容来看，广义上可以分为软件环境和硬件环境两大方面。就软件环境来说，须了解项目所在地政府信用、司法和执法环境、行政机关的办事效率、当地经济环境、项目地政府财政情况等，这部分的内容大多与商业环境有关。但是相比较而言，实践中这部分工作相对来讲弹性较大，并融合了一些非法律性的内容，故其评估工作相对较难。

从更为实操的层面来看，一般情况下，法律尽调的内容和需要核实的公司相关信息主要包括以下几个方面：

(1) 关于公司的设立和存续信息。例如，公司工商登记事项、公司设立时间、公司类型及沿革、公司经营范围是否与交易项目冲突、公司设立程序是否规范、公司章程规定是否与公司法存在冲突、公司的相关变更未办理登记、公司的法定代表人是否符合任职资格、公司的经营范围是否需要获得相应的行政许可、公司的经营期限及其与交易事项是否存在冲突、公司的法定住所地和实际经营地等。

(2) 关于公司出资的信息和情况。例如，公司注册资本低于法定最低限额、非现金出资的评估、涉及土地和房屋等不动产的出资事项、出资人及其出资信息、公司的出资形式是否符合有关法规的规定、非货币出资是否已经办理过户手续、是否存在股东虚假出资、非货币资产的出资比例是否符合当时有效的法律规定、增资或减资的相关信息（时间、决议、程序、认购、比例）等。

(3) 关于公司股东和股权的情况。例如，股东人数是否符合法律规定、股权比例分配、分红比例分配、历次股权变更和沿革、公司登记股东是否与实际股东不一致、是否存在信托持股、是否有代持股和隐名股东、股东身份是否违反法律规定、是否有外方股东及其资格是否符合法律规定、是否有国有股、公司实际控制人是否存在竞业禁止情形、股权是否质押及其是否合法有效、股权转让优先购买权处理、股权转让有无特殊限制和禁止等。

(4) 关于公司治理方面的情况。例如，股东会、董事会和监事会的组成、公司其他决策机构及相应的职权、董监高人员的任职资格是否符合法律规定、对董事会改组的规定、对于股权投资等的决议程序、行使公司对外投资决策权的机构、公司的议事规则、公司各类决策事项的表决权安排、公司对外担保的决议程序、公司实际控制人信息、公司法定代表人及变更信息、法定代表人的职权等。

(5) 关于公司业务和资产情况。例如，对公司的投资超过了母公司章程规定的限额、公司名下土地和房屋等不动产或其他资产的具体情况（权属、抵押、转让受让、租赁等）、对外签署的合同及履行情况、公司诉讼仲裁情况、公司隐形债务情况、公司对外投资是否违反章程规定的限额、公司是否对外投资无限责任企业、公司（或法定代表人）对外担保情况、公司对外融资贷款情况、公司的关联交易和同业竞争情况、公司纳税信息等。

不过需要注意的是，上述法律尽调内容并没有穷尽股权投资实务中所涉及的方方面面。而且，根据交易对象、交易项目的性质等不同，还需要调整、增加和补充特定的内容。例如，在 ESG 日益受关注的大环境下，有关 ESG 的内容也必将被纳入尽调的范围中，并且即便同样是 ESG，不同领域涉及的尽调内容也会有所差异，并且将更加复杂、多样和深入，由此也给投资交易的法律尽调工作带来了新的挑战和机遇，见表 1.1:①:

① 《ESG 因素对当今 VCPE 投资的影响和 ESG 尽职调查解析》，载“德勤咨询”，https://www2.deloitte.com/cn/zh/pages/risk/articles/esg-factors-on-vcpe-investment-and-due-diligence.html，2022 年 1 月 2 日访问。

表 1.1 ESG 影响因素

环境	社会	治理
企业对环境保护的投入	工作条件和员工福利	股权结构
生态红线保护	健康和安全生产	贪污受贿/反腐败
污水、固废和环境管理	员工关系和多元化	董事会多元化和结构
碳排放	责任投资	信息披露
节能和绿色办公	性别、反歧视	管理层报酬
员工的环保意识	产品质量	反垄断和反不正当竞争
噪声、光污染	隐私数据保护和网络安全	税务筹划

经过上述各项工作内容，对于最终形成的法律调研报告，可以较好地对项目所在地和项目本身的风险进行评估。笔者建议投资人的合约管理部门和人员充分理解和运用，尤其是在项目实施过程中，如果没有聘请外部律师，法律调研报告有助于提高合约管理人员的风险意识，并将是很好的法律指导手册，可以作为后续交易和投后管理的重要参考。

（三）跨境股权投资的法律尽调

俗话说“台上一分钟，台下十年功”，股权投资涉及的法律问题纷繁复杂，不论是前期接触磋商还是实质性的谈判，不论是境内股权投资还是跨境股权交易，详尽的法律尽调报告对于相关信息的调查和法律分析论证，有助于投融资双方全面综合地衡量和考虑股权交易的可行性、经济性，预防和解决潜在的风险和问题，促进交易的顺利进行。

跨境股权投资与境内的股权投资既有相通之处，也存在较大的不同，前者所涉及的法律事务更为复杂。尤其是其中涉及的交易项目的法律适用、相关争议解决、股权投资文件的准据法等，同时涉及两个或者两个以上的国家或地区的法律。因此，跨境股权投资项目通常会有多个国家或者法域的律师参与其中，提供法律尽调和项目交易服务。

对于投资人而言，提前熟知标的公司和股权投资所在国的投资环境和法律环境仍然是跨境股权投资项目决策的重要前提工作之一。对于股权投资所涉及的法律法规规范的调研是前期工作的重要内容之一，其内容不仅包括了本国对于跨境股权投资的各类审批、投资所涉的各类程序、投资负面清单、双边条约和国际条约参与情况等，也包括东道国对于外国投资的法律和政策、市场准入、行业限制和禁止、资金汇入和汇率、进出口许可、劳工保护等，而对于境内法律环境调研所涉及的内容，除法律、法规和规章外，政策方面的指导文件也有一定的借鉴作用。前述这些工作既可以提前单独进行，也可以在项目交易前将对法律规范的调研与项目本身的部分法律调研结合起来进行。

针对跨境股权投资和交易进行法律尽调所需要了解的信息，包括前述关于公司的设立和存续信息、公司出资的信息、公司股东和股权的信息、公司治理方面的信息、公司业务和资产信息。此外，诸如出售股权的主体信息、标的公司是否有股权激励机制及其安排、东道国的合规要求、股权交易中适用法律的特别规定、纽约公约和国际投资争端解决机制的签署和执行情况也都是需要重点进行法律尽调和法律分析论证的内容。

最后，需要注意的是，实务中很多时候股权交易和资产交易有着密不可分的关系，结合具体交易项目的目的和交易结构的不同，股权投资的目的就是获得相应的资产。此时，标的公司特定资产与股权交易的关系、股权投资是否必然能获得相应的公司资产、特定资产（如矿业权、油气资产、专利技术、房地产、基础设施项目）能否通过股权投资方式获得都有必要结合相关的法律尽调信息进行综合分析和考虑，并为后续可能采用的交易结构设计提供有理有据有利的参考。

(四) 股权投融资中的反向尽调

兵法有云“知己知彼，百战不殆”，作为一项复杂的商业交易活动，股权投资交易也犹如没有硝烟的战场，在双方进行深入接触之前，熟悉彼此是友好合作的关键前提之一。并且，鉴于近年来投资发展的趋势和市场特点，以及交易双方对于投融资理念的日趋理性化，实务中接受投资的一方也越来越多地关注投资人的情况。在私募股权投资和大型的股权并购交易中都有类似的对投资人进行反向尽调的做法。

一般情况下，进行反向尽调的内容通常会包括提供资金方的主体身份、非自然人投资方的成立时间和注册地、投资人的声誉、口碑和资历、投资人的相关业绩、投资人的投资理念与目标公司的融合度、投资人的治理结构、投资人的决策机制、投资人的特殊投资偏好、投资人的资金实力、投资人的资源、投资人对于投资后管理的要求、拟投资的资金来源、拟投资的资金结构。若是接受私募股权投资，则还有必要了解作为 LP 的管理团队的相关信息。

虽然在实务中进行反向尽调的做法并不普遍，与通常的尽调相比，其涉及的内容也较为简要。但是，在较大金额的股权投融资项目和跨境股权交易项目中，根据交易对手的信息进行适当的反向尽调，对于确保交易安全和推进仍有必要。

（五）有关法律尽调的商业案例

商业实践中，由于没有进行法律尽调或者法律尽调不到位等导致投资失败的例子不胜枚举。在陈某与某烟草公司股权转让纠纷案件①中，其争议的根源既来源于交易一方未聘请律师对交易合同进行审核，也没有对交易所涉及的审批等事项进行事先的尽调，导致该交易项目最终落空，并且费尽周折通过几年的诉讼才拿回最初的投资款。然而，不论是在财力、物力方面，还是在商业机会方面，都造成了难以弥补的巨大损失。同样，跨境交易也需要进行详细的法律尽调工作。

由此可见，股权投资中的尽职调查工作不仅不能省略，也不能敷衍应付，而是应当加大投入和力度。从风险预防和解决的角度来看，尽职调查反而应当细致、详尽，寻找蛛丝马迹，及早发现问题并解决才是尽调的真正目的，最终才能有效地保障交易的顺利进行。

而另一方面，从司法实践来看，在涉及公司股权投融资的担保中，也对交易人的审查义务提出了更高的要求，如果交易方没有对相关的法律文件进行审查，则可能由此承担不利的法律后果。

① 《陈某与某烟草公司股权转让纠纷申请再审民事裁定书》，载中国裁判文书网，https：//wenshu.court.gov.cn/website/wenshu/181107ANFZ0BXSK4/index.html? docId = 9df9fcda2fde45d7adf5f2ff6fe7c6d7，2022 年 7 月 12 日访问。

例如，在某担保公司与某房地产公司、某贸易公司等追偿权纠纷案[①]中，经法院审理查明，谢某以某房地产公司法定代表人的身份向某担保公司出具了《反担保保证书》，该保证书上有某房地产公司的公章以及谢某本人的签字。后经刑事案件判决书认定，前述保证书上的某房地产公司公章系谢某私刻后加盖，故谢某系超越职权出具了前述保证书。法院认为，公司法在公司对外担保事项上对法定代表人的权力进行了法定限制，因此在判断公司法定代表人违反该规定越权签订担保合同是否有效时，还应考察该行为是否构成民法典第504条规定的表见代表，相对人是否尽到了合理的审查义务，是否为善意等因素。具体到本案，谢某出具《反担保保证书》时未提供董事会或者股东会决议等相关文件，而某担保公司作为专门从事担保业务的专业机构，本应对谢某是否越权尽到更为谨慎的审查义务，但其并未进行形式上的审查，因此不构成善意。与此相应，谢某越权出具《反担保保证书》的行为不构成表见代表，某房地产公司不应对谢某的越权担保行为承担保证责任。

该案例明确了交易相对方应当尽到谨慎的审查义务，否则将承担不利的法律后果。这一案例也可以当作股权投融资交易中同样应当注意进行反向尽调的教训和借鉴。

综合来看，从法律和商业角度来看，不论是投资人还是融资方，进行必要的有深度的尽职调查，可以有效地揭示交易中可能存在的不同问题和风险，提前预防和解决疑难杂症，同时，所有这些也都是为了更好地促成股权投融资交易。

---

① 《某担保公司与某房地产公司、某贸易公司等追偿权纠纷申诉、申请民事裁定书》，载中国裁判文书网，https：//wenshu. court. gov. cn/website/wenshu/181107ANFZ0BXSK4/index. html？ docId = 3cb7e66a34a44b58b32ea74301041895，2022 年 7 月 12 日访问。

第二章 股东和股权

概 述

如前文所述，股权所对应的是具有股东资格的人，即股东。自公司依法设立后，投资人依照出资协议的约定缴纳出资、交付资产开始，出资人即取得股东的身份和资格，也即应当享有股东的相应权利、承担相应义务。

而在现实的股权投融资实务中，由于融资、担保、信誉等影响因素，投资人一方通过“代理人持股”的方式进入目标公司的情形也经常发生。在这种情况下，实际股东不参与公司的运营决策，由此产生一系列涉及名义股东、实际股东之间以及两者与目标公司、其他股东、债权人之间的错综复杂的法律关系，需要引起股权投融资各方的关注。

随着股权投资热度的提升、政策的引导，股权投资越来越被重视，除传统的自然人投资外，各类投资主体也纷纷加入其中，开展多样性、结构化的投资，对于其中涉及的法律风险和监管风险也有必要作为投融资的重要考虑因素。

一、股东与出资

公司法改革后，除特殊行业外，公司的注册资本从原来的实缴制变成认缴制。因此，股东的出资较以前更为灵活。但在出资方式方面则仍然延续了原来的规定。出资完成之后，出资人获得股东的身份，而用于出资的财产则归于公司所有。鉴于出资和增资存在一定的共性，且有时候相互交织在一起，因此，适用于出资的规则一般也同样对增资行为有效。

（一）出资方式

出资方式是股东出资的重要考虑因素。根据公司法的规定，除法律、行政法规规定不得作为出资的财产外，股东可以用货币出资，也可以用实物、知识产权、土地使用权等可以用货币估价并可以依法转让的非货币财产作价出资，对作为出资的非货币财产应当评估作价，核实财产，不得高估或者低估作价。在一些特殊的公司中，如涉及基础设施建设的项目公司，其出资也一样，如果股权投资以土地等实物投入或无形资产投入，则应当依法进行评估，合理确定价值，股权投资支出金额、比例也应当依据项目资本金要求，以及项目公司股权结构合理确定。

投资人以货币方式出资，其处理相对比较简单，而对于非货币出资则需要进行估价。在司法实践中，最高人民法院对于投资人的非货币出资也有明确的规定，例如：

1. 如果出资人以非货币财产出资，但未依法评估作价的，公司、股东、其他投资人股东，以及公司的债权人有权请求法院认定出资人未履行出资义务，法院受理后应当对该财产评估作价；如果评估确定的价额显著低于公司章程所定价额的，则会认定出资人未依法全面履行出资义务。

2. 如果出资人以房屋、土地使用权或者需要办理权属登记的知识产权等财产出资，已经交付公司使用但是未办理权属变更手续，公司、公司其他股东或者公司债权人主张认定出资人未履行出资义务的，法院应当责令当事人在指定的合理期间内办理权属变更手续，若按时办理权属变更手续的，应当认定其已经履行了出资义务；出资人主张从实际交付财产给公司使用时享有相应股东权利的，法院应当予以支持。

非货币的出资方式较为广泛，如《企业财务通则》第14条规定："企业可以接受投资者以货币资金、实物、无形资产、股权、特定债权等形式的出资。其中，特定债权是指企业依法发行的可转换债券、符合有关规定转作股权的债权等。企业接受投资者非货币资产出资时，法律、行政法规对出资形式、程序和评估作价等有规定的，依照其规定执行。企业接受投资者商标权、著作权、专利权及其他专有技术等无形资产出资的，应当符合法律、行政法规规定的比例。”其中，实物资产一般是指公司生产经营所需的物品，包括房产、机器设备、办公设备、交通工具、原材料等，而无形资产主要指企业生产经营所需的土地使用权、知识产权及其他权益等。

此外，在股权投资实务中，合伙企业也是经常使用的工具之一，与公司不同，合伙企业的出资方式更具灵活性。根据合伙企业法第16条的规定，合伙人可以用货币、实物、知识产权、土地使用权或者其他财产权利出资，也可以用劳务出资。合伙人以实物、知识产权、土地使用权或者其他财产权利出资，需要评估作价的，可以由全体合伙人协商确定，也可以由全体合伙人委托法定评估机构评估。合伙人以劳务出资的，其评估办法由全体合伙人协商确定，并在合伙协议中载明。这些规定为劳务等智力投资、人力资源的投入提供了一定的法律依据。因此，在实务操作中，综合公司法、合伙企业法的相关内容进行统筹安排不失为一个有效的途径。

（二）出资方式的限制

一般而言，出资自由也是投资人的权利之一。其中既包括出资金额的自由选择，也包括出资方式的自由选择。但是，鉴于股权是公司体系下的核心内容之一，其不仅需要协调和管理公司内部的各类关系，也需要对外面对和处理各类债权债务关系。因此，正如前文所述，依据公司法第27条的规定，投资人的出资可以是货币、实物、知识产权、土地使用权等。但是，诸如商誉、劳务、信用、自然人姓名等不得作为出资。探究其背后的原因就在于这些权益不具备独立的财产属性，通常无法用货币进行估价，并且具有不可转让的特性，或者说其转让存在一定的限制和障碍。

不过，实践中对于前述特许经营权和设定担保的财产是否必然不能作为出资方式也存在不同的理解和观点。例如，基础设施和公用事业的特许权具有行政许可的特性，属于特许权人享有，若特许权人以此出资，则特许权的权利主体将发生变化，不符合特许权应由被授予人专属享有的特点。而对于商业特许权，则因其本身具有商业性，在获得特许权人的同意后作为出资并无法律上的障碍，笔者认为其难点在于考虑如何确定商业特许权的出资估值（特许权具有不可分割性），以及后续投资入股后增值的利益如何分配的风险和争议。这些问题宜由股东之间通过协议来约定，而不宜由法律一刀切予以禁止。与此类似，在重庆某公司诉李某股东出资纠纷案①中，法院就认为商品经销权不是法定的财产性权利，其法律关系建立在特定的权利义务主体之间，不具有可转移性，对其评估作价缺乏法律依据，故商品经销权不能认定为出资。

至于设定担保的财产，因其权利属性存在不确定性，出资后容易因权益变更导致公司的资本发生贬值等变化。为此，最高人民法院也有类似规定，公司、其他股东或者公司的债权人主张用设有权利负担的财产出资的，人民法院应当责令出资人在合理期限内解除出资资产的权利负担，逾期未解除的，认定出资人未依法全面履行出资义务。② 笔者认为，2013 年公司法已经取消法定注册资本制，代之以认缴制，并且也规定了股东未按规定缴纳或者未足额缴纳的，应当予以补足。③ 如果设定担保的财产后续发生权属变更的，公司和其他股东也仍然可以依法要求出资人予以弥补出资，并承担相应的违约责任。因此，在出资阶段即禁止以设定担保的财产出资也并无十分的必要。况且，如果设定担保的财产本身价值远远超过抵押债务，禁止以该财产出资也在一定程度上阻碍了资产的有效利用。

（三）特殊的出资规定

理论上和实务中对于除明示的限制性或者禁止出资的方式外，还有哪些财产或权益可以出资或者不可以出资仍然存在不同的理解和做法。严格来讲，依据“法无明文禁止即可为”和“当事人意思自治”的原则，除前述明确规定不得作为出资的权益形式外，可以出资的方式是多样的。而对于股权投资实务中的以下特殊的出资则更有必要加以重视，需要在投资决策前进行充分的分析和论证。

---

① 《重庆某公司与李某股东出资纠纷一审民事判决书》，载中国裁判文书网，https：//wenshu.court.gov.cn/website/wenshu/181107ANFZ0BXSK4/index.html？ docId = d54ae341ee7947c8beb3c67362533a6f，2022 年 7 月 12 日访问。

② 参见《最高人民法院关于适用〈中华人民共和国公司法〉若干问题的规定（三）》第 8 条。该条原文针对设定权利负担的土地使用权，但其适用的原则应是相同的。

③ 参见《中华人民共和国公司法》第 28 条。

1. 债权出资

债权是指在债的关系中权利主体具备的能够要求义务主体为一定行为或不为一定行为的权利。按照民法理论，债权具有多样性的特点，债权债务关系可以基于合同、侵权、无因管理、不当得利等不同的法律关系产生，其包括金钱债权和非金钱债权。债权的表现形式同样具有多样性的特点。实务中，除金钱外，债权还可以是用债券、票据、合同权利等形式表现出来。

根据公司法的规定，股东除以货币出资外，也可以用实物、知识产权、土地使用权等可以用货币估价并可以依法转让的非货币财产作价出资。这里并没有提到可以用“债权”出资，但是“债权出资”也没有被公司法所明文禁止。按照“法无明文禁止即可为”的法律原则，就目前来看，债权也并不属于法律、行政法规规定的不得作为出资的财产。由此可见，理论上，或者至少在公司法规定层面，债权可以用于出资。

同时，也应当注意到，对于可用于出资的债权，按照债权债务主体的不同，又可以分为股东对第三人的债权和股东对公司的债权两种不同的情形，前者属于基于债权转让的出资方式，而后者则属于债转股形式。这两种不同的债权出资形式有着较为明显的区别。而且，不能忽视的是，在实务当中，并非所有的债权都可以用来作为出资。笔者理解，若是以股东对第三人享有的债权出资则还应当注意一些特殊规则：

（1）用于出资的债权必须是确定的到期债权。如果是债权未经确定或是债权未到期，则意味着债权对应的权利义务具有一定的不确定性，若以此不确定的债权作为出资，则势必导致公司出资和资本金的不稳定，从而无法完全满足公司资本三原则（资本确定原则、资本维持原则和资本不变原则）的要求，同时也是为了避免出现因债权不确定而造成公司额外的负担或义务。

（2）用于出资的债权应当进行评估。如前所述，债权在本质上是一种法律权利，其表现形式既可以是确定的金钱之债，也可以是其他形式的债权，债权本身并不能完全等同于以货币表现的金钱之债。对于那些不是以货币表现的债权出资进行评估，符合公司法关于应当对非货币财产出资进行评估的规定。况且，从预防争议以及证据的角度来考虑，事先进行评估也有助于避免或减少引发出资争议，其理由如下：一是如果不对用于出资的债权进行评估，缺少出资价值衡量标准，事后若公司、其他股东对于出资人是否足额出资产生疑问，容易引发争议；二是由于出资不足的股东负有补足出资的义务，而其他股东也需承担连带责任，如果没有进行事先的评估，则容易在公司、股东之间各自应当在多大的范围内承担补足和连带责任方面发生争议。

（3）用于出资的债权应当是可以转让的债权。股东以享有的对第三人的债权出资实际上属于债权的转让。而根据民法典第545条的规定，债权人可以将债权的全部或者部分转让给第三人，但是根据债权性质不得转让、按照当事人的约定不得转让，以及依照法律规定不得转让的除外。因此，若出资人的某项债权不允许转让，也就意味着公司无法获得对该债权的权利，也就不能作为出资。

（4）不具有人身专属性的金钱之债。民法典第547条规定债权人转让权利的，受让人取得与债权有关的从权利，但该从权利专属于债权人自身的除外。因此，股东若以对第三人享有的债权出资，则应当不具有人身专属性质，比如履行某项特定的义务或行为，否则，无法实现债权转让的目的。

（5）根据债的相对性原则，债权人将债权用于出资时也同样应当遵循通知义务。根据民法典第546条第1款的规定，债权人转让债权，但未通知债务人的，该转让对债务人不发生效力。因此，如果股东不履行通知义务，那么其享有的对第三人的债权也就无法有效地转让给公司，从而无法实现债权出资的目的。

2. 债转股

正如前文所述，债权出资包括股东以对第三人债权出资和股东以对公司的债权转为股权。因此，笔者理解，债权出资也有广义和狭义之分，广义的债权出资即是上述两种形式，而狭义的债权出资则单指股东以对第三人债权出资。严格来讲，债权出资和债转股既有联系又有不同。

债转股作为债权出资的一种特殊形式，简言之是指股东以其对目标公司的债权作为股权进行出资的行为①。它是在不损害其他债权人的前提下，由债权

① 刘俊海：《现代公司法（第三版）》，法律出版社2015年版，第202页。

人与目标公司之间达成一致意见，将债权人依法享有的对目标公司的债权转为公司股权。在债转股中，用来出资的是公司的对外债务，而公司是债务人，债权人以其持有的债权作为出资，转而成为公司的股东，债转股完成之后，公司的负债相应减少，债权人即获得股东的身份和地位，其属于债务重组的范畴。

最高人民法院发布的《关于审理与企业改制相关的民事纠纷案件若干问题的规定》第 14 条规定："债权人与债务人自愿达成债权转股权协议，且不违反法律和行政法规强制性规定的，人民法院在审理相关的民事纠纷案件中，应当确认债权转股权协议有效。"此条司法解释也从司法实践的角度对债权转为股权给予了明确的肯定意见。

在政策方面，《关于鼓励相关机构参与市场化债转股的通知》提出要鼓励私募股权投资基金开展市场化债转股业务，鼓励银行、信托公司、证券公司、基金管理公司等依法依规发行资产管理产品参与市场化债转股，允许外资依法依规投资入股金融资产投资公司、金融资产管理公司开展市场化债转股。并且，国务院也鼓励面向发展前景良好但遇到暂时困难的优质企业开展市场化债转股，包括：(1) 因行业周期性波动导致困难但仍有望逆转的企业；(2) 因高负债而财务负担过重的成长型企业，特别是战略性新兴产业领域的成长型企业；(3) 高负债居于产能过剩行业前列的关键性企业以及关系国家安全的战略性企业。①

不过，任何事物都有两面性，对于债转股也需要注意一些限制性和禁止性的规定以及特殊的规则。例如，银行不得直接将债权转为股权，金融资产投资公司的债权转股权投资的企业应具备特定的条件②等。

实务中，债转股包括股东变更但不改变公司的注册资本、债转股后公司增资、企业改制后的债权出资等形式。

另外，就债权转股权的交易本身而言，也没有改变平等民事主体之间契约行为的法律属性，因此，民法典中的相关规定同样适用于债转股。除前文提及的债权转让的通知义务外，民法典第 538 条规定："债务人以放弃其债权、放

① 2016 年《国务院关于积极稳妥降低企业杠杆率的意见》(国发〔2016〕54 号)。

② 《金融资产投资公司管理办法（试行）》第 35 条。

弃债权担保、无偿转让财产等方式无偿处分财产权益，或者恶意延长其到期债权的履行期限，影响债权人的债权实现的，债务人可以请求人民法院撤销债务人的行为。”第539条规定：“债务人以明显不合理的低价转让财产、以明显不合理的高价受让他人财产或者为他人的债务提供担保，影响债权人的债权实现，债务人的相对人知道或者应当知道该情形的，债权人可以请求人民法院撤销债务人的行为。”对此，在涉及债转股的交易中，确定合理的转让价格不仅是一个重要的商业考量因素，也是重要的法律考量因素。

3. 股权出资

股权本身是股东对公司享有的权益的体现。相较于债权出资，对于股权本身作为出资方式是否允许，法律并没有特别的规定。公司法规定的出资方式包括“实物、知识产权、土地使用权等可以用货币估价并可以依法转让的非货币财产”。公司法既没有直接说可以用股权出资，也没有明确说不可以用股权出资，这给实务操作带来了不确定性。幸好，《最高人民法院关于适用〈中华人民共和国公司法〉若干问题的规定（三）》明确了出资人可以其他公司的股权进行出资，为股权出资提供了依据。

目前在实务中，以股权出资已成为较常见的方式之一。结合相关规定，若以股权出资的，该股权应当权属清楚、权能完整、依法可以转让。并且，如果拟出资的股权存在下列情形的，则不得用作出资：

（1）已被设立质权；

（2）股权所在公司章程约定不得转让；

（3）法律、行政法规或者国务院决定规定，股权所在公司股东转让股权应当报经批准而未经批准；

（4）法律、行政法规或者国务院决定规定不得转让的其他情形。

对于外商投资企业的股权出资也适用同样的规则，即用作出资的股权应当权属清晰、权能完整，依法可以转让；股权企业为外商投资企业的，该企业应依法批准设立，符合外商投资产业政策。属于以下情形的，股权不得用于出资：

（1）股权已被设立质权；

（2）股权已被依法冻结；

（3）股权企业章程（合同）约定不得转让的股权；

（4）房地产企业、外商投资性公司、外商投资创业（股权）投资企业的股权；

（5）法律、行政法规或者国务院决定规定股权转让应当报经批准而未经批准；

（6）法律、行政法规或者国务院决定规定不得转让的其他情形。

并且，应当注意的是，若是出资人以其他公司的股权作为出资，只有符合下列条件才会被认定为出资人已履行出资义务：

（1）出资的股权由出资人合法持有并依法可以转让；

（2）出资的股权无权利瑕疵或者权利负担；

（3）出资人已履行关于股权转让的法定手续；

（4）出资的股权已依法进行了价值评估。

如果股权出资不符合前款三项的规定，公司、其他股东或者公司债权人请求认定出资人未履行出资义务的，首先应当责令该出资人在指定的合理期间内采取补正措施，以符合股权出资条件；逾期未补正，则应当认定未依法全面履行出资义务。当然，从商业角度考虑，如何合理地对投资股权进行估值定价是各方着重衡量的因素。

而在涉及外资的股权出资中，不被允许用于投资的股权除股权已被设立质权、股权已被依法冻结、股权企业章程（合同）约定不得转让的股权等情形外，还包括股权企业的注册资本未缴足、未按规定参加或未通过上一年度外商投资企业联合年检的外商投资企业的股权、房地产企业、外商投资性公司、外商投资创业（股权）投资企业的股权、法律、行政法规或者国务院决定规定股权转让应当报经批准而未经批准，以及法律、行政法规或者国务院决定规定不得转让的其他情形。

此外，还需要注意的是若是股东以其持有的外商投资企业股权出资，该企业应依法批准设立，符合外商投资产业政策。而且，股权出资后，被投资企业和股权企业及其直接或间接持股企业应符合《指导外商投资方向规定》等外商投资相关规定；不符合有关规定的，应在申报股权出资之前剥离相关资产、业务或转让股权；境内外投资者不得以股权出资方式规避外商投资管理。

4. 非货币出资比例

除前述的货币、债权和股权等出资方式外，公司法还允许以其他可估价的非货币财产进行出资，如技术、知识产权等无形资产，这在一些高新技术产业、文化传媒产业的股权投资中较为普遍。这里需要注意的是出资比例和期限的相关规定。

在2013年之前的公司法中，曾规定非货币出资的比例不低于有限责任公司注册资本的30%。在外商投资企业中，规定了中外合资经营企业的各方可以现金、实物、工业产权等进行投资。其中外国合营者的投资比例一般不低于合营企业注册资本的25%，否则属于内资企业，而对于外国合营者作为投资的技术和设备，必须确实是适合我国需要的先进技术和设备，中国合营者的投资可包括为合营企业经营期间提供的场地使用权。

2013年公司法修订之后，实行注册资本认缴制并取消了非货币出资比例的限制，以及2020年外商投资法实施后对于外商投资企业的组织形式、组织机构及其活动准则应适用公司法、合伙企业法等法律的规定，前述的关于非货币出资的限制规定都将不再适用。对于投资人而言，除特殊行业外，有关出资方式和各类出资的比例等问题都可由各方自由协商约定。并且，按照相关的规定，对于非上市公司的技术入股，还可以获得一定的税收优惠。

不过，对于技术、知识产权等非货币出资形式，一方面遵循相对自由的原则，另一方面也仍然需要遵循依法评估、差额补充责任等公司法中通行的股东义务和责任。例如，在公司成立之后发现作为设立公司出资的非货币财产的实际价额显著低于公司章程所定价额的，应当由交付该出资的股东补足差额，并且公司设立时的其他股东还需承担连带责任①。

（四）出资期限

2013年公司法修订之后，除特定行业外，注册资本以股东认缴为准，不再予以实缴。这里的认缴不仅包括认缴出资的金额（无上限或下限），也包括认缴出资的期限。由于法律、行政法规并没有对出资期限作强制性的规定，企业

① 参见《中华人民共和国公司法》第30条。

要做百年老店的愿景也无时不在、无处不在，因此实务当中，在投资协议和公司章程中约定长达几十年、上百年的出资期限也屡见不鲜。

但是，注册资本毕竟是“公司最基本的资产，确定和维持公司一定数额的资本，对于奠定公司的基本债务清偿能力，保障债权人利益和交易安全都有重要价值。股东出资是公司资本确定、维持原则的基本要求。出资是公司股东最基本、最重要的义务，同时也是公司法规定的股东必须承担的法定义务”。[①] 公司的注册资本、股东的出资额度和出资期限在很大程度上会影响一项交易。如果股东出资不足、不及时，那么在信息不对称的情况下，势必会影响交易和债权人利益，因此，对于股东的出资期限，包括货币出资和非货币出资，似乎也应该有所规制。

1. 股东出资期限利益

就现行公司法而言，当认缴制下公司出现“资不抵债”、无力偿还到期债务时，在如何保护债权人的问题上，可分为两种不同的情形，一种情形是公司因资不抵债而破产或解散。依据企业破产法第 35 条之规定，人民法院受理破产申请后，债务人的出资人尚未完全履行出资义务的，管理人应当要求该出资人缴纳所认缴的出资，而不受出资期限的限制。在《最高人民法院关于适用〈中华人民共和国公司法〉若干问题的规定（二）》第 22 条第 1 款中也有类似规定。这也就意味着破产和解散等案件中，股东对于认缴而未实际缴纳的出资负有加速出资的责任[②]。对此种情形，理论和实践已经基本取得了一致意见。另一种情形是公司不能清偿债务但是还没有破产情形下股东是否承担加速出资义务。其主要的依据是《公司法》第 28 条：“股东应当按期足额缴纳公司章程中规定的各自所认缴的出资额。”“股东不按照前款规定缴纳出资的，除应当向公司足额缴纳外，还应当向已按期足额缴纳出资的股东承担违约责任。”以及《最高人民法院关于适用〈中华人民共和国公司法〉若干问题的规定（三）》第 13 条第 2 款规定的“公司债权人请求未履行或者未全面履行出资义务的股东在

---

① 《某资产管理公司与某工贸公司、红雁池某公司、苇湖梁某公司等借款合同纠纷案》，载最高人民法院网站，网址 http：//gongbao. court. gov. cn/Details/6b65041957acaa1cfa5de0e261b231. html？sw，2022 年 7 月 12 日访问。

② 刘浩然：《论股东出资期限中的自由与限制》，载《时代法学》2017 年第 5 期。

未出资本息范围内对公司债务不能清偿的部分承担补充赔偿责任的，人民法院应予支持”。但司法解释的此条规定一般被认为适用于被诉股东未履行或者未全面履行出资义务的情况①，而对于该条规定是否适用于非破产或解散情形下的债务清偿问题则有着不同的理解。目前理论界对此问题存在几种不同的观点：

（1）否定说，即出资未到期的股东不承担加速出资责任。其理由在于，公司资本法定制度变革后，注册资本作为公司债权人一般财产担保的基础被动摇，债权人对股东的出资诉请，如果与公司章程规定的出资额度、出资期限相吻合的话，其主张有可能实现，因此，没有必要要求股东承担此项责任。换言之，根据民法的一般原理，公司章程既然已经规定了股东缴付出资的期限，那么在期限届满之前股东有权拒绝公司的缴付请求。并且，加速出资涉及对股东出资期限利益的限制，目前尚缺少具体的法律依据。如果公司对外欠付的债务达到破产或解散的条件，那么应该通过破产程序等处理，而不是依据普通的民事债的关系请求股东加速出资。

（2）肯定说，认为股东出资责任加速到期具有正当基础。其理由在于虽然公司章程对股东出资期限作了特别规定，但公司一旦陷入不能清偿债务的境地，股东的期限利益应该随即丧失，债权人有权依据公司法的相关规定请求股东承担补充赔偿责任②。公司章程关于出资期限的规定并不能对抗第三人。在认缴制下，股东的出资义务相当于股东对公司承担的一种担保责任，即当公司无力清偿到期债务时，通过出资义务加速到期的方式即可以解决债务清偿问题，应当许可此时出资义务加速到期，债权人可以直接向股东主张清偿债务，也即股东应在认缴范围内替代清偿，这有利于对债权人的有效和严格保护③，并且，加速出资还具有救济成本低、效益高之优势④。

（3）折中说，即出资责任是否加速到期视情况而定。该观点认为，除经营

① 李建伟：《认缴制下股东出资责任加速到期研究》，载《人民司法（应用）》2015年第9期。

② 李建伟：《认缴制下股东出资责任加速到期研究》，载《人民司法（应用）》2015年第9期。

③ 王涌：《论公司债权人对未实缴出资的股东的请求权》，载《公司法评论》2015年第25辑。

④ 赵旭东：《资本制度变革下的资本法律责任——公司法修改的理性解读》，载《法学研究》2014年第5期。

困难和侵权等非自愿发生的债权债务等特殊情形外，一般不能要求未届期的股东按《最高人民法院关于适用〈中华人民共和国公司法〉若干问题的规定（三）》第13条第2款的规定承担补充赔偿责任。该观点似乎是在调和肯定说和否定说之间的冲突，但并未从本质上解决问题，违反了债权平等原则[①]，容易因个案的区别产生根本过度自由裁量等问题，况且对于经营困难的理由本身也就是加速出资所面临和解决的问题，似乎应归入肯定说的范畴。

值得注意的是，上述两个案件均发生在上海市不同的基层法院。由此可见，全国各地不同省、市的高级人民法院、中级人民法院、基层人民法院，以及不同的商事仲裁机构对于股东是否加速出资问题所给出的答案也存在千差万别的可能性。实务中，即使是对于认可或者不认可加速出资，法院给出的理由也各不相同。上述观点和判决结果的不同，导致所涉及的相关问题的处理和解决就变得更具不确定性，某些出资人和股东规避出资期限的做法实际上也影响了正常的商业交易行为，而且长此以往更有可能破坏良好的市场秩序。

为解决司法实践的不一致，最高人民法院《全国法院民商事审判工作会议纪要》规定，在注册资本认缴制下，股东依法享有期限利益。债权人以公司不能清偿到期债务为由，请求未届出资期限的股东在未出资范围内对公司不能清偿的债务承担补充赔偿责任的，人民法院不予支持。但是，下列情形除外：（1）公司作为被执行人的案件，人民法院穷尽执行措施无财产可供执行，已具备破产原因，但不申请破产的；（2）在产生公司债务后，公司股东（大）会决议或以其他方式延长股东出资期限的。

由此可见，基于上述不同司法实践的因素，对于投资人而言，做好前期的尽调以及相应的保障措施，最大限度地降低投资风险，就显得尤为重要。当出现纠纷时，采用不同的司法救济途径对于各方权利的实现也有不同的路径。

2. 出资转让的认缴

另外，应当注意的是，《最高人民法院关于适用〈中华人民共和国公司法〉若干问题的规定（三）》第19条关于“未履行或者未全面履行出资义务”的规定主要针对的是股东拒绝出资、虚假出资、抽逃出资等违反出资义务的不法

---

① 李建伟：《认缴制下股东出资责任加速到期研究》，载《人民司法（应用）》2015年第9期。

行为，与认缴资本制下股东享有的出资期限利益有着本质的区别。

对于认缴期限内股权出让人的责任，理论上有两种观点：（1）出让人免责说，股权转让得到公司的认可即视为公司同意债务移转，出让人退出出资关系，不再承担出资义务；（2）出让人承担责任说，虽然认缴期限内的股权转让符合债权债务的概括移转，但股权转让涉及公司利益的组织法问题，认缴责任是对公司的责任，不能任意移转。

而对于已届期的未实缴出资股权转让后的责任归属问题，理论界也存在两种观点：（1）出让人承担出资责任。持该种观点的学者坚守法定资本制下的出让人足缴义务，以保障公司的实收资本，进而使公司对外产生资本信用。（2）出让人承担主要责任，受让人视主观状态而定。学者认为，出让人因从未实缴出资股权转让中获利而难逃继续履行出资义务，受让人则要视其是否知情而有所区别，知情则亦要承担。也有法院认为，股东通过全部出让股权的方式退出公司，不涉及公司资本减少，无须受限于公司资本管制，但出让股东未全面出资就转让股权的，仍负担补足出资义务。

笔者认为，在认缴制下，股东享有法定的出资期限利益，因此，除非双方另有约定，在出资期限尚未届满的情况下，股东转让其股权后，股权受让人应当知悉出资尚未缴足的情形，出资责任归属规则可以参照债务承担理论，转让全部未实缴出资股权由受让人承担；转让部分未实缴出资股权则由出让人和受让人各自对应当实缴的部分作出明确约定，否则依据商事外观主义理论，应由受让人承担约定不明部分的出资义务①较为合理；而如果出让方在出资期限已经届满时仍未履行出资义务的，丧失期限利益，其仍不履行出资义务将构成对公司的违约，因此应由转让方区分对内对外的不同承担赔偿责任为宜。

二、股权和股东身份

基于股权投资所带来的巨大经济效益，而股权和股东身份两者之间又密不可分，因此股东身份的确定就显得尤为重要。通常情况下，股东出资即可天然

---

① 刘敏：《论未实缴出资股权转让后的出资责任》，载《法商研究》2019年第6期。

地享有股权，而享有股权者也应当是股东。然而，生活是丰富多彩的，商事活动和商业交易更是纷繁复杂，实务中关于股权和股东身份的问题远不是非黑即白般的简单和直接。

事实上，股权投资实务中涉及的股东资格也往往是问题百出、错综复杂。例如，出资人是否一定是股东？工商登记中的股东是否就真的是股东？没有登记的投资人能否成为股东？等等，这些都是股权投资实务中常见的问题，然而其背后却隐藏着重大的风险。

（一）股东资格及限制

投资自由属于民事主体的基本权利，包括是否投资从而获得股东资格，或者向谁投资、投资额度和方式等，均应由民事主体自行决定，这也是民事主体权利能力的具体体现。一般而言，如果没有特殊的规定，股东的资格并没有特定限制。

1. 股东的范围

依据民法典的相关规定，民事主体的范围相当宽泛，包括自然人、法人和非法人组织，其中法人又分为营利法人（有限责任公司、股份有限公司和其他企业法人）、非营利法人（事业单位、社会团体、基金会、社会服务机构）和特别法人（机关法人、农村集体经济组织法人、城镇农村的合作经济组织法人、基层群众性自治组织法人）。而非法人组织则包括个人独资企业、合伙企业、不具有法人资格的专业服务机构等。结合民法典、公司法、外国投资法、政府投资条例等相关法律法规的规定，能够成为股东的民事主体的范围和类型也具有广泛性的特点，可以大致分为以下几类：

（1）自然人，包括私营企业主、个体工商或者其他公民个人（未成年人、无民事行为能力人和限制民事行为能力人）；

（2）法人，具有法人资格的事业单位、社会团体和民办非企业单位；

（3）不具备法人资格的个人独资企业、合伙企业；

（4）农村集体经济组织或者村民委员会、具有投资能力的城市居民委员会；

（5）外商投资企业和外商投资者；

（6）其他可以成为股东的主体。

就上述股东主体范围而言，是较为广泛的，理论上和原则上，只要是民事主体都可以成为股东，包括因为出资行为、继受取得或者善意取得，无论股东是否具有相应的民事行为能力。

2. 股东资格的限制

当然，任何事情都不是绝对的。民事主体的投资自由也并不意味着没有任何限制。按照公司法以及其他相关的法律法规、政策的规定，目前不能成为公司股东的主体可以分为如下几种类型：

（1）政府机构等公法人原则上不能进行投资，其理由在于政府机构的职能是提供社会公共服务，不应以投资、营利为目的。否则，在强大的国家机器面前，无法保障交易的公平性和合理性，而且也容易导致腐败。不过，例外的情况下，国家或有权代表国家投资的政府部门或机构可以成为股东。例如，《改革国有资本授权经营体制方案》提出，国务院授权国资委、财政部及其他部门、机构作为出资人代表机构，对国家出资企业履行出资人职责。与此类似，各部门行政单位和参照公务员法管理的单位，不得将国有资产用于对外投资。其他事业单位应当严格控制对外投资，不得利用国家财政拨款、上级补助资金和维持事业正常发展的资产对外投资。

（2）公司不能成为自己的股东。公司法第 142 条明确规定，公司不得收购本公司股份。公司收购本公司股权后，应当将其转让给公司股东或第三人，或者进行减资处理，而不得继续持有，变成公司自己的股东。但是，也应当注意到，在一些例外的情况下，公司可以回购股权，这些例外情况包括：①减少公司注册资本；②与持有本公司股份的其他公司合并；③将股份用于员工持股计划或者股权激励；④股东因对股东大会作出的公司合并、分立决议持异议，要求公司收购其股份；⑤将股份用于转换上市公司发行的可转换为股票的公司债券；⑥上市公司为维护公司价值及股东权益所必需。另外，《最高人民法院关于适用〈中华人民共和国公司法〉若干问题的规定（五）》规定，当事人协商一致由公司回购部分股东股份以解决分歧，且不违反法律、行政法规的强制性规定的，人民法院应予支持。由此可知，公司原则上不能成为自己的股东，否则在逻辑上和股东利益保护上都存在疑问。同样，分公司不具有独立享有权利承担义务的法人资格，因而不得成为公司股东。

（3）法律法规规定兴办经济实体的会计师事务所、律师事务所、审计事务所和资产评估机构等专业机构，不能对外投资成为股东。高校除对高校资产公司进行投资外，不得再以事业单位法人的身份对外进行投资。高校以出资人身份向高校资产公司派出董事会和监事会成员，董事会和监事会依据公司法的规定行使相应职权。

（4）公司章程规定不得成为股份有限公司股东的人。现行公司法规定了如个人所负数额较大的债务到期未清偿，禁止成为董监高等人员的情形。但并没有直接规定禁止成为股东的人员。如果章程对于股东资格有特别规定的，则应当按照意思自治的原则予以认可和保护。

（5）特殊身份人员不得成为公司股东。其中包括：①公务员不得从事或者参与营利性活动，在企业或者其他营利性组织中兼任职务；②现役军人不得经商；③党政机关及隶属该机关编制序列的事业单位的干部和职工；④党和国家机关的退（离）休干部，不得兴办商业性企业，以及县以上工会、妇联、共青团、文联以及各种协会、学会等群众组织的退休干部也不得设立公司。

（二）股东身份的确定

正如前文所述，只有股东才享有股权，因此股东身份的确定是享有股权的前提。实务中，能够体现股东身份的文件包括股东协议、出资协议、公司章程、出资证明书、股东名册、工商登记等。当然，由于现实的复杂多样，对于股东身份的确定，需要综合分析和考虑。

根据公司法第 31 条的规定，有限责任公司成立后，应当向股东签发出资证明书并由公司盖章确认。出资证明书应当载明下列事项：（1）公司名称；（2）公司成立日期；（3）公司注册资本；（4）股东的姓名或者名称、缴纳的出资额和出资日期；（5）出资证明书的编号和核发日期。公司法第 32 条规定，有限责任公司应当置备股东名册，并记载股东的姓名或者名称及住所、股东的出资额、出资证明书编号等事项。记载于股东名册的股东，可以依股东名册主张行使股东权利。

尽管有上述规定，但实务中不签发出资证明书或者不编制股东名册的情形非常普遍。笔者理解，根据公司法的上述规定，在出现股东纠纷时，出资证明书和股东名册是可以用于证明出资人的股东身份的直接证据，因此在实务中应当予以重视。

但也注意到，没有这些股东身份文件，也并非不能获得股东身份、享有股东权利，笔者认为股东身份系以出资人的出资行为这一事实为基础，并不能因为欠缺上述文件或者工商登记而有所不同。对此，《最高人民法院关于适用〈中华人民共和国公司法〉若干问题的规定（三）》第24条规定，当事人依法履行出资义务或者依法继受取得股权后，公司未按照规定签发出资证明书、记载于股东名册并办理工商登记，当事人有权请求公司履行上述义务。

（三）隐名股东

如前文所述，记载于股东名册和工商登记中的股东通常即为实际的出资者，然而现实中未实际出资者以股东身份记载在公司章程、股东名册甚至是工商登记中也并不鲜见。这就是实务中常见的隐名股东和股份代持现象。

隐名股东，是指实际向公司出资或认购出资，但基于规避法律规定或其他原因，对其股东身份并未进行工商登记及公司内部记载，从而不具备股东资格形式特征的出资人。隐名股东大多通过股权代持协议来实现权益享有和义务承担的目标，从而形成隐名股东与显名股东之间的法律关系，显名股东与公司、公司其他股东以及公司债权债务人之间的多重法律关系。

司法实践中，对于隐名股东和股权代持的纠纷处理有以下一些规则可作为依据：(1) 有限责任公司的实际出资人与名义出资人订立合同，约定由实际出资人出资并享有投资权益，以名义出资人为名义股东，实际出资人与名义股东对该合同效力发生争议的，如没有民法典规定的导致合同无效的情形，人民法院应当认定该合同有效。(2) 如果实际出资人与名义股东因投资权益的归属发生争议，实际出资人以其实际履行了出资义务为由向名义股东主张权利的，人民法院应予支持。(3) 名义股东以公司股东名册记载、工商登记为由否认实际出资人权利的，人民法院不予支持。(4) 实际出资人未经公司其他股东半数以上同意，请求公司变更股东、签发出资证明书、记载于股东名册、记载于公司章程并办理工商登记的，人民法院不予支持。

随着金融风险的加大，对名为融资租赁合同、保理合同，实为借款合同的，应当按照实际构成的借款合同关系确定各方的权利义务，防范当事人以预扣租金、保证金等方式变相抬高实体经济融资成本。

然而，尤其值得关注的是，尽管股权代持的一般原则是不否定其效力，但是最高人民法院也有与之相反的判决，特别是在一些特殊的主体或者行业或者领域。例如，在上诉人某投资公司与被上诉人某实业公司以及原审第三人某保险公司营业信托纠纷案件①中，最高人民法院就判决双方签订的《信托持股协议》违反了原中国保险监督管理委员会《保险公司股权管理办法》的禁止性规定，损害了社会公共利益，因此依法认定为无效。在对代持股协议的效力进行的具体分析中，最高人民法院认为：

第一，《保险公司股权管理办法》在法律规范的效力位阶上虽属于部门规章，并非法律、行政法规，但原中国保险监督管理委员会是依据保险法授权，为保持保险公司经营稳定，保护投资人和被保险人的合法权益，加强保险公司股权监管而制定。因此，该管理办法禁止代持保险公司股权的规定与保险法的立法目的一致，都是为了加强对保险业的监督管理，维护社会经济秩序和社会公共利益，促进保险事业的健康发展。

第二，《保险公司股权管理办法》系原中国保险监督管理委员会在本部门的职责权限范围内，根据加强保险业监督管理的实际需要具体制定，该内容不与更高层级的相关法律、行政法规的规定相抵触，也未与具有同层级效力的其他规范相冲突，同时其制定和发布亦未违反法定程序，因此管理办法关于禁止代持保险公司股权的规定具有实质上的正当性与合法性。

第三，从代持保险公司股权的危害后果来看，允许隐名持有保险公司股权，将使得真正的保险公司投资人游离于国家有关职能部门的监管之外，如此势必加大保险公司的经营风险，妨害保险行业的健康有序发展。加之由于保险

---

① 《某投资公司、某实业公司营业信托纠纷二审民事裁定书》，载中国裁判文书网，https：//wenshu. court. gov. cn/website/wenshu/181107ANFZ0BXSK4/index. html？ docId = 8b545b13f8484a8c886ca8cc01100de1，2022 年 7 月 14 日访问。

行业涉及众多不特定被保险人的切身利益，保险公司这种潜在的经营风险在一定情况下还将危及金融秩序和社会稳定，进而直接损害社会公共利益。

综上，最高人民法院认为，某实业公司、某投资公司之间虽签订有《信托持股协议》，但双方是否存在讼争 4 亿股某保险公司股份的委托持有关系，需依法追加某公司等第三人参加诉讼，进一步查明相关事实后方可作出判定。但无论某实业公司、某投资公司之间是否存在诉争保险公司股份的委托持有关系，由于双方签订的《信托持股协议》违反了原中国保险监督管理委员会《保险公司股权管理办法》的禁止性规定，损害了社会公共利益，依法应认定为无效。

与此相类似，对于上市公司而言，股权清晰也是非常重要的条件，因此应当避免出现隐名股东、股权代持的情形。

此外，对于股权代持行为，一般有口头或者书面的代持协议、委托协议，但是在实务中也有可能是以股权转让方式代持股权，相比较而言，这比一般的股权代持行为更复杂。例如，在霍某、殷某股权转让纠纷上诉案[①]中，法院根据股价转让价格明显不合理和受让方未实际支付价款、受让方明显缺乏实际履行协议的能力、未能充分证明原告有以股权转让作为其服务报酬的意思表示，加上原告方在股份转让协议签署后继续参与经营事务，并支付相关费用等事实，认定该股份转让协议的实际目的为股份代持，而非股权转让。

（四）控股股东

实践中，有一些经常遇到的术语在股权投资和公司经营管理中值得予以关注和区分，如控股股东、大股东、实际控制人、一致行动人、控制型股东、投资型股东、控制权等。

根据公司法的相关规定，实际控制人是指虽不是公司的股东，但是通过投资关系、协议或者其他安排，能够实际支配公司行为的人。控股股东是指其出资额占有限责任公司资本总额 50%以上或者其持有的股份占股份有限公司股本

---

① 《霍某、殷某股权转让纠纷二审民事判决书》，载中国裁判文书网，https：//wenshu. court. gov. cn/website/wenshu /181107ANFZ0BXSK4/index. html? docId = ace6042655c540748d99aba800c3410e，2022 年 7 月 14 日访问。

总额50%以上的股东；出资额或者持有股份的比例虽然不足50%，但依其出资额或者持有的股份所享有的表决权已足以对股东会、股东大会的决议产生重大影响的股东。控股股东对公司具有法律上或者事实上的控制。

上述这些不同的术语最终指向的都是能够影响公司决策的控制权。而公司法对于控股股东、实际控制人等的规定和监管，其中一项重要的考虑就是为了防止和避免出现部分股东利用其掌握的公司控制权和关联关系，进行不正当的关联交易，从而损害公司或者小股东的权益。

《上市公司治理准则》规定了控股股东对公司及其他股东负有诚信义务。控股股东对其所控制的公司应严格依法行使出资人的权利，控股股东不得利用资产重组等方式损害公司和其他股东的合法权益，不得利用其特殊地位谋取额外的利益。这不仅确立了控股股东的诚信义务，也意味着控股股东不应进行有损公司和其他股东利益的关联交易等行为。

关联交易是指公司与关联方之间的交易。理论上认为这些关联交易具有两个本质的特征：其一，关联交易发生在特定关联主体与公司之间；其二，关联交易包括两种关系：一是关联主体与公司之间的关系，二是可能导致利益转移的其他关系。[①] 因此，公司法将关联关系界定为公司控股股东、实际控制人、董事、监事、高级管理人员与其直接或者间接控制的企业之间的关系，以及可能导致公司利益转移的其他关系。

不过，应当注意到，关联交易也并非一律禁止的行为，商业活动的现实性和复杂性也决定了关联交易是不可避免的。但是，为了保障公平合理，不论是上市公司，还是非上市公司，关联交易都必须满足信息透明、对价公允、程序严谨三个必要条件。

（五）一致行动人

一致行动是指投资者通过协议、其他安排（如股东会表决权、董事等高管的人员安排），与其他投资者共同扩大其所能够支配的一个上市公司股份表决

① 施天涛、杜晶：《我国公司法上关联交易的皈依及其法律规制——一个利益冲突交易法则的中国版本》，载《中国法学》2007年第6期。

权数量的行为或者事实。通过一致行动，股东之间、投资人之间、股东和管理层之间形成对某些特定事项共同进退或采取共同策略。一致行动的表现方式是多样的，通常情况下，如果投资者有下列情形之一的，即可构成一致行动人：

（1）投资者之间有股权控制关系；

（2）投资者受同一主体控制；

（3）投资者的董事、监事或者高级管理人员中的主要成员，同时在另一个投资者担任董事、监事或者高级管理人员；

（4）投资者参股另一投资者，可以对参股公司的重大决策产生重大影响；

（5）银行以外的其他法人、其他组织和自然人为投资者取得相关股份提供融资安排；

（6）投资者之间存在合伙、合作、联营等其他经济利益关系；

（7）持有投资者 30%以上股份的自然人，与投资者持有同一上市公司股份；

（8）在投资者任职的董事、监事及高级管理人员，与投资者持有同一上市公司股份；

（9）持有投资者 30%以上股份的自然人和在投资者任职的董事、监事及高级管理人员，其父母、配偶、子女及其配偶、配偶的父母、兄弟姐妹及其配偶、配偶的兄弟姐妹及其配偶等亲属，与投资者持有同一上市公司股份；

（10）在上市公司任职的董事、监事、高级管理人员及其前项所述亲属同时持有本公司股份，或者与其自己或者其前项所述亲属直接或者间接控制的企业同时持有本公司股份；

（11）上市公司董事、监事、高级管理人员和员工与其所控制或者委托的法人或者其他组织持有本公司股份；

（12）投资者之间具有其他关联关系。

一致行动人的目的是保证在某些决策事项上的协同性，确保实现最终表决时的共同意思，以实现和取得对公司的控制权。而在统计表决权时，一致行动人应当合并计算其所持有的股份；投资者计算其所持有的股份，应当包括登记在其名下的股份，也包括登记在其一致行动人名下的股份。而一旦确定了一致行动关系，便为后续的共同提案、共同表决提供了依据。

一致行动人的法律属性并没有统一的界定，但是其本身的合法性应该不存在障碍。只是在涉及首发上市、上市公司治理等事项中，需要进行信息披露和监管核查。同时，一致行动人协议还应按照民法典等法律规定进行规范和调整。

（六）股东除名及其他

如前文所述，股东的身份决定了投资者在公司中享有的各项权益。而投资人的股东身份基于其实际投资行为即可获得，并且即使投资人在出资方面存在瑕疵（如未出资、出资不足、抽逃出资等），也只是在股东权的内容方面受到一定的限制，而不会影响其股东的身份和资格。[①] 实务中，一般理解，为了设立公司而签署公司章程、向公司认缴出资并履行公司设立职责的人，应当认定为股东。

不过，对于未履行出资义务或者抽逃出资的股东，公司法也有相应的约束和处罚机制：一方面，该股东除应当予以补足出资外，公司可以依据公司章程或股东会决议限制其利润分配权、新股有限认购权和剩余财产请求权；该股东应当向其他股东承担出资违约责任，应当就公司的债务在其未出资的本息范围内承担补充赔偿责任，而其他股东则需要向公司或公司的债权人承担连带责任。另一方面，对于未履行出资义务或者抽逃全部出资的股东，如果经公司催告，仍未在合理期间内缴纳或者返还出资的，公司还可以通过股东会决议解除该股东的股东资格。由此可见，股东除名应当满足法定情形、合理催告以及正当程序三个方面的条件，具体来看主要包括：

（1）除名仅适用于股东完全未出资或者抽逃全部出资的情况，如果股东未全面履行出资义务或抽逃部分出资时，则公司不得解除股东资格。

（2）公司在对股东除名之前，应当确定合理的期限催告股东履行缴纳或返还出资。

（3）有权决定解除未履行出资义务或抽逃全部出资股东的股东资格的是股东会，且应当经代表 1/2 以上表决权股东通过。

---

① 《王某与某贸易公司、某餐饮公司股东资格确认纠纷申请再审民事裁定书》，载中国裁判文书网，https：//wenshu. court. gov. cn/website/wenshu/181107ANFZ0BXSK4/index. html？ docId = 6c258c38c22c47c8af899789fdcf781e，2022 年 7 月 14 日访问。

如在某国际贸易公司、宋某与某贸易公司决议效力确认纠纷案①中，二审法院认为，《最高人民法院关于适用〈中华人民共和国公司法〉若干问题的规定（三）》中规定的股东除名权是公司为消除不履行义务的股东对公司和其他股东所产生不利影响而享有的一种法定权能，是不以征求被除名股东的意思为前提和基础的。在特定情形下，股东除名决议作出时，会涉及被除名股东可能操纵表决权的情形。故当某一股东与股东会讨论的决议事项有特别利害关系时，该股东不得就其持有的股权行使表决权。

当然，也有观点认为，《最高人民法院关于适用〈中华人民共和国公司法〉若干问题的规定（三）》的上述规定并非股东除名的法律依据②。笔者认为，上述司法解释是确定股权资格的依据，也是股东除名的法定情形之一，但并非股东除名的全部。应当说，股东除名的适用情形可以来自三个方面的界定：一是公司立法规定严重的瑕疵出资等公认的适用情形；二是公司章程关于除名事由的特别规定；三是将概括的“重大事由”作为有弹性的适用情形，留给司法的有弹性的适用。③

换言之，既然公司法赋予了股东更多的自治权利，股东就可以在公司章程中根据需要对包括股东资格在内的诸多事项进行约定。因此，除法定情形外，公司章程也可以自行约定除名的情形并约束全体股东。实践中，常见的除名事项还包括股东存在损害公司利益的行为、影响公司经营的行为、未全面履行出资义务、违反竞业禁止的情形、存在损害公司或股东利益的刑事犯罪、拒绝履行章程规定的合作义务、长期重病无法行使股东权等事由。

对于章程中有关股东除名的上述约定，属于股东的自由意思表示，且没有违反法律法规的规定，因此属于有效约定。但是，由于股东资格是股东的基本权益，非经法定程序，任何组织及个人不得非法剥夺，因此，除了有约定的事由外，也需要严格按照公司法和公司章程规定的股东会、董事会的职权范围和

① 《某国际贸易公司、宋某与某贸易公司决议效力确认纠纷二审民事判决书》，载中国裁判文书网，https://wenshu.court.gov.cn/website/wenshu/181107ANFZ0BXSK4/index.html?docId=d36cf32f5db84495815db3fe90253d7a，2022年7月14日访问。

② 肖黄鹤：《有限责任公司股东除名制度之裁判解释》，载《人民司法（应用）》2016年第13期。

③ 李建伟：《有限责任公司的股东除名制度研究》，载《法学评论》2015年第2期。

程序进行。

在申诉人张某才与被申诉人某商品交易市场公司决议效力确认纠纷案①中，法院认为，公司章程中“到期资金不到位，视为放弃股权”的条款，属于约定解除权的规定，合法有效；但公司若要解除股东资格，仍需通过召开股东会作出除名决议的方式进行，否则股东资格并不当然丧失。股东会有权作出减资决议但无权作出定向减少某一位股东出资的决议，该种定向减资的决议超越了股东会职权的范围，严重侵害了被减资股东的权利，决议无效。由此可见，股东除名不论是实体还是程序都不是一件简单和容易处理的问题。

至于除名之后的股权处置，主要还是取决于股东之间的约定。因此，在公司章程和股东协议中，有必要同时对除名的事由和被除名股东股权的处置一并进行安排，以避免出现股权纠纷。公司也应当根据处置的结果进行减资或者由其他投资人出资获得对应的股权。

三、其他股权投资主体

在股权投资实务中，投资主体具有多样性的特点。除了自然人之外，国有企业、上市公司、合伙企业、外资企业、基金、信托、保险等都可能成为股权投资主体。只是这些特殊的投资主体需要遵守相应的特殊管理要求。

（一）国企投资主体身份

随着国企混改的提出，国有企业对外进行股权投资和接受外来的股权投资都变得越来越普遍。国企股权投资有其特殊性，这不仅表现在其主体身份的特殊性，也表现在投资方式、投资决策、合规、资产评估等方面的特殊性。

在处理国有企业投资的相关法律问题时，首先需要解决的就是国有企业的身份认定，即什么样的企业属于国有企业。目前实践中，就如何认定国有独资公司和国有企业，不同的行政主管部门采用了不同的标准。

---

① 《张某才与某商品交易市场公司再审民事判决书》，载中国裁判文书网，网址 https://wenshu.court.gov.cn/website/wenshu/181107ANFZ0BXSK4/index.html?docId=d2fa0221a4f14a94942da9160010cff1，2022年7月14日访问。

1. 市场监管主管机关的认定标准

关于国有独资公司，具体是指国家授权的投资机构或者国家授权的部门单独投资设立的有限责任公司。公司法也明确规定了，国有独资公司，是指国家单独出资、由国务院或者地方人民政府授权本级人民政府国有资产监督管理机构履行出资人职责的有限责任公司。由此可知，国有独资公司出资设立的全资子公司不属于国有独资公司。

根据上述规定可知，从工商行政管理机关的角度，以下具有国资背景的企业均不应被认定为“国有企业”或“国有独资公司”：（1）两个或两个以上不同所有制性质的企业法人或事业单位法人共同投资组成的公司或非公司制经济组织，包含国有参股的公司或非公司制经济组织、国有控股的公司或非公司制经济组织；（2）国有独资公司的全资子公司或其全资子公司再全资设立的“孙公司”。

2. 财政部的认定标准

根据财政部的相关规定，在认定国有企业时主要从两个方面进行衡量：

（1）从企业资本构成的角度看，“国有公司、企业”应包括企业的所有者权益全部归国家所有、属企业法调整的各类全民所有制企业、公司（指公司法颁布前注册登记的非规范公司）以及公司法颁布后注册登记的国有独资公司、由多个国有单位出资组建的有限责任公司和股份有限公司。

（2）从企业控制力的角度看，“国有公司、企业”还应涵盖国有控股企业，其中，对国有股权超过50%的绝对控股企业，因国有股权处于绝对控制地位，应属“国有公司、企业”范畴；对国有股权处于相对控股的企业，因股权结构、控制力的组合情况相对复杂，如需纳入“国有公司、企业”范畴，须认真研究提出具体的判断标准。

可见，按照财政部的认定标准，国有企业的认定既要考虑企业资本也要考虑股权比例，其涵盖的范围要比工商行政主管机关的更为广泛。

3. 其他认定标准

（1）国家发改委的认定标准。国有企业系指国有股权合计达到或超过50%的企业。如果持股比例未达到此标准，则不属于国有企业。与此类似，劳动保障部和税务总局也采用50%的股权比例作为认定国有企业的标准。

（2）国资委的认定标准。按照国资委的相关规定，符合下列情形的都属于国有及国有控股企业、国有实际控制企业：①政府部门、机构、事业单位出资设立的国有独资企业（公司），以及上述单位、企业直接或间接合计持股为100%的国有全资企业；②前述所列单位、企业单独或共同出资，合计拥有产（股）权比例超过50%，且其中之一为最大股东的企业；③本条前两款所列企业对外出资，拥有股权比例超过50%的各级子企业；④政府部门、机构、事业单位、单一国有及国有控股企业直接或间接持股比例未超过50%，但为第一大股东，并且通过股东协议、公司章程、董事会决议或者其他协议安排能够对其实际支配的企业。可见国资委从资产性质和股权的角度出发对国有企业作了较为广泛的界定。

（二）外资企业出资

投资主体依照不同的标准有不同的类别和类型，理论上，任何自然人、法人或其他组织都可以进行股权投资，但对于一些特殊的主体，按照现行法律法规的规定，其投资行为可能会受到一定的限制，比如本章前文所述的政府机构、公务人员等，还有一些主体，如外国（外商）投资者，其进行的股权投资行为则需要遵循一定的特殊规则。

外商投资法规定了国家根据国民经济和社会发展的需要，鼓励和引导外国投资者在特定行业、领域、地区投资，并且，国家对外商投资实行准入前国民待遇加负面清单管理制度，外商投资企业依法平等适用国家支持企业发展的各项政策，外商投资企业的组织形式、组织机构及其活动准则，适用公司法、合伙企业法等法律的规定。具体到出资和股权交易，则应当注意外商在股东和股权方面的普遍适用规则和特定要求。

其中包括外商投资企业境内投资比照执行《指导吸收外商投资方向暂行规定》《外商投资产业指导目录》，以及《外商投资准入特别管理措施（负面清单）》的规定，不得在禁止外商投资的领域投资。

外资企业中可作为出资的财产也与内资企业类似。若是投资者股权出资，则同样应当满足权属清晰、权能完整，依法可以转让的基本特点，并且股权企业为外商投资企业的，该企业应依法批准设立，符合外商投资产业政策。同时也应当不属于法定的不得用于出资的股权的情形。

此外，还应当注意，外资的股权交易需要依法进行审批，投资者以股权出资设立以及变更外商投资企业，除按照有关外商投资审批管理规定由商务部批准的之外，其余由被投资企业所在省、自治区、直辖市和计划单列市的商务主管部门负责批准。外商投资企业以其固定资产投资而改变原经营规模或内容的，投资前应向原审批机关申请并征得原审批机关的同意。否则，未经审批机关批准的股权变更无效。

与境内企业一样，用于外资企业出资的股权应当经依法设立的境内评估机构评估，股权出资人与被投资企业的股东或其他投资者可在股权评估的基础上协商确定股权作价金额、股权出资金额；股权作价金额是指以上各方在股权评估基础上共同认定的用于出资股权的交易作价，股权出资金额是指股权作价金额中计入被投资企业注册资本的部分，股权出资金额不得高于股权评估值；对于以股权作价认购被投资企业增资的，股权作价金额计入并购交易额。

在股权出资后，被投资企业和股权企业及其直接或间接持股企业仍然应当符合《指导吸收外商投资方向暂行规定》《外商投资产业指导目录》《关于外国投资者并购境内企业的规定》《外国投资者对上市公司战略投资管理办法》，以及其他外商投资相关规定；不符合有关规定的，应在申报股权出资之前剥离相关资产、业务或转让股权。境内外投资者不得以股权出资方式规避外商投资管理。

对于经商务部批准之后的外资拟对境内 A 股上市公司进行战略投资的，则投资人和投资本身应当同时满足以下几项条件：

（1）投资人应符合下列要求：

①依法设立、经营的外国法人或其他组织，财务稳健、资信良好且具有成熟的管理经验；

②境外实有资产总额不低于 1 亿美元或管理的境外实有资产总额不低于 5 亿美元，或其母公司境外实有资产总额不低于 1 亿美元或管理的境外实有资产总额不低于 5 亿美元；

③有健全的治理结构和良好的内控制度，经营行为规范；

④近三年内未受到境内外监管机构的重大处罚（包括其母公司）。

（2）战略投资本身应符合下列要求：

①以协议转让、上市公司定向发行新股方式以及国家法律法规规定的其他方式取得上市公司A股股份。

②投资可分期进行，首次投资完成后取得的股份比例不低于该公司已发行股份的10%，但特殊行业有特别规定或经相关主管部门批准的除外。

③取得的上市公司A股股份三年内不得转让。

④法律法规对外商投资持股比例有明确规定的行业，投资者持有上述行业股份比例应符合相关规定；属法律法规禁止外商投资的领域，投资者不得对上述领域的上市公司进行投资。

⑤涉及上市公司国有股股东的，应符合国有资产管理的相关规定。

另外，对于外商股权投资涉及的出资、转让、变更等，还应当遵循《关于外国投资者并购境内企业的规定》《国务院办公厅关于建立外国投资者并购境内企业安全审查制度的通知》等相关的规定。

四、结构化股权投资主体

正如前文所述，原则上，股权投资的主体应当不受限制，自然人、国有企业、民营企业、合伙企业、外国自然人或外国企业等都可以作为股权投资的主体。当然，基于市场管理、维护金融秩序等目的，以及税务安排等需要，在某些特殊情况下，特定的主体对外进行股权投资或者接受外部投资也都可能会受到一定的限制。例如，除国家另有规定的情形外，商业银行在中国境内不得从事信托投资和证券经营业务，不得向非自用不动产投资或者向非银行金融机构和企业投资。又如，保险公司在对外进行股权投资时也会有不同程度的限制。保险资管产品包括债权投资计划、股权投资计划、组合类产品等，但不得承诺保本保收益、并对保险资管产品业务实行穿透式监管，向上识别产品的最终投资者，向下识别产品的底层资产。

这些限制性的规定，不仅对于作为投资人的银行、保险等机构需要注意，而且对于接受投资的一方也应当引起足够的重视，避免由此产生不确定性和法律风险。同时，也正是因为有这些限制，实务中产生了结构化的股权投资方式。

在结构化的股权投资交易中，特殊目的载体（Special Purpose Vehicle，SPV）是一种较为常用的主体类型。现实的股权投融资和商业交易中，股权投资的主体具有多样性的特点。除传统的常见的以自然人或者公司名义进行的股权投资外，随着金融行业的发展，结构化的投融资方式也变得越来越普遍，而其中涉及的交易结构和法律关系也呈现纷繁复杂的性质。

实践中，从项目运作、税务安排、风险防控等综合因素考虑，股权投资主体的形式可以是有限责任、有限合伙、企业联营以及其他诸如信托计划、股权投资基金等 SPV 形式。

（一）特殊目的载体形式

除较为普遍的股权投资主体外，在结构化的股权投资交易中，特殊目的载体也是一种较为常用的投资主体形式。其中最为常用的形式是有限责任公司和合伙企业。通过有限责任公司和合伙企业、独资企业等不同的组织形式和结构，将投资主体、股权投资行为等进行结构化的设计和安排，实现风险隔离、税务筹划、投资回报率、产业整合、公司重组等目的。

1. 有限责任公司

有限责任公司是较为常见的 SPV 形式之一，有时也被称为特殊目的项目公司，或项目公司。有限责任公司是现代公司的基本形态，其本质特点在于有限股东仅以出资为限承担责任，而公司也仅以本身资产为限承担责任。公司以其资产为限承担责任也意味着项目公司有独立的法人资格和独立的财产，投资人的资产和项目公司的资产各自独立。简言之，项目公司就是依法设立的自主运营、自负盈亏的具有独立法人资格的经营实体。通过项目公司的设立，实行有限责任，投资人以出资为限承担责任，公司以自身资产承担责任，以便在投资人和特定的投资项目之间实现风险隔离。

同时，除依法可以自行通过公司章程约定外，项目公司的设立和运营应当遵守公司法的相关规定，如股东身份、出资形式、公司资本制度、公司三会（股东会、董事会、监事会）的建立、利润分配、议事和表决、转投资、对外担保、董监高，以及财务会计制度等。

此外，对于在中国境外进行投资的项目，常常采用境内外多层结构联动的方式。因此，若在境外设立股权投资项目公司，并经营管理项目公司，则还应当符合东道国相关公司法律的条件和要求，由此可见，对东道国的法律环境调研也是跨境交易必不可少的环节。

2. 合伙企业

在股权投资实践中，合伙企业作为投资主体因为其灵活性、便利性以及税务安排等方面的优势而广受关注和运用。合伙企业，是指自然人、法人和其他组织依照本法在中国境内设立的普通合伙企业和有限合伙企业。按照合伙企业法的规定，合伙企业分为两种：

（1）普通合伙企业，即由普通合伙人组成，合伙人对合伙企业债务承担无限连带责任；

（2）有限合伙企业，即由普通合伙人和有限合伙人组成，普通合伙人对合伙企业债务承担无限连带责任，有限合伙人以其认缴的出资额为限对合伙企业债务承担责任。

对于以有限合伙企业形式设立的 SPV，投资人有必要注意一些不同于有限责任公司的特殊规则，如有限合伙人既不执行合伙事务，也不得对外代表有限合伙企业；但是，第三人有理由相信有限合伙人为普通合伙人并与其交易的，该有限合伙人对该笔交易承担与普通合伙人同样的责任。有限合伙人未经授权而以合伙企业名义与他人交易对合伙企业或其他合伙人造成损失的，应当承担赔偿责任。除合伙协议另有约定的外，有限合伙企业不得将全部利润分配给部分合伙人。这些规则对于有限合伙企业作为股权投资项目的主体进行决策、运营和管理都有重要的影响。

通常情况下，采用合伙企业是出于税务安排的考虑，而事实上，除此之外，有限合伙人可以同本合伙企业进行交易、可以自营或者同他人合作经营与本合伙企业相竞争的业务、可以将其在有限合伙企业中的财产份额出质、可以向合伙人以外的人转让其在有限合伙企业中的财产份额等规则对于投资人确定股权交易的 SPV 形式也是重要的考量因素。

(二) 结构化股权投资主体

结构化主体是指那些在确定其控制方时没有将表决权或类似权利作为决定因素而设计的主体[①]。随着金融和股权投资的紧密结合，实务中采用结构化的股权投资已经变得非常普遍。在这些交易结构中，产业投资基金、私募股权基金、保险计划、信托计划、资管计划、资产证券化等常被用作具体的投资实施手段[②]。

实务中，以结构化设计进行股权投资通常是基于现行法律法规规定的对商业银行、证券公司、保险公司等特殊主体对外投资限制所进行的变通处理方式。通过结构化的股权投资主体设计，可以同时实现合法性、合规性的要求以及股权投资的商业目的。严格来讲，这些结构化的主体并非真实的股权投资主体，而是投资者进行股权投资的平台和路径，通过这些结构化的安排搭建起投资者与标的公司和标的资产之间的投资桥梁。

基金、信托和资管投资计划、证券化等股权投资主体通过一层或者多层的结构化设计和安排，以标准化或非标的金融产品的方式吸引投资人，再将募集的资金进行股权投资，以获取收益。在这种结构化安排中，最主要的目的是在投资人的资产、投资标的公司的资产以及资金管理人的资产三者之间建立有机联系，同时在有效地进行风险隔离的基础上，实现最大限度地募集资金的目的，并通过一系列的协议安排、担保措施等进行合理的投资组合，以获取高收益。其中标的公司及其资产作为投资的基础具有非常关键的地位和作用，因此，进行法律和财务尽调尤为重要。

随着对金融安全的关注，国家对各类结构化的安排也进行了限制和规定，如《关于规范金融机构资产管理业务的指导意见》[③] 就明确提出要通过防止多

---

① 财政部修订《企业会计准则第 41 号——在其他主体中权益的披露》第 3 条。

② 根据《证券公司及基金管理公司子公司资产证券化业务管理规定》的规定，在资产证券化业务通常会使用特殊目的载体，它是指证券公司、基金管理公司子公司为开展资产证券化业务专门设立的资产支持专项计划或者中国证监会认可的其他特殊目的载体。此处的各类资管计划，并非独立的法人，其性质更偏向于依据信托或委托关系形成的资金集合，有别于前文所述的有限公司、合伙企业等特殊目的载体。

③ 《关于规范金融机构资产管理业务的指导意见》，即“资管新规”。

层嵌套、严格投资者资格、股权穿透等方式规范投资行为，防止非法集资等破坏金融管理的风险，而作为实现投资目的的结构化设计则需要在合法、合规的基础上选择合适的基金、投资计划和证券化等投资方式、投资标的，防范其中可能的法律和商业风险。

换一个角度来看，结构化的股权投资主体实际上也是对股权投资多元化发展的需求体现。相较传统的直接参与股权投资而言，通过一系列的结构化安排，可以集合资金，优化资金利用，普通的投资者也可以参与到大型的项目中。例如，根据《中国证监会、国家发展改革委关于推进基础设施领域不动产投资信托基金（REITs）试点相关工作的通知》的规定，通过 REITs 结构的安排，普通的投资人就可以购买相应的产品，从而参与到大型、超大型的基础设施项目的投资和建设中，这为普通投资人间接进行股权投资或债权投资拓宽了路径。

（三）股权投资基金

除自然人、公司、合伙企业或者其他的一些结构化主体进行股权投资外，由投资基金作为股权投资的主体也是非常普遍的现象。股权投资基金本身并不是一个法律术语，而是一个统称，一般是指以非公众公司的股权为主要投资对象的基金。通常与对冲基金、证券投资基金等用于公开市场的权益投资基金相区别。

根据股权投资的模式、风格、类型、投资标的等不同，笔者理解，目前实务中较为普遍的投资基金可以分为私募股权投资基金和产业投资基金。前者是以风险投资公司为代表的投资主体，集中投资于创业企业，所涉及的行业和领域较广，如科技、医药等新兴产业，并以 IPO① 和并购出售为目标，具有高风险、高回报的特点，但其主要偏重财务投资，为数众多的 PE②、VC③ 即属于此类投资。后者则可能较多关注于相对保守和传统的实业投资、基础设施投资等，投资目标以风险性较小、获得稳定收益为主要特点，比如前几年比较流行

① IPO（Initial Public Offering），指首次公开募股。下文不再赘述。

② PE（Private Equity），指私募股权投资。下文不再赘述。

③ VC（Venture Capital），指风险投资。下文不再赘述。

的 PPP 基金、政府引导基金、房地产基金等可归入此类。不过两者的区分也并不是绝对的，私募股权投资基金对传统产业和领域进行股权投资也并不鲜见。

一般将产业投资基金定义为：一种对未上市企业进行股权投资和提供经营管理服务的利益共享、风险共担的集合投资制度，即通过向多数投资者发行基金份额设立基金公司，由基金公司自任基金管理人或另行委托基金管理人管理基金资产，从事创业投资、企业重组投资和基础设施投资等实业投资。可见其范围实际上就包括了私募股权投资基金。

而私募股权投资基金可以说完全是舶来品，在过去十多年的时间里获得了快速的发展，曾经两度出现私募投资的狂潮。但因私募股权投资基金的特殊主体性质，主管部门加强了对资金监管力度和对私募股权基金主体的规范。2019年12月23日，《私募投资基金备案须知》发布，区分不同类型的合伙型、契约型、公司型私募股权投资基金，对其基金主体和产品的登记备案做了进一步规范，用以解决部分私募基金采用刚性回购、差额补足等形式变相从事"伪私募"活动；利用协会备案为私募基金的合规性背书，先备后募、备少募多的现象；通过关联交易进行利益输送等问题。

相比较而言，对产业投资基金本身的监管并没有像私募股权基金那样严格。但从具体的产业投资基金的资金来源和涉及的主体来看，则又会涉及不同的监管规定，如保险、信托、银行等。随着新基建的大力推动、基础设施 RE-ITs 的试水，产业投资基金或许能够进一步取得较为稳定、扎实的发展，并为股权投资实业、基础产业提供良好的开端，为资金"脱虚入实"提供一定的条件。

总体上来讲，无论是私募股权投资基金还是产业投资基金，从根本上讲，两者的法律本质仍然属于股权投资主体，同样都应当遵循公司股权相关的原则和规则。

第三章
股权投资和转让

概　述

公司投资是公司生产经营和管理活动的重要内容，其中既有资产类的投资，也有股权类的投资，当然这两者也并非完全隔离，事实上，两种交易方式相互融合，很多资产交易是通过股权交易的模式实现的。

根据公司法的相关规定，公司投资具有自主性，但也应满足一定的实体条件和程序要件。在公司众多的投资行为中，既包括对外投资，也包括接受对外投资，较为常见的就是以股权为基础的交易。而在股权交易中，根据其法律属性大致又可以分为出资（原始出资和增资扩股）和股权转让两大类。

从实务的角度来看，股权交易涉及的主体多种多样，其具体的交易方式和模式也复杂多变，涉及的法律问题更是变化多端。但不可否认的是，因股权转让发生的纠纷在司法实践中一直占据着较高的比例，有些则是直接影响到股权交易的成败。确保股权转让交易的合法性、降低法律风险不仅是法律问题，也是降低交易成本、提高交易效率和促成交易成功的关键。因此，股权交易的各方当事人有必要对其中涉及的法律问题予以关注，并引起足够的重视。

一、公司对外投资

公司是企业法人，具有独立的法人财产，享有法人财产权，同时还具有相应的民事权利能力和民事行为能力，依法独立享有民事权利和承担民事义务，并且，公司具有营利性的特性，以取得利润并分配给股东等出资人为其主要目的。根据公司的这些法律特性可以看出，尽管公司是法律拟制人，但其如同自然人一样，也有自己的名称、组织机构、住所、财产或者经费，具有独立的人格、财产，能够独立地作出对外投资和接受外部投资的意思表示。

在投融资交易实务中，公司的投资行为和形式复杂多样，涵盖公司生产、经营行为的方方面面，除资产收购和出售交易、特定情形下的债务处置和债权投融资行为外，具体到与公司股权相关的投资行为则又会涉及出资、增资扩股、股权转让、股权并购、股权融资等不同的表现形式。当然，股权投资和产业投资、资产投资等通常也是相互交织在一起。从公司对外投资行为本身来看，原则上是公司的自主行为，除非法律另有规定，否则不应受到阻碍和限制。

（一）公司投资及限制

依据公司法的规定，公司可以向其他企业投资，但是，除法律另有规定外，不得成为对所投资企业的债务承担连带责任的出资人。这里需要注意两个方面的问题：

一是公司可以自由决定对外投资行为。这是公司意思自治的具体体现。在2005年修订之前，原公司法（2004年）第12条规定，公司对外投资累计投资额不得超过公司净资产的50%。其立法本意在于保护交易安全和债权人的利益。但是，尽管公司法规定了对外投资的限制，但是违反该条的对外投资本身是否有效，公司法并没有作出明确的规定，该条的具体实施存在一定的法律缺陷，债权人的保护可以有多种方式，并且一味地限制公司的对外投资行为，也不利于经济发展和公司壮大。

同时，公司法将是否对外投资以及对外投资额度的限制交由公司自行决定。根据公司法第16条的规定，公司章程对投资总额及单项投资的数额有限额规定的，则不得超过规定的限额。因此，从实务的角度来看，交易双方需要更加关注公司章程是否规定了公司对外投资的限额，以避免未遵守此类限制性规定而影响交易的效果。

二是公司可以对外投资，但原则上不得对投资的企业承担连带责任，除非是法律另有规定的，则从其规定。这里的法律另有规定，可以合伙企业为例。

根据合伙企业法的规定，合伙企业分普通合伙企业和有限合伙企业，其中普通合伙企业由普通合伙人组成，普通合伙人对合伙企业的债务承担无限连带责任，而有限合伙企业则由普通合伙人和有限合伙人组成，普通合伙人对合伙企业债务承担无限连带责任，有限合伙人以其认缴的出资额为限对合伙企业债务承担责任。也就是说，普通的公司可以对外投资设立合伙企业，成为普通合伙人并承担连带责任，也可以担任特殊的有限合伙人，并承担有限责任。

同时，根据公司法的有限责任的基本原则，即使公司在合伙企业中担任普通合伙人承担连带责任，那也是以其全部财产对其投资的合伙企业承担连带责任。基于上述公司以及合伙企业的不同法律特征，在实务中，综合利用有限责任公司和合伙企业的组合和分层进行股权投融资也是常用的方式。

当然，从另一方面来说，如果公司股东滥用股东权利给公司或者其他股东造成损失，则应承担赔偿责任；若是公司作为股东滥用公司法人的独立地位和股东有限责任，逃避债务，严重损害公司债权人利益的，则还应当对公司债务承担连带责任。不过，公司承担的此项连带责任不是因为公司的投资行为本身，而是基于公司法对公司作为股东时滥用权利的约束。

除上述规定外，公司的对外投资行为还应当注意以下一些特殊的限制性内容，如：

（1）一个自然人只能投资设立1个一人有限责任公司，并且该一人公司不能再投资设立新的一人有限公司；

（2）国有独资公司、国有企业、上市公司以及公益性的事业单位、社会团体不得成为普通合伙人；

（3）除非国家另有规定，商业银行在中华人民共和国境内不得从事信托投资和证券经营业务，不得向非自用不动产投资或者向非银行金融机构和企业投资；

（4）失信被执行人禁止投资设立诸如证券公司、保险公司、融资性担保公司等特定行业的企业。

（二）公司投资的产业限制

公司对外投资除应遵循一般的投资及限制规定外，在实务当中，尤其应当关注公司对外投资涉及的行业或者产业限制问题。其具体的措施是建立负面清单制度。负面清单的总体处理原则是对禁止准入事项，市场主体不得进入，行政机关不予审批、核准，不得办理有关手续；对许可准入事项，包括有关资格的要求和程序、技术标准和许可要求等，由市场主体提出申请，行政机关依法依规作出是否予以准入的决定；对市场准入负面清单以外的行业、领域、业务等，各类市场主体皆可依法平等进入，不得违规另设市场准入行政审批。

目前，国家发改委、商务部等部委已经建立起较为完整的企业投资市场准入负面清单制度，并定期根据产业结构调整、经济发展的要求对清单所列项目进行更新和调整。这些市场准入和负面清单中又针对不同的主体、投资行为及区域分别作了不同的规定。

除全国范围的限制性规定外，《市场准入负面清单（2020 版）》也对地方上需要设定负面清单的内容作了不同的规定，并强调严格落实“全国一张清单”的管理模式，严禁各地区各部门自行发布市场准入性质的负面清单。

尤其还应注意的是，由于这些负面清单会定期调整，因此投资人也同样应当适时跟进，结合更新后的投资负面清单调整投资计划和方案，避免影响投资决策和实施。

（三）公司投资的程序要件

上述规定是对公司对外投资的一般规则和产业、行业限制，而从程序条件方面来看，就公司的对外投资行为，公司法也明确规定了对外投资的程序要件，即公司向其他企业投资，依照公司章程的规定，可由董事会或者股东会决议。依该条规定，一方面，从股东会和董事会的法定职权范围来看，公司的股东会有权决定公司的经营方针和投资计划，而董事会则有权决定公司的经营计划和投资方案。另一方面，公司法也并不排除和限制作为公司基本法的公司章程对投资决策的特殊安排。

但是，现有公司法中股东会和董事会关于投资决策的职权规定并不十分清晰，如投资计划和投资方案具体有何区别？两者的决策边界如何区分和判定？从法律角度来看，同时又涉及公司法的规定和公司章程自由约定之间的关系。

且不说前两者，单就实务中经常遇到的股东会授权董事会的问题，也存在有效和无效等不同的观点。笔者认为，公司法第 37 条规定的股东会职权是法定的职权，该条并没有关于“公司章程另有约定的除外”之类的表述，并且，如果允许股东将此类法定职权授权给董事会，则可能会导致中小股东的权益遭受损害，因此该项职权不能通过公司章程或股东会决议等授权给董事会行使。如果涉及公司投资计划的决议未经股东会决策，则股东、董事、监事有权请求确认董事会决议无效或者不成立。鉴于此，可行的替代解决方法是将股东会和董事会决策的不同的投资事项进行区分和细化，并可在公司章程中进一步对股东会和董事会关于对外投资的职权、程序、表决等作出更为具体的规定。

综上可见，从上述公司对外投资的各项规定中可以看出，公司享有自主决定投资的权利，但是其投资行为仍然受到一定的实体和程序方面的限制。而公司章程的特别规定则在其中起到了非常重要的作用。因此，从股权投资角度来看，交易双方一方面需要考虑公司法及其他相关法律、法规对于公司对外投资的一般规则；另一方面也需要考虑上述行业和产业对于直接或间接股权投资的限制性规定，提前做好法律尽调和投资策划，并且考虑在公司章程中对涉及投资的内容进行有针对性和前瞻性的规定。

二、股权转让

股权转让是股东将其所有的公司股权转移给受让人，并由受让人继受取得该股权从而成为公司新股东的行为。股权转让既是公司投融资交易的重要手段，也是公司存续、发展的重要方式，而股权自由转让不仅是股东权利的重要表现方式，为“股东提供了退出机制，也有利于提高公司的管理水平以及最大限度地反映财产的价值”①。公司法即规定了股权在符合法律规定的情形下可以自由转让，为交易各方提供了相应的法律保障。

但是就股权转让本身而言，其涉及的法律问题纷繁复杂，也是股权交易纠纷的涉案关键与核心，它既有涉及公司法层面与股权转让有关的法律问题，如股权转让的主体、优先购买权、受让股东资格、瑕疵转让、股权回购、转让的程序要求等；也涉及因股权转让交易引发的基于合同法的相关法律问题，如股

① 施天涛：《公司法论（第四版）》，法律出版社 2018 年版，第 13 页。

权转让合同的效力、履行、撤销、违约、解除、争议解决等，以及物权法和担保法的相关规定。可以说，股权转让涉及的这些问题涵盖了方方面面。因此，交易各方都应当加以重视，以减少和避免相关的风险。

（一）股权转让及限制

股权不仅具有身份属性，也具有财产属性，而且它还具有流动性、可转让性和可变现性等特点，这就使得股权交易成为可能。并且，通过股权转让也可以实现股东与非股东之间的身份转变以及特定财产权益的融通。

公司股权的转让包括对内转让和对外转让两种方式。股权转让原则上应是自由的。根据公司法第 71 条的规定，有限责任公司的股东之间可以相互转让其全部或者部分股权；股东向股东以外的人转让股权，应当经其他股东过半数同意。并且，除前述规定的转让条件外，公司章程也可以对股权转让作出特别的规定。

1. 优先购买权

在股权转让交易中，作为公司人合性的重要体现，其他股东基于其身份关系依法享有优先购买权，一则可以维系股东之间的人合性，避免第三人的介入；二则有助于保障原有股东对公司的控制，避免第三人的不当干扰。对此，公司法也明确规定了股权对外转让中，经股东同意转让的股权，在同等条件下，其他股东有优先购买权；两个以上股东主张行使优先购买权的，协商确定各自的购买比例；协商不成的，按照转让之时各拟受让股权的股东的出资比例行使优先购买权。

当然，股东享有的优先购买权也并非绝对。例如，在自然人股东因继承发生变化时，除非公司章程另有规定或者全体股东另有约定，其他股东主张的优先购买权法院就不会予以支持。又如，股东在相同转让价格时有机会可以受让的情形下没有受让，没有支付其他股东股权转让款的，也不应再享有优先受让权。另外，关于股东的优先购买权，还需要注意以下几个问题。

（1）优先购买权的法律性质

关于股东优先购买权的法律性质，一直都存在不同的观点。理论上和实践中有三种较为常见的观点和学说[①]。而不同的观点则会对股权转让合同的成立和效力产生不同的影响。

第一种是形成权说，民法理论认为形成权是依照权利人单方意志而使法律关系发生变动的权利。按照该学说，股东优先购买权是特别法（公司法）上的形成权，它不仅使优先权人获得购买拟转让股权的机会，更优先于股东之外的第三人获得股权，从而保持公司既有的股东结构，体现了有限公司人合性的特征，这也是股东优先购买权的制度价值所在。基于股东优先购买权属于形成权的性质，在涉及股权对外转让的情况时，只要优先权人主张其权利，即在转让人与优先权人之间成立股权转让合同关系。因此，股权转让合同成立的条件就是股权对外转让的基础事实和优先权人主张优先权[②]。

第二种是请求权说，请求权是权利人请求出卖人与自己订立买卖合同的权利。股东优先购买权作为请求权属于法定权利，是股东享有的保护其自身利益的一项重要权利，也是股东基于其特殊的社员权和股东资格而享有的请求权[③]。在“先买权人同意以同等条件购买转让股权时，并不直接产生股权转让法律关系”[④]，仅意味着其作出购买股权的要约，股权转让合同的成立仍然需要转让人的承诺。

第三种是期待权说，期待权说从“公司契约说”理论出发，认为“在某项财产出卖以前，权利人不能向他人主张任何权利，该权利能否行使、何时才能行使都是不确定的。所以法律赋予某人享有优先购买权，只是使其取得了某种期待的利益，即期待将来在某项财产出售时可以享受的利益”。[⑤] 股东一旦加入公司即可合理地期待该公司按其加入时的状态持续运行，公司的股权结构、章程等未经其同意均不得擅自更改，否则会导致其期待权的落空，而股东优先购买权是对期待权落空的救济手段之一[⑥]。

---

① 赵旭东：《股东优先购买权的性质和效力》，载《当代法学》2013 年第 5 期。

② 胡晓静：《论股东优先购买权的效力》，载《环球法律评论》2015 年第 4 期。

③ 于华江：《有限责任公司股东优先购买权问题研究》，载《政法论坛》2003 年第 4 期。

④ 王军：《中国公司法》，高等教育出版社 2015 年版，第 387 页。

⑤ 于午丁、王宏：《有限责任公司股东优先购买权法律性质刍议》，载《吉林省经济管理干部学院学报》2010 年第 1 期。

⑥ 于华江：《有限责任公司股东优先购买权问题研究》，载《政法论坛》2003 年第 4 期。

上述三种学说中，“期待权说把握住了优先购买权之行使须触发义务人转让财产这一前提条件；请求权说意识到义务人必须受优先购买权拘束；形成权说揭示了优先购买权行使之方式、内容构成等要素”①。但期待权是一个与既得权相对应的概念，因此有观点认为“任何权利在其行使前都处于‘期待状态’，不能因此说该权利在性质上就是‘期待权’”②，期待权并没有反映股东优先购买权的本质。因此，就目前而言，理论界的争议集中于形成权和请求权之争，而主流的观点则认为优先购买权属于形成权，并且认为“将优先购买权解释为形成权，法律关系更为清晰，更有利于先买权的行使和实现保护先买权人的规范目的”③。

（2）同等条件的理解

按照公司法的规定，在同等条件下，原股东享有转让股权时的优先购买权。但是具体何谓“同等条件”并无明文规定。因此，实务中也存在不同的理解。大多数人理解，这里的同等条件是指与第三人受让股权时的同等价格条件。司法实践中，人民法院在判断“同等条件”时，也大多考虑转让股权的数量、价格、支付方式、支付期限等因素。

但是，不可否认的是，“同等条件”的内涵和外延并非仅限于此，既包括同等价格条件，也包括价格因素之外的其他对价，比如在股权投资并购交易中，新加入股东可带来的资源，对管理层、普通员工的福利、安置方案等同样需要作为考量的因素④。从公司发展的不同阶段来看，尤其是在前中期，相比价格条件，软性的管理、资源等条件更为公司和股东看重，因此，这些软性条件同样应当作为考量因素和标准。

同时，还要注意到，对于股权转让的条件也可能存在多轮报价、提供担保、股权交割等补充条件的情形，这些变化对于同等条件的理解和适用也会产生一定程度的影响。因此，事实上对于同等条件并不存在整齐划一的标准，仍然需要个案分析和处理。

---

① 彭真明、李洪健：《论股东优先购买权之性质与效力》，载《私法研究》2017 年第 1 期。
② 蒋大兴：《股东优先购买权性质中被忽略的价格形成机制》，载《法学》2012 年第 6 期。
③ 王军：《中国公司法》，高等教育出版社 2015 年版，第 387 页。
④ 刘俊海：《现代公司法（第三版）》，法律出版社 2015 年版，第 479 页。

（3）优先购买权的行使期限

为了保障股权交易的顺利进行，避免无限期地耽搁，设定行使优先购买权的期限就显得尤为重要。根据公司法司法解释的规定，股东主张优先购买转让股权的，应当在收到通知后，在公司章程规定的行使期间内提出购买请求；公司章程没有规定行使期间或者规定不明确的，以通知确定的期间为准，通知确定的期间短于30日或者未明确行使期间的，行使期间为30日。依据该条规定，股东行使优先购买权的法定期限不少于30日，公司章程也可以另行约定超过30日的期限，超过此期限，即丧失优先购买的权利。

在娄某、郑某股权转让纠纷再审案①中，法院认为，首先，股权对外转让程序可分为“征求其他股东同意阶段”和“优先购买权的行使阶段”。规定相关期限，既是为了保障公司其他股东行使同意权并在同等条件下对转让的股权享有优先购买权，也是为了保障转让股东对其私权的自由处分。如果出让股东在前期“书面通知”中只表达了拟将其股权进行转让的意愿，而未对拟转让的股权数量、价格、付款方式、付款期限等作出明确说明，即要求其他股东在收到通知后30日内表态是否同意转让并提出购买请求，对其他股东过于苛刻，也有违诚信和公平原则。反之，如果转让股权的书面通知中，已经包含了拟转让股权的类型、数量、价格、支付方式、履行期限等股权转让合同的主要内容，考量是否行使优先购买权的信息已为公司其他股东所知悉和了解，综合平衡股权对外转让的效率和其他股东优先购买权的保障，优先购买权的期限可以从其他股东收到此通知之日时开始起算。其次，再审申请人娄某虽然表示有意购买，但未在郑某要求的期限内与郑某签订合同购买股权，而是提出了“或部分受让，或全部受让，有待征求意见并详细面谈”以及要求郑某“清晰你所转让的57%股权相对应的1526.68万元所涵盖的资产”等新的受让条件。娄某提出的上述要求系与公司管理有关事项，已超出了股东行使优先购买权“同等条件”的范围。因此，娄某行使优先购买权，向郑某提出了更高要求，不满足“同等条件”的要素。最后，需要注意的是，除上文所述的优先购买权的期限

① 《娄某、郑某股权转让纠纷再审审查与审判监督民事裁定书》，载中国裁判文书网，https://wenshu.court.gov.cn/website/wenshu/181107ANFZ0BXSK4/index.html?docId=ac6104e24a854e1caeeaab1b00a82ee8，2022年7月14日访问。

规定外，如果是涉及人民法院强制执行中的股权转让，其他股东的优先购买权的期限则是在收到通知之后20日，逾期不行使的，视为放弃购买权。

2. 股权转让的通知

与合同债权债务的移转类似，股东转让其股权也同样需要通知其他股东，尤其是将股权转让给股东之外的第三人，转让通知更具有重要的法律意义，可以避免后续的法律风险。

根据公司法相关解释的规定，股东向股东以外的第三人转让股权，应就其股权转让事项以书面或者其他能够确认收悉的合理方式通知其他股东征求同意；如果股东转让股权，未就其股权转让事项征求其他股东意见，或者以欺诈、恶意串通等手段，损害其他股东的优先购买权，其他股东主张按照同等条件购买该转让股权的，人民法院应当予以支持，但其他股东自知道或者应当知道行使优先购买权的同等条件之日起30日内没有主张，或者自股权变更登记之日起超过1年的除外。

此处的30日和1年时间均为除斥期间，不会发生中止、中断或延长的法律效果，超过该期限，其他股东就不再享有优先购买权。当然，如果其他股东行使优先购买权，则还会涉及原股权转让协议是否有效以及对原受让方或被侵害优先购买权的股东的补充问题。

在某科技公司诉某资产管理公司股权转让合同纠纷案①中，最高人民法院认为，股东优先购买权是法律规定有限公司股东在同等条件下其他股东对拟转让股权享有优先购买的权利，是一种为保证有限公司的人合性而赋予股东的权利。优先权的规定并不是对拟转让股权的股东股权的限制或其自由转让股权的限制。其他股东依法行使优先权，并不能证明转让股东对其持有股权不享有完全的、排他的权利。因此，即使股权转让方未告知优先权人或征得优先权人同意，股权转让协议依然具有确定的法律效力。

而根据《最高人民法院关于适用〈中华人民共和国公司法〉若干问题的规定（四）》第21条的规定，股东以外的股权受让人，因股东行使优先购买权

① 《某科技公司诉某资产管理公司股权转让合同纠纷案》，载“最高人民法院公报”网站，http：//gongbao. court. gov. cn/Details/42f0e688cd0fbdecd3a1922f795ddc. html？sw，2022年7月14日访问。

而不能实现合同目的的，可以依法请求转让股东承担相应民事责任。从该条规定可以看出，对于有限责任公司，为切实体现其人合性的本质特征，在其他股东主张优先购买权的情况下，仍然应当优先考虑原股东的权利，而不是新股东的加入。至于转让股东与第三人之间的股权转让纠纷，则应按照合同法的相关规定进行处理。

3. 股权转让的异议

根据公司法的规定，股权的对外转让和对内转让适用不同的规则，对内可以自由无限制地转让股权，不适用优先购买权和通知等要求，因此，其他股东无权就股权转让提出异议。而股权的对外转让则需要提前通知，以便征询其他股东的意见并且获得准许，确保异议股东可以行使优先购买权。

(1) 股东的异议权

根据公司法的规定，股东应就其股权转让事项书面通知其他股东征求同意，其他股东自接到书面通知之日起满 30 日未答复的，视为同意转让；其他股东半数以上不同意转让的，不同意的股东应当购买该转让的股权；不购买的，视为同意转让。

可见，对于转让股权的优先购买权，其他股东享有的是法定的权益，这也是有限公司兼有人合和资合统一性的表现。但是，为了有效地行使优先购买权以及保障其他交易对方的合法权益，其他股东应当在期限内提出明确的同意受让股权或者不同意转让的异议。其他股东的异议权是一种单方的法律行为，只要提出异议即可产生阻止股权转让的法律效果。但是，如果有异议，那么该异议股东就应当购买该股权，如果仅提出异议，但不愿意购买，或者逾期未提出异议的，都应当视为同意对外转让股权。即使是在涉及第三人购买股权的效力确认之诉中，异议股东也必须同时履行购买义务，而不能仅要求确认股权转让协议无效，而不主张优先购买权。提出异议的其他股东在购买转让股权时，可以协商确定各自的购买份额，或者按照各自的出资比例行使购买权。

股东异议和优先购买权的关系①如图 3.1 所示：

---

① 王军：《公司法》，高等教育出版社 2016 年版，第 385 页。

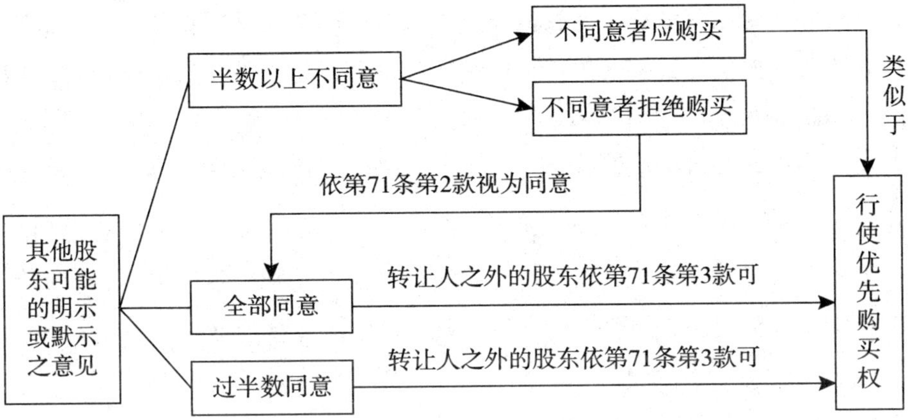

图 3.1 股东异议和优先购买权的关系

另外，除股东异议应当遵守前述的期限规定和同等转让条件外，实务中需要注意的是如何正确地行使和限制“异议”权规则。其中，按照公司法的上述规定，就股权转让异议进行表决的应当是除转让股东之外的其他股东，即排除转让股东本身，并以超过 1/2 的其他股东人数作为判断标准，而非以股东持有的股权比例为据。

再者，就股东对股权转让的异议本身，原则上异议股东要么全部购买，要么就同意全部转让，而不能提出异议后，仅主张行使部分优先购买权。这是因为，实务中的股权转让交易需要综合考虑股比、价格、受让股权的目的等因素，如果异议股东仅同意购买部分拟转让的股权，那么受让股权的第三人有可能因为股权比例、条件等与全部受让的股权存在差异或者是构成重大的交易条件变化而导致取消交易，此时，尽管异议股东表面上没有反对转让，但事实上会构成反对转让的效果。

并且，笔者认为，对于经股东表决同意对外转让的股权，其他持不同意见的股东也应同样继续享有优先购买权，同时，为体现交易的公平性，对于不同意对外转让股权的，其他股东的优先购买权一般也同样应适用“同等条件”规则。

（2）股权转让的撤销

股东对外转让股权，可以是部分转让，也可能是全部转让，其转让原因是多方面的。根据公司法的规定，除公司章程另有规定或者全体股东另有约定外，拟对外转让股权的股东在其他股东主张优先购买后又反悔的，其他股东主张优先购买权的，法院不予支持，但其他股东可以要求转让股东赔偿其合理损失的，法院应当支持。

由于股权转让行为同样适用于合同法关于要约、承诺等一系列交易规则，因此，现有公司法并不排除转让股东撤回或者撤销股权转让要约的权利。但是，也可以看出转让股东撤销股权转让的行为应当受到一定的限制，即不得损害享有优先购买权的其他股东的合法权益，否则应当承担赔偿责任。

（3）异议股东退股权

股权转让有自愿和强制之分。通常情况下，股权转让应当遵循自愿、自由转让的原则。但是，为了保障股东的权益，尤其是小股东的权利，公司法第74条也赋予异议股东在特定情形下要求公司回购股权的权利。异议股东回购请求权也被称为退股权，它是公司的非主动回购股权，被认为是对股东缺乏公司决策控制权的利益补充和心理慰藉，也是对股东营利性的尊重①。与前述不同的是，这里的股权交易主体是异议股东和公司，而非股东之间或者股东与第三人，并且是强制公司回购异议股东股权的要求。

根据公司法第142条第1款第4项的规定，股东因对股东大会作出的公司合并、分立决议持异议，可要求公司收购其股份。公司法第74条也明确规定，如果出现下列情形之一的，对股东会该项决议投反对票的股东可以请求公司按照合理的价格收购其股权：

①公司连续五年不向股东分配利润，而公司该五年连续盈利，并且符合本法规定的分配利润条件的；

②公司合并、分立、转让主要财产的；

③公司章程规定的营业期限届满或者章程规定的其他解散事由出现，股东会会议通过决议修改章程使公司存续的。

针对上述股东会决议，在股东会决议通过之日起60日内，如果异议股东与公司不能达成股权收购协议的，则有权在股东会决议通过之日起90日内向人民法院提起诉讼。

---

① 刘俊海：《现代公司法（第三版）》，法律出版社2015年版，第385页。

同时，也需要注意的是，公司法第142条第1款第4项的规定是关于限制公司回购股权的例外情形之一，与上述公司法第74条的异议股东退股权存在一定的差异，也与前文所提到的公司法第72条关于法院强制执行阶段各股东的优先购买权不同。

（二）股权转让的第三人保护

在股权的对外转让交易中，拟受让股权的第三人的权利保护是公司法的关注焦点之一，也是股权交易各方应当予以重视的因素。保护善意第三人的合法权益也是保障股权交易的顺利进行、减少交易风险的重要举措。

1. 优先购买中第三人保护

就股权转让涉及的第三人权利保护问题，公司实务中较为常见的问题之一就是异议股东对股权转让合同效力和履行的影响。正如前文所述，股东对于公司拟转让的股权具有法定的优先购买权，股东在转让股权前应当通知其他股东是否有意愿受让股权。否则，如果转让股权而又未征得其他股东的同意而擅自转让，则该转让行为的合法性将会受到较大挑战，并且拟受让股权的第三人能否获得该项股权也存在法律风险。

对此，《全国法院民商事审判工作会议纪要》指出，审判实践中，部分人民法院往往以保护其他股东的优先购买权为由认定股权转让合同无效。准确理解该条规定，既要注意保护其他股东的优先购买权，也要注意保护股东以外的股权受让人的合法权益，正确认定有限责任公司的股东与股东以外的股权受让人订立的股权转让合同的效力。一方面，其他股东依法享有优先购买权，在其主张按照股权转让合同约定的同等条件购买股权的情况下，应当支持其诉讼请求。另一方面，为保护股东以外的股权受让人的合法权益，股权转让合同如无其他影响合同效力的事由，应当认定有效；其他股东行使优先购买权的，虽然股东以外的股权受让人关于继续履行股权转让合同的请求不能得到支持，但不影响其依约请求转让股东承担相应的违约责任。

2. 股权无权处分

除此之外，现实中还会涉及公司股权转让的无权处分情形，包括名义股东擅自处分代持股，或是原股东在转让股权后、办理股权登记前擅自将股权再次转让给第三人，或者冒名转让股权等，这些情形也都会涉及对受让股权的相对人保护的法律问题。关于此问题，理论和实务处理中经常参考民法典物权编的善意取得制度进行分析和讨论。

（1）善意取得制度

善意取得制度是民法中的重要制度，它是指无权处分他人财产的人将其占有的财产以所有权的转移为目的转让给第三人，如第三人在受让该财产时主观上系出于善意，第三人仍可依法取得该财产的所有权，该财产的实际所有权人无权以其对该财产享有所有权为由要求第三人返还，而仅能向转让人要求赔偿的一项制度。善意取得制度是在动产占有的基础上发展起来的，原则上仅适用于动产物权的取得，但在特定情形下也适用于不动产物权。

按照物权理论和民法典的相关规定，构成善意取得应当满足以下条件：

①受让人受让该不动产或者动产时是善意的；

②以合理的价格转让；

③转让的不动产或者动产依照法律规定应当登记的已经登记，不需要登记的已经交付给受让人。

通常来讲，在判断受让人是否具备“善意”方面，其标准则是受让人主观上应当不知道转让人无处分权，并且结合交易对象、场所、时间、价格等因素，这种不知情不存在重大过失的情形。依据善意取得制度，受让人可以取得相应动产或不动产的所有权，而原权利人因此受到的损害则可以获得相应的赔偿。

（2）股权善意取得

肯定说认为，股权的性质本质上属于物权，属于他物权的一种，是所有权的经营收益内容的固定化类型，在股权被无权处分的场合，善意取得应当能够适用。还有学者认为，由于公司法第 32 条第 3 款关于公示对抗规则的构成要件过于简单，在保护合理信赖方面缺乏细致区分的参考因子，故参照适用善意取得制度的规则可以填补规范空缺，降低商事外观主义在裁判中的操作难度。持肯定观点的学者主要侧重于从维护交易安全或股权变更工商登记的公信力的角度肯定股权能够善意取得。

否定说认为，股权并非物权，而是一种特殊的财产权，与物权善意取得的本质和法律基础不同。持否定态度的学者着眼于维护现有股东的利益，维护有限公司的人合性。而且有限公司的股权转让需要经过公司内部其他股东同意程序，股权善意取得尽管存在逻辑上的抽象可能性，但是在现实生活中易造成操作难题，缺少可行性。因此，股权不宜适用善意取得制度。其他持否定态度的观点则认为，基于现有的股权变动模式和公示方法，在股权变更当中，严格来说不存在善意取得问题。

尽管有上述不同的观点，目前在司法实践中，法院也倾向于认可股权的善意取得。根据《最高人民法院关于适用〈中华人民共和国公司法〉若干问题的规定（三）》第26条的规定，名义股东将登记于其名下的股权转让、质押或者以其他方式处分，实际出资人以其对于股权享有实际权利为由，请求认定处分股权行为无效的，法院可以参照民法典善意取得的规定处理。第28条同时规定，股权转让后尚未向公司登记机关办理变更登记，原股东将仍然登记于其名下的股权转让、质押或者以其他方式处分，受让股东以其对于股权享有实际权利为由，请求认定处分股权行为无效的，法院可以参照民法典善意取得规定处理。

结合善意取得制度的理论和上述司法观点，股权善意取得也应当满足出让人无权处分、主观上善意、价格合理等条件，并且还应当已经办理工商登记。但不管怎么说，善意取得制度源于物权，与股权法律属性不同，因此，法院也是主张股权可以参考善意取得而不是依据善意取得制度。

(三) 股权投资的程序条件

在股权投资交易中，涉及出资、股权转让、增资扩股、对外投资等活动，都需要在公司法以及章程的规定、合作协议的框架下，并视交易情况还可能需要获得股东会、董事会决议的支持。并且，在股权转让合同签署之后还需要办理股东名册和工商变更登记，才能最终取得转让的股权，获得股东身份。可见，在股权投资交易中，程序性的条件也是不容忽略的关键因素。

1. 股权转让的审批

股权转让的审批包括内部审批和外部审批，这类审批不仅是出让方可能需要的，受让方可能也会涉及，特别是当股权投资交易的主体一方或者各方是公司、合伙企业等非自然人时，各方的内部审批程序有可能成为交易的先决条件。

股权转让自由是基本原则，但公司法也规定了公司章程对公司股权转让可以另有规定。因此，在股权投资交易中，首先需要关注公司章程对转让有何实体上或者程序上的条件或限制。

同时，根据民法典的规定，依照法律、行政法规的规定，合同应当办理批准等手续的，依照其规定；未办理批准等手续影响合同生效的，不影响合同中履行报批等义务条款以及相关条款的效力；应当办理申请批准等手续的当事人未履行义务的，对方可以请求其承担违反该义务的责任。这在涉及金融等特殊领域的股权投资和国有企业的股权交易中尤其应当注意。

实务中常见的审批主要有国有股权转让须报国资主管部门批复；中外合资、合作企业的股权转让须报原审批机关批准；证券、保险、银行等特殊性质的公司，股东变更需要履行相应的监管部门批准或备案。由此也可知，受让公司股权需审批的，不能依合同约定直接取得股东资格。如果股权转让应经主管机关批准而未获得批准前，则不能依转让合同当然取得公司的股东资格。

但是审批本身不会影响合同有效或无效，而只是属于合同已成立未生效的情形。其理由就在于民法典规定违反法律、行政法规的强制性规定的民事法律行为无效，违反行政规章并不导致合同无效。最高人民法院也曾指出，法院只能依据全国人大及其常委会制定的法律和国务院制定的行政法规认定合同无效，而不能直接援引地方性法规和行政规章作为判断合同无效的依据；但是如果违反地方性法规或者行政规章将导致损害社会公共利益，则可以损害公共利益为由确认合同无效。

例如，在陈某某与某烟草公司一般股权转让侵权纠纷案①中，最高人民法院经审查，国有股东所持上市公司股份的协议转让至少需要经过两次上报：一是国有股东拟协议转让上市公司股份的，在内部决策后，应当及时按照规定程序组件书面报告省级或省级以上国资委；二是国有股东与拟受让方签订转让协

① 《陈某某与某烟草公司一般股权转让侵权纠纷二审民事判决书》，载中国裁判文书网，https：//wenshu. court. gov. cn/website/wenshu/181107ANFZ0BXSK4/index. html？ docId = a3e49a01a9564ddb81aed7746ac5bac7，2022 年 7 月 12 日访问。

议后，应及时履行信息披露等相关义务，同时应按规定程序报国务院国资委审核批准。本案所涉《股份转让协议》依法属于应当办理批准手续的合同，需经财政部批准才能生效，但因某烟草公司上级主管部门总公司不同意本次股权转让，报批程序已经结束，《股份转让协议》已确定无法得到有权机关批准，故应依法认定为不生效合同。

2. 股权转让的公示

在股权投资交易实务中，股权转让的程序要件还包括通过记载于股东名册、办理工商登记等手续。公司法规定股权转让后，公司应当注销原股东的出资证明书，向新股东签发出资证明书，并相应修改公司章程和股东名册中有关股东及其出资的记载。记载于股东名册的股东，可以依股东名册主张行使股东权利。公司应当将股东及其出资额向登记机关登记，登记事项发生变更的，应办理变更登记，未经登记或变更登记，不得对抗第三人。

尽管有上述规定，但在公司法理论和司法实践中，就股东名册和工商登记对于股权转让行为效力和股东资格认定的影响一直是众说纷纭。这实际上也涉及了私行为与公权力的冲突和融合问题，以及股权变动之内部登记生效制和外部登记对抗制的冲突和协调。在股权投资实务中，也就应当注意股权变动本身和股权转让合同之间的区别及其实务影响。

众所周知，实务中的股权投资交易中有三个标志性的时间节点：一是进场尽调，二是签署股权转让合同，三是股权交割。关于股权交割并没有具体的法律规定，取决于交易中如何界定，而实践做法也各不相同，或者将股权登记于股东名册，或者办理股权工商登记手续。在处理股权善意取得的相关事务时，取得无权处分之股权的时间节点也比较重要。按照公司法司法解释三关于无权处分的股权转让参照善意取得的规定，似乎其更倾向于以办理股权的工商登记作为交割的界限，而不是办理公司内部的股东名册记载。

《全国法院民商事审判工作会议纪要》提出，当事人之间转让有限责任公司股权，受让人以其姓名或者名册已经记载于股东名册为由主张其已经取得股权的，人民法院予以支持，但法律、行政法规规定应当办理批准手续生效的股权除外；未向公司登记机关办理股权变更登记的，不得对抗善意相对人。

笔者理解，股权变动登记，包括内部登记和外部登记，涉及三个层面的法律关系，一是股权转让双方之间的关系；二是新旧股东与公司、其他股东之间的关系；三是新旧股东与第三人之间的关系。

就上述问题，其实公司法第 73 条本身的规定是比较清晰的，股东名册变更后股权即发生变动，原股东的股权终止，新股东的股权产生。股权变更的工商登记并不是确权登记，没有登记并不意味着无法取得股东资格或者无法取得股权，只是从登记公示的角度而言，外人并不知晓公司的股权变动信息，从外观主义角度来看，其仍可以依赖公开的登记信息行事。也就是说依法登记公示的股权信息具有对抗第三人的公信力，反之则仅在公司内部和股东之间产生相应的约束力。这实际就考虑了公司登记机关的公权力的监管。

至于原股东和新股东之间的股权变动关系，则属于私行为的范畴。股权转让合同适用民法有关合同的法律规定。从合同法的角度来看，双方转让股权意思达成一致，签订转让合同，即可在当事人之间发生法律效力，除非法律和行政法规规定应当批准外。而新旧股东之间与公司、其他股东的关系，如涉及是否依股东身份享受权利、履行义务则需要依股东名册、出资证明书或者其他类似的文件作为证明。

在雷某与某百货公司股权转让纠纷案①中，法院认为在公司章程对于股权转让作出比公司法更为严格的规定时，应当肯定章程的效力。股权转让旨在促进有效流转，就股权转让的效力认定，应分为三个层次，即股权交付具有当事人股权变动的效力、公司登记具有对抗公司本身的效力和具有一定的公示性，以及工商登记仅具有公示公信效力。

目前，在股权投资纠纷的司法案例中，多数法院均认可工商变更登记仅为股权转让的公示方式，并非股权转让协议生效要件，未办理股东变更登记不产生对外效力，但并不能认定股权转让协议无效，也不影响对股权转让各方的法律效力。

---

① 引自朱福勇、薄萍萍：《改制企业职工退股应认定为股权转让》，载《人民司法》2011 年第 2 期。

3. 变更登记之救济

尽管公司法规定了公司应向股东开具出资证明书，备置股东名册，股东也可以要求公司提供出资证明和股东名册。但是，出于主客观因素或者其他各种各样的原因，公司和股东均忽视出资证明和股东名册的情形比比皆是，这也导致了内部登记与外部登记不一致的情形普遍存在。

现实中，对于股东或公司疏于办理股东名册变更登记或工商外部登记的，相对而言较为方便处理，只要各方按照规定及时补充办理登记即可。但有时候没有办理相关的变更登记是因为出让股东、法定代表人或者公司不愿意配合办理变更登记，或者其他主观上的原因，这时候问题就会变得相对复杂。

首先，对于股权变更登记的配合义务需要在股权投资相关协议中明确，对于拒绝配合的行为则构成违约，应承担违约赔偿责任。其次，按照《最高人民法院关于适用〈中华人民共和国公司法〉若干问题的规定（三）》的规定，股权投资一方当事人依法履行出资义务或者依法继受取得股权后，如果公司未签发出资证明书、记载于股东名册或未办理工商登记，则该当事人有权请求公司履行上述义务。同样道理，公司办理工商变更登记时，相关申请文件通常需要法定代表人签字，并加盖公司公章，如果法定代表人拒绝履行配合义务，股东也可以请求法院强制其履行配合义务，或者依据法院判决书直接办理工商变更登记。

另外，还有一种情形是股权变更登记被依法撤销时的处理。实务中，由于公司登记主管部门具有相关的行政监管职权，如果其认为股权变更登记错误，则可能会撤销相关登记。在此种情形下，股东之间的股权协议本身并不会因变更登记的撤销而无效或被撤销。但由于股权登记恢复到变更之前，故此时需要面对和处理的问题则是如何予以纠正股权撤销登记，另外则是需要谨慎处理因股权变更反复而造成的股权投资双方主体之间的关系，以及股东与第三人之间的关系。

（四）股权转让的限制

对于投资人和标的公司而言，保持公司股东、股权的稳定性是其实现商业目的的重要保障。投资人希望所投资的公司原始股东不会在资本进入后就退出，以确保公司的原有业务可以持续作业，而目标公司也希望投资人进入后，不仅带来资本，也带来资源和经验，同时希望这种期许能够保持长久。

但实际上，美好的愿景往往与现实存在偏差。公司本身就是不同股东的合作，合则来，不合则去。因此，公司法规定了股权转让自由的原则，并且进一步规定了股权转让的公司意思自治，即公司章程对股权转让另有规定的，从其规定。那么，随之而来的疑问就是这样的意思自治有多大的空间和范围，以及应该如何考虑实践中出现的以股权协议或者公司章程的方式锁定股东不得或者在一定期限内不得转让股权，或者放弃优先购买权，或者强制股东在特定条件下转让股权或其他限制性条款的效力等法律问题。与此相对应，如果股权协议或者公司章程中强制规定转让股权的内容，其效力该如何认定。

有观点认为，如果公司章程规定的股权转让条件宽于公司法的规定，该规定有效；如果严于公司法的规定，原则上也有效。章程中虽然可以限制股份的转让，但不能完全禁止，否则会侵害股东的基本权利。章程限制股权转让的自治边界除了不能逾越法律的强制性规定外，还必须注意不能与法律原则、立法精神和宗旨相违背，一旦滥用自治权，该章程条款势必因不合目的性而被认定无效①。类似的观点认为，公司章程是一种具有契约属性的公司自治规则，但公司章程不得与公司法的强制性规范及公司法的基本精神、原则相冲突，如有冲突，所制定的条款无效；公司章程可以限制股权转让但不得禁止股权转让②。

另外，过分放宽股权转让的规定似乎也会有问题。公司法对向股东之外的人转让股权，规定了同意权和优先购买权制度予以限制。该规定是强制性规定，不允许公司章程放宽同意的条件。章程中规定的股权过半数并不一定能够达到其他股东的过半数同意。因此，如果公司章程规定的条件比公司法规定的条件宽时，应当以公司法的规定为准。

---

① 常州市中级人民法院民二庭：《股权转让若干审判实务问题研究》，载《人民司法（应用）》2008 年第 23 期。

② 《审理公司纠纷案件若干问题的解答》，载“山东省高级人民法院”网，http：//www. sdcourt. gov. cn/nwglpt/_2343835/spyj/2568799/index. html，2022 年 7 月 14 日访问。

从上述不同观点和司法案例不难看出，由于公司法本身对此并没有给出一个明确的答案，其具体尺度不容易掌握，因此实务中也极容易出现不同的理解和审理，导致同案不同判的审判结果。实务中起草有关股权协议和公司章程时则需要注意在符合股权转让自由和公司意思自治的原则和精神下，区分不同的情形进行适当和明确的转让条件的设置，而非一概予以限制甚至是禁止股权转让。

三、股权投资模式和结构

实务中，由于投资主体、资金来源、投资目标等不同，由此产生的股权投资的模式和交易结构也千差万别。就股权投资的具体实施而言，可以分为直接投资和间接投资。在直接股权投资交易中，以出资设立新公司，或以股权转让方式，或新设公司再以资产注入等方式随处可见，其交易方式相对直观、简单明了。而除投资人直接以股东身份参与到目标公司外，利用特殊目的载体等进行间接的股权投资也是常用的方式之一，其交易结构则相对复杂。但不论是何种方式，都需要与具体项目、具体商业模式相结合，才能有效地实现商业目标。

（一）股权投资模式

就股权投资的模式而言，有直接投资（股权转让、增资扩股、债转股、股权置换等）和间接投资，对于间接投资，由于具体方式不同会有较大的差异，并没有统一的模式。正如前文所述，实务中仅股权投资基金就可以采用公司制、信托、有限合伙以及公司+有限合伙、公司+信托、母基金（Fund of Funds）等不同方式，并成为股权间接投资的常见形式。而对于其他运用不同的特殊目的载体、使用不同资金融资等进行的股权投资，其形式更具有多样性。

相比较直接投资而言，实务中的股权投资若是采用特殊目的载体，尽管会使得交易结构、法律主体和法律关系变得更加错综复杂，但同时也可以在一定程度上起到风险隔离的作用，以及实现投资人实际掌握标的公司控制权的目的。另外，对于借用不同的特殊载体，特别是利用结构化的投资工具，由于同时会涉及金融监管，因此尤其需要注意其合规风险。

自2018年《关于规范金融机构资产管理业务的指导意见》发布起，银行、信托、证券、基金、期货、保险资产管理机构、金融资产投资公司等金融机构接受投资者委托，对受托的投资者财产进行投资和管理的金融服务都被纳入统一的资产管理业务监管口径中，强调金融机构不得将资产管理产品资金直接投资于商业银行信贷资产、不得直接或者间接地投资法律法规和国家政策禁止进行债权或股权投资的行业和领域、不得为资产管理产品投资的非标准化债权类资产或者股权类资产提供任何担保、回购等代为承担风险的承诺、不得承诺刚性兑付，并进行穿透式监管。

若是违反这些金融监管规定的投资业务，对以金融创新为名掩盖金融风险、规避金融监管、进行制度套利的金融违规行为，要以其实际构成的法律关系确定其效力和各方的权利义务。其结果可能会被认定为无效的投资行为，从而无法实现投资协议中约定的各类收益。

总体上来看，当不同的股权投资模式涉及不同的交易结构、股权主体、融资来源时，其所涵盖的法律关系就越复杂、法律风险也就越多，并且，一方面需要遵守公司法有关股权的相关规定，另一方面也要关注相关监管机构、司法机构对于其中所涉问题的不同看法，有时候其中存在的不同观点，可能会增加股权交易的不确定性。

（二）股权投资的载体

不同的投资载体在股权交易中有着不同的作用，有时候甚至能够起到四两拨千斤的功效。前文中提到，在这些不同的投资载体中，有限公司、合伙企业、独资企业作为常见的形式，被普遍地运用在股权投资中，不论是单独使用还是组合使用，其优势都较为明显。另外，一些较为特殊的载体也与结构化的投融资安排相结合运用，直接或间接地进行股权投资而备受关注。

1. 持股平台

持股平台是一种较为特殊的投资载体，即自然人通过一个平台载体来间接持有目标公司的股权，而非直接持股目标公司。

例如，在某能源公司的混合所有制改革项目中，经重组后的股权结构如图3.2所示①，其中的某投资公司就是作为员工持股平台参与股权投资，而某投资公司本身则采用双层有限合伙的形式。

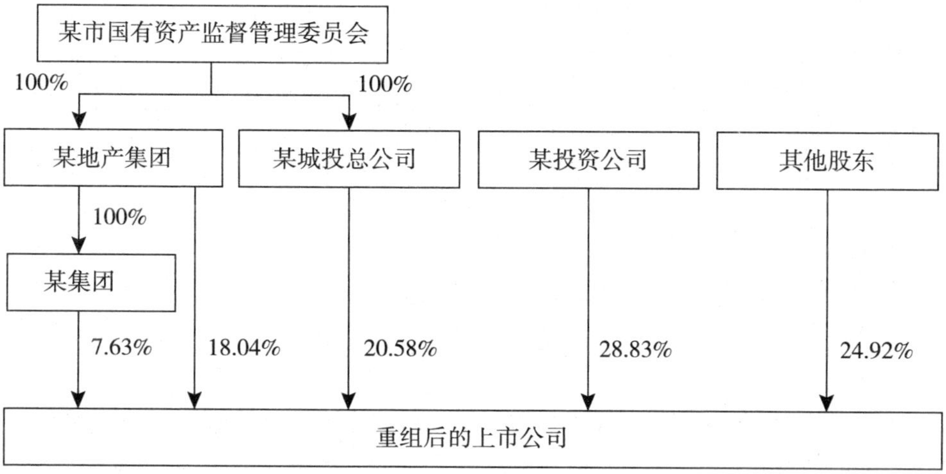

图3.2 某能源公司重组后的股权结构

与此类似，实务中采用一层或多层有限合伙、有限合伙+有限责任公司等结构的持股平台方式间接投资和控制目标公司的情形也屡见不鲜，在实践中扮演着越来越重要的角色。利用不同的投资载体可以构建金字塔股权结构或多层控股公司架构，为股权控制提供条件。

2. 特殊的投资载体

除上述几类在股权投资中较为常见的投资载体外，诸如股权投资基金、REITs、ABS等特殊的股权投资载体也在实践中越来越普遍地被使用。而且，利用这些投资载体，普通投资人也可进行投资，进而参与到大型的投资项目中，从而获得相应的收益。

（1）资产证券化

目前实践中的资产证券化主要分为四类，除信贷资产证券化外，企业资产证券化、资产支持票据和资产支持计划都可以应用于股权投资项目中。典型的

① 参见《有限合伙成秘密武器：张某良如何用10万元控制188.8亿资产》，载搜狐财经，https://business.sohu.com/20140319/n396865921.shtml，2020年9月2日访问。

资产证券化结构如图 3.3 所示：

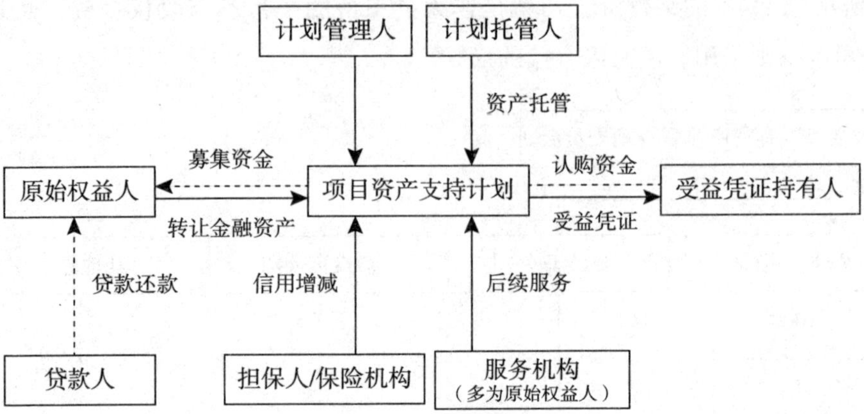

图 3.3　资产证券化结构

在资产证券化融资中，其基本的交易结构中主要包括下列一些法律关系：

①管理人和原始权益人对基础资产进行重组、分级，组建资产池，各服务机构为资产证券化提供增信、法律、财务、产品销售等专业服务，并由 SPV 支付服务费用；

②管理人设立和管理 SPV（资产支持专项计划），与托管银行签署《资金托管协议》，形成资金的托管关系，并受监管银行的监管；

③SPV 与原始权益人（发起人）之间签署《资产出售协议》，形成资产买卖关系，由 SPV 受让基础资产并以募集的资金向原始权益人支付对价；

④合格投资人与 SPV 之间签署《认购协议》，形成买卖法律关系，由投资人支付资金，购买专项计划项下资产份额和利益；

⑤资产服务商与 SPV 签署《服务协议》，负责基础资产现金流的回收和分配，用以归还投资本金和利息，剩余部分则作为发起人的收益。

（2）不动产投资信托基金

不动产投资信托基金（REITs）本质上属于信托，即委托人基于对受托人的信任，将其财产权委托给受托人，由受托人按照委托人的意愿并以自己的名义，为受益人的利益或者特定目的，进行管理或者处分的行为。信托财产具有独立性，既与委托人未设立信托的其他财产相区别，也与属于受托人所有的财产相区别。

在股权投资项目中，REITs可以通过发行收益凭证汇集投资人的资金投资于基础资产，信托人作为受托人为受益人利益持有信托财产，并将投资经营的收益按优先和次级分配给投资人，此方式为项目投资方提供了有效的退出方式，也为基础设施投资提供了可行的融资渠道。

以一个契约型的REITs为例，其交易结构如图3.4所示：

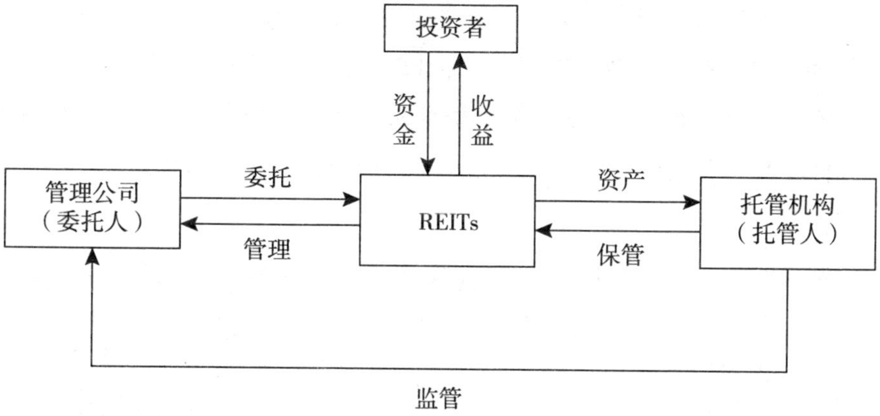

图3.4　契约型REITs交易结构

在前述REITs交易中，其基本的交易结构模式主要如下所述：

①项目公司设立REITs，达到风险隔离的目的，并由基金管理人对基金进行管理，由受托人对基金进行托管；

②基金持有人购买和持有REITs的份额，并用募集资金投资基础资产；

③社会资本运营和维护基础资产，并以基础资产的收益作为REITs的投资回报。

不过需要注意的是，对于投资人而言，参与此类结构化投资，还应当符合相应的监管机构对于合格投资人的特定标准和要求。

（三）结构化股权投资

股权投融资的资金结构取决于多方面的因素，其中既包括具体项目的所有权形式、投资人的组成、投资的规模、项目的类型和特征，也包括项目本身的结构、融资模式、信用保证结构等方面的考虑。而对于结构化的股权投资来说，多数是以各种资管计划的方式参与其中，可采用的形式也更为灵活多变。

1. 股权投资基金

如前文所述，股权投资基金作为重要的股权投资主体，基于其诸多方面的优势，在实务交易中所占的市场份额和比重也越来越大。基金本身的名称和形式也是多种多样的，如常见的产业投资基金、创业投资基金、私募股权基金、并购基金、地产投资基金、母基金、QLFP 基金、S 基金、平行基金、夹层基金等，不一而足。而每个基金背后的资金来源和投资理念、投资目的也各不相同。因此，其本身结构会因为组织形式（公司型、合伙型、契约型）的不同而不同。

以常见的合伙型私募股权基金为例，其基本的交易结构如图 3.5 所示[①]：

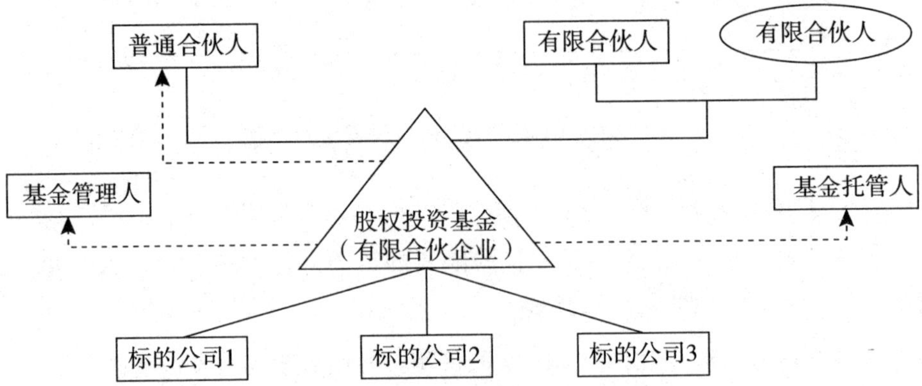

图 3.5　合伙型私募股权基金交易结构

到了具体的投资项目，投资基金的交易结构则会更加复杂。并且，股权投资基金在实务中不仅可以独立作为投资主体，而且还可以与其他的资产管理产品进行组合，设立多层次、多元化的投资载体和交易结构，以最终实现不同主体的投资目的。

① 北京股权投资基金协会编著：《中国股权投资基金手册（2018 年版）》，首都经济贸易大学出版社 2018 年版，第 55 页。

2. 保险投资计划

保险投资计划包括保险股权投资计划和保险债权投资计划，前者是指保险资产管理机构作为管理人发起设立，向投资人募集资金并进行投资管理，由托管人进行托管，直接或间接地投资于未上市企业股权的金融工具①。交易实务中，股权计划和债权计划组合使用的情况也非常普遍。在保险股权投资计划中，其基本的交易结构如图 3. 6 所示：

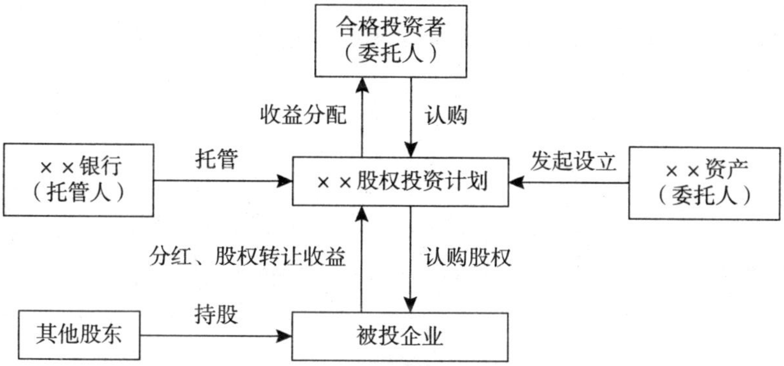

图 3. 6 股权计划和债权计划组合使用交易结构

图 3. 6 是由保险股权投资计划直接投资于目标公司。同样，保险投资计划也可以通过私募基金，认购 LP 份额从而间接投资目标公司。

2020 年 7 月 15 日，国务院常务会议提出取消保险资金开展财务性股权投资行业限制，在区域性股权市场开展股权投资和创业投资份额转让试点。随后，《保险资产管理产品管理暂行办法》《股权投资计划实施细则》《债权投资计划实施细则》等相继出台，这些规定对于保险资金的股权投资计划作了更为严格的规范。

3. 信托投资计划

信托的核心特征是财产独立、风险隔离，即信托财产独立于委托人，也独立于受托人。在股权投资信托计划中，信托公司通过设立并发行股权投资信托计划的方式向合格投资人募集资金，并以信托计划参与设立股权投资基金，再

① 参见《中国保监会关于保险资金设立股权投资计划有关事项的通知》。

以该基金进行未上市公司的股权投资。

通常情况下，股权投资信托计划作为 LP 或股东，将信托资金作为出资注入股权投资基金中。同时，VC/PE 投资机构作为普通合伙人，也将认购小比例的基金份额，并负责股权投资基金的投资、管理及相关运作。

此外，在股权投资信托计划设立时，合格投资者（委托人）与信托公司（受托人）之间签订《信托合同》，确立信托关系。信托公司还将与保管银行签订《保管合同》，对信托计划资金进行保管。

股权投资信托计划的基本交易结构如图 3.7 所示：

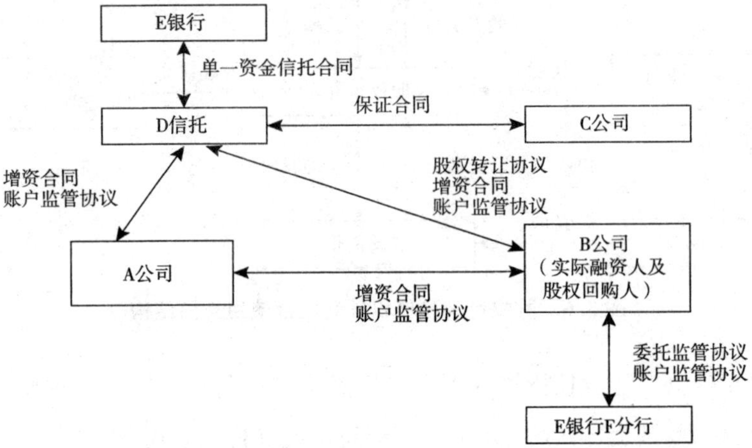

图 3.7 股权投资信托计划的基本交易结构

需要注意的是，信托公司以募集的信托资金受让特定资产或者特定资产收益权，法律上认为其属于信托公司在资金依法募集后的资金运用行为。如果合同中约定由转让方或者其指定的第三方在一定期间后以交易本金加上溢价款等固定价款无条件回购的，无论转让方所转让的标的物是否真实存在、是否实际交付或者过户，只要合同不存在法定无效事由，转让方或者其指定的第三方应当按照约定承担责任。当事人在相关合同中同时约定采用信托公司受让目标公司股权、向目标公司增资方式并以相应股权担保债权实现的，应当认定在当事人之间成立让与担保的法律关系。

另外，就相关信托文件及相关合同将受益人区分为优先级、劣后级等实务做法，如果约定优先级受益人以其财产认购信托计划份额，在信托到期后，劣后级受益人负有差额承担补足义务，而优先级受益人请求劣后级受益人按照约定承担责任的，法院也依法予以支持。信托文件中关于不同类型受益人权利义务关系的约定，不影响受益人与受托人之间信托法律关系的认定。

4. 并购基金结构

实务中，大型的股权投资并购项目通常会运用并购基金，并且其组建方式也呈多元化。目前市场有为数不少的“上市公司+PE 基金”方式组建的并购基金，以及国企改革并购基金模式。在前一种模式中，PE 与上市公司合作成立并购基金，上市公司为 LP，PE 作为 GP 负责管理。一般而言，PE 与上市公司各出资一部分，其余部分由 PE 负责向社会投资者募集资金。

在并购基金的投资中，一方面，需关注交易结构合理安排、股权比例、担保、治理结构、退出安排等常规的法律问题。另一方面，由于组建基金的各项资金来源不同，同样需要注意不同监管机构的管理要求和规范。

四、股权转让的特殊问题

在股权交易中，除前述应当注意的事项外，还需要特别关注股权转让的一些特殊法律风险，其中就涉及特殊主体、瑕疵股权、代持股、质押股的转让、一股多卖等法律问题。原则上来看，股权交易本身包含两方面的内容：一是对股权转让基础的合同关系的确定；二是基于股权转让关系产生的股东身份的确定。对此，现行公司法律以及相应的司法实践也分别给出了相应的处理方式，为股权投资实务提供了相应的依据。

（一）特殊主体的股权转让

在交易实务中，股权投资、转让的主体并无特定的限制，民法典所规定的各类民事主体原则上都可以参与到股权投资交易中。但鉴于特殊的监管要求，除上市公司外，国有企业的股权转让和金融投资主体的股权交易行为需要遵守不同于一般主体的规则。

1. 国有企业

相比较一般的有限责任公司股权转让，国有企业的股权转让是较为复杂的交易主体。不论是投资方还是接受投资方，如果是涉及国有企业的股权转让、资产交易等，除应当遵循公司法关于股东之间以及股东向第三人转让股权的基本规则外，还应当注意国有股权转让的特殊事项。

就国有企业的股权转让问题，除国家规定可以直接协议转让的外，都应当在依法设立的产权交易场所公开进行。这里的国有资产指国家对企业各种形式的出资所形成的权益。就目前实务现状来看，进场交易成为国有股权交易的常态，鲜少有协议转让股权的方式。

如果是在公司运营过程中因融资等需要进行增资扩股，虽然目标公司本身不是国有企业，但是其中如果涉及国有资产增资，需要遵守《企业国有资产交易监督管理办法》中估价、公开交易的相关规定。

与此类似，如果目标公司具有国有参股、控股或者国有独资公司的性质，而投资人以增资入股的方式参与到项目公司中，应当由目标公司按照公司法和公司章程、内部管理制度进行决策，形成书面决议。如因增资致使国家不再拥有所出资企业控股权的，还须由国资监管机构报本级人民政府批准。

与其他类型公司的股权转让基本规则一样，国有企业的股权转让和增资扩股也需要考虑其他股东的优先购买权的问题。在某实业公司诉某电力公司等股权转让纠纷案①中，法院认为虽然国有产权转让应当进产权交易所进行公开交易，但因产权交易所并不具有判断交易一方是否丧失优先购买权这类法律事项的权利，在法律无明文规定且股东未明示放弃优先购买权的情况下，享有优先购买权的股东未进场交易，并不能根据交易所自行制定的“未进场则视为放弃优先购买权”的交易规则，得出其优先购买权已经丧失的结论。

综合上述规定和案例，投资人如以股权转让、增资扩股方式参与到目标公司中，除有必要事先对目标公司进行尽职调查外，也需要注意上述有关的审批规定，并应当在相关的交易文件中就相应的审批手续等做好安排。

2. 金融机构股权投资

金融机构的范围较为广泛，涵盖银行、证券公司、保险公司、信托投资

---

① 《某实业公司诉某电力公司等股权转让纠纷案》，载最高人民法院法院网站，http：//gongbao.court.gov.cn/Details/e73087b7f28120f8387def1ce505c2.html？sw，2022 年 7 月 14 日访问。

公司、期货公司、基金管理公司、金融资产管理公司、保险资产管理公司、融资租赁公司以及其他财务公司、担保公司、贷款公司等金融管理部门认定的其他金融机构。金融机构的股权投资实际上主要包括两个方面的内容，一个是金融机构接受外部资金的股权投资，另一个是金融机构作为股权投资人进行的对外投资。此外，金融机构有可能还会作为股权投资人的融资方，提供股权投资的资金来源。由于国家对金融行业的限制和规定，金融机构涉及的这三个方面作为股权投融资不可或缺的重要内容，都会关系到特殊的金融监管要求。

（1）对金融机构的股权投资

对于金融机构接受外部的股权投资，尽管早在 2005 年《国务院关于鼓励支持和引导个体私营等非公有制经济发展的若干意见》就明确允许非公有资本进入区域性股份制银行和合作性金融机构；允许符合条件的非公有制企业参与银行、证券、保险等金融机构的改组改制。在 2010 年的《国务院关于鼓励和引导民间投资健康发展的若干意见》中也提出要放宽对金融机构的股比限制。但实践中对于不同的金融机构仍然存在诸多限制。例如，对保险资金按照实质重于形式的原则，依法对保险公司股权实施穿透式监管和分类监管。在某投资公司与某实业公司营业信托纠纷案件①中，最高人民法院就判决双方约定的股权代持协议违反了原中国保险监督管理委员会《保险公司股权管理办法》的禁止性规定，损害了社会公共利益，因此依法认定《信托持股协议》为无效协议。

2018 年资管新规出台后，就商业银行、保险公司、证券公司和信托公司等主要金融机构的股权也颁布了一系列管理规定。而 2020 年 3 月 23 日，中国银行保险监督管理委员会发布的《非银行金融机构行政许可事项实施办法》更是加大对非银金融机构的股权管理，包括针对不同类别的股东设定不同的准入资质条件、穿透识别股权结构、强化投资资金来源的真实性合规性监管、控制杠杆率、限制单一股东同类型金融机构投资数量、增加对主要股东补充资本和锁

---

① 《某投资公司、某实业公司营业信托纠纷二审民事裁定书》，载中国裁判文书网，https：//wenshu. court. gov. cn/website/wenshu/181107ANFZ0BXSK4/index. html？docId＝8b545b13f8484a8c886ca8cc01100de1，2022 年 7 月 14 日访问。

定期的要求等。随后颁布的《关于实施金融控股公司准入管理的决定》《金融控股公司监督管理试行办法》则对金融控股公司的监管提出了新标准。

以上一系列的金融监管措施表明，在大资管时代的背景下，对分业和混业的监管将继续并存和发展，同时对于股权投资于金融机构的监管力度也在不停地强化中。

(2) 金融机构对外股权投资

正如前文所述，金融机构作为股权投资人或者股权投资的资金来源，有着更多的变通性，不论是直接投资还是利用结构化的安排进行间接投资，都在实业投资和财务投资中越来越多地体现出资金等方面的优势。与金融行业的分业管理类似，金融机构对外进行股权投资也同样会受到不同监管机构的监督管理，并会受到不同程度的限制和约束，同时金融政策的变化也会影响相应的投资行为。

较为典型的是商业银行法对商业银行对外股权投资的限制。而银保监会在其发布的《关于支持银行业金融机构加大创新力度开展科创企业投贷联动试点的指导意见》中则提出应该允许资本相对充足的银行拿出一定比例的资本参与股权投资。保险行业方面，《保险资金投资股权暂行办法》规定了保险资金可以直接或者间接投资企业股权。前者指保险公司、保险集团（控股）公司以出资人名义投资并持有企业股权的行为；后者是保险公司投资股权投资管理机构发起设立的股权投资基金等相关金融产品的行为。

而其他金融机构的对外股权投资，由于金融混业发展的趋势，从政策层面来看，基本上都没有特殊的禁止性规定，而是在具体的操作层面，比如股债比、投资领域等方面进行一定的限制和约束。

在大资管背景下，银行和非银行金融机构的业务融合趋势越来越强，简单的分业监管并不能从根本上解决金融机构进行股权投资的意愿和冲动。但与一般的投资主体不同，为了避免金融风险，随着 2018 年 4 月《关于规范金融机构资产管理业务的指导意见》的发布及其过渡期的延长，监管部门一方面统一监管尺度，另一方面也加强了对金融机构的股权投资的监管力度，两者相互共同作用，可以有效地降低交易中因政策变化而带来的不确定性。

（二）瑕疵股权的转让

瑕疵股权是指股东未履行或者未全面履行出资义务的股权，但不包括约定分期而未到期的情形。对于此类瑕疵股权的转让，涉及转让人、受让人、公司及其他股东等不同的当事人和法律关系。就转让股权本身，法律区分受让人是否知情而给出不同的结果，即如果受让人知道或者应当知道拟转让的股权存在出资瑕疵的，该转让股东和受让人应当就未履行出资行为向公司承担连带责任；在瑕疵股权转让的情况下，公司债权人也可要求该股东在未出资的本息范围内对公司债务承担补足责任，并可要求受让人承担连带责任；受让人承担责任后，可以向未履行或未全面履行出资义务的股东进行追偿。但是，如果受让人对股权瑕疵不知情，则无须承担责任。也就是说，在瑕疵股权转让之后，转让人和受让人仍然应当向公司承担出资义务，当然，双方在股权协议中也可以约定具体出资义务的履行。

同样地，在某银行与某重工公司买卖合同纠纷①案中，孙某与吴某签订了《股权转让协议》，吴某将某冶金公司100%的股份以500万元价格全部转让给孙某。同日，公司进行了工商登记变更。吴某既不是发起人，又不是公司股东，且该债务是在孙某接管公司后所产生的债务，且没有证据证明吴某在接受股权时，知道或应当知道发起人有瑕疵出资的情形。因此，最高人民法院经二审认为，吴某对某冶金公司的担保债务不应承担责任。另外，在该案中，郭某永、马某与郭某金签订的《股东投资协议》约定郭某永、马某的出资差额部分应由郭某金垫付。最高人民法院认为，即便该协议有效，其影响的也是承担责任后的追偿问题。除非能证明郭某金已全部补足了出资，否则不能免除其出资义务。综上，郭某永、马某作为某冶金公司的发起人，未按公司章程规定履行出资义务，应在未履行出资范围内对公司债权人承担补充赔偿责任。

此外，公司资本认缴制释放了资金的能量，同时也在一定程度上导致了股

① 《某银行、某重工公司买卖合同纠纷再审审查与审判监督民事判决书》，载中国裁判文书网，https：//wenshu. court. gov. cn/website/wenshu/181107ANFZ0BXSK4/index. html？docId = 1379c491c27e42e7a802aa0000fce7a5，2022年7月14日访问。

权转让的风险。在某工贸公司、某煤矿公司申请执行人执行异议之诉案①中，某商贸公司先后两次进行增资，将注册资本增加至1000万元及7000万元并在公司章程中约定了认缴期限，两次增资期间债权人与公司签署买卖合同，而某商贸公司的三名原股东则在出资期限届满之前已将各自的股权转让给袁某，法院认为，某商贸公司的增资行为对债权人涉案交易产生公示效果和信赖基础，在其资产不足以偿债却在出资期限届满之前转让股权的，可以追加股权受让人为被执行人，而不是将原股东追加为被执行人。

（三）代持股权的转让

在股权代持关系中，公司只与名义股东存在法律上的直接关系，即使实际出资人存在出资瑕疵，也只是名义股东向公司和债权人承担补足责任，名义股东赔偿后再向实际出资人追偿；反过来，如果实际出资人想要获得股东身份，则应当获得其他股东过半数同意，以维护有限责任公司人合性的特性。而实际出资人与名义股东之间则依据双方股权代持协议的约定以及实际出资来确定投资权益的归属等关系。

如本章前文所述，当名义股东转让其登记在册的代持股权时，因名义股东本身具有公示的股东身份，其转让行为属于有权处分，名义股东与第三人的股权转让协议有效。但第三人能否获得股权并成为股东则需要参照民法典有关物权“善意取得”的规则进行处理。但与物权不同，股权兼有财产权和身份权的特征。而且，名义股东属于有权处分人。因此，公司法解释仅明确了可参考善意取得制度来确定第三人是否可以取得股权。

结合上述规定可知，如果受让人在取得该转让股权时是善意的，并不知悉股权代持情形，而且根据转让标的物的性质、数量以及付款方式等具体情况，参考转让时交易地市场价格以及交易习惯等因素综合认定其转让价格是合理的，并且股权转让手续齐全，包括经其他过半数股东同意和依法办理工商变更

---

① 《某工贸公司、某煤矿公司申请执行人执行异议之诉再审审查与审判监督民事裁定书》，载中国裁判文书网，https://wenshu.court.gov.cn/website/wenshu/181107ANFZ0BXSK4/index.html?docId=49df16a37c2d47a8acb0ab7c00c3060c，2022年7月14日访问。

登记，那么受让人可以依法获得股权，成为股东。反之，只要缺少其中任何一个要件，则受让人都有可能无法获得股权。

在钱某与钱某龙、张某、宋某等股权转让纠纷申诉案①中，法院认为，涉案股权登记在张某名下，宋某有合理理由相信钱某龙有权代理张某处分涉案股权，故钱某龙代张某转让涉案股权给宋某的行为并不影响宋某受让股权的善意。此外，根据已查明的案件事实，宋某已经支付了300万元股权转让款，钱某虽主张该价格低于某科技公司股权的现值而不合理，但对此缺乏证据证明，故可认定该股权转让的对价是合理的。最后，涉案股权已经登记至宋某名下。因此宋某受让涉案股权符合善意取得的构成要件。

与之相对应，在股权代持法律关系下，若是隐名股东未经名义股东同意而直接转让股权，公司法虽无明文规定，但通常认为由于代持关系已明确了双方的法律关系和地位，权利人转让自有股权从法律上来看并无限制性规定。在满足一定条件下②，比如其他股东无异议、受让人知悉隐名事实等，隐名股东转让股权属于自行处分股权的有权行为，签署的股权转让协议亦应有效。

（四）质押股权的转让

转质即是指在质押期间，质权人将质物为第三人设立质权的行为，第三人取得的质权称为转质权。转质又可分为承诺转质和责任转质两种不同的形式。前者即是经出质人同意，质权人以权利人身份转质，后者则是指未经出质人同意，质权人以权利人身份转质。

实务中，质押股权的转让分为经质权人同意和未经质权人同意、转让前质押和转让后质押等不同情形。出质人是股权的所有人，但是若股权已被出质而且被质权人以登记形式占有，该股权已经成为债权的担保。因此出质人的权利已经受到限制，不得擅自对股权进行转让，否则即可损及质权人的利益。对

---

①《钱某与钱某龙、张某等股权转让纠纷申诉、申请民事裁定书》，载中国裁判文书网，https://wenshu.court.gov.cn/website/wenshu/181107ANFZ0BXSK4/index.html?docId=f2007f40412944caaaacaf6f270d627e，2022年7月14日访问。

②《毛某与焦某成、焦某等股权转让纠纷二审民事判决书》，载中国裁判文书网，https://wenshu.court.gov.cn/website/wenshu/181107ANFZ0BXSK4/index.html?docId=502e0184b6cb4fee835f170a15fb84d3，2022年7月14日访问。

此，原物权法和民法典则进一步明确规定了以股权出质的，质权自办理出质登记时设立；股权出质后，不得转让，但出质人与质权人协商同意的除外。

在李某、曹某确认合同效力纠纷案[①]中，最高人民法院认为，物权法第226条第2款规定股权出质后不得转让，但经出质人与质权人协商同意的除外。该款规定禁止出质人处分出质的股权，但并未禁止出质人负担转让出质股权的义务。因转让出质的股权签订的股权转让合同，虽无法产生物权变动的效力，但合同本身系有效合同。

至于在质权人不知情的情况下，出质人擅自转让股权的，除法律另有规定外，应认定该转让行为无效，由此给质权人或者第三人造成损失的，出质人应当承担赔偿责任[②]。一旦双方签订的股权转让协议确认无效或解除，则应当按照无效行为的规则处理，即股权受让方因此取得的质押股权应当予以返还；不能返还或者没有必要返还的，应当折价补偿；有过错的一方应当赔偿对方由此所受到的损失；各方都有过错的，应当各自承担相应的责任。在这种情况下，双方还应当注意及时办理转让股权的回转手续，已办理股东名册和工商登记的，也应一并予以撤销，进行重新登记。

但若是一方在转让股权之后办理股权变更登记之前又设置质押的，则转让人应当承担权利瑕疵担保责任。在徐某、刘某股权转让纠纷再审审查与审判监督案[③]中，徐某与刘某签订股权转让协议并收取了股权转让款，但此后双方并未进行股权转让变更登记，涉案股权至今仍登记于徐某名下。徐某在将股权转让给刘某后，又将股权出质给第三人并办理了质押登记，法院认为，该质权的存在实质上限制并影响了刘某对受让股权的自由处分，该股权至今仍登记于徐某名下，不能过户给刘某，其受让股权的合同目的无法实现。根据原合同法第150条的规定，出卖人就标的物负有权利瑕疵担保责任。因徐某在本案中出让

---

① 《李某、曹某确认合同效力纠纷再审审查与审判监督民事裁定书》，载中国裁判文书网，https：//wenshu. court. gov. cn/website/wenshu/181107ANFZ0BXSK4/index. html? docId = 7adfb676e88c49aa8c18aabd011308dd，2022年7月14日访问。

② 最高人民法院物权法研究小组编著：《〈中华人民共和国物权法〉条文理解与适用》，人民法院出版社2007年版，第665页。

③ 《徐某、刘某股权转让纠纷再审审查与审判监督民事裁定书》，载中国裁判文书网，https：//wenshu. court. gov. cn/website/wenshu/181107ANFZ0BXSK4/index. html? docId = c03e5d231e2749c58dfba7b000aa3f3e，2022年7月14日访问。

股权的行为违反了权利瑕疵担保义务而构成违约，且至今也未采取措施消除涉案股权上所设定的质押，该违约行为致使刘某签订股权转让协议的目的无法实现，据此判决解除双方签订的股权转让协议。

（五）一股多卖的风险

鉴于股权转让相对自由的特点，在投资交易实务中，一股多卖的情况也并不鲜见。一股多卖可包括两种情形：一是转让股东将其同一股权分别出卖给不同的受让人的情形；二是股东转让股权后，受让人又将股权转让给第三人，或再经由该第三人转让给其后手的情形。

事实上导致一股多卖纠纷的原因是多方面的，主观上转让人或受让人可能有意或无意地进行多次转让股权。而客观上的主要原因可能是股权转让合同签署后交易各方，包括公司本身，未按照公司法、公司登记管理条例以及公司章程的规定及时办理相应的股东名册和工商变更登记，导致交易各方无法通过股权归属的公示信息进行判断。

但就一股多卖的行为本身来看，则有必要对前述两种不同的行为和后果进行区分。对于前述第一种情形下的一股多卖，又可以分为受让人全部是现有股东，受让人全部是现有股东之外的人，以及受让人部分是现有股东，部分是现有股东外第三人等情形。笔者认为，股权转让人本身是具有一定的主观故意的，其明知已经与他人达成股权转让的一致意见，而再次与人进行股权交易，违背了诚信原则，应该向相关的交易方承担缔约过失或者违约赔偿责任。而对于受让方而言，是否可以取得转让的股权，则需要结合股东优先购买权、股权是否已经办理公示登记、交易时间先后等因素进行判断，即如果已经办理股东登记的优先于未办理登记的受让人，如果均未办理登记，则应以交易时间在前者优先，以保证交易行为的公平合理。

而在后者连续转手的一股多卖情形下，也有可能涉及现有股东和股东之外的第三人等不同的主体，与前者一样，其形式和法律关系也非常复杂。通常来看，这种交易下，各方主体如果是达成了股权交易的一致意思，而且不存在导致合同无效的情况，那么整个合同链和交易链就应当受到法律的保护。在股权和股东资格获得问题上，原则上应该承认和保障交易的连续性和合法性。从公司法以及司法实践来看，其原则也是优先考虑已办理股东登记的受让人，但在出现争议时则适当地考虑合同效力、商事外观主义、参照善意取得制度等进行判断，对基于合法有效的股权投资文件进行的交易行为，应当保障后续者的合法权益。对于中间过手的相关交易主体，若涉及违约则可按照合同的相关约定追究或承担违约责任。

相比较而言，一房二卖、一物多卖等现象，立法和司法解释等有着较为丰富的规范内容，反观一股多卖的现行规定则较少，这也有待于后续在公司法修改过程中进行合理的规范和调整，以便更好地保护交易各方的权益。

第四章
股权投资和定价

概 述

股权投资与其他类型的投资一样，其终极目标都是实现盈利。正如科斯在其《企业的性质》中所说“企业的显著特征就是作为价格机制的替代物。资源的流动方向直接依赖于价格机制”。推而广之，价格也是所有股权投资交易的核心和关键因素。实务中，不论是投资人进行股权投资，还是标的公司进行股权融资，其所涉及的股权对应的价格也往往是各方备受关注的焦点。

股权投资交易中，首先需要明确股权的估值和定价，由此延伸至交易中所涉及的各类价格因素，包括出资、增资、转让、退出和支付、违约、赔偿，以及其背后的法律逻辑和关系等问题。

尽管股权的估值、定价问题看上去是纯商业的事务，但是从股权投资交易的整体性角度来看，其中仍然不乏诸多法律问题需要交易各方予以关注。而且法院对于股权投资定价的相关司法观点可以进一步指导交易各方的风险防范，以及有助于反过来促进立法的完善。

一、股权估值和定价

股权价值是股权投资交易中首要的考虑因素，关系股权投资交易的具体结构和真实价格的确定。众所周知，商品的价格与价值是两个不同的概念，商品价值决定了价格，价格则围绕价值上下波动。与大部分的商品一样，公司和股权作为特殊的商品，也同样遵守此规律。

但不可否认，现实中的股权价格与价值会存在较大的差距和不完全匹配的情形。也就是说大多数情况下，价格会偏离价值。股权投资的最终定价通常取决于主客观多方面的原因，而其中的融资方对资金的需求程度、市场好坏、公司价值、交易双方诸如资源、资金、谈判等力量的大小都是较为重要的影响因素；而最终决定股权交易取舍的也往往是价值与价格的相对关系，而不是绝对、唯一的关系。当然，股权的估值和定价不仅需要交易双方从商业角度进行考虑，有时候也需要从法律角度进行衡量，既是对商业因素公平性、合理性的权衡，也是对法律风险的预测和解决。

（一）股权价值和估值

有人说估值是艺术，也有人说估值是技术。然而不能忽视的是，对于公司、行业的基本面，即公司本身价值的分析，应该是股权估值的基础，如果偏离基本面，抛开对公司法律和财务的尽职调查结果及相应风险的分析，不论把股权估值当作技术还是当作艺术，其科学性和严谨性都会大打折扣。

1. 股权价值

股权价值与公司价值不同但又密不可分，而每一个投资人对于股权价值的理解也是千差万别，同样一个公司、一项技术、一个资产、一个团队，在不同的投资人眼里就会有不同的价值。这也就是在股权投资交易的实践中，即使是同一行业、产业链的不同企业，其股权估值的结果也可能会有天壤之别的原因之一。

公司价值是针对公司作为一个整体的价值评判，是公司包括有形资产和无形资产在内的全部资产的价值，它是一个综合的评价体系。公司价值不同于利润，利润是企业全部资产的市场价值中所创造价值中的一部分，公司价值也不是指企业账面资产的总价值，由于企业商誉等影响，通常企业的实际市场价值可能远远超过账面资产的价值。法律上通常认为，公司的资产包括物权、知识产权、债权和对外投资的股权等，公司资产具有独立性，其独立于股东的资产。而财务会计学的计算公式为：公司价值（EV）= 股权价值+短期负债+长

期负债+长期负债中的当期部分+优先股+非控制性权益+其他非经营性负债－现金及现金等价物①。从这个公式可见，公司价值并不等同于股权价值本身。

与之相对应，法律所定义的股权是指股东因出资或受让而取得的、依法或者依公司章程的规定和程序参与公司事务并在公司中享有的身份、财产利益，并具有可转让性的权利。对投资人而言，股权价值意味着其投资之后获得的股权所对应的各项身份和财产权利，也就是股权的价值。会计学认为股权价值是某项股权投资的账面余额减去该项投资已提的减值准备，其股权投资的账面余额包括投资成本、股权投资差额。然而，投资实践中的股权价值衡量因素并不完全与会计学上的股权价值相对等，因为很多非财产性的利益也是评估股权价值的一部分。

在公司价值处于静态和相对固定的情况下，股权价值则是变动的，其影响因素也较多。从公司发展的角度来看，未来潜在的市场份额、公司负债、核心资产（团队和技术）、商誉、当前的交易价格、投资股比、投资的协同效应、控股或控制权、退出机制等对投资人而言都可能用来衡量股权价值，因此，股权本身的真正价值有时候也较难衡量。而且实践中投资人和标的公司等交易各方对于股权价值的不同理解也会导致最终的股权估值的差异。

2. 股权估值方法

如前文所述，既然股权有其内在的价值，那么在实际的股权投资中就必然需要将它以交易各方可见的形式表现出来，也就是进行股权估值，并在估值基础上双方达成具体交易价格一致意见。估值是基于对影响未来投资回报相关变量的预测、对相似资产的比较或对即将进行的清算程序的估计。

由于股权价值的衡量和评估因素具有多样性和复杂性的特点，因此股权估值本身就是一项综合性的活动，需要对企业的整体经济价值进行分析、判断、估价。公司设立初期的估值还比较简单，但是随着公司发展，在后续涉及的股权转让、增资、并购、重组、合并、分立、上市等过程中，估值都会是非常重要和关键的环节。

---

① ［美］保罗·皮格南塔罗著：《杠杆收购》，注册估值分析师协会译，机械工业出版社 2018 年版，第 9 页。

理论上和实践中，股权估值并无绝对和统一的标准和方法。上市公司和非上市公司、整体股权和部分股权的估值方法也都会有不少差异。对于股权估值，一般都会建模进行，其中绝对估值模型和相对估值模型是持续经营假设下的两大类估值模型①，区别于清算程序中的估值。常见的股权估值方法有两类：

一类是相对估值模型，即评估一种资产相对于其他资产的价值，因此也常被称为“可比分析法”，其背后的逻辑是相似的资产应该以相似的价格出售。这种估值方法的特点是主要采用价格乘数方法，最常用的就是市盈率（P/E），即按照股票的市场价格除以企业的每股收益。相对估值模型方法具体包括市盈率估值法、市净率（price to book ratio，P/B）估值法、EV/EBITDA 估值法、PEG 估值、市销率估值法、EV/销售收入估值法、RNAV 估值法等。

另一类是绝对估值模型，它是一种明确指出资产内在价值的模型。使用这种模型是为了得到与资产市场价格相比较的估值，主要是股权现值模型/现金流折现模型，以及资产价值基础法。前者是将股权的预期未来现金流现值或折现值作为股权的价值，后者则是以公司拥有的资产或控制资源的市场价值为基础进行的估值。其中现值模型是最基本和最重要的股权估值方法，其背后的逻辑是资产对投资者的价值一定与投资者持有该资产的预期回报有关。

相对估值模型和绝对估值模型的使用也并不是绝对的对立。实务中较为常用的市盈率、市净率、现金流折现、基础资产等估值方法，各有侧重。从法律和预防纠纷的角度来看，交易各方可以自行确定采用的具体估值方式。

此外，在股权交易实务中需要注意的是，根据国有资产评估管理要求，对于涉及国有资产的评估则采用：（1）收益现值法，即根据被评估资产合理的预期获利能力和适当的折现率，计算出资产的现值，并以此评定；（2）重置成本法，根据该项资产在全新情况下的重置成本，减去按重置成本计算的已使用年限的累计折旧额，考虑资产功能变化、成新率等因素进行评定，或者根据资产的使用期限，考虑资产功能变化等因素重新确定成新率进行评定；（3）现行市价法，参照相同或者类似资产的市场价格评定；（4）清算价格法，根据企业清

---

① ［美］杰拉尔德·平托、伊莱恩·亨利等著：《股权估值（第 3 版）》，刘醒云译，机械工业出版社 2018 年版，第 18 页。

算时其资产可变现的价值评定。但是这些估值方法更偏重固定资产而非股权的评估。

若是国资参股的企业进行股权等重大财产转让，以非货币财产对外投资，原则上应当进行评估，并应当以依法评估的、报经本级人民政府核准的价格为依据，合理确定最低转让价格。

3. 估值基准日和损益分担

对于股权交易的估值基准日也是实务中较为重要的内容。估值基准日是交易双方确定股权转让价格基础的日期。股权投资交易中，分别会涉及股权投资合同签约日、股权估值基准日、股权转让基准日、股权交割基准日、股权登记日等不同的日期。而交易实务中，股权定价基准日通常在股权协议签署日、股权交割日、目标公司管理权移交日之前。由此产生了股权交易的估值基准日和签约、转让、交割等日期的时间差。

自签订股权交易协议起至相关股权完成过户的过渡期间，公司仍在持续正常的生产经营，仍然会有对外的业务关系，由此会发生新的债务、债权，产生盈余或亏损，这些状况可能影响交易双方判断股权价值的前提和假设，影响估值的结果，导致不确定性和风险分担等商业和法律问题。为此，需要尽可能地减少过渡期的时间，尤其是在涉及国有股的情况下，按照规定，国有股东资产评估的基准日与国有股东产权持有单位对该国有股东产权变动决议的日期相差不得超过一个月①。总而言之，交易各方有必要对过渡期的股权价值的变化引起的问题做好相应的预防和解决方案。

关于股权转让基准日与交割日之间的盈亏分担，根据不同的情形，其处理可以用下列方式：

（1）评估基准日与交割日期间非常短，因此损益不计算；

（2）过渡期损益全部由资产购买方承担或享有；

（3）过渡期损益全部由资产出售方承担和享有；

（4）过渡期收益由资产购买方享有，过渡期亏损由资产出售方承担；

（5）过渡期收益由资产出售方享有，过渡期亏损由资产购买方承担。

① 参见《企业国有资产评估项目备案工作指引》第15条。

根据契约自由的原则，交易双方可以自行约定。实务中一般都会考虑在股权转让协议中约定，估值基准日到股权交割日之间由双方共管，尽管股权受让人尚未取得股东身份，但其作为股东的意愿是明确具体的，结合交易双方的股权协议和相应的公司管理事务等安排，其对于过渡期间的损益也有一定的预期，因此由股权受让人承担相关损益也应属自然。

若是在双方没有具体约定的情况下，如何处理过渡期损益则相对复杂。有观点认为，在法律性质上，过渡期损益不属于物的孳息，也不同于物的增值，其属于民事主体意思自治范畴内的交易价格调整因素。按照买卖合同的一般理论，股权合同签署后，与标的物（股权）相关的权益也一并转让。但是，也有观点认为，股权交易毕竟与一般的货物买卖仍有区别，且不论过渡期损益是否属于孳息有必要区分不同的资产而定，不能一概而论。而且，在签署股权协议后，相关的股权变动等手续尚未办理前，受让人还没有获得股权和股东身份，非股东自然就无法享有公司的收益，无须承担公司的亏损。因此，除非有相反约定，过渡期的公司盈亏仍应归属于出让方。但如果因为一方违约导致股权变动手续未正常进行的，则违约导致的损益可以按照合同违约的处理规则来认定。

在某国资控股公司与某电话公司合同纠纷案①中，人民法院认为双方签署的《关于某日化公司过渡期损益的说明》经双方盖章确认，系双方按照产权交易合同的约定，依据双方认可的会计师事务所出具的过渡期审计报告的数据作出的结论，经过项目调整后，确定某国资控股公司应退还某电话公司股权交割款 4285385.5 元。虽然某国资控股公司依据审计报告主张存在 2676419.77 元的净利润，但是该说明中第 8 项明确载明，关于非经营性固定资产清理收益 7412823.49 元，其中 7116302.11 元系 2009 年评估增值产生的收益，某电话公司的收购股权交易价格 352.41 万元已经包含该收益，因此，过渡期收益应该剔除该收益。另外，因会计师事务所亦出具说明，标的公司在 2009 年 10 月至 2011 年 8 月的净利润为 2676419.17 元，其中包含该公司已有的部分固定资产

① 《某国资控股公司与某电话公司合同纠纷二审民事判决书》，载中国裁判文书网，https：//wenshu. court. gov. cn/website/wenshu/181107ANFZ0BXSK4/index. html？ docId = c36ae48ced7a4e17892bf3cf23bdd4f8，2022 年 7 月 14 日访问。

产生的增值收益 7412823.49 元。可见，标的公司在过渡期产生了亏损。据此，法院认为，首先，依据双方产权交易合同约定，过渡期内的收益由某国资控股公司享有，说明中第 3 项、第 8 项即为过渡期间内处理固定资产的收益；其次，某电话公司同意将关于处置固定资产净收益 66516.98 元，变更为由某电话公司支付给某国资控股公司。因此，某国资控股公司应退还某电话公司股权过渡期损益款为 4285385.5−363038.36×2＝3559308.78 元。

尽管有上述基本的处理方式，但在实务交易中的规则还有两个特例需要注意：

（1）与一般的公司股权交易不同，上市公司涉及过渡期的损益安排也有特别的规定，即对于以收益现值法、假设开发法等基于未来收益预期的估值方法作为主要评估方法的，拟购买资产在过渡期间（自评估基准日至资产交割日）等相关期间的收益应当归上市公司所有，亏损应当由交易对方补足。

（2）对于国有资产，受让方确定后，转让方与受让方应当签订产权交易合同，交易双方不得以交易期间企业经营性损益等理由对已达成的交易条件和交易价格进行调整。由此可见，从国资角度来看，过渡期间利润均应归原股东或产权转让方享有；而期间经营亏损也应由原股东或产权转让方承担，并按规定补足或扣减转让价款，其认为过渡期间的损益应由出让人承受。

财政部也指出资产价值的评估方法包括市场法、收益法和成本法三种基本方法及其衍生方法。其中收益法是通过预期收益资本化或折现以确定评估对象价值。收益法的立足点是站在股权并购者的角度，去分析、判断被评估股权的预期收益。该收益可以是现金流量、各种形式的利润或者现金红利等形式，无论哪种形式的收益均不会影响下面分析的结果，这里假定收益为利润。该收益需采用适当的利率折现，同时收益法还需要确定一个收益期。在某一个时点，如股权价格评估基准日，通过收益法确定了评估股权的价值后，其价值具有不变性。考虑收益法下评估对象价值不变性，过渡期收益归属于股权并购方是较为合理的。股权评估基准日后的合理期间为预期收益期间，如果不考虑评估与实际偏差影响，过渡期收益的大小并不影响股权并购对象的价值，因此不应调整股权转让对价。

在股权投资交易实践中，国际并购中的锁箱机制（lock box）也常被借鉴

时，法院才会启动评估作价程序。而且，在出资人明确以确定的实物出资且协商确定价额，一方主张所约定的出资实物的实际价值超过协商价额，要求对出资实物进行评估，并主张仅在协商作价的范围内部分转移承诺的出资实物的，法院不予支持。

最后，正如本书前文提到，债转股也可以说是股权投资和出资的方式之一。市场化债转股的核心是推进债转股的合理定价机制，包括债权定价和股权定价机制。因此，具体到关于债转股的定价也是值得探讨的议题。

在股票市场中，可转债的转股价格一般在可转债募集说明书中约定，初始转股价格不低于募集说明书公告日前二十个交易日公司股票交易均价①。《关于积极稳妥降低企业杠杆率的意见》提出，银行、企业和实施机构自主协商确定债权转让、转股价格和条件；经批准，允许参考股票二级市场交易价格确定国有上市公司转股价格，允许参考竞争性市场报价或其他公允价格确定国有非上市公司转股价格。国有资产按评估结果转让难以完成时可以适当降低转让底价，但当新转让底价低于评估结果的90%时，应当经转让行为批准单位书面同意。

而对于“双非企业”（非上市公司、非国有企业）的市场化债转股的定价规则，缺少明确的规定。实际中或可参考可转债的转股价值公式计算：可转债的转股价值=可转债的正股价格÷可转债的转股价×100。也有人提出，直接债转股的转换比例或价格可用公式表示为R=A/B。其中R为债转股的转换比例或价格，A为债权金额，B为被转换并增加的注册资本额；而在间接债转股中，债权人和债务人第一次新设公司，不存在转股价格问题，但涉及各方出资是否进行折扣的问题②。

但不可否认，债务本身的价值与价格也并非成比例关系，且不说债务的性质、规模、期限等因素对于债务处理的定价都会产生影响，债务本身是否有正向价值也是见仁见智。因此，对于市场化的债转股行为，其实际的定价更多地仍有赖于市场行情和交易双方的谈判地位，同时也需要相应的立法和司法予以规范，维护交易行为的公平、公正。

---

① 参见《上市公司证券发行管理办法》（2020年修正）第22条。

② 柴亚军：《债转股的定价及退出通道初探》，载《西南财经大学》2000年第6期。

（三）股权转让定价

相比较公司新设立时的出资定价而言，增资扩股、股权转让中的定价问题则较为复杂。由于公司在不断地持续经营和发展，其本身的资产、债权债务关系、行业和市场环境等都会处于变化的状态中，因此其出资时获得的股权估值定价也并非等同于股权转让时的价格，股权转让的实际定价也需要结合公司的具体情况进行衡量和计算。

而从法律的角度来看，通常情况下，在没有违反法律行政法规的前提下，根据合同意思自治原则，只要双方同意，股权转让的价格取决于交易双方协商一致的结果。不过，其中涉及的若干具体法律问题仍然需要予以重视。

1. 股权转让的定价机制

有观点指出，封闭性公司股权收购中的定价问题，应当不是一个强制性规则可以和必须干预的领域，应当令其复归“私法自治”。因为不同的收购者对价值的判断不同，同一收购对象对不同收购者而言，可能有着不同的收购价值。而且，不同的收购者有不同的资源，收购后可能产生不同的协同效应，这也决定了其可能会选择不同的出价。因此，有关有限责任公司股权转让价格的确定，首先应尊重当事人双方的意思，即在“私法自治”的框架中，封闭性股权的收购价格属于个别判定问题，无须动用公共资源，以立法的行使设定一个公平、恒定的收购价格。如果直接为股权转让设定固定的价格规则，实质上是使得分配正义提前介入，取代了交换正义，混淆了公法和私法的关系①。

可见，股权转让的价格更多地有赖于交易双方对股权价值的认识和评判，并无固定、唯一的标准和模式。而且，股权投资不仅是看目标公司的过去和现在，更要看目标公司的未来，投资人投的是未来，毕竟过去的已经过去，未来才是关键。然而，即使是双方协商作价或是委托评估机构确定价格，也都需要有一定的依据和标准，而绝不会是拍脑袋定价。

在股权投资实践中，股权转让的具体估值定价标准，通常有下列几种不同

---

① 蒋大兴：《私法正义缘何而来？——闭锁性股权收购定价规则原则的再解释》，载《当代法学》2005年第6期。

的参考做法：

（1）净资产价值法，即利用企业现存的财务报表，对企业进行分项评估，然后按目标公司某一时点经审计的净资产值或根据该净资产值进行适当的溢价来确定股权的价格，主要有账面价值法和重置成本法。前者账面价值是指资产负债表中股东权益的价值或净值，主要由投资者投入的资本加企业的经营利润构成，计算公式为目标企业价值=目标公司的账面净资产×（1+调整系数）；后者是指并购企业自己，重新构建一个与目标企业完全相同的企业，需要花费的成本。当然，必须考虑到现存企业的设备贬值情况，其计算公式为：目标企业价值=企业资产目前市场全新的价格-有形折旧额-无形折旧额。

实务当中，净资产值大多采用会计账面价值计算，股权投资的双方通常会在交易文件中约定股权估值的基准日，参照当期经审计的财务报告中的净资产值，在对公司未来风险与收益进行合理预测的基础上来确定所转让股权的价格①。净资产法通常需要考虑公司的每股净资产、净资产收益率、实际投资价格、投资回报率、近期市场价格以及合理的市盈率等因素确定，对于国有企业的转让价格则要求不得低于每股净资产。

（2）出资额法，即按公司工商注册登记时的出资额来确定股权价格，它反映了企业资产原有的价格。对于刚成立不久的公司，或许可以采用此种方式。但是对于成立时间较长的企业，出资额与股权价值有可能全无关系。而且，在认缴制下，公司的实缴资本和认缴资本并不完全相同，确定转让股权的价格时，以实缴资本还是认缴资本为准则会出现不同的处理方式和结果。不过，应当注意的是，对于以现金出资方式取得的股权，需要按照实际支付的价款与取得股权直接相关的合理税费之和确认个人转让股权的原值以确定相应的纳税额。

（3）市盈率法，正如前文所述，市盈率法是一种相对估值法。按照市盈率法，其股权转让价款按照公司的净利润乘以一定倍数的市盈率计算确定。这种估值方法考虑了企业的动态盈利能力，能够一定程度体现企业的未来收益，反映了企业资产的将来预期价格。因此，在风险投资、私募股权投资中使用

① 肖海军：《瑕疵出资股权转让的法律效力》，载《政法论坛》2013年第2期。

较多。

也有人认为，股权定价可以采用“评估价法”，即根据目标公司经资产评估后确定的资产价格来确定股权的价格。这是因为在司法实践中，法院在面临必须确定股权价格时，通常会选择委托评估机构进行评估。但是，“评估价法”本身并不是一种独立的估价方式，而是相对于“协商定价”而言，借助第三方机构确定股权转让的价格。评估机构进行股权定价时仍然需要借助具体的评估方法确定转让股权的价格。而且在涉及诉讼、仲裁的股权投资纠纷中，评估机构采用的评估方式应由争议双方协商确定，还是由法院/仲裁机构确定，抑或由评估机构自行确定，都存在不同的理解，实务中也无确定的做法，因此有待探讨。

部分地方法院也尝试通过司法指导意见的方式予以规范，比如拟转让股权的股东与异议股东就价格条件不能协商一致时，可以评估方式确定股权转让价格；或按照企业上一年度向工商行政管理部门登记备案的资产负债表或其他会计报表中所列的“企业净资产额”确定每股价格后予以处理等，但是并未形成统一的规则，而且司法机关的认定与股权投资实践的做法仍存在一定的差异性。

总体上来讲，股权转让价格的定价标准和依据因企业而异，并且股权有其特殊性，股权意味着对公司资产、资源、商誉等各方面的权属，单纯地从公司现有资产的角度进行评估可能会失之偏颇。因此，回到前文股权估值的内容，借鉴国际上常用的现金流量贴现法、比较法、期权价值评估法等股权估值理论和方法，换一个思维和角度进行股权转让定价，或许是一个不错的选择。毕竟，市场化的股权估值定价也是目前追求的规范股权交易的目标之一。

2. 其他类型的股权定价

除前述出资和转让定价外，由于股权投资交易的各种情形，因此，实务中还会涉及股权投资交易中其他各种类型的股权估值和定价问题。原则上，股权投资交易涉及的定价都属于合同自治的范畴，由交易双方协商一致。而协商一致的价格可以是依据一定的估值标准和方法确定的价格，也可以是双方自行约定的价格。

在认缴制下，公司的注册资金和实缴资本存在一定的差异，股权转让也不需要按照注册资本原出资额定价。股权转让合同的标的为股权，股权转让价格的确定是股权转让的重要内容之一，公司股权的价值不仅包括公司的实物资产净值，也包括当事人对公司的无形资产、经营团队、客户资源、行业前景等实物资产以外的投资价值的主观评判，且公司股权价值亦因公司经营状况的变化而呈动态变化。如果公司发展良好，其股权转让价格一般高于股权对应的出资额，如果公司连年亏损，则有可能低于出资额。

另外，也应当注意股权交易可能涉及的税务问题，避免因此导致行政处罚。按照规定，符合下列情形之一，视为股权转让收入明显偏低：

（1）申报的股权转让收入低于股权对应的净资产份额的。其中，被投资企业拥有土地使用权、房屋、房地产企业未销售房产、知识产权、探矿权、采矿权、股权等资产的，申报的股权转让收入低于股权对应的净资产公允价值份额的。

（2）申报的股权转让收入低于初始投资成本或低于取得该股权所支付的价款及相关税费的。

（3）申报的股权转让收入低于相同或类似条件下同一企业同一股东或其他股东股权转让收入的。

（4）申报的股权转让收入低于相同或类似条件下同类行业的企业股权转让收入的。

（5）不具合理性地无偿让渡股权或股份。

（6）主管税务机关认定的其他情形。

股权投资交易实务中还会存在诸如“退股”的情形。严格来讲，股东出资或受让股东之后，只能以转让所持有的股权方式退出，否则股东直接退出将导致注册资金的减少，除非进行减资程序，否则将构成抽逃出资。公司法第74条关于有限责任公司股东的退股权，也是基于特定情形而由公司回购股权从而实现股东的退出，而非单纯的股东退出。

在股权回购中，定价也是各方聚焦的关键。在股权投资实务中，回购股权的定价机制与出资、增资和股权转让的定价存在差异性。在股权回购中，衡量的要素是作为股东期间的投资、收益对应的价格，而不再是公司未来的发展。

在相关的股权投资协议中，若是涉及股权回购，则一般都会约定价格，其具体的计算方式各有不同，常见的方式有以下几种，比如：

（1）约定以出资额为基数，按照一定的利率（如 LPR 或者民间贷款利率）计算回购价，其具体公式为 $V=E_0\times(1+x\%)$，其中 E_0 为投资人投资本金，x 为银行利率或约定的固定利率。

（2）以上一年度经审计的全体股东确认的公司每股净资产×股东持有股权数来确定。

（3）按照退出之时的评估的净资产价值确定。

（4）$V=E_0\times(1+N\times5\%)=E_0\times(1+N\times5\%)-D$，其中，$E_0$ 为投资人初始投资本金（投资人的实缴出资金额），N 为投资人的投资年限，D 为投资人累计已收到的项目公司分红金额。

（5）按照约定的 IRR（内部收益率）计算，即资金流入现值总额与资金流出现值总额相等、净现值等于零时的折现率。其计算公式为：

$$\sum_{t=1}^{n}\frac{NCF_t}{(1+k)^t}-C=0$$

其中 t 为投资期限，NCF（Net Cash Flow）代表 t 期的净现金流，k 为内含报酬率，n 为资金使用年限，C 为初始投资额，它考虑了资本的时间价值。

（6）按照约定的投资回报率计算，投资回报率=（收益-成本）/成本×100%。

但是，如果股权投资协议中并没有具体约定股权回购价格的计算方式，则有可能又会因此引发新的争议。

有时候，在双方未约定转让股价的情况下，甚至无法启动评估程序。股权转让合同的标的为股权，公司股权的价值不仅包括公司的实物资产净值，也包括当事人对公司的无形资产、经营团队、客户资源、行业前景等实物资产以外的投资价值的主观评判，且公司股权价值亦因公司经营状况的变化而呈动态变化，故涉案股权转让价格是否公平、是否涉嫌欺诈，不应以进入诉讼阶段以后的公司资产评估价值作为判断依据。

由此可见，结合不同的案例和司法意见，在交易双方未约定股权回购价格的情况下，司法实践中有不同的处理方式。因此，在股权投资协议中明确约定股权回购价格的计算方式，是有效避免和降低投资风险和争议的措施。

3. 股权价格的法律问题

在股权投资实务中，估值定价是非常核心的关键内容。除此之外，股权投资协议、价款支付等同样也会涉及较多的法律问题。

例如，涉及股权转让合同本身定性的问题。按照民法典的规定，当事人约定在将来一定期限内签订合同的认购书、订购书、预订书等，构成预约合同。而股权转让合同本身属于买卖合同的一种，只是其标的是较为特殊的股权。在郭某、某投资公司等与郭某林股权转让纠纷案①中，法院认为，各方签订《全面和解协议》的目的是通过股权转让方式使郭某林退出某投资公司和某材料公司，而该协议关于股权转让的出让方、受让方、标的股权的名称及份额、股权转让对价等合同的必备条款均有明确约定，且协议中也无双方将在一定期限内再行订立本约合同的意思表示，虽然该协议未对郭某林转让的标的股权的价值分别予以明确，但此事实仅关涉《全面和解协议》如何履行的问题，不能据此认定该协议系预约合同。

又如，在某市政安装工程公司、陈某股权转让纠纷案②中，双方先签订了体现真实意思的股权转让合同约定以“1 元”价格受让股权，此后因工商登记机关要求，为办理变更登记需要另行签署以等同于注册资本的价格受让股权的合同。此后双方发生争议，转让方以受让方未按另行签署的股权转让合同支付转让价款为由要求解除合同，但未获法院支持。

而对于双方已经约定的股权价格，即使明显低于股权价值，法院一般也尊重当事人的意思，不会重新调整。在何某、郑某与黄某股权转让纠纷案③中，法院就认为，有限责任公司股权转让的交易价格可由双方当事人协商确定，原则上无须由评估确定。一方当事人仅以股权转让协议约定的价格显著低于经评

---

① 《郭某、某投资公司股权转让纠纷再审审查与审判监督民事裁定书》，载中国裁判文书网，https：//wenshu. court. gov. cn/website/wenshu/181107ANFZ0BXSK4/index. html？ docId = e2a5c614db574fd68ef2ac420111e47e，2022 年 7 月 13 日访问。

② 《某市政安装工程公司、陈某股权转让纠纷二审民事判决书》，载中国裁判文书网，https：//wenshu. court. gov. cn/ website/wenshu/181107ANFZ0BXSK4/index. html？ docId = 5693e3de194b4d16b374a921001f2cd9，2022 年 7 月 13 日访问。

③ 《何某、郑某与黄某股权转让纠纷申诉、申请民事裁定书》，载中国裁判文书网，https：//wenshu. court. gov. cn/website/wenshu/181107ANFZ0BXSK4/index. html？ docId = 9f830fed1bdc41739bc3fcacd984378c，2022 年 7 月 13 日访问。

估确定的股权价值，请求人民法院确认股权转让协议构成重大误解或显失公平的，人民法院不予支持。

另外，如前文所述，股权投资交易通常会涉及过渡期和股东名册变更、工商变更登记等事项的处理，而在此期间发生的股利、孳息的归属问题也可能是引发争议的导火线。有观点认为，除非双方有特别约定，股权转让合同生效后，公司变更股东名册之前，出让人以股东名义获得分红、增资扩股等股东利益，受让人有权要求返还。也有观点认为，在没有特别约定的情况下，股权在股东名册变更之前的股利、孳息应当归转让人所有；在股东名册变更之后的股利、孳息则归受让人所有①。

当然，在股权投资实务中还有其他与股权价格相关的法律问题，其中不仅涉及商业、技术问题需要交易各方关注，对于相关的法律问题也需要交易各方提前在法律文件中予以明确，以防止约定不明导致交易的不确定性，甚至引发纠纷。

（四）估值定价和股权比例

众所周知，新设出资、增资扩股和股权转让都是股权投资交易的常用方式。通过前述的各类估值和定价，最终都将落实到投资人通过投资能够获得的股权比例、股权种类，以及相应的分红比例、表决权分配等方面。

根据公司法的规定，股东的出资比例与股权比例、分红比例、表决权可以不一致。公司新增资本时，股东有权优先按照实缴的出资比例认缴出资，但是，全体股东约定不按出资比例优先认缴出资的除外。因此，在确定估值定价之后，就需要讨论确定投资人的投资所对应的股权种类和比例。而法律对此并无具体规定，这属于股权投融资交易双方的纯商业决策，主要取决于交易双方对资金和公司控制权的需求度，以及投资人对公司的贡献等诸多因素。

对此，法院也认为在公司注册资本符合法定要求的情况下，各股东的实际出资数额和持有股权比例应属于公司股东意思自治的范畴，股东持有的股权比例一般与其实际出资比例一致，但全体股东也可以约定不按实际出资比例持有股权，这样的约定并不影响公司资本对公司债权担保等对外基本功能的实现。

---

① 刘俊海：《现代公司法（第三版）》，法律出版社2018年版，第471页。

如该约定是各方当事人的真实意思表示，且未损害他人利益，不违反法律和行政法规的规定，应属有效，股东按照约定持有的股权应受法律保护①。

在实务中，股权溢价或折价的情形也并不少见，尤其是在风险投资领域，投资人以“溢价出资”“溢价增资”等方式进行股权投资的现象十分普遍。对此，相关法律法规并没有明确规定。从公司资本维持角度来看，如果折价出资，则可能出现实际投资大于注册资本的情形；而溢价出资，则可能出现实际投资小于注册资本的情形。至于在具体的操作中，“溢价”的部分则通常是计入公积金中，作为补偿原投资者资本的风险价值以及其在企业资本公积和留存收益中享有的权益。与前述出资情形类似，只要满足资本维持原则，这种安排同样也是公司和股东自治原则的体现，法院应予以尊重。

二、股权估值调整

应该说，股权估值调整是商业交易的正常形态。股权的估值和定价有赖于对公司整体的综合评判和考虑。在进行股权投融资交易时，由于投资人和融资方在公司信息方面的不对称，即使通过法律和财务以及其他途径的尽职调查，仍然无法百分之百地掌握公司的所有信息，对之进行精确的分析并做出精准的结论。而且，投资人入股之后如果不参加公司的具体经营管理，对于公司发展的实际情况并不了解和掌握。所以，投资人保留在特定条件下对公司股权的估值和价格进行调整也就变得相对合理，对投融资交易双方而言也更为公正。

（一）估值调整与“对赌”

估值调整的目的是解决由于投资方与融资方双方信息不对称导致的对公司股权价值判断偏差以及未来发展的不确定，这类条款往往是股权投融资合同的重要组成部分。在风险投资和私募领域，估值调整通常又被称为“对赌”，如

① 《某信息技术公司与某投资公司、某企业管理咨询公司、某教育投资公司股权确认纠纷案》，载“最高人民法院公报”网站，网址 http：//gongbao. court. gov. cn/Details/fbe6d9445efa7f67c6038aab44831a. html？sw，2022 年 7 月 12 日访问。

果约定的条件出现，投资方可以行使一种对自身有利的权利，用以补偿高估企业价值的损失，反之，融资方就可以行使另一种对自身有利的权利，以补偿企业价值被低估的损失。

但此类条款在本质上是交易双方设计的一种股权估值和价格调整机制，若是一概地将估值调整理解和解读为“对赌”，则未免以偏概全，甚至会对投资人和融资方造成误导，导致市场和价值偏离。“赌”字本身即意味着投机性，凸显投资人与目标公司之间的对抗性、零和游戏的结局，而忽略了公司和股权的价值投资的本质，未必有利于公司的长期发展。相对而言，“估值调整”的表述则更为客观和中性，能够反映和体现投融资方式的合作、共赢和诚信交易的基础。更何况，并非所有的股权投资都会使用“对赌”条款，而股权估值和价格调整机制相对而言具有更广泛的适用性。

1. “对赌”条款的由来

“对赌”条款在国内的使用已经相当普遍，但关于其来源似乎并无明确的答案。估值调整的英文为 value adjustment mechanism（VAM），这个英文的表述无论如何应该是中性的，也并无“赌”的成分在其中。至于缘何在国内被称为“对赌”也无从考据。

传闻中，“对赌”条款来源于硅谷而在国内大行其道，但根据考证，硅谷的风险投资实际上并无“对赌”一说，与国内“对赌”较为相似的是回赎条款，即在满足一定条件下，要求创始人以一定价格回购风险投资人持有的股份。而且，即便是这样的回赎条款，在风险投资领域的实际使用也并不普遍①。可见，“对赌”本身并非舶来品，而只是借用了估值调整机制的本土产品。

尤其需要注意的是，“对赌”条款通常用于风险投资、私募基金股权投资中，而在产业投资或其他传统的投资方式中则不会使用“对赌”条款，而相应地改用其他估值调整条款。因此，认清实质，避免误用、乱用“估值调整”“对赌条款”也是股权投资交易各方的必修课。

2. 常见的“对赌”类型

实践中，“对赌”的目标包括上市、经营业绩、其他企业发展目标等。从

---

① 张巍：《资本的规则》，中国法制出版社 2017 年版，第 4~5 页。

订立“对赌协议”的主体来看，则有投资方与目标公司的股东或者实际控制人“对赌”、投资方与目标公司“对赌”、投资方与目标公司的股东、目标公司“对赌”、投资方与目标公司管理层“对赌”等不同的形式。而“对赌”的约束条件也包括单向“对赌”、双向“对赌”。

结合前述不同的投资需求、主体等，实务中常见的“对赌”方式包括以下几种：

（1）补偿现金。这是较为常见的“对赌”条款。通常约定在目标公司未能实现“对赌”目标时，目标公司的实际控制人向投资方支付一定金额的现金作为补偿，但不调整双方的股权比例；反之，如果实现“对赌”目标，则由投资方向目标公司实际控制人支付一定金额的现金。

（2）补偿股权，也就是调整股权比例。这是较为常见的“对赌”形式。其内容主要是在股权投资协议中设定具体的业绩指标或上市目标等，如果目标公司未能实现目标，则目标公司的大股东将以无偿或者象征性价格的方式向投资人转让约定比例的股权；若实现业绩目标，则由投资方无偿或者以象征性价格向目标公司的大股东转让约定比例的股权。

（3）回购股权。即约定如果目标公司未能实现“对赌”目标，则目标公司实际控制人回购投资人持有的全部股份，回购价格通常以投资款加固定回报计算。比如，在前述隆鑫动力的股权投资协议中进一步约定，若 2013 年 6 月 30 日之前隆鑫工业仍没有实现合格上市或隆鑫控股等违反相关交易文件而导致隆鑫工业遭受重大不利影响以及出现其他影响投资方利益的行为，上述投资方有权要求隆鑫工业以合法途径回购股权受让方持有的全部隆鑫工业股权。这是实务中使用最多的方式。这类回购股权的方式因回购主体不同而涉及不同的公司法问题，同时也是最容易引发争议的“对赌”形式。

（4）股权稀释。该类协议约定，目标公司未能实现“对赌协议”规定的业绩目标时，目标实际控制人、控股股东将同意目标公司以极低的价格向投资人定向增发一部分股权，增资的同时稀释目标公司实际控制人或控股股东的股权比例，从而增加投资人在公司内部的股权比例。这一类形式通常是在投资人比较看好行业和目标公司的情形下，愿意进一步增加投资或者实现控制权。

（5）股权优先权。该类协议约定，当目标公司未能实现“对赌协议”规定的业绩目标时，投资人将获得特定的权利，比如股权优先分配权，剩余财产有限分配权或者一定的表决权利，如董事会的一票否决权等。但这类情形较为少见。股权稀释性也可以作为股权优先的一种方式。不过，笔者理解，在实务中，优先权、一票否决权等特定的权利通常作为投资人的保护条款，一般会在股权投资协议中预先设定，鲜少作为“对赌”的目标。

总而言之，上述不同的交易类型也可能是交叉适用，只要双方协商一致，从合法性的角度来看，一般不会产生法律上的障碍。但就实务来看，补偿型和股权回购型的估值调整方式最为常见、使用也最广泛。

3. “对赌”案例处理

近几年，在股权投资领域，尤其是涉及风险投资、私募基金的投资领域，有关“对赌”的争议和风险已经有过多次的讨论，立法和司法实践也针对实务中的不同问题给出了不同的答案，这在某种程度上也反映了立法机关和司法机关的立场和倾向。

从股权投资交易的当事人角度来看，这些变化带来了不确定性和交易风险。司法实践中，基于对公司资本稳定、不得抽逃出资等基本规则的维护和对公司债权人的保障，注册资本一直备受重视。最高人民法院认为，注册资本是公司最基本的资产，确定和维持公司一定数额的资本，对于奠定公司基本的债务清偿能力，保障债权人利益和交易安全具有重要价值；股东出资是公司资本确定、维持原则的基本要求，出资是股东最基本、最重要的义务，同时也是公司法规定的股东必须承担的法定义务。①

正因为如此，实践中涉及公司估值调整/“对赌协议”的纠纷大多会将是否影响公司资本维持原则作为一项重要的评判标准。通过司法实践，目前实务中均认可估值调整/“对赌协议”属于股权投融资中的典型条款，原则上此类约定是有效的，并结合不同的“对赌”主体和方式，已基本形成较为统一的规则和做法。

---

① 《某资产管理公司与某工贸公司、红雁池某公司、苇湖梁某公司等借款合同纠纷案》，载最高人民法院法院网站，http：//gongbao. court. gov. cn/Details/6b65041957acaa1cfa5de0e261b231. html？sw，2022年7月12日访问。

(1) 从“海富案”到“华工案”

投资者与目标公司之间的补偿条款如果使投资者可以取得相对固定的收益，则该收益会脱离目标公司的经营业绩，直接或间接地损害公司利益和公司债权人利益，故应认定为无效；投资者与目标公司股东之间的利益补偿承诺不违反法律法规的禁止性规定，是有效的。其具体理由为，在民间投融资活动中，融资方和投资者设置估值调整机制（投资者与融资方根据企业将来的经营情况调整投资条件或给予投资者补偿）时要遵守公司法和合同法的规定。投资者与目标公司本身之间的补偿条款如果使投资者可以取得相对固定的收益，则该收益会脱离目标公司的经营业绩，直接或间接地损害公司利益和公司债权人利益，故应认定无效。但目标公司股东对投资者的补偿承诺不违反法律法规的禁止性规定，是有效的。在合同约定的补偿条件成立的情况下，根据合同当事人意思自治、诚实信用的原则，引资者应信守承诺，投资者应当得到约定的补偿。

此观点在随后的诸多股权投资和“对赌”纠纷案件中被大多数法院沿用，直到2019年。在某投资公司与某机械公司、潘某等请求公司收购股份纠纷案①中，则改变了海富案的规则，法院认为，我国公司法并不禁止有限责任公司回购本公司股份，有限责任公司回购本公司股份不当然违反我国公司法的强制性规定。有限责任公司在履行法定程序后回购本公司股份，不会损害公司股东及债权人利益，亦不会构成对公司资本维持原则的违反。在有限责任公司作为“对赌协议”约定的股权回购主体的情形下，投资者作为“对赌协议”相对方所负担的义务不仅限于投入资金成本，还包括激励完善公司治理结构以及以公司上市为目标的资本运作等，投资人在进入目标公司后，亦应依公司法的规定，对目标公司经营亏损等问题按照合同约定或者持股比例承担相应责任。案涉“对赌协议”中关于股权回购的条款内容，是当事人特别设立的保护投资人利益的条款，属于缔约过程中当事人对投资合作商业风险的安排，系各方当事人的真实意思表示。该约定虽为相对固定收益，但约定

① 《某投资公司与某机械公司、潘某等请求公司收购股份纠纷再审民事判决书》，载中国裁判文书网，https：//wenshu. court. gov. cn/website/wenshu/181107ANFZ0BXSK4/index. html？ docId = 0b0504134e334d05b7b0aa5c00c1efc8，2022年7月14日访问。

的年回报率为8%，与同期企业融资成本相比并不明显过高，不存在脱离目标公司正常经营所应负担的经营成本及所能获得的经营业绩的企业正常经营规律，因此，案涉“对赌协议”有效。

但综合上述一些案例可以发现，在相关的估值调整/“对赌协议”纠纷案件中，都是从法院的角度所作的认定和评判。然而，应当注意在某些特殊行业中也需要关注相关主管机关的特殊要求，比如中国证监会就禁止证券公司股权相关的“对赌协议”[①]。而在主板、新三板、科创板等IPO项目中，也需要特别注意监管机构对“对赌”的规定。

（2）仲裁和涉外“对赌”案

对于“对赌”安排也曾有不同的声音。例如，中国国际经济贸易仲裁委员会在2014年9月作出的（2014）中国贸仲京裁字第0779号仲裁裁决书中即对与公司“对赌”的效力作出了与最高人民法院不同的认定[②]。该案中，当事人称《补充协议》第三条第1款和第3款约定某投资公司的投资可以取得相对固定的收益，第三条第5款、第6款约定目标公司未达到利益目标，则某数码电子公司和创始股东退还部分增资款给某投资公司；《增资协议》和《补充协议》中约定在某数码电子公司未达到利益目标的情况下，创始股东即陈某生等人连带退还部分增资款。该案中，当事人提出，根据最高人民法院生效的（2012）民提字11号民事判决书，其与本案案情是一致的，该判决认定，“对赌协议”或者“对赌”条款中，规定利益目标，约定目标公司给予补偿的条款，因损害了公司利益和公司债权人利益，违反了法律法规的强制性规定而属于无效条款。

但仲裁庭认为，（“对赌协议”）这种估值调整补偿安排即股权价格的“多退少补”机制，与被申请人（目标公司）所主张的“申请人可取得相对固定的收益，脱离了某数码电子公司的经营业绩”两者不是一回事；而且，这种补偿在性质上与目标公司的利润分配也不是一回事。尽管投资人要求目标公司

---

① 参见《关于修改〈证券公司股权管理规定〉的决定》《关于修改〈关于实施《证券公司股权管理规定》有关问题的规定〉的决定》。

② 《陈某生等与某投资公司申请撤销仲裁裁决一审民事裁定书》，载中国裁判文书网，https：//wenshu. court. gov. cn/website/wenshu/181107ANFZ0BXSK4/index. html？docId＝1375505e3a80418a966ba6d63feaaf7c，2022年7月14日访问。

给予补偿时已经取得目标公司的股东身份，但是其要求补偿是基于《增资协议》和《补充协议》的相关合同条款约定，实际是以投资合同一方当事人的身份提出的合同项下的权利主张，与其股东身份并无实质关联，在性质上不应属于公司法所禁止的公司股东滥用股东地位损害公司利益或公司债权人利益，或滥用公司法人独立地位和股东有限责任损害公司债权人的利益之情形。公司股东依据投资合同可以形成对目标公司的债权或债务，反之亦然。投资人和被投资公司在法律上是平等的商事主体，目标公司并不享有特别的法律地位或应受特别的法律保护，只要投资补偿是基于自愿公平的安排，在法律上当属有效。也即，当目标公司的业绩未能达标时，目标公司和/或其控股股东就应当按照投资合同的约定给予投资人补偿，反之，当目标公司超额实现业绩目标时，投资人则同样需按照投资合同的具体约定给予目标公司和/或其控股股东补偿。因此，仲裁庭认定，“对赌协议”合法有效。

就实务角度来看，仲裁与诉讼存在诸多差异。仲裁庭对于案件事实的认定和法律的适用也具有独立性，与法院审理的角度不同。因此该案中的关于仲裁庭认定事实错误、适用法律错误的抗辩主张，法院并不进行实质审查。这也从另一角度提醒投资人和标的公司应当注意在交易文件中合理和慎重地选择争议解决方式。

上述判决主要解决如何判断当事人在合同中约定的股权回购条款的性质，是否属于新型的投融资方式即股权投资估值调整协议，以及该种约定能否得到支持的问题。法院区分了股权转让协议和“对赌协议”的差异，一方面肯定了股东之间为融资需求可以自由约定股权投资估值调整的内容；另一方面坚持股权投资估值调整必须在合同中清晰明确地约定。

（二）估值调整的协议安排

在股权投资交易中，有关估值调整的内容通常会在相应的交易文件中进行统筹安排。众所周知，股权投资因法律关系复杂、交易主体多元化，因此，整个交易通常会由一系列的法律文件构成，包括《增资协议》《股权转让协议》《融资协议》《担保协议》等，而非单独的股权投资协议。

由上可知，除相应的回购、股权转让承诺和协议安排外，实务中还会涉及

“对赌担保”，即对于投资方与公司之间的“对赌”，由公司、股东提供担保的情形，这实际上又同时涉及“对赌协议”的处理和公司对外担保效力的问题。

在某资管公司、某科技公司与公司有关的纠纷案①中，最高人民法院认为，首先，投资者与标的公司原股东达成的上市“对赌”约定和回购条款属于真实意思表示，亦不存在违反公司法规定的情形，不涉及公司资产的减少，不构成抽逃公司资本，不影响公司债权人的利益，因此投资者与股东达成的上市“对赌”约定和股权回购条款有效。其次，标的公司在投资协议中约定对原股东的回购义务承担连带责任，但该担保未经股东会审议，也未获得股东会追认，因此法定代表人代表标的公司签署此类投资协议不发生法律效力，而投资者未能尽到要求目标公司提交股东会决议的合理注意义务，故对协议中约定的担保条款无效存在过错。最后，在投资者签订投资协议之时，标的公司章程中未能规定公司对外担保，以及对股东、实际控制人提供担保的议事规则，投资者亦无法通过公司章程知悉此类限制，导致公司法定代表人使用公章的权限不明，未经股东会决议授权，其法定代表人越权承认对投资者回购义务承担连带责任，因此亦应对该担保条款的无效承担相应过错责任。

与此案不同的是，在强某与曹某股权转让纠纷案②中，最高人民法院认为标的公司已通过股东会决议，同意投资者参与增资以及相关的回购条件、价格和标的公司对回购提供担保等事项，投资者对担保事项经过股东会决议已尽到审慎注意和形式审查义务，因此投资协议中标的公司的担保义务对标的公司已发生法律效力。案件涉及的担保条款虽由曹某代标的公司签订，但投资者的投资款全部投入标的公司账户，且用于公司经营发展使用，符合公司全体股东的利益，标的公司提供担保的行为有利于其自身经营发展需要，未损害公司中小股东权益。据此，最高人民法院最终判决标的公司对原股东承担的回购义务以及逾期付款违约金债务承担连带清偿责任。

---

① 《某资管公司、某科技公司与公司有关的纠纷再审民事判决书》，载中国裁判文书网，https：//wenshu. court. gov. cn/website/wenshu/181107ANFZ0BXSK4/index. html？ docId = 8af9f2a5f620472c8567a858010be194，2022 年 7 月 14 日访问。

② 《强某、曹某股权转让纠纷再审民事判决书》，载中国裁判文书网，https：//wenshu. court. gov. cn/website/wenshu/181107ANFZ0BXSK4/index. html？ docId=812dafb91f934fb88b2fa96900ea12c5，2022 年 7 月 14 日访问。

而且，值得关注的是，该案中最高人民法院还指出合同无效的判定严格遵循法定主义，二审法院以“担保条款使股东获益脱离公司经营业绩，背离公司法法理精神，使投资者强某规避了交易风险，严重损害某生物技术公司其他股东和债权人的合法利益”为由认定合同无效不符合合同法关于合同无效的各类法定情形，该项认定已违反合同法基本规则，构成适用法律错误。

当然，从股权投资协议本身的内容来看，需要结合“对赌”机制作出一系列的安排，而其中投资人与目标公司、目标公司股东之间关于“对赌”条款的内容通常又包括如下内容：

（1）目标公司的业绩条件，这是触发估值调整/“对赌协议”的机关。业绩条件则具有多样性、多重性的特点，如财务业绩、上市时间、非财务业绩。

（2）股权回购条件触发后应承担股权回购责任的主体，这里指常见的控股股东和标的公司本身，而后者一直以来颇有争议。

（3）目标公司以及目标公司股东相互之间对支付股权回购款所承担的担保责任，包括公司为股东担保，法定代表人的担保，股东之间的担保等情形。

（4）与回购相关的一些具体事务的安排。例如，在前述的华工案中，其“对赌协议”第 3 款约定：某公司、某公司原全体股东应在江苏某投资公司书面提出回购要求之日起 30 日内完成回购股权等有关事项，包括完成股东大会决议，签署股权转让合同以及其他相关法律文件，支付有关股权收购的全部款项，完成工商变更登记。

（三）估值调整和回购价格

如前文所述，实务中的“对赌”方式千差万别，而根据不同的“对赌”形式，其对应的“对赌”触发条件和价格机制也各不相同。综合来看，就股权回购而言，投资者约定标的公司股东在特定条件成就时按照特定价格回购其所持有的标的公司股权。

具体而言，常见的股权回购的计价公式包括：

（1）股权回购价款=投资本金×（1+X÷365×N）-投资人历年累计分得的红利（若有），N=投资之日起至回购价款支付之日止的天数；X 为固定年化收益率。

（2）回购股权价款=投资额+（投资额×8%×投资到公司实际月份数/12）-标的公司累计对投资人进行的分红。

（3）股权回购价格，即股权回购价格=各增资方取得股权时投入的投资总额×（1+回购溢价率×各投资方支付投资款之日至回购条款履行之日的实际天数÷365）-各增资方从公司获得累计分红以及现金补偿，其中回购溢价率按照10%的年回报计算。

（4）股权回购价款=甲方总投资额×（1+8%）n-甲方入股期间从丙方获得的业绩补偿-甲方届时因已转让部分丙方股份所取得的收入（含已分红的收入）。

除股权回购作为补偿外，针对现金补偿方式的“对赌”，其计算公式为补偿金额=已投资金额×（1-实际净利润/预付净利润）。

另外，实务中也有以补偿股权数量的方式代替现金补偿的方式，其计算公式一般为补偿的股权数量=调整前的股权数量×（预测净利润/实际净利润-1），或者 B=总股权数量×x%×［（业绩目标净利润/实际净利润）-1］，x 是未实现的净利润的比例差。

上述仅是列举了部分“对赌”或估值调整下的股权回购计价方式，实务中还有其他的计价方式。而且除了股权回购的计价，诸如股权稀释、债转股、换股等也都需要确定具体的计价公式，以避免后续交易发生争议。

当然，具体采用何种计价方式，则更多的是交易双方在商务上的安排，需要结合多种因素综合考虑，而这已不是单纯的艺术，而应是股权估值科学性的重要体现。

（四）《全国法院民商事审判工作会议纪要》后的“对赌”

正如前文所述，“对赌”条款的有效性经历了不同的发展路径，而从最近几年的司法案例和实务发展趋势来看，法院对于“对赌协议”所涉及的公司法问题日益呈现出更为开放的态度。

《全国法院民商事审判工作会议纪要》专门针对投资人与目标公司之间的“对赌协议”的效力和履行作了明确的区分和规定，并指出“既要坚持鼓励投资方对实体企业特别是科技创新企业投资原则，从而在一定程度上缓解企业融资难问题，又要贯彻资本维持原则和保护债权人合法权益原则，依法平衡投资方、公司债权人、公司之间的利益”，具体包括：

（1）投资人与目标公司订立的“对赌”协议如不存在法定无效事由，目标公司仅以存在股权回购或者金钱补偿约定为由，主张“对赌协议”无效的，不予支持；但投资方主张实际履行的，法院应当审查是否符合公司法关于“股东不得抽逃出资”及股份回购的强制性规定，判决是否支持其诉讼请求。

（2）投资方请求目标公司回购股权的，法院应当依据公司法第 35 条关于“股东不得抽逃出资”或者第 142 条关于股份回购的强制性规定进行审查；经审查，目标公司未完成减资程序的，应当驳回其诉讼请求。

（3）投资方请求目标公司承担金钱补偿义务的，法院应当依据公司法第 35 条关于“股东不得抽逃出资”和第 166 条关于利润分配的强制性规定进行审查；经审查，目标公司没有利润或者虽有利润但不足以补偿投资方的，应当驳回或者部分支持其诉讼请求；今后目标公司有利润时，投资方还可以依据该事实另行提起诉讼。

至此，结合《全国法院民商事审判工作会议纪要》的规定以及相关的司法案例，在处理“对赌协议”中涉及的股权回购问题时，需要同时考虑民法典和公司法的相关规定，具体参考规则见表 4.1：

表 4.1　参考规则

“对赌”主体	“对赌”内容	“对赌协议”的有效性	“对赌协议”的履行性
投资人 vs 标的公司股东/控制人	股权回购	如无民法典规定的无效情形，则为有效	可依据协议履行
	现金补偿	如无民法典规定的无效情形，则为有效	可依据协议履行
投资人 vs 标的公司	股权回购	如无民法典规定的无效情形，协议有效	取决于是否完成减资程序
	金钱补偿	如无民法典规定的无效情形，协议有效	取决于是否有利润足以补偿

续表

“对赌”主体	“对赌”内容	“对赌协议”的有效性	“对赌协议”的履行性
投资人 vs 标的公司和股东/控制人	股权回购	与实际控制人或股东的“对赌”,“对赌协议”有效	可依据协议履行
		与目标公司的“对赌”,“对赌协议”有效	目标公司完成减资程序的可履行
	金钱补偿	与实际控制人或股东的“对赌”,“对赌协议”有效	可依据协议履行
		与目标公司的“对赌”,“对赌协议”有效	有利润足以补偿时方可实际履行
投资人 vs 标的公司,股东担保	股权回购/金钱补偿	如无合同法规定的无效情形,则为有效	可依据协议履行
投资人 vs 股东/实际控制人,公司担保	股权回购/金钱补偿	根据有无股东会的授权或公司章程的明确规定对外担保	根据协议有效性的判定确定是否可履行

不容忽视的是,随着股权投资实践的发展,同时考虑到“对赌”条款机制本身的欠缺和法律适用的不确定性,已经有越来越多的投资交易双方关注和借鉴使用公司并购中常用的“Earn-out”机制。“Earn-out”与“对赌”类似,也是一种动态的价格调整机制。是出于投资方与融资方对目标公司的价值和未来发展存在不同判断,双方根据目标公司未来实际业绩确定股权对价并由投资者分阶段支付的定价支付方式。但在“Earn-out”的交易机制中,股权对价一般由“固定对价”+“或有对价”组成,并且在预估股权价格的基础上,根据目标公司的经营情况调整股权转让对价并进行分期付款。不过,毕竟股权投资和公司并购两种交易本身就存在较大差异,因而“Earn-out”的具体适用可能还需要有待进一步验证。

三、股权回购和其他

回购是股权投资交易中常见的退出方式之一,有时候单独使用,有时候与

“对赌”等结合使用。在不同的股权投资交易结构和类型中，其使用也变得越来越普遍。但回购本身由于公司法确立的资本维持原则存在冲突，因此如何解决这些问题，保护交易就成为立法和司法中至关重要的课题。

（一）立法变化

正如前文所述，公司回购涉及“公司资本维持制度”的维护和稳定，司法实践中对此一直颇为谨慎。公司法就明文规定，公司成立后，股东不得抽逃出资。因此，对于公司回购股权等情形，若未进行减资，就会造成减少公司注册资本的后果。

由于在股权投资中，多数投资人以标的上市为投资目标和退出方式，并且还会涉及股权激励等机制的安排。为解决股权回购疑难问题，应赋予公司更多的自主权，2018 年公司法修正案对第 142 条有关“公司不得收购本公司股份”的例外规定进行了修改：

（1）减少公司注册资本；

（2）与持有本公司股份的其他公司合并；

（3）将股份用于员工持股计划或者股权激励；

（4）股东因对股东大会作出的公司合并、分立决议持异议，要求公司收购其股份；

（5）将股份用于转换上市公司发行的可转换为股票的公司债券；

（6）上市公司为维护公司价值及股东权益所必需。

而最高人民法院也明确了当事人之间约定由公司回购部分股东股份、其他股东受让部分股东股份、他人受让部分股东股份，不违反法律行政法规的强制性规定，依法有效。

有观点认为，上述规定仅限于股份公司的股份回购，而未放宽有限公司的股权回购限制。但多数观点则认为尽管该条侧重于规范股份公司、上市公司的股份回购行为，但其同样适用于有限责任公司的股权回购，这也更符合公司法修改的本意。

(二) 保底收益

股权投资协议的签署，意味着投资人作为股东对于标的公司的经营承担相应的风险，即如果有盈利，可以获得分红收益；如果亏损，则应当分担损失。但是在实践中，有些协议中会约定一方只收益而不承担亏损的情形，即对于其中风险也应引起重视。

这里需要注意区分企业联营中涉及的保底条款和公司股东之间的保底收益。最高人民法院认为前者的保底条款违背了联营活动中应当遵循的共负盈亏、共担风险的原则，损害了其他联营方和联营体的债权人的合法权益，应当确认无效；联营企业发生亏损的，联营一方依保底条款收取的固定利润，应当如数退出，用于补偿联营的亏损，如无亏损，或补偿后仍有剩余的，剩余部分可作为联营的盈余，由双方重新商定合理分配或按联营各方的投资比例重新分配。而公司法则规定在遵守关于利润分配的强制性规定，即在弥补亏损、提取公积金、缴纳税款后仍有利润，全体股东可以约定不按照出资比例分取红利或者取得保底收益。《全国法院民商事审判工作会议纪要》中也明确了投资人请求目标公司承担金钱补偿义务，应以目标公司有利润足以补偿投资人为前提。

在某能源公司与陆某伟其他合同纠纷案①中，法院认为，当事人之间所订立的《框架协议》《股权转让合同》《股东协议》均为真实意思表示，不违反法律规定，具有法律约束力，双方均应恪守。系争约定收益条款是案涉一系列股权转让协议中不可分割的部分，是股东间平等、自愿协商后对于公司管理权、股东分红权以及一方股东支付另一方股东固定收益等的特别安排，不违反公司法的强制性规定，亦不损害国家、集体以及第三人和公司的合法权益，应为有效。

至于在法人型、合伙型的联营中，投资人与原股东之间应适用何种法律尚且不明，其处理结果可能也会迥异。而且保底收益同时也会涉及名股实债等问题，因此，投资人如果在投资协议中约定保底条款或者保底收益，其法律效力

① 《某能源公司与陆某伟其他合同纠纷二审民事判决书》，载中国裁判文书网，https：//wenshu.court.gov.cn/website/wenshu/181107ANFZ0BXSK4/index.html? docId = e7687bd2c9a74815895aa74800fbc133，2022 年 7 月 14 日访问。

会因个案所涉具体情况而有不同的处理结果，这就需要交易双方在起草投资协议时，合理安排，以避免出现无效的法律后果。

（三）差额补足

差额补足也是股权投资中经常约定的条款。其与保底收益、名股实债等股权投资中具有异曲同工之妙，实质上都是投资人保障其投资收益的措施。但从本质上来看，三者则存在不同的法律基础和处理结果。特别是差额补足，其针对的对象和类型多样，本身也呈现多样性的特点，由此引起的法律属性的讨论也没有获得统一的认识，如保证、债务加入、代为清偿等，不一而足。

通常来讲，差额补足是在标的公司未达到投资目标或未实现债权时，针对预期目标与实际获得投资回报之间的差额部分或应享有的债权与实际实现债权的差额部分，由公司、股东承担差额补足义务的交易安排。差额补足涉及的可能是债权也可能是股权，比如对股东分红收益的差额补足、对股权回购价款的差额补足，以及对资管产品或基金的投资人收益分配的差额补足、对资金归集的差额补足、对借款偿还等债务的差额补足等。

实务中，交易双方需要对于上述不同的差额补足约定进行区分，明确承担差额补足的内容（计算公式、触发条件、支付方式）、主体及后果，根据不同的性质进行不同的交易安排，并结合股权投资协议等统筹设计相应条款和配套的文件。另外，对于涉及信托、资管计划等特殊投资主体，其还应特别注意监管机构对于差额补足的规范要求。

（四）投资回报顺序

投资回报可能涉及股权投资和债权投资，前者遵循同股同权的原则，没有先后之分；而后者则可有优先级和劣后级的区分，其法律基础在于债务的偿还先后顺序。债务偿还的优先顺序可以基于债权债务形成的先后和双方的约定，并结合担保等措施，以实现投资回报的先后顺序。这在合伙企业中也可以进行相类似的安排。但是在公司中，股权平等是基本原则，因此较难实现以股权为基础的投资回报优先顺序的安排。

而股权投资实务中，设置不同级别的投资回报顺序已是常态，其往往与前文所述的差额补足条款等结合在一起，尤其是涉及资管、信托、保险等资金的使用。2018 年 4 月 27 日，中国人民银行发布的《关于规范金融机构资产管理业务的指导意见》也规定分级资产管理产品不得直接或者间接地对优先级份额认购者提供保本保收益安排。这就使得在优先、劣后结构下的分级产品，无法继续在投资者与资管产品受托管理人之间签订差额补偿协议；投资者权益仅能通过产品的优先、劣后分级结构进行保障。优先级投资者承担风险低，享受相对固定的收益；劣后级投资者承担风险高，可能享受超额收益。

但在某投资公司、某证券公司合同纠纷案①中，法院认为，案涉《资产管理合同》及《差额补足合同》中约定了为优先级份额资本本金安全及固定收益提供保障，不符合《私募运作暂行规定》第 4 条第 1 项的规定，但《证券公司集合资产管理业务实施细则》《私募运作暂行规定》均属于部门规章，违反部门规章不属于认定合同无效的情形。

实务中还存在其他不同的裁判结果，而上述司法和行政监管机构的不同态度，以及司法机关本身的不同判决，一定程度增加了交易的不确定性和风险，也将考验投资交易的双方对于其中利弊的分析、权衡和取舍。

四、价款支付与赔偿

与前文所述股权估值定价相呼应，股权投资价款的支付也是双方胶着的重点内容，如支付时间、频率、金额、方式、账户等。股权投资交易中由于涉及诸多的法律风险，一旦出现违约或者非当事人控制的因素导致交易失败或者目的落空，都将引发违约和损害赔偿责任。

（一）股权价款支付

股权投资合同的交易标的是股权，实务中又有新设、转让、增资扩股等不同的交易方式，而民法典合同编中并未规定股权投资合同，因此股权投资合同

---

① 《某投资公司、某证券公司合同纠纷二审民事判决书》，载中国裁判文书网，https：//wenshu.court.gov.cn/website/wenshu/181107ANFZ0BXSK4/index.html？ docId = b73170aff5944947a4caa9be0008aba3，2022 年 7 月 14 日访问。

属于无名合同，需要根据具体个案确定具体合同的法律性质。

如前文所述，股权投资价款的确定取决于估值定价，股权的支付主要基于交易双方的约定。而与之相应，实务中各类股权投资涉及的款项支付也会遇到不同的法律问题。例如，股权价款是否明确、支付条款是否约定清楚、约定不清楚的处理、拒绝支付的条件是否成就等，这里首先就涉及股权转让合同与买卖合同的关系。一般认为股权转让合同与买卖合同类似，适用买卖合同的规定，但两者又有区别。

例如，在汤某龙与周某海股权转让纠纷案[①]中，法院认为，本案系有限责任公司股东将股权转让给公司股东之外的其他人。尽管案涉股权的转让形式也是分期付款，但由于本案买卖的标的物是股权，因此具有与以消费为目的的一般买卖不同的特点。周某海作为有限责任公司的股权出让人，基于其所持股权一直存在于目标公司中的特点，其因分期回收股权转让款而承担的风险，与一般以消费为目的分期付款买卖中出卖人收回价款的风险并不同等。股权受让人延迟付款，不适用买卖合同中未支付到期价款达到全部价款 1/5 时出卖人即可解除合同的规定。

又如，在陈某寿、汲某权等与张某树、蒋某梅其他合同纠纷案[②]中，最高人民法院认为，合同解释过程是一个探寻当事人真实意思的过程，而合同原文最能反映当事人签订合同的真实意思，应当成为明确当事人的权利义务关系、正确认定案件事实的重要依据。案涉股权转让协议中，当事人约定提前支付股权转让款可以享受价格优惠，应当视作对受让人及时一次性支付价款的鼓励和督促的意思表示，不应把优惠部分理解为逾期支付的违约金。

（二）缔约过失赔偿

缔约过失赔偿对应于违约赔偿，主要解决合同未成立、未生效、无效等法

---

① 《周某海与汤某龙股权转让纠纷申请再审民事裁定书》，载中国裁判文书网，https：//wenshu.court.gov.cn/website/wenshu/181107ANFZ0BXSK4/index.html？docId＝f9a471bbd75f4ba6b78833a4668d8e91，2022 年 7 月 14 日访问。

② 《陈某寿、汲某权等与张某树、蒋某梅其他合同纠纷二审民事判决书》，载中国裁判文书网，https：//wenshu.court.gov.cn/website/wenshu/181107ANFZ0BXSK4/index.html？docId＝2ce4049038f34c9e9ac40efa6f952469，2022 年 7 月 14 日访问。

律后果。前文所述的应未获得审批导致投资合同未生效的赔偿问题，就属于缔约过失责任处理。

通常情况下，缔约过失以善意相对人缔约过程中支出的直接费用进行赔偿，但若因善意相对人确实因缔约过失责任人的行为遭受交易机会等间接损失的，则应予以适当赔偿。

在某投资公司与某市财政局股权转让纠纷案①中，最高人民法院认为该案的《股权转让合同书》虽然已经成立，但因未经有关机关批准，应认定其未生效。标榜公司主张涉案合同已经某市人民政府批准，其所依据的是某市国有银行股权转让说明书，但该说明书仅是某市人民政府对涉案股权挂牌出让的批准，并非对涉案《股权转让合同书》的批准。双方合同中约定生效要件为报批允准，承担报批义务方不履行报批义务的，应当承担缔约过失责任。缔约过失人获得利益以善意相对人丧失交易机会为代价，善意相对人要求缔约过失人赔偿的，法院应予以支持。除直接损失外，缔约过失人对善意相对人交易机会等间接损失，应予赔偿，间接损失数额应考虑缔约过失人的过错程度及获得利益情况，善意相对人成本支出及预期利益等，综合衡量确定。

当然，可得利益也要受制于可预见规则、减损规则、损益相抵规则以及过失相抵规则，从非违约方主张的可得利益赔偿总额中扣除不可预见的损失、非违约方不当扩大的损失/因违约获得的利益/过失所造成的损失以及必要的交易成本。但具体金额则需个案分析。

（三）投资交易的撤销

民法典第 538 条、第 539 条规定了债权人的撤销权，即债务人以放弃其债权、放弃债权担保、无偿转让财产等方式无偿处分财产权益，或者恶意延长其到期债权的履行期限，影响债权人的债权实现的，或者债务人以明显不合理的低价转让财产、以明显不合理的高价受让他人财产或者为他人的债务提供担保，影响债权人的债权实现，债务人的相对人知道或者应当知道该情形的，债

① 《某投资公司、某市财政局股权转让纠纷二审民事判决书》，载中国裁判文书网，https：//wenshu. court. gov. cn/website/wenshu/181107ANFZ0BXSK4/index. html? docId=e65152898fcb4c72a29fa7de010d1809，2022 年 7 月 14 日访问。

权人可以请求人民法院撤销债务人的行为。对此，在涉及股权投资、债转股的交易中，确定合理的转让价格不仅是一个重要的商业考量因素，也是重要的法律考量因素。

原则上，股权价格的确定由交易双方自行确定，法院应当尊重当事人的选择，但是股权转让本身在性质上属于民事行为，依法应当受民事法律的调整。如果债务人放弃其到期债权或者无偿转让财产，侵害了债权人的合法权益，则债权人可以请求法院撤销债务人的行为。债务人无偿转让股权的行为也可以成为债权人撤销权行使的对象①。

据此，如果涉及此类损害债权人利益的股权转让，一旦被债权人申请撤销，则相关的股权投资即面临失败的结果。

（四）违约损害赔偿

基于合同自治、有约必守的原则，当事人双方签署合同即应当遵守。如果违反合同约定，则应当承担违约责任和损害赔偿。除了遵守公司法的规定外，合同法有关违约、赔偿的规定也同样约束股权投资交易的各方当事人。

1. 代持股权的赔偿

股权代持、隐名股东等的法律定性在公司法下已经日趋明朗，而与之对应，隐名股东与显名股东、股权代持人之间的关系则需要依据合同法的规定来处理。

在薛某玶与陆某生、某发展公司、某房地产公司委托代理合同纠纷案②中，陆某生是记载于股东名册上的某房地产公司股东，某发展公司与其签订《股权转让协议》受让其股权，并已依照法律规定办理了变更登记。该案中，薛某玶并未能提供充分证据证明某发展公司受让该股权时存在恶意以及股权转让价格不合理。参照物权善意取得的法律规定，薛某玶主张办理股权回转登记，并由

---

① 《某发展有限公司、某市隧道开发公司债权人撤销权纠纷再审民事判决书》载中国裁判文书网，https：//wenshu. court. gov. cn/website/wenshu/181107ANFZ0BXSK4/index. html？docId = 9c31d6a1ba6b4db9abd1a9d00115362a，2022 年 7 月 14 日访问。

② 《薛某玶与陆某生、某发展公司、某房地产公司委托代理合同纠纷二审民事判决书》，载中国裁判文书网，https：//wenshu. court. gov. cn/website/wenshu/181107ANFZ0BXSK4/index. html？docId = 69af96ed94a644ff8b451b9b76287f69，2022 年 7 月 14 日访问。

某房地产公司配合履行变更义务，理据不足。但薛某玶作为案涉股权的实际权利人，有权向无权处分人陆某生请求赔偿损失。在综合全部案情基础上，为公平保护双方当事人利益，判令陆某生返还薛某玶案涉股权交易溢价款的相应对价 29540395 元。

由上述案例和前文阐述可知，股权代持人无权处分股权后，应当承担赔偿责任，但实务和司法实践中，对于如何确定相对应的股权价格则会存在不同的理解和处理。因此，合理的防范措施是在相应的代持协议中明确约定具体的违约金和赔偿金额，以便在发生纠纷时明确各自责任。

2. 其他支付违约

关于股权出资、股权转让等有关价款支付违约的情形多种多样，无法在协议中穷尽。但作为违约的救济方式，违约金和损害赔偿条款是投资协议的必备利器。就股权投资价款的各种支付违约，自然可以适用合同法的相关规定，相关的根本违约、预期违约、不安抗辩权、履行抗辩权等规则也同样适用于此。与缔约过失责任类似，一方未支付股权价款的违约责任范围也同样包括了实际损失和预期利益。

不过，违约金和未支付股权款的利息不同，两者定性和处理方式的规则存在差异。而且对于违约金和损害赔偿条款的约定，合同法并没有明确两者可否共存。一般认为违约金以补偿为原则，而非惩罚。

需要注意的是，对于股权投资协议中的“对赌”条款本身是否属于违约条款则有不同的理解。有观点对此持否定态度，并认为现金补偿也应以出资本金为上限；在现金补偿与股权回购并存时，股权回购价格原则上应扣除已经或将要支付的现金补偿，若有相反约定，则适用利息管制；目标公司上市成功时，投资方原则上不再享有现金补偿请求权①。

最后，从实务的角度来看，列举式和概括式的违约条款是常见的方式，同时，也有必要尽可能在合同中具体、合理地约定违约金或者损害赔偿的计算方式，以减少相应的争议。

---

① 贺剑：《对赌协议中的违约金调整与利息管制》，载《人民司法》2020 年第 16 期。

第五章
股权投资和融资

概　述

实践中，投资并购交易的方式方法多种多样，如以股权并购和资产并购相结合的方式，或者利用股权投资达到资产收购的目的，或者利用控股母公司的收购达成并购，从而间接控制子公司的方式等，不一而足。

股权投资主要是投资人为参与或控制某一标的公司的经营活动而购买其股权的行为。股权融资则是指标的公司的股东愿意让出部分股权，引进新的股东而进行融资的行为。股权投资和股权融资可以说是密切相关，对于投资人来说，是投资资金以换取股权，而对于标的公司来说，则是利用股权融通资金和资源。

更进一步来看，股权投资所涉及的融资还可以分为两个方面，一个是目标公司以股权为媒介进行的增资扩股、股权转让、股权质押等融资活动，另一个则是投资人为进行大型股权交易本身而借助于并购贷款、并购基金进行的融资活动。

不论是投资者角度的投资和融资，还是标的公司及其股东的融资，作为公司融资的主要方式，股权融资和债权融资总是交织在一起。面对不同的投资、融资方式以及资金来源，投资人和融资人都有必要识别各自的风险，提前做好相应的预防措施。

一、股权投资和并购

股权投资和并购既有联系又有区别。通常来看，股权投资的标的对应的是股权，而并购对应的标的既可以是股权，也可以是相应的资产。就针对股权这一媒介本身，一般理解，股权并购属于广义上的股权投资的一种表现形式，因而有时候又被称为股权投资并购。相比较而言，股权投资和股权并购的差异性表现在，前者通常只获得部分股权，并且更多关注股权转让收益和被投资的标的公司的经营效益带来的股权价值，而后者则通常以兼并标的公司或者收购大部分或全部股权为目标，更侧重于并购之后对标的公司的全面接管和控制，以及进一步重组、分拆、剥离等一系列操作后再出售，从而获得收益。

（一）股权并购

股权并购，或称股权收购，它是并购方通过直接购买目标公司的现有股权或者认购新增股权的方式来实现合并或实际控制目标公司的交易。从收购方的角度来看，股权并购也可能由收购方通过设立专门的特殊目的收购公司或其他投资平台进行。股权并购还可以通过收购目标公司的母公司或其他有控制权的公司的方式，以股权为纽带或者其他方式（如控制权协议、人事任免等）实现对目标公司的直接或间接控制，进而实施并购的目的。当然也有母子公司之间的收购，或者通过股权投资子公司进而反向吸收合并和控制母公司等操作。

另外，非上市公司中，或一些特殊的投资交易中，也可能需要进行此类操作，如在基础设施 REITs 项目的交易结构中，就可能涉及拥有底层资产的项目公司反向吸收合并上一层级母公司（SPV），以实现底层资产重组的目的。

当然，对于此类并购方式，需要注意一些特殊规则，如因合并而存续或者新设的公司，其注册资本、实收资本数额由合并协议约定，但不得高于合并前各公司的注册资本之和、实收资本之和；合并各方之间存在投资关系的，计算合并前各公司的注册资本之和、实收资本之和时，应当扣除投资所对应的注册资本、实收资本数额。

针对不同的股权并购方式，可以看出，股权并购或收购从法律性质上来讲属于股权转让或新增资本的一种方式。因此，公司法有关出资规则、新增资本的优先认购权、股权转让中涉及的优先购买权、转让限制和善意取得以及股权转让相应的程序性要求等规则也同样适用于股权并购交易项目中。当然，不可否认，相比股权投资，股权并购涉及的法律关系和法律问题相对更为复杂。

实务中，因股权并购交易的具体方式不同，收购方向目标公司及其股东支付对价的形式也具有多样性的特点，可以是以货币或财产作为支付对价，同时收购方也可以自己的股权或其持有的其他公司股权作为支付对价，即“换股型”的股权并购。但这些对价的支付形式总体上仍然同新设公司一样，需要遵守出资所应当具备的原则和条件，即可以用货币估价并可以依法转让的非货币财产，不得高估或低估等原则。若是涉及换股或债转股，则还需要符合债权明确或股权的权属清晰无争议、可以依法转让的规定。

（二）股权并购与资产并购

根据并购标的和对象的不同，可以分为股权并购和资产并购两类基本形式，两者统称为并购。资产并购是指投资人通过购买目标公司有价值的资产（如不动产、无形资产、机器设备等）并通过拥有和运营该资产，从而获得利润创造能力，进而获得投资回报。

资产并购通常是单纯地为了获得目标公司的资产，而股权并购则不同，它可以是为了获得公司的股权，进而获得企业的资产，也可能纯粹就是为了获得公司股权，而公司下的资产并不是其并购的主要目的。在资产并购中主要是所涉资产的所有权从标的公司转移至投资人手中，其实质是物权的转移。

股权并购和资产并购经常被用来做比较，两者的简单区别如表5.1所示：

表5.1 股权并购和资产并购的区别

比较项	股权并购	资产并购
交易标的	目标公司的股权	目标公司的有形或无形资产
尽职调查范围	关注公司的各类资产、负债、股权状况，以及劳工、税务、相关行政处罚、诉讼仲裁等。	关注所购买的标的公司资产的权属等情况。

续表

比较项	股权并购	资产并购
对目标公司股权影响	目标公司的股东及股权结构发生变动。	只是目标公司资产的出售，不影响目标公司的股权结构。
交易主体	收购方与标的公司、原股东	收购方与标的公司
交易性质	股权转让或增资	资产所有权转移
审批程序	一般的股权不需审批，在股权交割后进行工商登记即可。国企、外资的股权则需要国资委、商务部门的审批。	若不涉及国有或上市公司的资产，通常不需要审批登记，只需在资产交割后办理相应的产权登记。
交易风险	承接并购前目标公司的各种债权债务和法律风险，同时也包括公司资产的权利瑕疵。	并购方对目标公司自身的债权债务无须承担任何责任；仅对收购的资产本身的瑕疵承担风险。
税负	需要承担股权转让所得税；若同时涉及房屋等不动产权属的转移，则还需要缴纳契税等。	资产并购涉及增值税、所得税等，若是涉及划拨土地使用权的转让，则还需要补缴土地出让金。
第三方权益影响	股权并购涉及的股权转让受优先购买权、股权善意取得、股权公示等规则的约束。	收购资产设置抵押、质押、租赁的，需要获得权利人的同意，或者在收购后由投资人承受相应的权利担保。

不过，值得注意的是，股权和资产两者本身并非对立，实践中股权并购和资产并购也不是绝对孤立的。事实上，在并购交易项目中，利用股权并购实现资产并购的目的，或者同时采用股权并购和资产并购也并不鲜见，通过股权并购还可以实现对优质的资产并购的协同效应。

此外，对于利用股权并购获得房地产、能源、矿权等交易项目中，还需要注意法律法规的一些限制性规定。

例如，根据《城市房地产管理法》的规定，以出让方式取得土地使用权的，按照出让合同约定已经支付全部土地使用权出让金，并取得土地使用权证书；转让房地产时按照出让合同约定进行投资开发，属于房屋建设工程的，完成开发投资总额的25%以上，属于成片开发土地的，形成工业用地或者其他建设用地条件。若不满足上述条件的股权转让，则可能被认定为“以转让土地使用权为目的”，属于“以合法形式掩盖非法目的”股权转让协议，因而无效。而相反的案例则认为，股权与建设用地使用权是完全不同的权利，股权转让与建设用地使用权转让的法律依据不同，两者不可混淆。当公司股权发生转让时，该公司的资产收益、参与重大决策和选择管理者等权利由转让方转移到受让方，而作为公司资产的建设用地使用权仍登记在该公司名下，土地使用权的公司法人财产性质未发生改变。当然，公司在转让股权时，该公司的资产状况，包括建设用地使用权的价值，是决定股权转让价格的重要因素。但不等于说，公司在股权转让时只要有土地使用权，该公司股权转让的性质就变成了土地使用权转让，进而认为其行为是名为股权转让实为土地使用权转让而无效①。

在矿权和能源类交易中，由于这两项资源类的项目，同样涉及审批、许可等特定的要求，往往容易成为倒卖权证、“路条”的重灾区，因此对于通过股权并购转让的方式获得相关资产权属的交易中，尤其需要注意其中的风险。

又如，在某矿业发展公司与薛某懿、薛某蛟等股权转让纠纷②中，法院认为，案涉合作协议的性质应认定为探矿权转让还是股权转让，主要应取决于探矿权人更名与否的事实以及合作协议约定的内容是否涉及探矿权转让等因素。根据本案查明事实，案涉探矿权系登记在一审被告某矿业公司名下，协议内容中，双方当事人仅约定由薛某懿、薛某蛟将其持有某矿业公司的股份转让给某矿业发展公司以及与该股权转让相关的事宜，并未涉及探矿权人更名的内容；再者，作为协议转让方的薛某懿、薛某蛟，该二人并非案涉探矿权持有人，其无权在协议中处置某矿业公司所持有的探矿权；而作为探矿权人某矿业公司，其并非案涉合作协议的当事人，亦不可能在该协议中进行探矿权转让。协议中虽包括矿产合作的相关内容，但均属基于股权转让所产生的附随权利义务，探矿权人仍系某矿业公司，该协议的实质仍然属于股权转让。由于本案合作协议

---

① 《马某泉、马某坚与某置业公司股权转让纠纷二审民事判决书》，载中国裁判文书网，https：//wenshu. court. gov. cn/website/wenshu/181107ANFZ0BXSK4/index. html？ docId = cbe68d916faa49e4a619f422e6cd62dd，2022 年 7 月 14 日访问。

② 《某矿业发展公司与薛某懿、薛某蛟等股权转让纠纷二审民事判决书》，载中国裁判文书网，https：//wenshu. court. gov. cn/website/wenshu/181107ANFZ0BXSK4/index. html？ docId = d52e093015d84f5a96886c41ea9012f0，2022 年 7 月 14 日访问。

属股权转让性质，并不属于法律、行政法规规定应当办理批准、登记等手续生效的情形，因此本案合作协议依法成立并生效。

从趋势上来看，司法实践中法院越来越多地对股权并购以及因股权变动引起的资产并购进行区分，并且较多地考虑交易中涉及的原资产所有权的权属人和股东变化的不同对案件处理结果的不同影响，如果认定是股权转让等交易，在不存在合同无效的情形下，交易双方签署的股权转让协议对双方具有法律约束力。

（三）投资和增资扩股

实务中的股权投资往往和增资扩股密切相关，而增资扩股又常常与公积金结合使用。由于增资扩股涉及目标公司的注册资本的改变。因此，从公司法的角度，应当遵从一定的程序条件、经由股东会决议方为有效。而且，增资扩股还会涉及股权计算、投资款使用等一系列法律问题。

1. 股权转让和增资扩股的区别

如前文所述，股权投资并购中，股权转让和增资扩股是较为常见的两种方式，都属于投资人以新股东的身份加入目标公司中，参与公司经营管理。但是两者的适用场景并不完全相同，各有利弊，而且两者在公司法下需要遵从不同的交易规则。

本书前面章节中对股权转让涉及的各类规则做了详细阐述，此处不再赘述。有关股权转让和增资扩股两种方案的主要区别如表 5.2 所示：

表 5.2 股权转让和增资扩股的区别

比较项	股权转让	增资扩股
注册资本	标的公司注册资本不变	标的公司注册资本增加
交易主体	投资人和原股东	投资人与标的公司、原股东
资金性质	出让股权的股东受领资金	标的公司受领资金
股东优先权	对外转让股权，其他股东在同等条件下的优先购买权	其他股东享有新增资本的按比例优先认购权
决策机制	对外转让股权，需经过半数股东同意	按照章程规定，股东会 2/3 以上多数同意

续表

比较项	股权转让	增资扩股
投资人的权利义务	投资人取得股东身份，转让股东或保留或退出	投资人取得股东身份，原股东继续保留股东身份
股权计税成本	原股东按照股权转让所得承担税费	原股东的股权比例可能被稀释，新股东投资款不征收企业所得税

从上述股权转让和增资扩股的区别可以看出，通常情况下，股权转让仅涉及目标公司现有股东与投资人之间的交易，投资人与转让股东之间的法律关系为股权买卖关系。而在增资扩股中，往往会同时涉及投资人与目标公司及其现有股东的关系，不仅会涉及股权买卖关系，还会涉及出资等公司法下的特定要求。

2. 增资扩股方式

通常理解，通过增资扩股，公司可以借此扩大资本金、提升公司的价值，也可以借以调整公司的股权结构和股东持股比例。根据资金来源划分，增资扩股主要包括以下三种方式：

（1）以公司未分配利润、公积金转增注册资本。按照公司法的规定，公司税后利润首先必须用于弥补亏损和提取法定公积金，其后剩余利润才用于分配股东。而公司分配给股东的利润，经股东会决议后可以用来转增注册资本、增加股东的出资额。

（2）原股东追加出资。公司股东还可以将货币或者其他非货币财产作价投入公司，直接增加公司的注册资本。其中，原股东可以按照出资比例追加投资，也可以不按照出资比例认缴新增资本。

（3）外部投资人的出资入股。增资扩股时，由投资人通过认缴全部或者部分新增资本金的方式入股成为目标公司的新股东，即常说的“定向增发方式”。在这种方式中，原股东的股权比例或可保持不变，或者按照增资后的公司注册资本重新调整各股东的股权比例。

增资扩股，包括外部投资人以增资扩股方式投资入股从而成为新股东的情形，都属于公司内部治理的经营决策行为，应由公司的决策机构作出决议并遵照执行。从程序上来看，需要遵守以下条件：

（1）根据公司法的规定，一般由董事会制订增资扩股方案，其内容包括投资人情况、增资方式、增资数额、股权比例、董事会席位安排等，并由董事会讨论通过后提交股东会审议。

（2）股东会作为公司的权力机关，根据董事会提交的增资扩股方案进行审议，并应当经过代表2/3以上表决权的股东通过方可实施。如果是国有独资公司增加注册资本的，则由董事会决定；国有独资或控股公司进行增扩股还需报经国资部门批准；金融企业进行增资扩股还需报经相应的金融监管部门批准；外商投资企业增资扩股则需报经原审批部门批准。

（3）增资扩股方式通过后具体实施和落实，签署相关的交易文件，经会计师事务所验资后，投资人出资或办理用于出资的产权的移转手续。

（4）增资完毕，将投资人登记于公司股东名册，公司章程等一并办理相应的工商变更登记手续。

在增资扩股的投资交易实务中，需要特别注意，除非另有约定，公司原股东享有按照实缴出资比例优先认购新增资本的权利，否则对于股东会决议的效力就会存在争议。

例如，在某实业公司、蒋某诉某科创公司股东会决议效力及公司增资纠纷案①中，法院认为，公司新增资本时，股东的优先认缴权应限于其实缴的出资比例。某科创公司作出的股东会决议，在其股东实业公司、蒋某明确反对的情况下，未给予某实业公司和蒋某优先认缴出资的选择权，径行以股权多数决的方式通过了由股东以外的第三人陈某出资800万元认购某科创公司全部新增股份615.38万股的决议内容，侵犯了某实业公司和蒋某按照各自的出资比例优先认缴新增资本的权利。该决议内容中，涉及新增股份中14.22%和5.81%的部分因分别侵犯了蒋某和某实业公司的优先认缴权而归于无效，涉及新增股份中79.97%的部分因其他股东以同意或弃权方式行使优先认缴权而发生法律效力。

---

① 《某实业公司、蒋某诉某科创公司股东会决议效力及公司增资纠纷案》，载最高人民法院网站，http：//gongbao.court.gov.cn/Details/591757092787c769201ff4110ee35a.html？sw，2022年7月14日访问。

不过，对此也有不同的司法观点。在徐某与某水泥公司公司决议效力确认纠纷案[①]中，法院认为，涉案决议第三项中章某认缴的增资金额虽侵害了徐某享有的增资优先认缴权，但因公司法第 34 条关于股东享有增资优先认缴权的规定不属于效力性强制规定，考虑到某水泥公司增资目的正当性，以及徐某可以行使其他权利进行救济，为维护交易安全、节约社会资源，维持一审法院对涉案决议第三项有效的认定。

3. 增资扩股的资金投入

实务中，在外部投资人以增资扩股的方式进行的股权投资交易中，并不是说，投资人的投资金额会全部作为股权，进入目标公司的注册资本。从股权投资交易的综合因素考虑，多数情况下，部分投资额会作为目标公司的公积金，而非直接作为投资人的股权出资。

依据公司法的规定，公司的公积金分为法定公积金、任意公积金和资本公积金三类，前两者又称为盈余公积金，与资本公积金对应。公司的盈余公积金主要用于弥补公司的亏损、扩大公司生产经营或者转为增加公司资本。其中法定公积金的提取比例为税后利润的 10%，法定公积金累计额超过公司注册资本 50%的，可以不再提取。任意公积金则在提取法定公积金后的税后利润中提取。不同的公积金的使用和转增注册资本的条件也不同：

（1）法定公积金转增注册资本的，所留存的该项公积金不得少于转增前公司注册资本的 25%；

（2）资本公积金不得用于弥补公司的亏损，资本公积金转增注册资本的，需要根据相应的会计准则处理；

（3）任意公积金转增注册资本，可以全额转增。

而投资人新投入的资金价格，常见的计算方法是根据公司净资产与注册资本之比，溢价部分则计入资本公积金中。至于具体的股权比例分配则由交易各方协商确定。

---

① 《徐某与某水泥公司公司决议效力确认纠纷二审民事判决书》，载中国裁判文书网，https：//wenshu. court. gov. cn/website/wenshu/181107ANFZ0BXSK4/index. html？ docId = b341f1b87f03400daa7faa270010de56，2022 年 7 月 14 日访问。

另外，对于增资扩股交易中涉及的资金投入，与股权转让、新设公司出资一样，相关的交易文件中也可能会设置诸如保底收益、固定回报、差额补偿、名股实债、财务资助或补偿或者其他类似的约定。对于此类约定，其处理的基本原则与前文所述应当是一致的，但是由于针对的主体不同，司法实践和资金监管机构给出了不同的答案和规定，从而导致实务中的交易不确定性和风险的增加。

例如，2020 年 2 月 14 日，证监会正式发布了《关于修改〈上市公司证券发行管理办法〉的决定》《关于修改〈创业板上市公司证券发行管理暂行办法〉的决定》《关于修改〈上市公司非公开发行股票实施细则〉的决定》，明确禁止保底收益的约定，并将禁止主体范围扩大到“利益相关方”，规定上市公司及其控股股东、实际控制人、主要股东不得向发行对象作出（变相）保底保收益承诺，且不得直接或通过利益相关方向发行对象提供财务资助或补偿。

《全国法院民商事审判工作会议纪要》中也认为信托公司、商业银行等金融机构作为资产管理产品的受托人与受益人订立的含有保证本息固定回报、保证本金不受损失等保底或者刚兑条款的合同，法院应当认定该条款无效。例如，在某信托股份公司与某财务公司营业信托纠纷案①中，法院认为，从双方签订的《信托受益权转让协议》及《补充协议》的转让价款的计算方式可以看出，某财务公司获得的收益为其原投入的信托资金本金+固定比例的溢价款，其所获得的是固定的收益回报，其收益情况不受涉案信托计划的实际盈亏情况影响，其法律关系是名为信托受益权转让，实为保本保收益的承诺安排，此类刚性兑付的条款无效。

对于国有资本等特殊的增资行为，还需要注意特殊的规定，如国有金融企业在接受外部资金时要求增资资金应为真实合法的自有资金（增资额一般应低于投资方的净资产），不得使用受托（管理）资金、债务资金等非自有资金参与增资。

综合上述分析可知，对于增资扩股涉及的资金投入和保障问题的处理分

---

① 《某信托股份公司、某财务公司营业信托纠纷二审民事判决书》，载中国裁判文书网，https：//wenshu. court. gov. cn/website/wenshu/181107ANFZ0BXSK4/index. html? docId = 8047c8c432f64797a83eaca101835755，2022 年 7 月 14 日访问。

歧，还有待于公司立法的进一步完善，而在此之前，投资交易双方应当注意其中风险，综合衡量。

（四）或有债务风险

由于公司处于持续经营的状态，过去、现在和未来都在从事相应的业务，并由此产生相应的债权债务。而股权投资并购意味着投资人作为新股东，需要承接目标公司在收购前就存在的各种法律风险，需要承继目标公司的全部债权债务。而这些债权债务情况也是股权投资并购中，投资人需要深度调查和处理的核心问题之一，不仅对应投资估值的确定，而且还会影响公司的后续运营发展。

但是，受限于主客观各方面的原因，比如股权交易时间短，目标公司未完全披露信息等情况，都有可能导致法律和财务尽职调查无法在短时间内完成，并由此导致在并购交易完成之前，即便投资人做过详细的财务尽职调查和法律尽职调查，可能依然无法了解目标公司的所有信息。其中就包括或有债务的风险，也就是在进行尽职调查或者股权交割之前未被发现或者尚未显现的目标公司债务，常见的有公司对外担保、未结合同争议、诉讼仲裁未裁争议、行政处罚（税务、罚款）等。或有债务，有时候又称为“隐性债务”，会计角度认为这是过去的交易或者事项形成的潜在义务，其存在须通过未来不确定事项的发生或不发生予以证实；或过去的交易或者事项形成的现时义务，履行该义务不是很可能导致经济利益流出企业或该义务的金额不能可靠计量①。

对于股权投资并购中存在的不确定性的负债风险，其可控性较弱，在未能完全揭露和有效防控的情况下，将会增加交易双方的费用、风险以及交易的不确定性，容易引发争议。

在某市能投中心与某供热公司股权转让纠纷案②中，某市能投中心公告转让所持某热力公司50%的国有股权，公告中称该股权的价值以《资产评估报

① 参见《企业会计准则第13号——或有负债》第13条第2款。

② 《某市能投中心、某供热公司股权转让纠纷二审民事判决书》，载中国裁判文书网，https://wenshu.court.gov.cn/website/wenshu/181107ANFZ0BXSK4/index.html?docId=4fb2a7f1f57e44fe8c3daa8900126c00，2022年7月14日访问。

告》所评估价格为准，但在办理股权过户时，某供热公司发现某热力公司的实际应付账款比《资产评估报告》中多了1500万元，故以欺诈为由申请撤销《股权转让协议》。法院经审理后认为，某市能投中心在转让其持有的某热力公司股权的过程中，对于在建工程应付账款数额的披露是否存在隐瞒的行为，其主观上是否存在故意，是判断其是否构成合同法规定的欺诈的关键。某供热公司提交的《资产评估报告》汇总表、资产负债表，虽有评估人员签字，但该表上均没有评估基准日的数额，无法直接证明《资产评估报告》评估基准日的数据不准确。如不考虑时间因素，单从外观表象来看，确实存在《资产评估报告》所附的资产负债表上的应付账款远远低于汇总表上记载的应付账款。但该情形是否属于隐瞒事实真相，某市能投中心是否存在主观故意，还应该从《资产评估报告》的评估目的、评估方法、评估对象和范围等全部内容进行综合分析。本案系对某热力公司的股权价值进行评估，主要参考标准是该公司的净资产数额，然后根据该数额确定所转让的股权价格，并非仅仅考量某热力公司的在建工程应付账款。如果没有计入的应付账款，也没有计入相对应的资产的话，对公司净资产就没有影响，也就不会涉及披露与否的问题。并且《资产评估报告》还在特别事项说明中明确告知因在建工程尚未结算，未结算的项目中部分资产及负债均未在账面上体现。即使应付账款少计的事实存在，对被评估公司净资产的数额影响不大，至少不会造成虚增净资产的后果。目标公司该财务报表对在建工程应付账款的记账虽有不实，但已在《资产评估报告》及《审计报告》中予以明示，而在建工程部分应付账款没有计入财务应付账内，系因部分在建工程尚未结算，设备款没有发票的客观因素造成，并非其主观故意所为，故不属于故意隐瞒真实情况的情形。

通过以上可知，一般来讲，披露或有债务应当是标的公司的基本义务，也是商业活动和诚信交易的基础和基本原则，但披露程度、方式的不同或许会对交易造成实质性的影响。

二、股权并购与防御

股权并购作为并购业务的重要方式之一，其本质与资产并购一样，也是一种产权的让渡交易行为。通常情况下，股权并购是针对目标公司整体性的兼并收购，即由收购方支付一定的对价以获得目标公司控制权，进而获得相应权益的交易行为，它不仅涉及公司股权的转让或增资或改制等安排，还涉及对目标公司的资产、债务、人员，甚至是公司产业链的调整等因素。相对资产并购、股权转让等交易而言，股权并购所涉及的面更为广泛，同时，这也意味着其中的法律关系也更为复杂、法律风险更高。

（一）股权并购模式

传统理论认为有限责任公司属于典型的封闭性的人合公司，而股份有限公司则属于资合公司。但也应注意到，非上市的股份公司尽管以资合为其特征，但也并不完全排除人合因素。基于此，对于非上市有限公司和股份公司的股权并购仍然需要经由交易双方协商确定，而不太会出现敌意收购，或者所谓的“野蛮人”入侵的情形。这一点也与上市公司的股权并购存在较大的差异。

相比较而言，上市公司的兼并和收购相对开放，除涉及证监会的监管外（如通过市场举牌、重大资产重组、并购、借壳上市等），一般都在二级市场公开进行或至少会依法予以披露。而对于非上市公司的并购，其交易仍然是相对封闭的，除非是一些在产权交易所挂牌的项目。

股权并购模式事实上没有统一的划分标准，不同的角度对股权并购可以有不同的理解和操作方式。股权并购中最基本的形式就是由投资人以现金方式直接收购标的公司的股权、合资入股新设公司。但具体到现实中来看，股权投资并购的实务交易模式则是丰富多样的，比如资产置换、股权置换、股权和债权的组合、股权和资产的组合、协议控制、企业托管、承债式并购等，以及通过对标的公司、资产的剥离、拆分等综合方式直接或间接地实现并购的目的。此外还有一些较为特殊的并购手段。

（1）杠杆收购（LBO，Leveraged Buyout）又称举债收购或融资收购，即通过债务融资加大公司财务杠杆力度来筹集收购资金，获得目标企业的控制权。杠杆收购的最主要特点是收购方用目标公司的现金流量偿还债务，或者以目标公司资产及未来收益作抵押进行融资，或者通过其他方式大规模融资借款对目标公司进行收购。一般借入资金可占收购资金总额的80%~90%，其余部分为自有资金。通过杠杆收购方式重新组建后的公司总负债率可以高达90%以上。从法律角度来看，杠杆收购中的大部分资金来源于借贷资金。而其本身则可以是采用股权或资产收购的方式获得目标公司的控制权，然后在收购完成后，投资人再通过重组、拆分出售或者上市等方式退出而获利。

（2）另外一个较为特殊的是管理层收购（MBO，Management Buy-Out）。它是目标公司的管理层利用所融资本购买公司股权，以实现对公司所有权、控制权和资产结构的改变，发挥管理层对公司的主导作用，进而获得产权预期收益。国内早期出现的管理层收购是用于国有企业、集体企业的改制中，以解决公司所有者和经营者分离的情况，尤其集中在1999—2003年。2006年，国资委又在《关于进一步防范国有企业改制工作的实施意见》中提出要对管理层通过增资扩股以各种方式直接或间接持有本企业股权的行为进行严格控制。目前，管理层收购还需要受制于国有资产法等的规定，且规模和范围也较为有限。

一般来讲，在股权投资并购项目中，投资人成为新股东自然需要承担目标公司的全部债务，除非另有特殊约定或者涉及或有债务的特别处理。实务中也不排除标的公司引入投资人的重要目的之一就是解决财务危机，承受和处理标的公司的债务。但无论如何，股权投资并购的融资端和投资端都可能会涉及不同的股权、债权、资产等处理，涉及的法律关系、合规性问题也较为复杂，因而在其交易结构的构思、设计方面需要同时关注商业性和合法性、可操行性的要求。

（二）反并购措施

有并购就有相应的反并购措施。针对上市公司的并购，经过实践，已经发明和演变出诸如白衣骑士、毒丸计划、焦土战术、出售皇冠明珠、金色降落伞等多种反并购措施。

（1）焦土战术，通常是以自残作为代价以驱退敌意收购的方式，包括大量举债买入无价值或对公司经营无关的资产，大大提高公司的负债，或者进行长期的低收益的对外投资等举措，迫使收购者因考虑收购后严重的负债问题而放弃收购。但通常认为该方式对目标公司本身的发展并无益处，反而可能拖垮公司。

（2）毒丸计划，最初的方式即目标公司向普通股股东发行优先股，一旦公司被收购，股东持有的优先股就可以转换为一定数额的收购方股票，从而防止公司控制权转移，保护公司和股东利益。毒丸计划的本质是稀释恶意收购者的股权，增加其收购成本。毒丸计划又可分为“优先股计划”“内翻毒丸”“外翻毒丸”“后期权利计划”等不同的类型和表现形式。

（3）金色降落伞，它规定在目标公司被收购的情况下，高层管理人员无论是主动还是被迫离开公司，都可以领到一笔巨额的安置费。这实际上是一种目标公司与管理层之间的补偿协议，但金色降落伞策略中支付给管理层的巨额补偿也有可能诱导管理层低价将企业出售。此外，还有针对雇员的“银色降落伞”“锡色降落伞”等。

（4）出售皇冠明珠，如前文所述，股权收购和资产收购有时候殊途同归，都是为了目标公司的特定资产、业务等，这些可称为“皇冠明珠”，但如果为了反收购，目标公司可能采用出售皇冠明珠的方式，使得收购方无法实现并购的目的从而放弃收购行动。由于目标公司出售了其核心资产、业务，长远来看，也可能是弊大于利。

（5）白衣骑士，即目标公司在遭到敌意收购袭击的时候，主动寻找与其友好的第三方来与恶意收购者竞争，造成第三方与袭击者竞价收购目标公司股份的局面，同时，通过锁定选择权条款等，给予白衣骑士购买本企业的优惠和特权。相比前几种反收购措施，白衣骑士战术更有赖于第三方的介入。

此外，还有诸如“帕克曼防御”“驱鲨剂条款”“交叉持股/环形持股”等反收购措施，上述反并购措施源自美国等，其形成和发展有着特定的法律环境和背景。而且各自措施本身的设计、实施和后果也各不相同，有时候尽管采取了上述反并购措施，但对企业本身而言，也可能是“杀敌一千，自伤八百”的结局，或者最终仍不可避免被收购。更何况在国内，由于公司法以及相关监管等制度不同，上述反收购措施并不完全适用国内的收购和反收购。

与上市公司的反收购不同，国内非上市公司的收购仍然属于交易双方合意的行为，对于收购和反收购的各方而言，需要就股权并购达成一致的意见，从这个角度来看，仍然属于善意收购的范畴，相对较为温和，其更多的分歧可能会集中在公司和股权的估值定价、董事会和管理层人员分配安排等事务上。

（三）股权并购的规制

尽管股权并购属于自愿的商业行为，尊重意思自治的基本原则。但是，在公司法下理解不同的股权投资并购模式，仍然应当需要遵守有关资本维持、其他股东的优先认购权、公司内部的决策机制、公司担保制度等相关规定，甚至这些都是不能忽略的交易前提条件。

并且，基于不同的收购主体和被收购主体，还要注意相关法律法规的特别规定，如上市公司并购、资产重组等相关规定。在资金端也需要关注各类合规性和监管要求，如《贷款通则》规定，不得向包括本企业在内的国有及国有控股企业借款，不得以这些企业的国有产权或实物资产作标的物为融资提供保证、抵押、质押、贴现等。

在股权收购交易中，对于防范内幕交易、侵害小股东利益、侵犯其他股东的优先购买权、公司两会（股东会和董事会）表决权的行使等都是实践中关注的重点内容，也是非常容易引发争议的法律问题。对于实践操作中的股权并购，通过适时修改公司章程也是防范潜在收购者的有效措施，如董事会轮选制、董事长轮值制、超级多数条款、公平价格条款等。

不能忽略的一点是，随着公司法、证券法的修改，行政监管趋势的变化，以及同股不同权、优先股等方面的法律改革和司法实践的推动，未来对于股权并购和反制的相关制度将会越来越完善，可以有效地在促进商业交易和保障各方合法权益方面取得更好的平衡。

三、融资方的股权交易

从作为融资方的目标公司的角度来看，其融资方式主要有股权融资和债权融资两类。显而易见，在股权融资中，公司及其股东以股权为标的和交易对象进行的融资。而债权融资，则是由公司或其股东直接以借贷方式进行的融资，在期限届满后还本付息，如银行贷款、发行债券和民间借款等。两者都是公司融资的常见方式，但两者的法律属性不同，各有利弊。

在股权融资中，不论是产业投资还是财务投资，不同的交易主体和融资方式对交易结构、投资回报会有不同的要求，由此导致融资成本各不相同。而融资成本的高低反过来又会影响目标公司和股东的融资意愿。

（一）股权融资

股权融资是公司及其股东通过直接向投资者出让股权来募集资金的融资方式。股权融资和股权投资可以是相对应的概念，统称股权投融资，前者是目标公司和股东转让其股权、出资从而获得资金融通，即为股权融资，后者是投资人投入资金，以获得股权，并基于股权产生相应的财产和身份等权益，即为股权投资。不过，对融资方而言，有时候股权融资并不仅限于资金，资源、管理等方面的经验，同样也是融资方可以考虑的对价。

相比较其他融资方式而言，典型的股权融资具有以下四个方面的特点：

（1）股权融资完成后，目标公司及股东让渡一部分股权，而提供资金一方则成为目标公司的新股东，而非债权人；

（2）股权融资筹集的资金通常作为公司资本金，无须还本付息，引入资金对应的回报率和是否能够获得回报，则取决于其所占股比、公司的经营是否盈利等因素；

（3）股权融资中的投资人如想收回投资，除非公司解散清算，否则只能通过转让股权的方式，而不得撤回出资；

（4）股权融资完成后，目标公司的章程、治理结构，包括股东会和董事会等安排通常会发生不同程度的变化。

实务中，股权融资通常与债权融资和项目融资进行比较。项目融资是特指仅依据项目现金流作为偿还来源的无追索权或者有限追索权的融资方式。三者的区别如表 5.3 所示：

表 5.3　股权融资、债权融资和项目融资的区别

比较项	股权融资	债权融资	项目融资
资金风险	收益依公司经营而定	按期还本付息	资金风险随项目收益
资金性质	引入资金计入所有者权益	借贷资金计入公司债务	资金一般进行表外处理，可以是股权，也可以是债权

续表

比较项	股权融资	债权融资	项目融资
主体身份	投资人作为股东	投资人作为债权人	投资人可以是股东或债权人
对资本金影响	增加公司资本金	一是公司资本金不变，二是增加对外债务	只影响特殊目的载体的资本金
交易属性	权益类融资	债权类融资	非公司负债融资
资金使用期限	除非转让股权，通常与公司经营期限一致	相对固定的期限，长短不一	通常时间伴随整个项目建设和运营期
风险分担	投资人承担风险	目标公司承担风险	由项目承担风险隔离和分散

在通常的股权融资中，目标公司及其股东和投资人之间围绕股权进行交易，不过在现实交易中，通常也不排除采用股和债相结合的融资方式。相反，在一些大型的股权交易中，如基础设施项目和产业投资并购中，可能还会同时利用股权、债权以及项目融资等方式，综合进行资金的融通。

对作为融资方的标的公司而言，股权融资是否到位受多方面因素的制约和影响，宏观方面如所处产业和行业、整体的市场环境等，微观方面如前期的商业计划书、商业模式、融资方案等内容。同时，需要考虑到的一点是，目标公司进行股权融资时，有时候非资金的资源，比如引入先进和合适的管理经验、商业模式调整的建设性意见、产业链的整合等可能同样重要。

（二）股权融资方式

作为融资方，目标公司及股东的最大资本就是股权。以股权换取资金和资源是股权融资的基本方式。实务中，股权融资的方式多种多样，上市公司可以借助资本市场进行融资，而对于非上市公司，诸如股权转让、增资扩股、股权质押、换股、买壳上市等也都是常用的融资方式。不论何种方式，其核心要素仍然是围绕着股权的安排和处置。

1. 股权转让和出资

如前文所述，股权投融资实务中，股权转让和增资扩股是最为常见的方式。而公司利用自身积累的公积金和利润与接受外部投资人的资金等进行增资扩股在法律上和商务上都会有较大的区别。严格来讲，后者更符合股权融资的本质。

站在交易双方各自的立场，通过股权转让，目标公司和股东出让股权获得资金，而投资人受让股权并支付对价而成为股东。原股东或者退出目标公司，或者在减少股权比例的情况下仍然保留股东身份。但由于股权转让本身并不增加公司的注册资本金，因此作为股权融资的方式，通常会是控股股东、大股东、公司创始人、实际控制人等出让其持有的股权，并以出让股权获得的资金再以公司借款或者其他方式进入公司，从而实现公司融资的目的。在未全部实缴公司资本金的情况下，股东转让其持有股权也意味着同时转让了后续出资的义务，而受让股权一方也就承担继续缴纳出资的义务。

一般来讲，公司本身并不是股权转让的交易对象，但根据公司法的规定，公司在减资、合并、股东退股、员工持股计划等特定情况下可以回购股权。因此，公司通过回购或者其他操作方式预留股权，其自身就会持有一定比例的股权，此时，或许可以考虑以此类股权与投资人进行转让交易。

同时，由于公司法也已经将实缴资本制改为认缴资本制，这种变化一方面释放了股东和投资人的资金压力，另一方面也为股权投融资提供了更多的空间。尤其是增资扩股的情况下，如果并非单纯的需要引入大量的资金，或者暂时没有对资金有急迫的需求，用于股权融资的金额可以根据实际需求、按照不同额度分批分次投入公司中，以更针对性地解决公司的资金需求。

2. 股权质押融资

股权质押融资，简单来说就是股权持有人将其股权进行出质，以换取和融通外部资金的方式。理论上来看，股权融资既可以是一种单独的融资方式，也可以是作为股权融资的担保措施。实务中，股权质押通常作为公司或股东对外融资时的担保工作，借此作为外部资金向公司提供信贷，进行资金融通的担保措施。

现实生活中，股权质押融资的方式也具有多样性的特点，具体包括股权质押登记，或者通过股权让与担保，或者诸如上市公司的融资融券等方式。与股权转让和增资扩股不同，在股权质押融资中，股权的所有权并没有发生转移，只是在股权上设置了自由处分的限制性条件，而采用股权质押融资的也往往是公司的大股东、实际控制人等。

对于股权质押融资，交易双方还都应当注意以下一些特殊的问题：

（1）公司不得接受本公司的股票作为质押权的标的。该条规定源自公司法对股份有限公司的规范。同样，笔者理解有限责任公司也应受此约束。

（2）作为债权的担保，当股权质押的出质人无力清偿债务时，既可以通过与出质人协议以股权折价，也可以依法拍卖、变卖股权的方式实现债权，而不得直接约定未清偿债务时由质权人直接获得相应的股权，即避免“流质”。

（3）股权出质后，除经过质权人同意外，不得进行股权的转让，否则转让股权的一方应当向质权人承担赔偿责任。但股权的转让本身则需参照物权的“善意取得”制度来认定其行为效力和后果。经同意转让股权的所得价款应当向质权人提前清偿或提存。

此外，股权质押融资与股权转让、增资扩股方式不同，其用于质押的股权的价值往往对应于债权金额，而与股权本身的价值并无直接的关系，并且通常是需要折价以担保对外融资，而在股权转让和增资扩股中，融资金额对应的是股权价值，股权溢价是常态，这也从侧面反映了股权融资和债权融资的差异。

（三）股权融资和私募投资

股权融资的资金来源和主体各不相同，尤其是在创新企业、科技企业中，接受天使投资、风险投资、私募投资等是较为常见的股权融资来源。而在非创业企业中，股权融资的资金则可能来源于产业投资基金、企业投资、国企混改、外商合资等。

私募投资和公募投资都是股权融资的重要成分，相比较而言，私募股权融资作为舶来品尤其在非上市公司的权益类融资中占据重要席位。由于风险投资和私募投资所投的行业通常具有高风险、高成长性、高收益的特点，其交易习惯和交易特点又与国内现行法律和制度存在较大差异，同时大多数私募投资与公司上市密切相关，因此，每一次的交易都会成为市场的关注焦点。

1. 私募股权基金

广义上来讲，私募投资的方式有很多，包括私人投资和机构化的投资。前者如创业企业中，天使投资人以个人名义进行的天使投资、风险投资等，后者常见的就是私募投资基金。两者都专注于非上市企业的股权投资，并通过目标公司上市、并购等方式退出以获得投资回报。

私募股权基金以权益类投资为主，一般会采用普通股或者可转让优先股、可转债等不同的形式对目标公司进行股权投资。同时，接受私募融资也经常意味着融资方需要放弃一定的管理权以及在董事会等机构的人员安排，并在某些重大事项上给予资金方表决权和否决权。

（1）私募股权基金性质

实务中，针对不同的投融资对象，私募投资基金可以细分为私募股权投资基金、私募证券基金、资产配置类私募投资基金。私募证券基金主要投资于公开交易的股份有限公司股票、债券、期货、期权、基金份额以及中国证监会规定的其他资产；私募股权投资基金主要投向未上市企业股权、上市公司非公开发行或交易的股票以及中国证监会规定的其他资产；资产配置类私募投资基金，主要采用基金中基金的投资方式，主要对私募证券投资基金和私募股权投资基金进行跨类投资。

根据不同投资领域和行业，又可以分为房地产私募股权投资基金、文化艺术品私募股权投资基金、科技医疗私募股权基金等不同的类型。

私募股权基金作为一类重要的投资主体，也是股权融资的重要来源。从其性质上看，私募股权基金属于法律上的一类特殊主体，以资合为典型特征。根据民法典（总则）的规定，民事主体分为自然人、法人和非法人组织，而法人又可分为营利法人、非营利法人和特别法人。学理上，法人可分为社团法人和财团法人。结合私募股权基金的特征，其有别于传统的民事主体分类，也较难归入某一类特定的法人或非法人组织的范畴。

但是客观来讲，不论是何种私募股权基金，其本质上都是一种基于资金集合而成立的特殊目的主体，至于其是否属于法人或非法人，则需要结合其不同的组织形式来确定。

从监管角度来看，根据《私募投资基金监督管理暂行办法》《私募投资基金募集行为管理办法》《关于加强私募投资基金监管的若干规定》的相关规定，不仅私募基金本身的设立需要办理登记备案手续，而且各类私募基金募集完毕后，私募基金管理人还应当办理基金备案手续。并且，私募基金的名称、经营范围、注册地址等也有诸多的规范要求。

（2）私募股权基金形式

按照现行法律的相关规定，就实践中私募股权基金的具体组织形式来看，主要可分为三种较为典型的类型：

①公司型基金，通常是成立有限责任公司，投资人作为股东直接参与投资，以其出资额为限，对公司债务承担有限责任。公司型基金具备独立法律人格，其成立、治理结构和运作等应当遵守公司法的相应规定。基金管理人既可以是股东，也可以是外部聘请的机构，实践中通常是股东大会选出董事、监事，再由董事、监事投票委托专门的投资管理公司作为基金管理人。管理人收取资金管理费与效益激励费。

②合伙型基金，是指基金的投资人作为有限合伙人参与投资，以其认缴的出资额为限对基金组织的债务承担责任。实务中，合伙型基金通常采用有限合伙的形式，由有限合伙人（LP）和普通合伙人（GP）共同组成，其中后者通常是由基金管理公司担任，并实际管理基金。在合伙型基金中，有限合伙的LP为主要的基金份额持有人，其出资额一般占全部出资的80%以上，LP以其认缴的出资额为限对基金债务承担有限责任；GP由基金管理人担任，其出资一般不少于1%，并对外代表基金开展经营活动，对债务承担无限连带责任。

③契约型基金。投资人基于对基金管理人的专业能力的信任，通过投资人、基金管理人之间的基金合同将资金交由其管理和投资，并将资金托管给基金托管人。通常认为，契约型基金的主要法律关系是信托关系。契约型基金的设立法律性文件是信托契约，而没有基金章程，即基金管理人、托管人、投资人三方当事人的行为通过信托契约来规范。具体操作上，基金管理人作为委托人可以代为持有被投资企业的股权，也可以以自己的名义申请过桥贷款或者为被投资企业进行担保并承担相应的债务。

上述三种基金组织形式中，除了各自设立的依据和法律关系不同外，在具体的操作和税务处理上也有较大的区别。合伙型基金和契约型基金采用“先分后税”的方式，只需要缴纳一次所得税，具有明显的税收优势。而公司型基金采用“先税后分，双重收税”方式，其税负较重。尽管如此，鉴于公司的有限责任的特点，实践中采用公司型组织形式的基金仍然占据多数。

除上述基本的基金形式外，实务中还有公司+有限合伙、公司+信托、母基金（FOF）、双 GP 合伙等形式，以适合不同的投资人的需要和进行不同的投资组合策略。

当然，基金的组织形式通常是投资人的投资策略衡量，而对于融资方来说，基金形式通常也不会是根本性的考虑和影响因素。

（3）私募股权基金募资

私募投资基金主要是以非公开方式向特定对象筹集资金用于对非上市企业进行股权投资，因而在资金募集方面的监管，较一般的股权融资更为严格。因此，根据《私募投资基金监督管理暂行办法》《私募投资基金备案须知（2019版）》的相关规定，对于私募股权基金本身的资金筹集，还应当遵守以下特定的监管要求：

①私募基金管理人和销售机构不得向合格投资者之外的单位和个人募集资金，不得通过报刊、电台、电视、互联网等公众传播媒体或者讲座、报告会、分析会和布告、传单、手机短信、微信、博客和电子邮件等方式，向不特定对象宣传推介。

②私募基金管理人和销售机构不得向投资者承诺投资本金不受损失或者承诺最低收益；不得以任何方式承诺投资者资金不受损失，或者以任何方式承诺投资者最低收益，包括宣传“预期收益”“预计收益”“预测投资业绩”等相关内容。

③除私募基金管理人委托募集的基金销售机构可以使用推介材料向特定对象宣传推介外，其他任何机构或个人不得使用、更改、变相使用私募基金推介材料。

④以合伙企业等非法人形式投资私募投资基金的，募集机构应当穿透核查最终投资者是否为合格投资者，并合并计算投资者人数。投资者为依法备案的资产管理产品的，不再穿透核查最终投资者是否为合格投资者和合并计算投资者人数。

⑤管理人不得违反中国证监会等金融监管部门和协会的相关规定，通过为单一融资项目设立多只私募投资基金的方式，变相突破投资者人数限制或者其

他监管要求。

⑥投资者应当确保投资资金来源合法，不得汇集他人资金购买私募投资基金。募集机构应当核实投资者对基金的出资金额与其出资能力相匹配，且为投资者自己购买的私募投资基金，不存在代持。

此外，根据规定，私募投资基金通过公司、合伙企业等特殊目的载体间接投资底层资产的，应当由依法设立并取得基金托管资格的托管人托管；托管人应当持续监督私募投资基金与特殊目的载体的资金流，事前掌握资金划转路径，事后获取并保管资金划转及投资凭证；管理人应当及时将投资凭证交付托管人。

尤其值得注意的是，根据2021年1月8日中国证监会发布的《关于加强私募投资基金监管的若干规定》，私募基金管理人在初次开展资金募集、基金管理等私募基金业务活动前，就应当按照规定在基金业协会完成登记。未经登记，则任何单位或者个人不得使用“基金”“基金管理”字样或者近似名称进行资金募集、基金管理等私募基金业务活动。

（4）私募股权基金投资

每一个基金管理人、每一只私募股权基金都有其独特的投资理念、投资风格、行业和领域偏好，其内部管理和决策机制也各不相同。实务中的私募投资一般由其内设的投资决策委员会决定，并由其风控部门进行监督。针对不同的投资方向和领域，私募股权基金的投资期限也存在较大的差异。

而且，作为由证券投资基金业协会监管的投资主体，根据《私募投资基金备案须知（2019版）》的监管新规，私募股权基金的投资行为应当符合以下规定：

①封闭运作，备案完成后不得开放认/申购（认缴）和赎回（退出），但基金封闭运作期间的分红、退出投资项目减资、对违约投资者除名或替换以及基金份额转让除外。

②管理人及其实际控制人、股东、关联方以及募集机构不得向投资者承诺最低收益、承诺本金不受损失，或限定损失金额和比例。

③投资者获得的收益应当与投资标的实际收益相匹配，管理人不得按照类似存款计息的方法计提并支付投资者收益。

④管理人应当做到每只私募投资基金的资金单独管理、单独建账、单独核算，不得开展或者参与任何形式的“资金池”业务，不得存在短募长投、期限错配、分离定价、滚动发行、集合运作等违规操作。

但从本质上来讲，因为私募股权基金属于权益类投资，因此，其原则上不得从事借贷等业务。下列不符合“基金”本质的募集、投资活动不属于私募投资基金的备案范围：

①变相从事金融机构信（存）贷业务的，或直接投向金融机构信贷资产；

②从事经常性、经营性民间借贷活动，包括但不限于通过委托贷款、信托贷款等方式从事上述活动；

③私募投资基金通过设置无条件刚性回购安排变相从事借（存）贷活动，基金收益不与投资标的的经营业绩或收益挂钩；

④投向保理资产、融资租赁资产、典当资产等与私募投资基金相冲突业务的资产、股权或其收（受）益权；

⑤通过投资合伙企业、公司、资产管理产品（含私募投资基金，下同）等方式间接或变相地从事上述活动。

而《关于加强私募投资基金监管的若干规定》进一步加强了对私募投资基金的监管。它在重申私募投资基金不得直接或者间接从事民间借贷、担保、保理、典当、融资租赁等业务的同时，也对借贷行为做了一定的变通，即允许私募基金以股权投资为目的，按照合同约定为被投企业提供 1 年以下借款、担保①，同时也规定了借款或者担保到期日不得晚于股权投资退出日，且借款或者担保总额不得超过该私募基金实缴金额的 20%，多次借款、担保的金额应当合并计算。②

2. 私募融资的风险

对于私募融资而言，实务中需要注意避免“伪私募”的情形，比如公开募集、保本保息、名基实贷、未进行协会备案等。目标公司及其股东若接受此类资金时，也会面临着诸多不确定因素和法律风险，极易引发争议和纠纷。

---

① 参见《关于加强私募投资基金监管的若干规定》第 8 条。

② 参见《关于加强私募投资基金监管的若干规定》第 8 条。

而且，不论是投资人还是融资方，都需要特别注意避免非法集资的法律风险。非法集资不单单是违反金融监管的行为，而且极容易引发刑事责任风险。《最高人民法院关于审理非法集资刑事案件具体应用法律若干问题的解释》中规定了属于非法集资的行为，具体包括：

（1）未经有关部门依法批准或者借用合法经营的形式吸收资金；

（2）通过媒体、推介会、传单、手机短信等途径向社会公开宣传；

（3）承诺在一定期限内以货币、实物、股权等方式还本付息或者给付回报；

（4）向社会公众即社会不特定对象吸收资金；

（5）不具有发行股票、债券的真实内容，以虚假转让股权、发售虚构债券等方式非法吸收资金的；

（6）以投资入股的方式非法吸收资金的。

结合《关于加强私募投资基金监管的若干规定》的新规定，对于私募融资的用途方面，需要注意其特殊的限制交易的行为，包括不得从事承担无限责任的投资①、不得使用私募基金财产直接或者间接投资于私募基金管理人、控股股东、实际控制人及其实际控制的企业或项目等套取私募基金财产的交易②；不得直接或者间接投资于国家禁止或者限制投资的项目，以及不符合国家产业政策、环境保护政策、土地管理政策的项目③。

可见，严格来讲，私募融资的风险来自两个方面，一个是股权投融资交易本身固有的风险，另一个则是私募融资所涉及的机构运营、资金筹集、使用等方面的监管所带来的风险。因此，提前了解上述有关私募融资和投资的限制性和禁止性规定，不仅对于作为投资人的私募股权基金至关重要，对于拟进行股权融资的目标公司和股东而言，也有助于其防范相应的融资风险，减少和避免融资纠纷。

3. 融资轮次与股权

不同的目标公司的不同需求决定了其愿意接受的股权融资方式和额度的差

---

① 参见《关于加强私募投资基金监管的若干规定》第 8 条。

② 参见《关于加强私募投资基金监管的若干规定》第 9 条。

③ 参见《关于加强私募投资基金监管的若干规定》第 10 条。

异。股权融资的基础在于以股权换资金、资源，为了换取更多的资金和资源，就需要出让更多的股权、公司管理权等。因此，有时候也并非融得的钱越多越好，毕竟融资越多，对价就越多。

一般来说，根据不同的阶段，融资轮次通常可以划分为种子轮、天使轮、pre-A 轮、A 轮、A+轮、B 轮、C 轮、BAT 轮、Pre-IPO、IPO 等，IPO 之后则是二级市场的交易。对于从事股权投融资实务的交易双方而言，每一轮的融资额和对应的股权估值都是双方资源的交换，大型的交易项目同时也往往容易引起市场的关注和起到价值导向的功效，特别是一些“独角兽”企业。在私募股权投资实务中，其中一个较为重要的估值方法就是市场法（参考最近融资价格），因此过往交易项目的估值和融资额还会对其他公司和项目的融资产生影响。

与产业投资不同，风险投资和私募投资中比较关注融资的轮次和股比分配，以及相应的反稀释、拖售权等行权安排。在计算融资额和股比分配时，首先需要区分投资前的估值和投资后的估值差异。一般认为投后估值=投前估值+投资金额。其次需要处理估值、融资额和股比分配的关系，三者通常成反比。

例如，一个投后估值为 1 亿元的公司，若拟出让 15%的股权，可获得（10000×15%=）1500 万元资金；如果是投前估值 1 亿元，同样拟出让 15%的股权，则可以获得 1764.7 万元资金，其计算公式为股比 15%=融资额÷（融资额+投前估值）×100%。

投后估值中包括了本次投资的金额。从投资人角度看，同样的投资金额、同样的估值，采用投后估值计算可以获得较多的股权比例，而原股东的股权将被不同程度地稀释；从融资方的角度看，则与之相反。在多轮次的融资中，每一次的融资若采用不同的投前或投后估值，则股比分配会产生巨大的累积效应。

此外，正如前文所述，有时候融资金额并非全部计为股权价，有一部分会作为公积金留存，而且多数企业还会考虑预留员工激励期权（ESOP），因此，股权融资额和股比分配需要融资方综合考虑和权衡。尽管融资后股权分配属于交易各方的商业安排，但从法律上来讲，5%还是 15%的股权比例则会对公司的表决权、人事安排等产生不同的影响。

（四）融资成本和投资回报

正如前文所述，标的公司持续盈利和获得稳健的投资回报是投资人愿意进行投资的原因之一。投资人的投资回报和标的公司的融资成本又密切相关，基于“对赌”、债权融资等诸多因素的安排和考虑，投资回报要求也直接关系和影响到标的公司的融资意愿。

实务中，投资人以固定回报、固定收益等方式作为投资的条件，或者在业绩未达标时要求标的公司、原股东按照固定的投资回报率回购股权等情形，都在不同程度上影响标的公司的融资成本。

值得注意的是，投资回报率和借贷利率对投融资双方交易成本和投资回报的影响。实务中常见的投资回报率可能会按照固定的收益率或者如 IRR（内部收益率）等计算，一般理解 IRR 是资金流入现值总额与资金流出现值总额相等、净现值等于零时的折现率。根据所投资的产业、行业、企业等不同和风险控制角度，IRR 的比例高低在 8%～22%不等。但事实上，有很多投资项目的所谓 IRR 的数值也可能是直接根据民间借贷利率来确定的，而司法机关在认定此类纠纷时也通常会参考同期的借贷利率。

正如前文所述，股权投资与债权融资的核心差别之一在于股权投资人作为股东应当与公司经营共担风险，共负盈亏；而债权投资人作为债权人则可以不考虑公司经营本身的盈亏结果，以求旱涝保收。对此，最高人民法院也认为法人作为联营一方向联营体投资，但不参加共同经营，也不承担联营的风险责任，不论盈亏均按期收回本息，或者按期收取固定利润的，属于名为联营，实为借贷。若是构成明（名）股实债，根据最高人民法院的司法解释，企业间借贷原则上无效，只有为生产、经营需要订立的借贷合同，且在不违反法律规定的情况下，法院才予以认可。而且，借贷利息的处理也应当遵守相应的规则。

对于一些纯债务投融资的项目，鉴于目前法律已经允许企业之间为生产、经营需要订立民间借贷合同，各方当事人可以约定固定的债务投资回报，但是也应当注意其利息额度的限制性规定。最高人民法院曾在《关于审理民间借贷案件适用法律若干问题的规定》中明确民间借贷利息不得超过年利率 24%的限额，超过 24%～36%的部分属于自然债务，不具有强制性的法律效力。

而与债权不同，“风险共担”是股权投资的核心要素之一，投资人在标的公司中能否获得收益取决于多方面的因素，因此，对于投资人所追求的固定回报应当注意加以区分。实务中，在一些股权投资类的交易文件中也会约定投资人5%到24%不等的固定收益。例如，在某投资公司与某机械公司、潘某等请求公司收购股份纠纷案[①]中，法院就认为双方约定虽为相对固定的收益，但约定的年回报率为8%，与同期企业融资成本相比并不明显过高，不存在脱离目标公司正常经营下所应负担的经营成本及所能获得的经营业绩的企业正常经营规律，应属有效。

而随着银行贷款市场报价利率（LPR）的推广，2020 年 7 月 22 日最高人民法院联合国家发改委共同发布了《关于为新时代加快完善社会主义市场经济体制提供司法服务和保障的意见》，以及最高人民法院随后发布的《关于修改〈关于审理民间借贷案件适用法律若干问题的规定〉的决定》，规定在 2020 年 8 月 20 日之后：

（1）借贷双方约定的利率不能超过合同成立时一年期 LPR 四倍；

（2）既未约定借期内利率，也未约定逾期利率，法院不支持；仅约定借期内利率但是未约定逾期利率的，自逾期还款之日起按照借期内利率支付资金占用期间利息；

（3）本息之和不能超过以最初借款本金与以最初借款本金为基数、以合同成立时一年期 LPR 四倍计算的整个借款期间的利息之和；

（4）逾期利息、违约金或者其他费用总计不能超过合同成立时一年期 LPR 四倍。

基于上述新的民间借贷利率规则的调整，对于股权类投资所追求的固定回报也有必要考虑一并相应调整并注意其新的法律风险。在投资交易文件中，若需要设定相应的固定收益或固定投资率，一方面需要考虑其是否会被认定为债权而非股权的风险，另一方面还需要考虑上述民间借贷利率新规定，超过前述利率上限，则可能存在被认定无效的法律风险。并且，由于 LPR 可能每个月都

① 《某投资公司与某机械公司、潘某等请求公司收购股份纠纷再审民事判决书》，载中国裁判文书网，https：//wenshu. court. gov. cn/website/wenshu/181107ANFZ0BXSK4/index. html? docId = 0b0504134e334d05b7b0aa5c00c1efc8，2022 年 7 月 14 日访问。

会有变动，由此导致投资回报也处于不停变化的状态，事实上增加了测算投资回报率的难度和不确定性。因此，对于真正的股权投资而言，设定更为准确和合理的投资回报率及其计算方式也显得尤为重要。

四、股权投资的融资来源

正如前文所述，股权融资、债权融资是公司融资的常见方式。而对于投资人来说，其可用于股权投资的资金来源也是需要关注的议题。传统上，银行金融在股权投融资中占据重要的地位，大型投资并购项目都离不开银行信贷等资金的支持。而伴随着产业多元化、投资多元化、主体多元化的发展，资金多元化也成为股权投融资领域的重要现象和发展趋势。在非银行融资中，一方面，信托、保险、基金、国企资金、政府资金等不同的融资来源为缓解现实的股权投融资难度提供了便利；另一方面，从金融监管角度来看，不同的融资来源则仍然需要关注多方面监管的规范要求。

（一）多渠道的融资来源

股权投融资交易属于资金密集型行业，不论是产业投资还是财务投资，其对于资金的需求量和周期通常会超过一般的商业交易，尤其是在大型的投资并购、基础设施建设等项目中。因此，多渠道的融资来源对于投融资项目的成功实施具有重要的影响，它可以有助于解决资金数量和成本的问题，同时也可以有效地化解和分散项目的投资风险。

实践当中，股权投融资交易中经常采用的融资方式基本上可以分为直接融资和间接融资两种形式，两者各有自身的优点：

（1）采用直接融资的方式由于没有金融机构的介入，其筹资的成本相对较低，并且资金的供需双方联系较为紧密，对于资金的额度和利率等有较大的主动权和选择权，但是融资活动受到金融监管体制的限制，并且对于因资金的不稳定性和数额不足等引起的融资风险都将由融资方独自承担。

（2）若使用间接融资，可以通过金融机构进行资金筹措，满足大型项目对巨额资金量的需求，同时还可以起到分散投资、减少风险的作用。并且，间接融资具有流动性相对高而风险相对小的特点，可以满足谨慎投资者的需要。但在间接融资中，金融机构占据融资活动的中心，对融资的影响力较大。

从股权投融资的发展历史来看，传统上的股权投资并购的资金来源主要集中在投资人的自有资金和金融贷款方面。不管是自有资金还是金融贷款，资金信息通常体现在资产负债表中，因此也被称为表内融资，实际上也是债权性融资的方式。这些融资方式对于企业自身的经济、信用等都有较高的要求，但由于其交易结构相对简单、所需交易成本相对较低，故而使用的频率也相对较高。

除传统的自有资金和银行信贷资金外，在非银行的融资方式中，包括信托、保险、基金等，由于其资金使用相对更为灵活，已经体现出越来越大的竞争力，同时也占有越来越大的市场份额，尤其是股权投资基金在创业投资、风险投资等领域的使用。不论是采用直接或间接融资方式，还是银行融资或非银融资，不同的资金来源都会对股权投融资产生不同的影响，合理地运用不同的融资来源，也是实现降低融资成本、灵活使用资金需求的有效渠道。

（二）并购贷款

并购贷款则是由商业银行向并购方或其子公司发放的，用于支付受让现有股权、认购新增股权，或收购资产等并购交易价款和费用的贷款。普通贷款在债务偿还上具有优先顺序，而并购贷款则被视为一种特殊形式的项目贷款，用于股权并购的贷款，通常以股权分红来清偿债务。但并购贷款在本质上应属于典型的债权类的信贷融资方式。

1. 银团贷款融资

在大型股权交易项目中，由于对巨额资金的需求以及风险分散的目的，银团贷款也是常用的传统融资方式。银团贷款融资通常由两家或两家以上的银行基于相同的贷款条件，依据同一贷款合同，按约定时间和贷款比例，通过代理行向借款人提供本外币贷款或授信业务。

与一般的金融贷款不同，银团贷款融资通常主要涉及四个主体，即借款人、牵头行、代理行和参与行。牵头行、代理行和参与行作为贷款人，按照各自的分工，履行相应职责：其中牵头行主要负责发起组织银团、分销银团贷款份额；代理行是指则在银团贷款合同签订后，按相关贷款条件确定的金额和进度归集资金向借款人提供贷款，并接受银团的委托按照银团贷款合同约定进行银团贷款事务管理和协调活动的银行；参加行是指接受牵头行邀请，参加银团并按照协商确定的承贷份额向借款人提供贷款的银行。

在银团贷款中，牵头行、代理行和参与行作为银团贷款成员按照“信息共享、独立审批、自主决策、风险自担”的原则自主确定各自授信行为，并根据《银团贷款协议》或者《银团内部协议》的约定，按照各自实际承诺的份额享有银团贷款项下相应的权利、义务，包括成员内部分工、银团贷款额度的分配、银团贷款额度的转让等，但各成员相互之间并不承担连带的贷款义务和责任。

按照相应的银团贷款规则，单家银行担任牵头行时，其承贷份额原则上不得少于银团融资总金额的20%；分销给其他银团成员的份额原则上不得低于50%。按照牵头行对贷款最终安排额所承担的责任，银团牵头行分销银团贷款可以分为全额包销、部分包销和尽最大努力推销三种类型。成员行自愿遵守银团收费报价成本收益匹配的原则，银团收费由借款人负担，其标准为：安排费原则上按不低于银团贷款总额的0.25%的比例一次性收取，承诺费原则上按不低于未用贷款余额的0.2%的比例每年收取，代理费可根据代理行的工作量按年收取，独立中介费用按有关协议的约定收取。但银团不向参加行收取任何费用。

而在银团贷款存续期间，通常由牵头行或代理行负责定期召开银团会议，共同讨论、协商银团贷款管理中的重大问题，包括修改银团贷款协议、调整贷款额度、变更担保、变动利率、通报企业并购和重大关联交易、认定借款人违约事项、贷款重组和调整代理行、终止银团贷款等。

2. 银行贷款的使用

银行贷款的使用有其特定的规则。银行贷款一般分为固定资产贷款和流动资金贷款，前者是指贷款人向企业法人发放，用于借款人固定资产投资的贷款，贷款人应与借款人约定明确、合法的贷款用途，并按照约定检查、监督贷款的使用情况，防止贷款被挪用。而后者则不得用于固定资产、股权等投资，不得用于国家禁止生产、经营的领域和用途。

另外，根据商业银行法的规定，除非国家另有规定，商业银行在中国境内不得从事信托投资和证券经营业务，不得向非自用不动产投资或者向非银行金融机构和企业投资。而对于银行理财产品，则可以投资于固定收益类金融产品、发放信托贷款、公开或非公开市场交易的资产组合、金融衍生品或结构性产品、集合资金信托计划、参与新股申购、境外金融市场。

当然，政策也是不断变化的。《贷款通则》原则上禁止金融机构为股权交易的并购活动提供资金。为了进一步引导和提高银行资金的利用率，银监会发布的《关于支持银行业金融机构加大创新力度开展科创企业投贷联动试点的指导意见》中也提出开展投贷联动试点，虽然其试点限于投资科技企业，但也为未来实现股权+债权并行的融资模式提供了政策上的指引。

（三）非银行融资

非银行金融机构的范围较为广泛。由于监管体制的变化，在大资管背景下的保险、信托、基金、期货、证券等机构和资金之间的行业界限已经日趋融合。尽管混业禁止等规定仍然存在，但无法排除和限制这些非银行资金在股权投融资项目中的交易意愿。尤其是保险资金和信托资金一直是颇为重要的融资来源，也是金融监管的重点对象，交易各方需要注意相关金融政策变化以及产生的合规问题。

1. 信托资金投资

作为一类特殊的资金，信托资金的使用具有灵活性。信托公司可以将信托计划项下资金投资于未上市企业股权、上市公司限售流通股或被批准可以投资的其他股权的信托业务。也可以债权、股权、物权及其他可行的方式运用资金。用于股权投资的信托资金来自两个方面，可以是其自身的固有资产以及信托财产，其股权投资方式又可分为直接投资或通过信托计划投资两种。

根据《中国银监会关于支持信托公司创新发展有关问题的通知》，信托公司可以将不超过其上年末净资产20%的固有资产用于股权投资。但同时也应注意，信托公司的固有资产不得投资于关联人，也不得控制、共同控制或重大影响被投资企业，不得参与被投资企业的日常经营，并且持有被投资企业股权不得超过5年。

而如前文所述，通过股权信托投资计划、债权信托投资计划、权益类信托投资计划，或者利用股权信托投资计划投资于私募基金等机构，进行间接的股权投资也是信托资金常见的投资方式。

不过应当注意到，根据《全国法院民商事审判工作会议纪要》的规定，信托公司在资金信托成立后，以募集的信托资金受让特定资产或特定资产收益权，由出让方或者其指定的第三方在一定期间后以交易本金+溢价款等固定价款回购的，属于信托资金运用的行为。信托公司作为资产管理产品的受托人与受益人订立的含有保证本息固定回报、保证本金不受损失等保底或者刚兑条款的，该条款无效。受益人有权请求受托人对其损失承担与其过错相适应的赔偿责任。实践中，保底或者刚兑条款通常不在资产管理产品合同中明确约定，而是以“抽屉协议”或者其他方式约定，不管形式如何，均存在被认定为无效风险。

2. 保险资金投资

保险资金的筹集和使用有着比一般的资金更加明确的限制性和禁止性规定，政府主管部门对此类资金的行政监管也相对严格。

保险资金如果要进行股权投资，则只能投资处于成长期或成熟期的企业股权；直接投资股权，则仅限于保险类企业、非保险类金融企业和与保险业务相关的养老、医疗、汽车服务等企业的股权。保险资金采用债权、股权或者物权方式投资的不动产，仅限于商业不动产，办公不动产，与保险业务相关的养老、医疗、汽车服务等不动产及自用性不动产。其投资的不动产，应当是产权合法清晰、管理权属相对集中、能够满足投资回报的不动产，不能投资商业住宅，不能直接参与房地产开发，不能投资设立房地产企业。保险资管产品不得直接投资于商业银行信贷资产，不得直接或者间接投资法律法规和国家政策禁止进行债权或者股权投资的行业和领域。

值得注意的是，《中共中央、国务院关于深化投融资体制改革的意见》中也提出要在风险可控的前提下，逐步放宽保险资金投资范围，创新资金运用方式。鼓励通过债权、股权、资产支持等多种方式，支持重大基础设施、重大民生工程、新型城镇化等领域的项目建设。

而2020年9月中国银保监会发布的《债权投资计划实施细则》《股权投资计划实施细则》对保险投资计划的资金使用作了进一步的规范，强调以资金安全为前提，审慎选择融资主体。并且，不论是债权投资计划还是股权投资计划，都应当符合保险资金的使用规范。在随后11月发布的《中国银保监会关于保险资金财务性股权投资有关事项的通知》中，则进一步放宽了保险资金进行财务性股权投资的政策限制。2021年12月8日《中国银保监会关于修改保险资金运用领域部分规范性文件的通知》，允许保险资金投资由非保险类金融机构实际控制的股权投资基金，支持保险机构加强与专业股权投资机构合作，简化保险公司投资保险私募基金的决策流程，取消保险资产管理公司设立和管理债权投资计划和资产支持计划的外部信用评级要求，取消保险资金开展内保外贷业务的事前评估要求，夯实机构主体责任，防范境外融资风险。

3. 并购基金

与其他银行和非银行融资方式不同，国内并购基金随着投资并购的新热潮而开始受到关注。并购基金形式上是专注于以并购为目的和操作方式的基金。并购基金本身不论是以借贷债权方式还是股权投资方式，在实践中都有不同的做法。

在债权类并购基金投资中，一般是为并购方提供资金融通和便利，获取短期的固定收益，同时也可能进行债转股操作，实现股权投资。而在纯粹的股权投资中，一般认为后一种并购基金又可分为控股型并购基金和参股型并购基金两种类型，各自侧重点略有不同。其通常采用收购目标公司股权并借以获得控制权，然后对其进行重组改造后再出让股权、出售资产等方式，以获取投资回报。

《国务院关于进一步优化企业兼并重组市场环境的意见》和《上市公司重大资产重组管理办法》都提到了鼓励设立并购基金参与兼并重组业务，并且都将并购基金与股权投资基金、创业投资基金、产业投资基金作为并列的基金类型。但就目前法律规定来看，并不专门针对并购基金本身而定。

就并购基金的资金来源来看，其具有多样性的特点，如高净值人群、风险基金、私募投资基金、战略投资者、社保、保险公司等，因此还需要根据并购基金的资金来源、资金投向等确定其应该遵守的具体监管、合规等规范化要求。

（四）其他融资方式

除银行融资和非银融资外，还有其他一些可用于股权投融资的工具和资金也是经常被使用的，包括债权性的融资，如过桥资金、杠杆融资、夹层融资等。

（1）过桥资金的使用，一般是作为短期借贷、临时拆借等用途，其性质是短期债权债务关系。其资金来源一般是非银行贷款，而用途多数情况下则可能用于偿还银行贷款。过桥资金的融资成本（利息）相对较高。对于非金融机构提供的过桥资金，按照目前最高人民法院修订后的《关于审理民间借贷案件适用法律若干问题的规定》，其利率将会受到较大的影响。

（2）杠杆融资的特点是以少量的自有资金，结合大量的借贷资金用于撬动大规模的投资并购交易。它并非以自己的资产负债表和信用为基础从银行融资，也不以自身现金流来偿还银行贷款，而是以拟收购的目标公司的资产来担保收购方从银行借得的并购贷款，并以目标公司的现金流偿还并购贷款[①]。从这个角度来看，杠杆融资又类似于项目融资。而实务中的杠杆资金来源主要是银行，也包括保险资金、对冲基金、私募基金，甚至是垃圾债券都可以构成杠杆资金。在典型的杠杆收购中，股权和债权比一般为25%：75%，其中股权又拆分为普通股和优先股，债务也拆分为优先级、次级、劣后级等结构。通过杠杆融资后，公司的对外债务将大幅提升，收益变大，相应的法律和资金风险也会随之增加。

（3）除常见的股权和债权融资外，实务中有时候也会采用股债联动的方式。而作为另一类型投融资方式的夹层融资（Mezzanine Financing）在并购项目的投融资中也并不鲜见，它是指还款顺序介于银行的债务融资与投资人的股

① 肖微主编：《公司兼并与收购教程》，中国人民大学出版社2015年版，第297页。

权融资之间的一种融资方式，也就是说，在此类结构中，融资还款的第一顺位是银行的债务融资，第二顺位是夹层融资，第三顺位才是股权融资。从这一点也可以看出来，债务偿还顺序的选择和确定也是债务融资较股权融资更具优势的特征之一。

本质上，夹层融资是无担保的长期债务，具有从属债务的特性，并且资金需求方在融资的同时附带给予有投资者权益认购权。因此，在操作中一般采取次级贷款的形式，但也可能采用可转换票据或优先股的形式。在融合信托等资管计划的投资方案中，夹层融资的运用会相对综合，其在资金投入方面，也可以股权性质计入信托计划，而在投资回报方面，则多以固定收益+浮动收益为主。鉴于其较好的流动性和较低的风险，夹层融资通常作为公司整体战略和融资规划的考虑方式，但也应当注意在安排夹层融资时，资金需求方在提供担保时的相应手续、对同一担保物的额度和先后顺序的安排。

当然，实务中，用于股权投融资的方式、工具、资金来源丰富多样，本书无法一一列举说明。但从总体上来看，出于对金融系统性的保护，防范金融风险，不论是何种投融资，诸如“资管新规”以及相关法律法规的监管仍然延续，监管部门对于金融机构资产管理业务的资金实行穿透式监管，多层嵌套的交易方式和资金来源，以及固定收益、差额补足、回购等不同的交易安排所带来的不确定性和法律风险也都将存在。

第六章
跨境股权投资

概 述

跨境股权投资是国际投资、交易发展的必然趋势。从“引进来”和“走出去”的双向战略角度来看，跨境股权投资本身又包括两个方面，即境外资金面向境内目标公司的股权投资，以及境内的资金面向境外目标公司的股权投资。

在近几年的海外投资中，并购的热潮一波接一波。特别是在2013年提出的“一带一路”倡议以及全球并购热潮的合力影响下，中国企业的海外投资热潮此起彼伏。与之相伴，中国企业海外股权投资所面临的风险也在日趋增加。法律层面上，伴随着2020年新外商投资法的颁布生效以及外商投资负面清单的新一轮调整和变更，外资在中国的股权投资也有望迎来新的发展契机。同样，各国的外商投资法也纷纷在2019年、2020年修改和出台，对于跨境投资也产生了不同程度的影响。

在跨境投资交易中，绿地投资和并购投资是最为常见的两种形式。与境内的投资项目类似，资产并购和股权并购通常也是跨境并购投资的主要操作方法。除了一些共性的问题，跨境股权投资还有其特殊的需要关注的事项。

一、跨境投资监管

跨境投资的一个显著特点是中国企业的境外投资行为会受到各类行政主管

机构的监督和管理。这些不同的监管机构从各自的管理职能出发，对投资项目的立项、资金、外汇管理、国有资产、上市公司等各方面进行不同层级、不同程度的规范和约束。

（一）监管法律政策沿革

2009年，商务部颁布了《境外投资管理办法》，同样规定对中国企业通过新设、并购等方式在境外设立非金融企业或取得既有非金融企业的所有权、控制权、经营管理权等权益的境外投资实行核准制，对予以核准的企业，颁发《企业境外投资证书》。2012年，国资委公布了《中央企业境外投资监督管理暂行办法》，用于规范中央企业的海外投资活动。

2014年10月，商务部发布了修订后的《境外投资管理办法》，明确规定了按照企业境外投资的不同情形，分别实行备案管理和核准管理。与此同时，《国家外汇管理局关于境内居民通过特殊目的公司境外投融资及返程投资外汇管理有关问题的通知》，对通过特殊目的公司进行的境内外投融资作了规定。同时，为了更好地规范海外投资行为，避免非理性的海外投资行为，降低海外投资风险，国家外汇管理局又在2016年12月提出对海外投资项目应进行真实性和合法性审查①。这意味着国家对海外投资政策的有条件收紧。

而此后，随着海外投资的进一步拓展，海外投资方式也从绿地投资向更多的股权投资等多样化的投资方式转变，投资面临更大的风险和挑战。在此背景之下，国务院在2017年8月18日发布了《关于进一步引导和规范境外投资方向的指导意见》，对进一步引导和规范境外投资方向，防范和应对海外投资风险起到了指导作用。

相应地，国家发改委、商务部、财政部、国资委、外汇管理局等各部委也分别颁布了一系列的规定，进一步对境外投资的监管体制进行改革，其中最主要的就是国家发改委《企业境外投资管理办法》和《民营企业境外投资经营行为规范》、国资委《中央企业境外投资监督管理办法》、财政部《国有企业境

---

① 《发展改革委等四部门就当前对外投资形势下加强对外投资监管答记者问》，载中华人民共和国中央人民政府网站，http：//www.gov.cn/xinwen/2016-12/06/content_5144186.htm，2021年9月3日访问。

外投资财务管理办法》。2018 年 1 月，国家发改委颁布了《境外投资敏感行业目录（2018 年版》，严格对外投资行为。

综合上述监管政策的发展和变化可知，对于海外投资的监管，一方面，政府实施以备案制为主的管理方式，按“鼓励发展+负面清单”模式引导和规范企业境外投资方向。另一方面，企业则是以市场为导向，依据“自主决策、自负盈亏、自担风险”的原则，按照商业原则和国际惯例开展境外投资。

（二）现行监管体系

如前文所述，就现行的投资监管体系而言，中国企业的各类海外投资活动中，既有绿地投资，如新设独资或合资企业，新建和新开发的项目，也包括股权并购、资产并购等投资活动。其通常的程序是由企业内部发起投资决策，确定对外投资后，分别报发改委、商务部门和外管局等机构履行相应的手续。各部门的监管出发点和侧重点则又各不相同。至于具体的一系列措施则主要集中在国家发改委、商务部、外管局等几大部委层面的相关监督和管理工作中。

1. 对外投资清单

国务院办公厅转发的国家发展和改革委员会、商务部、人民银行、外交部《关于进一步引导和规范境外投资方向的指导意见》中提出要加强境外投资真实性、合规性审查，防范虚假投资行为；建立境外投资黑名单制度，对违规投资行为实施联合惩戒；建立部门间信息共享机制；指导境内企业加强对其控制的境外企业的监督和管理，建立健全境外投资决策、财务管理和违规责任追究制度；建立国有企业境外投资资本金制度；完善国有企业境外投资审计制度，维护境外国有资产安全等。

为此，上述指导意见分别就鼓励、限制和禁止类的对外投资项目进行了明确规定：

（1）鼓励开展的境外投资包括：①有利于“一带一路”建设和周边基础设施互联互通的基础设施境外投资；②具有优势产能、优质装备和技术标准输出的境外投资；③与境外高新技术和先进制造业企业的投资合作、在境外设立研发中心的项目；④境外油气、矿产等能源资源勘探和开发项目；⑤农林牧副渔等领域互利共赢的投资合作项目；⑥有关商贸、文化、物流等服务领域的境外投资项目和金融机构在境外建立分支机构和服务网络业务。

（2）限制开展的境外投资包括：①赴与我国未建交、发生战乱或者我国缔结的双多边条约或协议规定需要限制的敏感国家和地区开展境外投资；②房地产、酒店、影城、娱乐业、体育俱乐部等境外投资；③在境外设立无具体实业项目的股权投资基金或投资平台；④使用不符合投资目的国技术标准要求的落后生产设备开展境外投资；⑤不符合投资目的国环保、能耗、安全标准的境外投资。

尽管境外投资目前实行以备案为主，核准为辅的监管机制。但是，应注意到前三类须经境外投资主管部门核准。

（3）禁止开展的境外投资。这是指禁止境内企业参与危害或可能危害国家利益和国家安全等的境外投资，具体包括：①涉及未经国家批准的军事工业核心技术和产品输出的境外投资；②运用我国禁止出口的技术、工艺、产品的境外投资；③赌博业、色情业等境外投资；④我国缔结或参加的国际条约规定禁止的境外投资；⑤其他危害或可能危害国家利益和国家安全的境外投资。

对于上述禁止开展的境外投资，国家则是采取切实有效的措施予以严格管控。

2. 发改委的监管

2017 年 12 月 26 日，《企业境外投资管理办法》（“11 号令”）发布，自 2018 年 3 月 1 日起施行。该办法所指的境外投资是指作为投资主体的中国境内企业，直接或通过其控制的境外企业，以投入资产、权益或提供融资、担保等方式，获得境外所有权、控制权、经营管理权及其他相关权益的投资活动。

发改委较为关注交易本身，看重交易基本信息、交易背景、交易对象、尽调情况、交易结构等。根据该管理办法的规定：

（1）投资主体依法享有境外投资自主权，自主决策、自担风险，并应当履行境外投资项目核准、备案等手续，报告有关信息，配合监督检查。

（2）实行核准管理的范围是投资主体直接或通过其控制的境外企业开展的敏感类项目，核准机关是国家发展改革委。实行备案管理的范围是投资主体直接开展的非敏感类项目，也即涉及投资主体直接投入资产、权益或提供融资、担保的非敏感类项目，实行备案管理的项目中，投资主体是中央管理企业（含中央管理金融企业、国务院或国务院所属机构直接管理的企业）的，备案机关是国家发展和改革委员会。投资主体是地方企业，且中方投资额 3 亿美元及以上的，备案机关是国家发展改革委；投资主体是地方企业，且中方投资额 3 亿美元以下的，备案机关是投资主体注册地的省级政府发展改革部门。

（3）核准和备案以项目是否属于敏感类为准：①敏感类项目包括涉及敏感国家和地区、敏感行业的项目。②敏感国家和地区包括与我国未建交的国家和地区；发生战争、内乱的国家和地区；根据我国缔结或参加的国际条约、协定等，需要限制企业对其投资的国家和地区；其他敏感国家和地区。③敏感行业包括：武器装备的研制生产维修；跨境水资源开发利用；新闻传媒；根据我国法律法规和有关调控政策，需要限制企业境外投资的行业。

（4）国家发展和改革委员会的监管重点是境内企业的海外投资行为，并以项目是否具有敏感性为区分标准，具体又可以分为：①对于境内企业直接开展境外投资的行为，若是敏感类的，应当事前进行核准；若是大额（3 亿美元）非敏感类的，或是非大额非敏感类的，应当事前备案。②对于通过控制境外企业开展的间接境外投资行为，若是敏感类的，应当事先核准；若是大额的敏感类的，事前报告即可；若是非大额非敏感类的，则无须核准、备案或报告。

从发改委对项目监管的角度出发，不论是核准还是备案，其基本底线和条件都应当满足“四不违反”原则：即①项目不违反法律法规；②不违反有关发展规划、宏观调控政策、产业政策和对外开放政策；③不违反我国缔结或参加的国际条约、协定；④不威胁、不损害我国国家利益和国家安全。而相应地，发改委的核准和备案手续也是商务部、外汇管理局、海关、金融等部门办理企业资金结算和融资业务的条件之一。

3. 商务部的监管

商务部于 2014 年 9 月 6 日颁布了《境外投资管理办法》（“3 号令”），并于同年 10 月 6 日起施行。对在中国境内依法设立的企业通过新设、并购及其他方式在境外拥有非金融企业或取得既有非金融企业所有权、控制权、经营管理权及其他权益的境外投资行为进行规范和管理。

商务部的监管主要侧重于境外投资主体的设立或拟收购的境外目标公司的情况，如尽调结果、公司章程、合资协议等方面的信息。根据该管理办法的规定：

（1）与发改委的监管相似，企业开展境外投资，依法由其自主决策、自负盈亏，商务部对境外投资采取“备案为主、核准为辅”的监管方针。

（2）企业境外投资涉及敏感国家和地区、敏感行业的，实行核准管理；企业其他情形的境外投资，实行备案管理。实行核准管理的国家是指与中华人民共和国未建交的国家、受联合国制裁的国家。必要时，商务部可另行公布其他实行核准管理的国家和地区的名单。实行核准管理的行业是指涉及出口中华人民共和国限制出口的产品和技术的行业、影响一国（地区）以上利益的行业。

（3）商务部对境外投资的监管，如果是境内企业的直接投资行为，涉及敏感类的，进行事先核准；非敏感类的，则事前备案即可。如果是境内企业通过其控制的境外企业进行的境外再投资行为，则只需进行再投资信息报告。

（4）商务部重点监管的对外投资项目主要是中方投资额在 3 亿美元以上的对外投资、敏感国别和行业的对外投资、出现重大经营亏损的对外投资、出现重大安全事故及群体性事件的对外投资、存在严重违规行为的对外投资以及其他情形的重大对外投资。

（5）对属于备案情形的境外投资，中央企业报商务部备案；地方企业报所在地省级商务主管部门备案。商务部门通过“境外投资管理系统”对企业境外投资进行管理，并向获得备案或核准的企业颁发《企业境外投资证书》。企业只要提交真实、完整、符合法定形式的材料，即可在 3 个工作日内获得备案并颁发《证书》。

4. 外汇管理局的监管

外汇管理局主要负责境外直接投资的外汇管理。凡是境内机构、个人向境外直接投资或者从事境外有价证券、衍生产品发行和交易等对外投资行为，或者返程投资等行为，涉及本外币的汇兑和汇出境外的，都要接受外汇管理局的监督和管理。

具体到实务中，对于需要事先进行批准或备案的项目，应当在外汇登记之前办理审批手续；若是提供对外担保的，则应向外管局提出申请，由其根据申请人的资产负债等情况作出批准或者不批准的决定；申请人签订对外担保合同后，应当到外汇管理机关办理对外担保登记。在《国家外汇管理局关于进一步简化和改进直接投资外汇管理政策的通知》中，对于涉及中国企业 ODI① 外汇登记及前期费用（累计汇出额原则上不超过 300 万美元且不超过中方投资总额 15%）则由银行直接审核办理外汇登记，外管局进行间接监管，同时也取消了境外再投资的外汇备案。

结合相关的境外投资和外汇管理规定，不同的境外投资行为，外管局将进行不同的分类监管，其中境内企业的境外直接投资，如果是投入资产或者权益，需要进行境外投资外汇登记；如是境内企业提供融资，则进行境外放款登记；若是境内企业提供担保，则要进行内保外贷签约登记。在境内居民个人设立境外 SPV 进行境外再投资的情况下，只需进行返程投资的外汇登记。

此外，对于境外投资中包括履约保证金、保函手续费、中介服务费、资源勘探费等在内的项目前期费用所需的外汇，可以计入项目中方投资额，但不得超过中方投资额的 15%。投资主体可以在海外投资前置许可之前直接购汇，前期费用累计汇出额不高于 10 万美元，或者超过 10 万美元但未超过中方投资总额 15%的，由境内机构注册地外汇局办理；10 万美元以上的前期费用汇出，原则上累计汇出额不得超过中方投资总额的 15%，如超过 15%需由境内机构注册地外汇局分局（外汇管理部）审核。

应注意到，就外汇监管本身，其政策性强，可能会因为投资形式、环境、经济、外交等各方面因素的变化和影响出现不确定、不稳定的情形，这也是跨境股权交易中尤其应当注意的风险。

---

① ODI（Outbound Direct Investment），指对外直接投资。下文不再赘述。

（三）对其他主体的监管

除前文所述的国家发展和改革委员会、商务部和国家外汇管理局的一般海外投资监管规定外，结合实践，国家对于境外投资的监管，包括投资主体和投资行为两个方面。投资主体包括企业、基金和居民个人，企业包括各种类型的非金融企业和金融企业。

目前，国家对于特殊主体的海外投资行为还有特别的监管，如果是国有企业，则还要涉及国资委的监管；如果是上市公司，则还要受证监会的监管；如果是银行、保险等金融机构，则还要受到行业主管机构银保监的监管。其中，作为主要的海外投资主体，央企和民企在海外投资中尤其需要注意现行相关的特殊监管制度。

1. 对国有企业的监管

就央企的海外投资而言，目前主要依据的是国资委的《中央企业境外投资监督管理办法》。根据该管理办法，央企境外投资应遵循战略引领、依法合规、能力匹配和合理回报的原则。因此，央企原则上不得在境外从事非主业投资，同时，引入了投资项目负面清单管理制度，并要求中央企业制定一系列的境外投资管理制度，经董事会审议通过后报送国资委，对境外投资进行事前、事中及事后管理。

同时，该管理办法对央企的海外投资风险管理提出了更高的要求，具体表现在以下四个方面：（1）要建立海外投资风险管控体系；（2）要建立海外投资风险管控制度群；（3）要加强第三方风险评估机构的使用；（4）要充分利用风险缓释工具。

基于上述要求，国资委对央企的海外投资行为实现全过程监管，事前、事中、事后监管并重。强调事前加强规范，事中注重监控，事后强化问责，具体要求见表6.1。

表 6.1 事前、事中和事后监管要求

阶段	国资委监管要求	央企海外投资要求
事前	制定央企五年发展规划纲要、企业发展战略规划。	制定国际化经营规划，明确中长期国际化经营的重点区域、领域和项目，编制年度境外投资计划，并纳入企业年度投资计划。
	从项目风险、股权结构、资本实力、收益水平、竞争秩序、退出条件等方面履行出资人审核把关程序，必要时可委托第三方咨询机构对项目进行论证。	选择、确定境外投资项目，做好境外投资项目的融资、投资、管理、退出全过程的研究论证。 深入进行技术、市场、财务和法律等方面的可行性研究与论证，其中股权类投资项目应开展必要的尽职调查，并按要求履行资产评估或估值程序。明确投资决策机制，对境外投资决策实行统一管理，向下授权境外投资决策的企业管理层级原则上不超过二级。
	有特殊原因确需开展非主业投资的，应当报送国资委审核把关。	央企原则上不得在境外从事非主业投资。 非主业投资，经国资委审核，与具有相关主业优势的中央企业合作。
事中	随机监督检查境外重大投资项目决策、执行和效果。 定期跟踪分析，及时进行再决策。 境外投资项目阶段评价和过程问责制度。 季度境外投资完成情况。	定期对境外投资项目跟踪分析，针对情况变化，及时进行再决策。如出现重大不利变化，应研究启动中止、终止或退出机制。 中央企业因境外重大投资项目再决策涉及年度投资计划调整的，应当将调整后的年度投资计划报送国资委。 建立境外投资项目阶段评价和过程问责制度。
事后	对项目后评价工作进行监督和指导，选择部分境外重大投资项目开展后评价。 建立中央企业国际化经营评价指标体系，组织开展中央企业国际化经营年度评价。	在年度境外投资完成后，编制年度境外投资完成情况报告，并于次年 1 月底前报送国资委。 境外重大投资项目实施完成后，应当开展常态化审计，审计的重点包括境外重大投资项目决策、投资方向、资金使用、投资收益、投资风险管理等方面

除上述国务院国有资产监督管理委员会的规定外，对于包括央企在内的国有企业，财政部在《国有企业境外投资财务管理办法》中也提出应当建立健全境外投资决策制度，明确决策规则、程序、主体、权限和责任等。

对于国有企业的上述境外投资行为，需要将境外投资财务管理贯穿于境外投资决策、运营、绩效评价等全过程，并应当对境外投资进行财务可行性研究，对投资标的价值依法委托具有能力的资产评估机构进行评估，若是以并购、合营、参股方式进行境外投资的，还应当进行财务尽调。同时，还要求国有企业应当建立健全一系列的境外投资财务运营制度和监管制度，包括境外投资负责人离任审计和清算审计制度，境外投资绩效评价制度等。

2. 对民营企业的监管

《关于鼓励和引导民营企业积极开展境外投资的实施意见》提出，要充分发挥民营企业在境外投资中的重要作用，引导民营企业更好地利用“两个市场、两种资源”，并就财税、金融、保险、海关、外汇管理、境外投资管理等方面提供政策支持。

2017 年，《民营企业境外投资经营行为规范》发布，提出对民营企业“走出去”与国有企业“走出去”一视同仁。同时，也要求民企要建立健全境外投资决策、授权管理、绩效管理、财务管理等内部规章制度，注重资源环境保护，依法合规经营。

就民营企业的境外投资申报等，也要求其主动办理备案或核准申请手续。对于境外投资涉及敏感国家和地区、敏感行业的，须获核准；其他情形的，须申请备案。强调不得以虚假境外投资非法获取外汇、转移资产和进行洗钱等活动；取得有关金融机构出具的承贷、承保意向函前不得做出对外融资或保险承诺；不得串通投标，不得诋毁竞争对手，不得虚假宣传业绩或采取其他不正当竞争手段；不得以欺诈手段订立虚假合同。

另外，对于民企境外投资的风险管理方面，则是鼓励民营企业选聘国内外专业的法律、评估、信用评级等相关机构，严格执行重大决策、交易的合规性审核，项目启动前做好全面风险评估工作。但总体上来看，对于民营企业的境外投资行为，仍然坚持“企业主体、市场运作，自主决策、自负盈亏，量力而行、审慎而为”的原则。

（四）海外投资特殊审查

除前述几类常见的监管外，海外投资还有一些较为特殊的审查制度非常值得注意，其中就包括了国家安全审查和反垄断审查。前者是东道国对危害或可能危害其国家安全的外商投资进行审查，通过禁止、附条件批准等方式消除国家安全威胁的法律制度。后者则是对跨境投资项目所涉及的市场垄断行为进行审查的法律制度。

1. 国家安全审查

近几年，制度在跨境投资交易中的重要性越来越凸显，而且全球范围内的国家安全审查力度都在不断加强。尤其是美国、澳大利亚、欧盟对中国海外投资的国家安全审查力度有增无减，从早期的能源、军工，到现在的科技、社交媒体等，所涉及的行业、领域也越来越广泛，而且安全审查的时间也在不断地延长。这些都会对海外投资交易产生实际的影响，增加交易成本和不确定性。

各国的投资安全审查都有不同的标准，需要在投资前进行充分尽调，并在相关交易文件中作出适当的安排。

例如，欧盟于2019年出台《欧盟外商直接投资审查条例》，扩大了安全审查范围，审查对象为涉及关键技术、基础设施和敏感信息的外资并购企业。并且，英国、德国也加强了外国投资的安全审查力度。英国在2020年11月通过的《国家安全和投资法案（2020）》（*National Security and Investment Bill* 2020，NSI Bill）将对属于关键经济领域且具有“至关重要功能”的外商投资项目实行强制申报制度。德国在2017年修改了《对外经济条例》，对涉及关键基础设施的并购案件实施更加严格的监管和审查。澳大利亚的外商投资审查委员会（FIRB）则加强了通信、大数据、能源等领域的投资安全审查。

2. 反垄断审查

对于反垄断审查，则是境外投资实务中较容易忽视的一项工作。事实上，境外投资中包括合并、股权收购、资产收购、设立合营企业，以及通过合同、人事控制等方式取得其他企业控制权，或者能够对其他经营者施加决定性影响等在内的大部分交易类型都会涉及反垄断审查。外商投资法也规定外国投资者并购中国境内企业或者以其他方式参与经营者集中的，应当依照反垄断法的规定接受经营者集中审查。

目前，中国国内的反垄断审查主要依据反垄断法等法律规定，并将反垄断审查界定为“经营者集中申报”。投资交易在符合下列情况时应当进行反垄断的经营者集中申报：一是属于反垄断法的经营者集中；二是参与集中经营者的营业额达到申报标准。

但海外投资的反垄断审查则不同，而且，反垄断审查大多数情况下是多法域进行的，并不仅限于投资所在的东道国，各国的审查标准、范围、期限等也各不相同。

二、跨境股权投资和保障

正如前文所述，企业的海外投资行为与企业的境内投资行为一样，都会涉及相应的产业准入和限制性规定。而鉴于目前国家对于境外投资进行不同程度、不同层面的监管管理，投资主体对包括境外股权投资在内的各类投资行为应当提前予以分析，是否属于限制或禁止类的投资范围，并做好相应的应对措施。

（一）跨境股权投资的界定

根据不同的规定，监管主管机关对于境外投资行为的类型和范围都有着不同的认定。按照国家发展和改革委员会的规定，境外投资活动是指境内企业直接或通过其控制的境外企业，以投入资产、权益或提供融资、担保等方式，获得境外所有权、控制权、经营管理权及其他相关权益的投资活动，具体包括但不限于下列情形：

（1）获得境外土地所有权、使用权等权益；

（2）获得境外自然资源勘探、开发等权益；

（3）获得境外基础设施所有权、经营管理权等权益；

（4）获得境外企业或资产所有权、经营管理权等权益；

（5）新建或改扩建境外固定资产；

（6）新建境外企业或向既有境外企业增加投资；

（7）新设或参股境外股权投资基金；

（8）通过协议、信托等方式控制境外企业或资产。

国务院国有资产监督管理委员会规定的境外投资行为包括固定资产投资与

股权投资。国家外汇管理局规定的境外直接投资是指境内机构经境外直接投资主管部门核准，通过设立（独资、合资、合作）、并购、参股等方式在境外设立或取得既有企业或项目所有权、控制权或经营管理权等权益的行为。而财政部规定的境外投资则是指国有企业在我国香港、澳门特别行政区和我国台湾地区，以及中华人民共和国以外通过新设、并购、合营、参股及其他方式，取得企业法人和非法人项目所有权、控制权、经营管理权及其他权益的行为。

综合上述不同监管部门的规定可知，海外投资显然包括跨境股权投资行为。因此，对于涉及股权的海外投资交易也同样需要遵守上述有关财政部、外汇管理局等机关的监管。

（二）跨境担保

跨境担保在跨境投资并购中占据着十分重要的地位。跨境担保是指担保人向债权人书面作出的、具有法律约束力、承诺按照担保合同约定履行相关付款义务并可能产生资金跨境收付或资产所有权跨境转移等国际收支交易的担保行为。在海外投资交易中，不论是投资类还是并购类项目，不论是资产项目还是股权项目，都会普遍涉及跨境担保问题。跨境担保一方面解决了跨境投资的融资问题，另一方面为相应的融资提供了支持和保障。

跨境担保的实施需要从两个维度考虑交易的可行性、结构安排、合法性等问题，一个是中国境内的相关法律法规的规定，另一个就是投资东道国的相关法律规定。2014 年，国家外汇管理局发布《跨境担保外汇管理规定》（“29 号文”），用以完善跨境担保外汇管理，规范跨境担保项下收支行为，并以担保各方当事人的注册地为标准，将跨境担保分为内保外贷、外保内贷两种主要形式，要求两者均由外汇管理局进行登记管理。应当注意的是，对于保险机构拟开展的内保外贷业务，其特殊目的公司单个投资项目取得贷款资金金额在 5000 万美元（或等值货币）以上的，则仍然需要事前报告，由中国保险资产管理业协会组织评估后方可进行①。

---

① 《中国保监会、国家外汇管理局关于规范保险机构开展内保外贷业务有关事项的通知》，载中华人民共和国中央人民政府网站，http：//www. gov. cn/xinwen/2018-02/21/content_5267608. htm，2022 年 7 月 16 日访问。

1. 内保外贷

内保外贷是指担保人注册地在境内，而债务人和债权人的注册地均在境外的跨境担保业务。“内保”即境内企业向境内银行申请开立担保函，由境内银行出具担保函给境外银行，“外贷”即由境外银行凭收到的担保函向境外企业发放贷款。内保外贷业务允许先自行订立内保外贷协议，后办理外汇登记，以事后监管为主。

内保外贷业务的基本交易结构如图 6.1 所示：

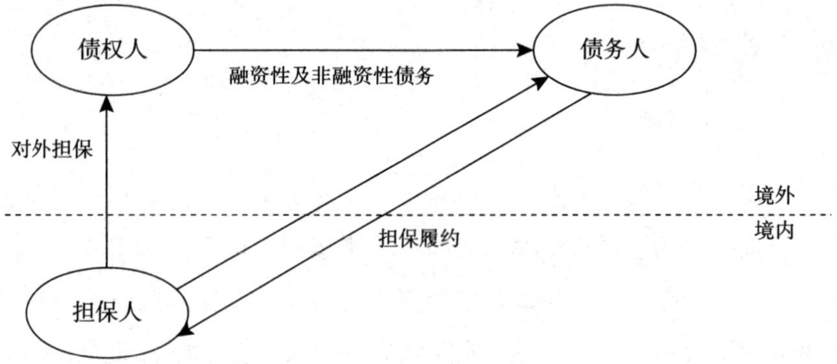

图 6.1　内保外贷业务的基本交易结构

在内保外贷中，主要包含了三层法律关系：(1) 境内申请人为其境外关联公司向境内银行申请开立以境外金融机构为受益人的保函，并且，境内银行以申请人提供反担保作为开立保函的先决条件；(2) 境内银行开立以境外金融机构为受益人的独立保函；(3) 境外金融机构与申请人的关联公司签订贷款协议或者其他授信协议。但实务中，内保外贷的业务形式按办理的主体又可分成企业担保和银行担保两种模式。

应当注意到，内保外贷的资金使用有着较为严格的规定，其仅能用于债务人正常经营范围内的相关支出，而且，未经外汇局批准，债务人不得通过向境内进行借贷、股权投资或证券投资等方式将担保项下资金直接或间接调回境内使用。不过，2017 年《国家外汇管理局关于进一步推进外汇管理改革完善真实合规性审核的通知》已允许内保外贷项下的资金调回境内使用，只是调回境内的资金不得用于境内证券投资。但同时也要求，内保外贷合同项下融资资金用于直接或间接获得对境外其他机构的股权（包括新建境外企业、收购境外企业股权和向境外企业增资）或债权时，该投资行为还应当符合国内相关部门有关境外投资的规定。

此外，内保外贷业务发生担保履约的，成为对外债权人的境内担保人或反担保人应当按规定办理对外债权登记手续。并且，担保人在办理内保外贷业务时，还应当对债务人主体资格、担保项下资金用途、预计的还款资金来源、担保履约的可能性及相关交易背景进行审核，对是否符合境内外相关法律法规进行尽职调查，并以适当方式监督债务人按照其申明的用途使用担保项下资金。

2. 外保内贷

外保内贷是指担保人注册地在境外、债务人和债权人注册地均在境内的跨境担保。它是境外母公司或关联企业向境外银行申请开立以该银行境内分行为受益人的融资性保函（或备用信用证），并由该银行的境内分行据此为申请人提供贷款。

外保内贷业务的基本交易结构如图 6.2 所示：

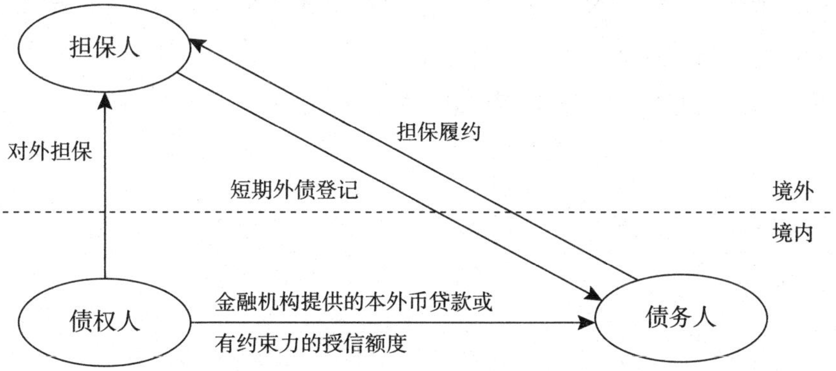

图 6.2 外保内贷业务的基本交易结构

在外保内贷中，其法律关系包括：（1）境外公司作为申请人与境外金融机构之间申请开立保函，以该境外金融机构为受益人，并由申请人提供偿还贷款的反担保；（2）境外金融机构作为担保人和境内金融机构作为受益人之间的担保法律关系；（3）境内银行和境内企业之间的贷款法律关系。

相比而言，外保内贷的申请条件更为严格。对于境内非金融机构从境内金融机构借用贷款或获得授信额度的，可以接受境外机构或个人提供的担保，并自行签订外保内贷合同，但必须同时满足以下条件，即外保内贷的债权人必须是境内金融机构，债务人必须是非金融机构，被担保的债务也只能是本外币普通贷款（不包括委托贷款）或信用额度，且担保形式符合境内、境外法律法规。

外保内贷业务发生担保履约的，作为债权人的金融机构可直接与境外担保人办理担保履约收款。在境内债务人偿清其对境外担保人的债务之前，未经外汇局批准，境内债务人应暂停签订新的外保内贷合同；已经签订外保内贷合同但尚未提款或尚未全部提款的，未经所在地外汇局批准，境内债务人应暂停办理新的提款。并且，境内债务人因外保内贷项下担保履约形成的对外负债，其未偿本金余额不得超过其上年度末经审计的净资产数额。

3. 其他形式跨境担保

除内保外贷和外保内贷外，其他形式的跨境担保包括但不限于：（1）担保人在境内、债务人与债权人分属境内或境外的跨境担保；（2）担保人在境外、债务人与债权人分属境内或境外的跨境担保；（3）担保当事各方均在境内，担保物权登记地在境外的跨境担保；（4）担保当事各方均在境外，担保物权登记地在境内的跨境担保。

其他形式的跨境担保基本交易结构如图 6.3 所示：

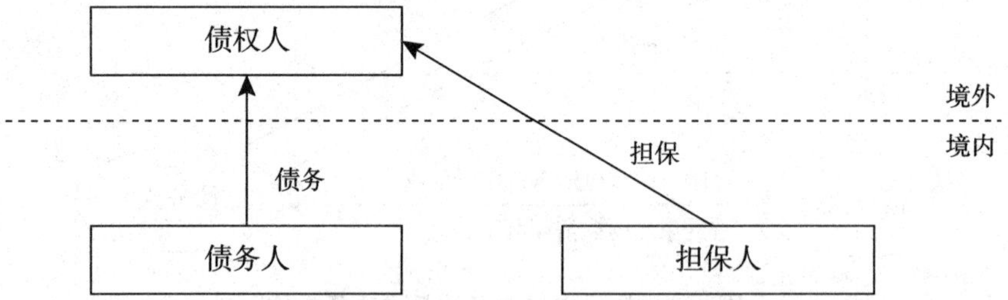

图 6.3 其他形式的跨境担保基本交易结构

从性质上区分，跨境担保分为融资性担保和非融资性担保。前者指担保人为融资性付款义务提供的担保，这些付款义务来源于具有融资合同一般特征的相关交易，诸如普通借款、债券、融资租赁、有约束力的授信额度等，其主要目的在于融资；后者则是指担保人为非融资性付款义务提供的担保，这些付款义务来源于不具有融资合同一般特征的交易，包括招投标担保、预付款担保、延期付款担保、货物买卖合同下的履约责任担保等。不论是内保外贷，还是外保内贷，或是其他形式跨境担保，从具体的功能上来讲，也可分为融资性担保和非融资性担保。

在具体业务层面，担保人、债务人不得在明知或者应知担保履约义务确定发生的情况下签订跨境担保合同。担保人、债务人和债权人可按照合理商业原则，依据以下标准判断担保合同是否具备明显的担保履约意图：

（1）签订担保合同时，债务人自身是否具备足够的清偿能力或可预期的还款资金来源。

（2）担保项下借款合同规定的融资条件，在金额、利率、期限等方面与债务人声明的借款资金用途是否存在明显不符。

（3）担保当事各方是否存在通过担保履约提前偿还担保项下债务的意图。

（4）担保当事各方是否曾经以担保人、反担保人或债务人身份发生恶意担保履约或债务违约。

就跨境担保的合同效力而言，根据《跨境担保外汇管理规定》，对于其他形式的跨境担保，当事人可自行签订担保合同，不再需要登记或备案。据此，对于跨境担保合同效力的问题，核准、登记、备案均不再作为跨境担保合同的生效要件，这也意味着内保外贷和外保内贷的合同生效需要登记等手续，而未按规定核准、登记、备案的其他跨境担保合同则依然有效。但是，就此类跨境担保的效力问题，也需要注意相关立法的规定和司法机关的不同理解。

（三）海外投资保险

海外股权投资中，融资是重要的衡量因素。如前所述，跨境担保有融资性和非融资性之分，内保外贷和外保内贷作为跨境担保的主要形式，其功能也可以是作为跨境投资的融资工具。除此之外，实务中常见的出口信用保险也是海外投资中的重要融资工具，同时也可以在一定程度上为海外股权投资等项目提供相应的风险保障。

出口信用保险是用以承保因境外投资交易的商业风险或东道国的政治风险而遭受的损失的一种信用保险，同时也是一种政策性的融资工具。信用保险一般以买方应收账款为保险标的物，通过赔偿权的转让来实现权益保障。出口信用保险的种类较多，根据中信保的业务分类，其中有为投资者及金融机构因投资所在国发生的征收、汇兑限制、战争及政治暴乱、违约等政治风险造成的经济损失提供风险保障的海外投资保险，包括股权投资保险和债权投资保险，承保业务的保险期限不超过 20 年。

应注意到，包括海外股权投资保险在内的信用保险由于其政策性因素较强，并非所有的项目都可以获得相应的保险，而且目前国内也缺少类似的替代性保险机制。同时，对于不同的投资主体，其承保的可能性也存在不确定性。

三、东道国法律环境

跨境股权投资由于其交易的复杂性，其法律风险也相对较高。尽管从发展趋势和政府管理改革目标来看，政府监管已经改变了以往事前核准等较为严格的行政监督模式，但不可忽略的是，企业本身对于跨境股权投资的风险防范和管理仍然是重中之重。

在跨境投资中，不论是项目开发类的投资还是股权类的投资，绿地投资还是并购投资，对东道国的法律环境调研是必不可少的工作环节。本书在第一章中即已经阐述了法律尽调的重要性和内容，这些内容同样也适用于跨境项目中对于东道国的法律环境调研。此外，就东道国法律环境本身，还应当特别注意以下几个问题。

（一）股权投资法律适用

在跨境投资项目中，法律适用条款是相关的股权交易文件的必备条款，这里的法律适用实际上包括两个层面，一个是相关的股权交易行为本身所应适用的法律，如东道国的公司法、反垄断法、劳动法等法律；另一个则是相关的股权合同等交易文件所适用的准据法。

以前者为例，与境内股权投资类似，境外股权投资的方式也包括受让目标公司的股权或直接投资股权并新设公司。而不论新设公司是独资还是合资，或是采取其他组织形式，选择合适的公司组织形式是一个首要的考虑因素，公司形式不同，涉及的治理结构、税务安排、股权安排、各国政府监管等都会有重大的差异。

而后者中，选择合适的法律对于正确理解合同文件的含义，相对应的权利义务以及法律责任和后果都有至关重要的作用。如果因合同适用法律约定不明，则会导致各方权利义务的不明确，不仅不利于合同执行，也不利于争议解决，故而法律适用条款是跨境项目的必备条款。但是，如果外商投资中国境内的股权项目，其中涉及中外合资经营企业合同、中外合作经营企业合同、中外合作勘探开发自然资源合同，则只能适用中国法律。

同样地，跨境股权投融资项目合同的签署、执行和实施也会在一定程度上受到相关行政主管机关的监督和管理，除法律和行政法规的规定外，各部门、各地方的法规、规章，甚至是一些规范性文件也会对合同产生或多或少的影响。因此，签署合同时，除要以当事人意思自治为原则外，也不得违反相关法律、行政法规的规定，并且还应当符合项目所在地的地方性法规、规章的内容。一方面，使整个合同体系在满足商业目的的基础上，符合合法性、合规性的基本要求。另一方面，可以通过明示的方式将有些地方规范性文件纳入合同条款中，作为双方履行合同的依据。

（二）东道国政治风险

一般情况下，跨境股权投资项目的参与各方会把各自的注意力集中在商业风险上，如投资的收益、回报、退出机制等，而对政治风险的关注度较低。

正如前文所述，目前在海外投资项目中，可以通过投保信用保险的方式降低政治风险。出口信用保险的范围则是政治风险和商业风险等普通商业保险无法覆盖的险种，涉及项目所在国发生的国有化、债务人拖欠付款、无力偿付债务、破产等情形，甚至是预期收益的损失。

此外，通常情况下，信用保险与融资密切相关，投资人投保信用保险的费用需要计入融资成本考虑。同时，信用保险又与东道国的国家主权信用、政治环境和法律环境等密切相关。因此，是否承保信用保险，则还需要提前对项目所在地国家的信用风险进行评级。

（三）跨境股权争议解决

所有的商业交易除达成各方一致的商业目的外，避免和解决与交易有关的争议也是各方重点关注的事项。在跨境股权投资中，法律适用和争议解决机制的设置也是解决纠纷的最后一道关卡。实践当中，不同的合同交易架构、合同性质都会引发不同的争议，而不同的争议性质所对应的各方权利义务各不相同，在项目的各个阶段所涉及的争议和纠纷的侧重点自然也就各不相同，因而相应的救济途径和方式也千差万别。

除传统的诉讼外，商事仲裁等替代性的争议解决方式在跨境交易项目中更为常见和普遍。我国仲裁法规定，平等主体的公民、法人和其他组织之间发生的合同纠纷和其他财产权益纠纷，可以仲裁。但是也应当注意到，对于没有涉外因素的股权交易，当事人不得约定涉外仲裁。

随着争议解决方式的多样化，诉讼、仲裁方式的耗时和高费用的影响，以及合同各方为了更有效地公平合理地解决争议，实践中，在合同中约定设立多层级的争议解决机制也变得越来越普遍。多层级的争议解决机制既可能是基于合同的约定，也可能是基于立法的规定，至于可使用的层级和争议解决方式也是多种多样。对于设置多层级争议解决机制的项目，交易各方尤其应当注意在合同中尽可能详细地约定各相应的争议解决方式的具体程序、时限，是否设置先决条件等内容，以避免因程序设置不合理导致争议无法及时得到解决。

从历史发展的角度来看，仲裁是最早也是最为成功的争议替代解决方式，也是继诉讼之后最富有活力的争议解决途径，其裁决具有准司法的属性，得到司法的普遍认可，并且与诉讼并驾齐驱，因此，实务中的仲裁已不能再视其为单纯的替代性争议解决方式。而对于除仲裁之外的其他替代性争议解决方式，因其适用环境、条件、法律基础和实践效果不同而暂时仍然无法取得与仲裁、诉讼相同的法律效果。

2012 年修订民事诉讼法专门规定了司法确认制度，即当事人可以申请对调解协议进行司法确认，一经确认，即可以依据民事诉讼法第 195 条的规定申请人民法院予以执行，借此，对于以替代性争议解决方式达成的调解协议，可以此为据。但是，也不得不注意到，采用争议替代解决方式所做出的未必都是双方达成一致的意见，而是借助于第三方的意见。如果双方未能达成一致意见，又不能赋予第三方意见的强制约束力，此时只能借助司法的力量方可得以履行，这也在一定程度上偏离了设置替代争议解决机制的初衷和目的。

综上，除法律层面的支持和保障外，替代争议解决机制的运用还有赖于争议双方的自愿，以及第三方的专业性和公正性。更进一步来说，争议双方对于替代争议解决机制的信任，以及当事人相互之间和对第三方的信任都是不可或缺的基础。

四、外资和股权投资

跨境投资，包括股权投资在内的都是双向的，既有“走出去”，也有“引进来”。从改革开放初期的中资外企二元体系到2020年外商投资法和《中华人民共和国外商投资法实施条例》以及配套的系列法律法规生效后开始实行的中资外企一体化管理体制，标志着我国对外资的投资管理进入了新纪元。而对外资金融机构的开放和负面清单制度的建立，以及相应法律规范的完善和调整也为外资扩大股权投资提供了更公平、有利的保障和新的机遇。

同时，经国务院批准，国家发展和改革委员会、商务部于2020年12月19日联合发布了《外商投资安全审查办法》，该办法的实施也对外资在中国境内的投资规范产生了重要的影响。

（一）外商投资新发展

根据原中外合资经营企业法的规定，外国投资者的注资比例不低于25%时，即可被认定为“中外合资机构”，享有相应的税收等优惠政策。而2019年3月15日，备受关注的外商投资法获全国人大通过，12月31日，《中华人民共和国外商投资法实施条例》颁布，两者均于2020年1月1日起正式实施。

在新外商投资法下，外商股权投资的范围包括外国投资者新设外商投资企业，以及外国投资者取得中国境内企业的股份、股权、财产份额或者其他类似权益，即新设和并购两类。相比较而言，新法涵盖了原“三资法”下以新设方式进行股权投资的行为，以及商务部《关于外国投资者并购境内企业的规定》

（2009 年）规定的外国投资者股权并购和《商务部、国家工商行政管理局[①]关于外商投资企业境内投资的暂行规定》（2015 年）规定的外资企业作为投资主体在境内进行股权再投资的行为。

新修订的外商投资法取代了过去的“外资三法”，此后设立的外商投资企业的组织形式、组织机构及其活动准则，也都适用公司法、合伙企业法等法律的规定。就外资公司而言，其涉及的股权转让、增资扩股、股权和分红比例、公司治理结构等也将与公司法的相关规定保持一致，同样也在一定程度上给予外国投资者通过章程等进行约定的自由。

（二）外商投资准入制度

与内资企业的投资监管一样，负面清单制度也是外商投资改革的重点之一。按照新外商投资法的规定，国家对外商投资实行准入前国民待遇加负面清单管理制度。负面清单将区分禁止外商投资领域和限制外商投资领域，其中禁止投资的领域，外国投资者不得投资，限制投资的领域，外国投资者进行投资应当符合负面清单规定的条件；外商投资准入负面清单以外的领域，按照内外资一致的原则实施管理。

对于外资企业的投资，需要依据《指导外商投资方向规定》以及国家发展和改革委员会、商务部发布的负面清单进行投资管理。这些负面清单中，既包括通用于内资和外资企业的《市场准入负面清单（2022 年版）》，也包括专门针对外资的《外商投资准入特别管理措施（负面清单）（2021 年版）》和《自由贸易试验区外商投资准入特别管理措施（负面清单）（2021 年版）》。

根据上述负面清单的规定，全国范围内外商投资的限制和禁止进一步被缩减至 33 项，特别是取消证券公司、期货公司、寿险公司以及乘用车的外资股权比例限制是其中较重要的变化。而自贸区的外资负面清单则进一步列出了股权要求（25%、34%、50%）、高管要求等外商投资准入方面的特别措施，并明确其负面清单之外的领域，按照内外资统一原则进行管理。

---

① 2018 年 3 月，根据第十三届全国人民代表大会第一次会议批准的国务院机构改革方案，将国家工商行政管理总局的职责整合，组建中华人民共和国国家市场监督管理总局；将国家工商行政管理总局的商标管理职责整合，重新组建中华人民共和国国家知识产权局；不再保留国家工商行政管理总局。

除负面清单，国家发展和改革委员会、商务部发布的《鼓励外商投资产业目录（2020年版）》进一步扩大了鼓励外商投资范围，与2019年版的目录相比，其中，全国鼓励外商投资产业目录480条，增加65条、修改51条；中西部地区外商投资优势产业目录755条，增加62条、修改37条。并且，属于《鼓励外商投资产业目录（2020年版）》的外商投资项目，可以依照法律、行政法规或者国务院的规定享受税收、用地等优惠待遇。对于拟投资海南自由贸易港的外资，则可以进一步关注《海南自由贸易港外商投资准入特别管理措施（负面清单）（2020年版）》的相关政策。2021年12月27日，国家发改委和商务部又联合发布《外商投资准入特别管理措施（负面清单）（2021年版）》和《自由贸易试验区外商投资准入特别管理措施（负面清单）（2021年版）》，取消了汽车整车制造和通信设备的投资限制，并放宽了市场调查和社会调查的准入管理。

另外，尽管在市场准入方面有内外资的国民待遇，但就外国投资者而言，还应当注意到境外投资者不得作为个体工商户、个人独资企业投资人、农民专业合作社成员，从事投资经营活动；而对于有股权要求的投资领域，也不得设立外商投资合伙企业。

（三）外商股权投资

外商的股权投资实际上也可分为实业投资和财务投资、直接投资和间接投资、非投资性和投资性外资企业。对于前者，外国投资者应当符合有关负面清单、新设公司、股权并购等相关规定，而对于后者的规定则相对比较分散和复杂。根据相关规定，外国投资者在中国以独资或与中国投资者合资的形式设立的从事直接投资的公司被定性为外商投资性公司，但其不得直接从事生产活动。外国投资者以其在中国境内的投资收益在中国境内扩大投资的，依法享受相应的优惠待遇。

实务中的外国投资者设立的投资公司、创业投资公司、股权投资企业，以及投资于私募基金等都可归入投资性外资企业类别中，并遵守与之相应的管理要求。比如，2016年中国证券投资基金业协会发布的《私募基金登记备案相关问题解答（十）》中就明确了外商独资、合资私募证券基金及私募股权基金管理机构应当进行私募证券基金管理人登记。

此外，有关外汇和资本金再投资的管理，也是外商股权投资需要关注的事项。2019年10月30日，《国务院关于进一步做好利用外资工作的意见》，明确提出鼓励外商投资企业资本金依法用于境内股权投资。同日发布的《国家外汇管理局关于精简外汇账户的通知》也进一步明确了非投资性外商投资企业以原币划转或资本金结汇方式开展境内股权投资的路径。2020年2月，国家外汇管理局取消了非以投资为主要业务的外商投资企业资本金境内股权投资限制，允许非投资性外商投资企业在不违反现行《外商投资准入特别管理措施（负面清单）》且境内所投项目真实、合规的前提下，依法以资本金进行境内股权投资。

而针对金融机构等特殊行业的外资股权比例限制也在进一步地减少和取消。2017年11月，财政部宣布取消对中资银行和金融资产管理公司的外资单一持股不超过20%、合计持股不超过25%的持股比例限制，实施内外一致的银行业股权投资比例规则。2018年4月27日，《中国银行保险监督管理委员会办公厅关于进一步放宽外资银行市场准入有关事项的通知》和《中国银行保险监督管理委员会关于放开外资保险经纪公司经营范围的通知》，以及4月29日证监会发布的《外商投资证券公司管理办法》也都规定将外资股权比例从49%提到51%。而国务院在2019年发布的《关于进一步做好利用外资工作的意见》中则指出，2020年取消证券公司、证券投资基金管理公司、期货公司、寿险公司外资持股比例不超过51%的限制。2020年6月24日，发改委、商务部发布2020年版外商投资准入负面清单，正式取消了证券公司、证券投资基金管理公司、期货公司、寿险公司的外资股比限制。

（四）特殊的外商股权投资

在外商股权投资中，外资身份、投资领域、股权投资行为等都是投资者和目标公司需要关注的首要问题。而就股权投资而言，同样需要注意诸如跨境换股、返程投资、VIE等特殊的外商股权投资交易所涉及的不同法律问题。

（1）跨境换股是指境外公司的股东以其持有的境外公司股权，或者境外公司以其增发的股份作为支付手段，购买境内公司股东的股权或者境内公司增发股份的行为。实际上，跨境换股也可以说是一种股权投资交易的对价支付方式，实务中以换股+现金支付的方式进行股权交易的行为非常普遍。

（2）返程投资是指境内居民直接或间接通过特殊目的公司对境内开展的直接投资活动，即通过新设、并购等方式在境内设立外商投资企业或项目并取得所有权、控制权、经营管理权等权益的行为。而控制则包括境内居民通过收购、信托、代持、投票权、回购、可转换债券等方式取得特殊目的公司的经营权、收益权或者决策权。

根据外商投资相关规定，境内公司、企业或自然人以其在境外合法设立或控制的公司并购与其有关联关系的境内公司，按照外商投资、境外投资、外汇管理等有关规定办理。中国投资者在境外设立的参股企业、控股企业或全资企业进行的返程投资仍将被视为外商投资并受负面清单及外商投资法框架下其他涉及外商投资规定的制约。

第七章
股权投资担保

概　述

股权担保是各类项目实务中经常使用的保障措施。担保在本质上是为了确保债权的实现，由债务人本人或者第三人提供的履约保障措施。根据民法典的规定，债权人在借贷、买卖等民事活动中，为保障实现其债权，需要担保的，可以依照本法和其他法律的规定设立担保物权。当然，实践中能够设立担保的不仅仅限于借贷、买卖等经济活动，加工承揽、运输等还会用到留置担保。而且，在现实商业世界中，如公司并购、股权投融资、大型基础设施项目融资等项目中都会运用担保作为项目实施的保障措施。

股权担保是担保的具体运用形式之一，其主要特点和基本原则在于担保行为的附属性，其目的和功能在于保障主合同债务的实现。根据民法典的相关规定，担保合同是主债权债务合同的从合同。主债权债务合同无效，担保合同无效，但法律另有规定的除外。

一、担保法律关系

在设立担保法律关系的交易架构中，主要涉及两种基本的合同法律关系：一种是债权人和主债务人的法律关系，另一种是基于主合同建立的担保合同，通常在担保人与被担保人（主债务人）之间设立。就担保关系的设立形式来看，也并没有特殊的限定，但应当采取书面形式。实务当中，担保可能是当事人之间的书面合同，包括当事人之间的具有担保性质的信函、传真等，同时也可能是主合同中的担保条款。

（一）法定的担保形式

担保的方式，从基本属性上来讲，可以分为人保和物保两大类。按照民法典的相关规定，实践中常用的担保方式主要包括保证、抵押、质押、留置和定金，以及非典型的担保方式，并且这几种担保方式也经常会结合在一起使用。

1. 保证

保证是为保障债权的实现，保证人和债权人约定，当被保证人，即债务人，不履行到期债务或者发生当事人约定的情形时，由保证人履行债务或者承担责任的担保方式。与其他几种担保方式不同，保证是较为典型的人保，是以被保证人的信用为基础的担保。

保证在法律上可以分为一般保证、连带保证和最高额保证三种方式。需要注意的是，根据民法典的规定，连带保证必须在保证合同中明示，如果合同中没有约定或约定不明确的，则只能推定为一般保证，从而改变了以前法律关于合同无约定即为连带保证的规定。连带保证的主要特点在于对于主债务的履行，债务人和保证人没有履行先后之分，债权人对主债务的履行人享有选择权。而最高额保证是保证人按照约定的最高限额，对债务人在一定期限内发生的债务提供的保证。其特点在于保证人承担履行的债务具有连续性，并且是否能够最终达到承诺担保的最高额却是不一定的。

在某轮胎公司与某银行天津分行、河北某公司借款担保合同纠纷案①中，某轮胎公司与河北某公司于2004年6月18日签订《互保合同》，约定互相为对方的银行贷款提供信用担保，担保数额为单笔本金不超过人民币7000万元，担保总额不得高于人民币2亿元。2005年5月至10月，某银行与河北某公司之间发生4笔融资业务。2005年5月某银行与某轮胎公司签署了《最高额保证合同》，某轮胎公司向某银行承诺，为河北某公司自2005年5月16日至2006

---

① 《某轮胎公司与某银行天津分行、河北某公司借款担保合同纠纷案》，载最高人民法院网站，http：//gongbao. court. gov. cn/Details/645578a32a2f2c58db536ddee0f166. html，2022年7月17日访问。

年5月16日期间发生的最高额度为人民币7000万元的授信提供担保，保证方式为连带责任担保。后因河北某公司和某轮胎公司未能履行还款及担保责任，某银行要求某轮胎公司对上述债务承担连带保证责任未果，某银行遂起诉至法院。

最高人民法院经审理后认定，法律规定中的最高额保证，通常是为将来一定期间连续发生的债务提供保证，其中某一笔交易的效力并不影响《最高额保证合同》的效力，而普通保证则因主合同无效而无效。因此，最高额保证与普通保证最大的区别，即在于最高额保证与主债务的关系具有更强的独立性。最高额保证人的责任是在订立合同时确立的，通过最高额保证期间和最高限额限定保证责任，即只要是发生在最高额保证期间内、不超过最高限额的债务余额，最高额保证人均应承担保证责任。在最高额保证的情形下，即使主债务无效，基于主债务无效而确定的债务额也要作为最高额保证计算债务余额的基数。

2. 抵押

抵押担保的特点在于债权人可以通过不转移占有的方式，以债务人或者第三人的抵押物作为债权的担保，并在债务人不履行债务时，以该抵押物折价或者以拍卖、变卖的价款获得优先于普通债务的受偿权。抵押担保的一个特点是登记对抗主义，虽然登记采用强制登记和自愿登记相结合的原则，但是，抵押只有经过登记才能对抗善意第三人的权利主张。

在实务中，采用资产抵押的方式为股权投融资提供保障是经常采用的方式，包括动产浮动抵押和最高额抵押。抵押权所对应的财产包括动产和不动产，法律对于财产的类型和形式也没有特殊的规定。例如，民法典规定，企业、个体工商户、农业生产经营者可以将现有的以及将有的生产设备、原材料、半成品、产品进行抵押，债务人或者第三人可以将建筑物、在建工程、船舶、航空器或者审查设备、原材料等进行抵押。实务当中，较为常见的抵押物是车辆、土地、建筑物、设施设备等。但是，在实务中，投资人在进行抵押时还应当注意法律的禁止性规定，如所有权和使用权不明，或者存有争议的财产，以及公益性质的教育、医疗等设施都不得作为抵押物，否则，相应的抵押不具有法律效力。

另外，在考虑以抵押方式作为股权投融资的担保措施时，还应当注意有关“流押”的法律问题。根据民法典等法律规定，法律也明令禁止“流押”，即抵押权人在债务履行期届满前，与抵押人约定债务人不履行到期债务时抵押财产归债权人所有的，只能依法就抵押财产优先受偿，而不能直接取得该财产。实务中，债务人不履行债务时，抵押权的实现方式主要是通过折价或者以拍卖、变卖抵押财产获得的价款优先受偿。否则，此类约定不具有法律约束力，禁止“流押”的立法目的主要在于防止损害抵押人的利益，以免造成对抵押人实质上的不公平。

3. 质押

抵押物可以是动产或不动产，与抵押不同，质押在法律上可以是动产质押和权利质押两种不同的形式，并且以担保物的转移占有为特点。前者是债务人或者第三人将其动产移交债权人占有，将该动产作为债权担保的形式，后者的特点在于以权利的占有作为债务履行的担保，因此也被称为“权利质”。公司以股权质押就是典型的权利质。

由于公司的特性，股权质押有着较为严格的条件。根据公司法的规定，公司向其他企业投资或者为他人提供担保，依照公司章程的规定，由董事会或者股东会、股东大会决议；公司章程对投资或者担保的总额及单项投资或者担保的数额有限额规定的，不得超过规定的限额；公司为公司股东或者实际控制人提供担保的，必须经股东会或者股东大会决议。如果公司的法定代表人违反公司法关于公司对外担保决议程序的规定，超越权限代表公司与相对人订立担保合同，相对人善意的，担保合同对公司发生效力，公司应承担担保责任；如果相对人非善意的，担保合同对公司不发生效力，相对人请求公司承担赔偿责任的，则需要根据债权人、担保人的过错确定各自的责任份额①。

同样地，与“流押”类似，目前民法典等法律也一并禁止当事人之间的“流质”的约定和做法。股权投融资的交易双方也应当注意避免进行类似的约定和安排。

---

① 参见《最高人民法院关于适用〈中华人民共和国民法典〉有关担保制度的解释》第7条。

4. 留置

留置，是指债务人不履行到期债务的，债权人可以留置已经合法占有的债务人的动产并有权就该动产优先受偿，债务人逾期未履行债务，留置权人可以与债务人协议以留置财产折价或者以拍卖、变卖该财产的价款优先受偿。留置权的行使有着一定的条件，如对于因履行保管合同、运输合同、加工承揽合同发生的债权，如果债务人不履行债务的，债权人依法享有留置权。并且，留置只能针对动产而不能是不动产。

从诚实信用的角度来看，相互协作，给予违约行为人一定的改正机会有助于合同的履行和争议的解决，如通知、协助、给予宽限期等，这一规则也同样适用于留置权的行使。而且，需要强调的一点是，"留置权是依法产生的担保物权，本已对债权人相对有利，为了平衡债权人和债务人之间的利益关系，在债权人处分留置物的问题上采取了较为慎重的态度，给债务人留有较为充分的偿还债务的期限"①。也正因如此，民法典规定，留置权人与债务人应当约定留置财产后的债务履行期限，没有约定或者约定不明的，留置权人应当给债务人六十日意思履行债务的期限。因此，可以说债权已届清偿期并留置财产只是债权人行使留置权的前提条件，只有经过宽限期，债权人才可以通过折价、拍卖、变卖等方式处置留置物。

5. 定金

定金也属于典型的物保形式，依照民法典的规定，当事人可以约定一方向对方给付定金作为债权的担保，债务人履行债务后，定金应当抵作价款或者收回。理论上对于定金的法律性质有着不同的看法，但一般认为，目前定金兼有违约定金和证约定金的效力。并且，定金合同作为实践性合同必须实际交付才能产生法律上的效力。不过定金以合同金额的20%为限，超过部分则不产生定金的法律效力。并且，如果实际交付的定金数额多于或者少于约定数额的，视为变更约定的定金数额。

定金作为担保方式，与其他担保最为重要的区别就是其定金罚则，即给付

① 最高人民法院民法典贯彻实施工作领导小组主编：《中华人民共和国民法典物权编理解与适用》，人民法院出版社2020年版，第1303页。

定金的一方不履行债务或者履行债务不符合约定，致使不能实现合同目的的，无权请求返还定金；收受定金的一方不履行债务或者履行债务不符合约定，致使不能实现合同目的的，应当双倍返还定金。

但就定金罚则的适用，应当在合同中表述清楚，否则容易引发歧义。在某新材料公司等定金合同纠纷申请再审案[①]中，法院就认为涉案款项虽名为“定金”，但并未约定适用定金罚则，因此不属于定金担保，其法律特性实为预付款。尽管对于此案定性的分析存在不同的理解，但在股权交易实务中，明确写明定金的处理不失为减少争议的有效措施。

（二）股权投资与混合担保

在股权投融资交易实务当中，多数情况下是投资人为了保障资金安全而要求债务人以其自身或者第三人的股权作为融资的担保，或者是融资方以自身股权作为对价或者担保以换取投资人的资金，并且对股权进行锁定和抵押登记，以确保将来交易的实现，或者是为了股权交易，利用保证、其他财产抵押等方式进行担保。不管何种方式，股权质押在交易实务中都具有显而易见的保障功能。

当然，不可否认的是，实务中股权质押与其他担保方式混合使用的情形也比较常见。如前文所述，担保有人保和物保之分，人保即保证，分为一般保证和连带保证，而物保又有质押、抵押、定金、留置之分。为了保障交易，投融资双方经常会同时使用抵押、保证、质押等方式，而如何合理地使用这些不同的担保方式，如何处理这些不同的担保措施对股权投资交易的保障和影响，都是各方交易主体需要密切关注的法律难题之一。

1. 股权质押与其他担保的关系

股权质押从法律性质上与抵押、保证等其他担保方式一样，都属于法定的债务担保方式，也都是主债务合同的从合同，担保的从属性具体表现在股权质

---

① 《某金属公司、某新材料公司等与某金属制品公司、某新材料有限公司等定金合同纠纷申请再审民事裁定书》，载中国裁判文书网，https：//wenshu. court. gov. cn/website/wenshu/181107ANFZ0BXSK4/index. html? docId=5759ee930b8a4dda96efe5ce73b26575，2022 年 7 月 17 日访问。

押成立和权利消灭的从属性、效力的从属性、内容和范围的从属性等方面。担保的从属性也从另一方面说明了股权质押等担保方式与主债权之间具有不可分割的特性。另外，为债务人提供担保的第三人在承担担保责任后也仍然有权向债务人追偿。

不可否认，股权质押与其他担保方式都有不同的方面。尽管股权质押与抵押、留置一样，都属于物保的方式，即以特定担保物价值的请求权为基础。但股权质押是质押的特殊形式，属于权利质押的一种，它的主要特殊性在于它是以股权作为质押标的物而设立的担保，其客体和对象以“无形客体”为特征。而实务中常用的抵押和留置，包括动产质押，虽然同属于物保，但其担保物通常是一定的有形资产。

另外，提供股权质押担保的既可以是债务人本人，也可以是第三人。定金和保证在担保法上通常被称为“钱保”和“人保”，严格来讲，两者具有债权性质，有别于股权担保方式，定金则只能由本人提供，保证只能由第三人提供。并且，与此两者的不同还在于股权质押应当依法予以登记方能对抗第三人的权利主张。

2. 人保和物保并存

在投融资商业交易中，同时采用股权质押、资产抵押和保证人担保，即混合担保的方式并不鲜见，如在风险投资中，投资人除要求拟投资的目标公司进行股权质押外，还通常会要求大股东、创始人等提供保证。在此类情形下，债权人和债务人都应该注意当股权质押与保证人的保证方式并存时，债务偿还的优先顺序，以求最终实现担保的初衷。

关于人保和物保并存时的处理，首先仍然遵循意思自治的基本原则。对此，原《物权法》第176条就有明确的规定，即在主债务既有人保又有物保的情形下，首先需要根据双方当事人的约定来确定主债务的履行；但是，如果双方当事人没有约定或者约定不明确时，按照原《担保法》第28条的规定，同一债权既有保证又有物的担保的，保证人对物的担保以外的债权承担保证责任。而与此类似，原《物权法》第176条也明确规定了，债权人应当先就债务人自己提供物的担保来实现债权；但若是第三人提供物的担保的，债权人则有自主选择权，即可以就物的担保实现债权，也可以要求保证人承担保证责任。从上述两部法律有关规定中可以看出，物权法对担保法中关于人保和物保并存的情形作了不同的规定。

而随着民法典的实施，物权法和担保法同时被废止，在具体实践中应当严格依据民法典的相关规定。但是，应当注意的是，这并不意味着民法典抛弃了物保相对优先的基本精神。民法典第 392 条是在物权法和担保法物权优先原则的基础上，融合了意思自治的法律权衡，并保留了物权法第 176 条的内容，以满足更加丰富的现实需求。

以某银行乾安县支行与江苏某公司、上海某实业公司保证合同纠纷案①为例，江苏某公司、上海某实业公司于 2011 年 2 月 25 日成为某公司的股东，各占 31%股权。6 月 27 日，江苏某公司、上海某实业公司分别在某银行乾安县支行出具的《银行保证担保调查情况表》上签字盖章，确认自愿为某公司提供金额为 20670. 7 万元的贷款担保，并承担连带责任。此后，某公司与某银行乾安县支行先后签署多份借款合同。6 月 28 日，某公司与某银行乾安县支行签订了《最高额抵押合同》，以中长期贷款、土地使用权作为抵押物，并约定："当债务人未履行债务时，无论抵押权人对所担保的主合同项下的债权是否拥有其他担保，抵押权人均有权直接要求抵押人在其担保范围内承担担保责任。"同时，在其他若干借款合同中又约定了保证和抵押担保方式，担保物为机器设备、房产。《保证合同》中也约定："当债务人未履行债务时，无论债权人对主合同项下的债权是否拥有其他担保，债权人均有权直接要求保证人承担担保责任。"其后，因某公司未履行偿债义务，某银行乾安县支行于 2015 年 2 月 4 日分别通知江苏某公司、上海某实业公司履行担保责任未果，并由此诉至法院。

在诉讼中，当事人双方就案件中涉及的保证和抵押担保的适用问题各执一词。最高人民法院在二审中认为关于人保和物保并存的处理，可作以下三种情形的具体把握：

第一种情形是对实现担保物权有明确约定的情形。在此情形下，无论是对

---

① 《某银行乾安县支行与江苏某公司、上海某实业公司保证合同纠纷二审民事判决书》，载中国裁判文书网，https：//wenshu. court. gov. cn/website/wenshu/181107ANFZ0BXSK4/index. html？ docId = 24f289cff19941d5bbefd495deb2b362，2022 年 7 月 17 日访问。

人的担保合同还是对物的担保合同，均要审查是否存在“当事人约定的实现担保物权的情形”。如果有此约定，则应当按照该明确约定实现债权。很显然，此情形隐含着意思自治可以排除物保优先的精神，实际上是将契约自由精神摆在更加重要的法律地位。但此情形下，依然要围绕实现担保物权的约定进行审查，其实质同样体现着物保优先的法律原则。

第二种情形即先就债务人的物保实现债权的情形。经审查人保合同与物保合同，对实现担保物权的情形没有约定或者约定不明确时，则债权人应当先就债务人提供的物保实现其债权，不得绕过债务人的物保而径行追究人保合同项下保证人的保证责任。此等情形，更是直接体现着物保优先的原则，尽管是针对债务人的物保优先而言。

第三种情形是债权人对第三人提供的物保选择实现债权的情形。由于提供物保的主体存在差异，即物保系债务人以外的第三人所提供，则债权人既可选择向第三人物保实现债权，也可依据人保合同向保证人实现债权，或者同时向第三人物保以及人保提供者主张实现债权。此类情形，尽管赋予债权人以选择权，但适用的前提是当事人没有关于实现担保物权的明确约定，因此依然体现着物保优先原则与意思自治原则相结合的审查要求。

尽管有上述民法典的规定，以及最高人民法院的案例，实践中对于人保和物保并存时的处理也仍然会产生不同的观点和意见①，各地法院也多有不同判决，从而使之成为司法实践的难点问题之一。

因此在股权投资实务中仍应当关注此类法律风险，提前做好相应的预防措施。

3. 多重物保的处理

除前述的人保和物保的混合共同担保情形外，股权质押与其他类型的抵押等多重物保方式同时并存的情形也并不鲜见。而物保同样也存在主债务人提供和第三人提供之分，由此产生的法律关系和权利救济途径也会有所不同。

需要关注的是，遵照当事人意思自治仍然是处理多重物保混合情形的基本原则。若当事人对于担保权益实现的先后顺序、比例等并无明确约定，按照民

① 高圣平：《混合共同担保的法律规则：裁判分歧与制度完善》，载《清华法学》2017 年第 5 期。

法典第409条以及第435条之规定，债务人以自己的财产设定抵押/质权，抵押/质权人放弃该抵押/质权、抵押/质权的顺位或者变更抵押/质权的，其他担保人在抵押/质权人丧失优先受偿权益的范围内免除担保责任，但其他担保人承诺仍然提供担保的除外。

但是，不难看出，上述关于物权混合担保的情形均是仅针对担保权人放弃其中某一项权利时的处理方式，而没有从正面回答和规定担保权利人在没有放弃其中的一项或者多项担保权利，实际上仍然同时存在同一类型或者不同类型的物权担保时如何处理的问题。

对此，《全国法院民商事审判工作会议纪要》作了明确的规定，即同一动产上同时设立质权和抵押权的，应当根据是否完成公示以及公示先后情况来确定清偿顺序：质权有效设立、抵押权办理了抵押登记的，按照公示先后确定清偿顺序；顺序相同的，按照债权比例清偿；质权有效设立，抵押权未办理抵押登记的，质权优先于抵押权；质权未有效设立，抵押权未办理抵押登记的，因此时抵押权已经有效设立，故抵押权优先受偿。

在股权投融资实务中，若涉及在同一财产上同时设定不同的质权时，质权人还需要提前了解并注意其权利实现的先后顺序，否则，相应的权利能否顺利实现将会存在一定的风险。

从实践的角度来看，如前所述，股权投资涉及的融资担保方式多种多样，对于物权担保的使用也呈现出丰富多彩的状态。除股权本身进行质押外，还可能涉及应收账款、项目收费权等收益权质押等，综合运用不同的担保方式和措施，以及设置消极担保条款等，对于投资人和融资方都有非常现实的意义，能够有效地实现股权投资交易的保障和制约功能。

4. 反担保

与股权投资中的担保相对应，实务中也会涉及反担保的情形。反担保也称"求偿担保"，是指保障债务人之外的担保人在承担担保责任之后，为实现对债务人的求偿权，由债务人向担保人提供的担保①。

依据民法典的规定，第三人向债权人提供担保的，也可以同时要求债务人

① 程啸：《担保物权研究》，中国人民大学出版社2017年版，第51页。

提供反担保。由此，在主担保法律关系之外，还形成了担保人和债务人之间的反担保法律关系。反担保人既可以是债务人，也可以是债务人之外的其他人；反担保的方式既可以是债务人提供的抵押或者质押，也可以是其他人提供的保证、抵押或者质押。

从法律属性和构成要件上来看，担保和反担保是一致的，对于民法典中关于禁止用于担保的财产和主体、担保无效情形、担保实现、禁止流质流押、反担保的从属性质等规定也同样适用于反担保。

反担保中特别应当注意的一点是其所对应的主债权是基于担保产生的法律关系，即担保人与债务人之间的法律关系，而不是担保关系所对应的主债权。

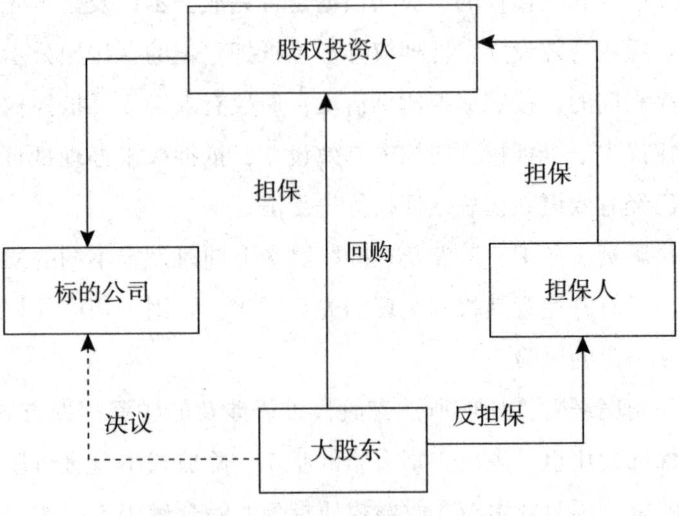

图 7.1　担保和反担保关系图

（三）股权担保的实现

众所周知，担保权利设置的目的是给予债权人对到期债务无法实现时的优先保障，因此，在出现可以追索担保权利的情形下，如何实现权益变现，满足设置股权质押的初衷应该是各方当事人需要提前关注的事项，并且应当在进行股权投资交易和签署协议时予以明确各类股权担保的先后顺序，以保障各担保权人的优先受偿权。

1. 股权担保的范围

根据民法典有关物权、担保的相关规定，除非双方当事人另有约定，在股权担保法律关系中，债权人在担保权利项下的担保范围也即担保人承担的责任范围，或者说担保物权人享有优先受偿权的范围，它一般包括主债权及其利息、违约金、损害赔偿金、保管担保财产以及实现担保权利的费用。如果没有特别约定，担保人应当对全部债务承担责任。同时，对于担保物权在担保期间毁损、灭失或者被征收等获得的保险金、赔偿金、补偿金等，担保物权人也有权优先受偿。

尽管有上述规定，实践中对于作为担保范围的损害赔偿金也容易引发争议。除非在合同中有具体的约定，损害赔偿通常包括直接损失和间接损失。民法典第 584 条即规定了损失赔偿额包括合同履行后可以获得的利益。在某资产管理公司甘肃分公司与某房地产公司等债权债务概括转移合同纠纷案①中，最高人民法院就认为，合同违约“造成的损失”不仅仅是指实际损失，还应包括合同履行后可以获得的利益。同时，在当前市场主体违约情形比较突出的情况下，如果仅将违约成本控制在实际损失，不利于对守约方的保护。违约行为通常导致可得利益损失，只有对可得利益损失进行弥补，才能与违约金以“补偿性为主，惩罚性为辅”的性质相符合。该案从司法和商业实践的角度为可得利益的赔偿提供了依据。

由于对法律规定的物权担保范围所包括的损害赔偿金并无特定的限制，因此，可得利益等间接损失也属于担保范围。但是，尽管有此规定，实践中对此会有不同的理解和处理方式，并且仍然应当注意对于间接损失的界定，避免出现承担无限责任的情形，同时，也应当遵守损失的可预见性规则以及减损规则，以确保双方合法权益的实现。司法实践中认定可得利益损失的标准是“从非违约方主张的可得利益赔偿总额中扣除违约方不可预见的损失、非违约方不当扩大的损失、非违约方因违约获得的利益、非违约方亦有过失所造成的损失

---

① 《某资产管理公司甘肃省分公司与某房地产公司、某实业有限公司等债权债务概括转移合同纠纷》，载中国裁判文书网，https：//wenshu. court. gov. cn/website/wenshu/181107ANFZ0BXSK4/index. html?docId=0b1eedc889c14ae499b6a99f00af9059，2022 年 7 月 17 日访问。

以及必要的交易成本”。当然，实务中，如果双方发生争议，则需要就可得利益的具体金额进行计算，并由提出主张的一方承担举证责任，为此，双方有必要在合同中明确具体损失金额的计算方式。

2. 股权担保的实现途径

通常情况下，债权人实现担保权利的方式既可以是通过与债务人协商以折价、拍卖或者变卖获得的价款优先受偿，也可以通过向法院起诉来实现债权。这也是民法典许可的担保债权的实现方式。而实务中，在相关的担保有效存续的条件下，除上述较为常见的担保实现方式外，还可以借助于法律规定的特殊程序和救济途径来实现担保权益。

（1）担保物权的变现

正如本章前文所述，由于中国法律禁止“流质”“流押”，即民法典第 401 条、第 428 条均明确禁止在债务履行期满之前，抵押人、出质人与债权人约定，债务人不履行到期债务时，不经清算程序而直接将担保物转归债权人所有的行为。因此，股权投资实务中若要有效地实现担保物权，则还应当特别注意对于担保物的处理，避免在投资协议、担保协议中出现诸如“逾期未清偿到期债务，则相关抵押物、质押物归债权人所有”的表述或者相类似的其他表述，也不宜采用变更所有权的方式直接以担保物抵债。禁止“流质”和“流押”的原因在于保护债权人的合法权益，体现双方公平、等价有偿的原则，同时也是抵押权的本质和权属价值的体现。

换言之，按照目前的法律规定，对于融资方提供的各类抵押物、质押物，投资人最终只能通过拍卖、变卖或者双方协商折价的方式履行到期债权。如果允许“流质”“流押”，容易出现损害债务人权益的情形。但如果是担保债权清偿期已经届满，而债权人和担保人双方经协商后通过对抵押物、质押物的折价从而由债权人取得抵押财产、质押财产的所有权，则并不属于法律禁止的流质契约[①]。这是因为，在这种情况下债权人和抵押人双方实际上已经对抵押物、

① 《某铝业公司、某控股集团公司与某投资公司一般股权转让侵权纠纷审判监督民事判决书》，载中国裁判文书网，https：//wenshu. court. gov. cn/website/wenshu/181107ANFZ0BXSK4/index. html？docId = 0e5b77d83e7346c787331ffeebb52560，2022 年 7 月 17 日访问。

质押物进行了估价、变卖和变现，符合法定的折现的程序化和实体要件。

（2）支付令和公证债权文书

对于担保权益的实现，除传统的起诉到法院或申请仲裁，并由法院根据主债权情况进行拍卖、变卖外，实际上，笔者认为还可以考虑通过民事诉讼法中的一些特别程序来实现，如支付令、公证债权文书、司法确认等方式，这几项实质上都属于非诉讼程序，并且实务中还可以考虑根据不同的情况结合在一起使用。

①支付令程序

支付令也即民事诉讼法中所规定的督促程序，是指人民法院根据债权人的申请，依法向债务人发出的限期履行给付金钱或有价证券的法律文书。根据民事诉讼法第214条的规定，债权人请求债务人给付金钱、有价证券，符合下列条件的，可以向有管辖权的基层人民法院申请支付令：

1）债权人与债务人没有其他债务纠纷的；

2）支付令能够送达债务人的。

除此之外，申请支付令还应当满足给付标的为金钱或者有价证券并且已经到期、数额确定[①]这一实质性条件。

实务中，支付令申请书应当写明请求给付金钱或者有价证券的数量和所根据的事实、证据。如果债务人在收到支付令后15日内，不向法院提出书面异议即可实现债权。如果债务人对债权债务关系本身没有异议，仅是对清偿能力、清偿期限、清偿方式、变更清偿等提出不同意见的，则不会影响支付令的效力。若债务人逾期不提出异议又不履行支付令的，债权人即可以向法院申请强制执行。

笔者认为，在设定担保的股权投资中，尤其是在采用独立担保或连带责任保证的情形下，如果对主债权债务本身的关系和金额没有异议，而且担保关系明确并且担保额也是确定的，债权人和担保人仅就担保权益如何实现、何时实现的问题存在不一致的意见，债权人或可据此直接申请向主债务人、担保人发出支付令，减少诉讼程序的影响，加快债权和担保权益的实现。当然由于实践

---

① 参见《最高人民法院关于适用〈中华人民共和国民事诉讼法〉的解释》第429条。

的多样性，对于支付令的申请本身也会存在诸多的制约因素，如一旦债务人提出异议，支付令即告失效。因此，是否适用该程序也需要个案分析和决定。

②公证债权文书程序

公证债权文书是指对经过公证机关依法公证的以给付为内容，并载明债务人愿意接受强制执行承诺的债权文书，在债务人不履行或者履行不适当时，债权人可以依法向有管辖权的法院申请强制执行。该程序在民事诉讼法第 238 条中也有着明确的规定。

就担保关系中涉及的公证债权文书的处理，最高人民法院也作了相应的系列规定：

1）公证债权文书赋予强制执行效力的范围同时包含主债务和担保债务的，人民法院应当依法予以执行；仅包含主债务的，对担保债务部分的执行申请不予受理；仅包含担保债务的，对主债务部分的执行申请不予受理。

2）公证债权文书对主债务和担保债务同时赋予强制执行效力的，人民法院应予执行；仅对主债务赋予强制执行效力未涉及担保债务的，对担保债务的执行申请不予受理；仅对担保债务赋予强制执行效力未涉及主债务的，对主债务的执行申请不予受理。

3）人民法院受理担保债务的执行申请后，被执行人仅以担保合同不属于赋予强制执行效力的公证债权文书范围为由申请不予执行的，不予支持。

由此可见，公证债权文书的主体仍然是债权人和债务人，但并不仅限于主债权人和主债务人。这里还可以包括担保权人、担保人、反担保人等主体。但是应当注意，不论是哪一类主体，必须是在自愿的情况下，并由依法设立的公证机关制作公证债权文书。

（3）担保债权的清偿

债权担保方式中，保证、定金和留置不需要履行特定的登记程序，而质押和抵押则以登记为要件，否则无法对抗善意第三人。债权人与担保人订立担保合同，约定以法律、行政法规未禁止抵押或者质押的财产设定以登记作为公示方法的担保，因无法定的登记机构而未能进行登记的，也不具有物权效力。当事人可以请求按照担保合同的约定就该财产折价、变卖或者拍卖所得价款等方式清偿债务，但对其他权利人不具有对抗效力和优先性。

因此，在股权投资中，若涉及担保清偿先后顺序，首先需要关注各担保方式是否办理登记，以及担保设定时间的先后。如本章前文所述，在涉及复杂的多类型担保时，如果是在人保和多重物保并存的情况下，那么提前在相应的交易文件中进行约定，并办理登记手续就显得尤为重要。

在实务中，投融资双方还需要注意的是共同抵押的清偿问题。共同抵押是指在同一财产上设置两个以上抵押作为主债权的担保。同时，民法典也规定了两个以上单位、个人共同享有担保物权的，可参照按份共有或者共同共有的方式处理担保权人之间受偿的份额；如果两个以上按份共有人主张优先购买且协商不成时，则依照下列规则清偿：

①抵押权已登记的，按照登记的先后顺序清偿；顺序相同的，按照债权比例清偿；

②抵押权已登记的先于未登记的受偿；

③抵押权未登记的，按照债权比例清偿。

3. 无效担保及其处理

作为股权投资的保障措施，必须确保其有效性。因此，在处理担保事务时，一个首要的前提性的重要议题就是避免无效担保，并需要对无效担保的处理提供预先的风险防范措施。

(1) 担保无效的情形

依据民法典有关物权和担保的相关规定，除非法律另有规定，主债务合同无效，那么担保合同也无效。这一原则在股权投资及其担保法律关系中也一样。担保合同作为股权投资合同项下的主债务的担保，如果主合同被认定为无效，那么担保合同也同样归于无效。

除此之外，对于担保法律关系的成立，法律也有其特殊的要件构成的规定，如果欠缺法定的构成要件，所设立的担保也属于无效。具体来说包括：

①国家机关和以公益为目的的事业单位、社会团体违反法律规定提供担保的；

②董事、经理违反公司法的规定，以公司资产为本公司的股东或者其他个人债务提供担保的；

③以法律、法规禁止流通的财产或者不可转让的财产设定担保的。通常情况下，现金因为不具有特定性，很难作为担保物，但是，中国人民银行也曾提出，以银行存款作贷款担保的行为，不违反相关担保的规定，为有效的担保行为。[①] 同样，对于提供贷款或其他信用产生的债权也可以作为担保权利的标的物。[②]

（2）担保无效的后果和处理

担保无效包括主合同无效导致的担保合同无效以及主合同有效而担保合同无效两种不同的情形。依据民法典的规定，担保合同被确认无效后，债务人、担保人、债权人有过错的，应当根据其过错各自承担相应的民事责任。由此可见，法律对于无效担保的法律后果采用过错责任的归责原则。

①主合同和担保合同均无效

根据上述原则，最高人民法院进一步明确规定，在主合同和担保合同均无效的情况下，如果是因为主合同无效而导致第三人提供的担保合同无效，而担保人无过错的，担保人不承担民事责任；担保人有过错的，担保人承担民事责任的部分，不应超过债务人不能清偿部分的1/3[③]。并且，承担了担保责任或者赔偿责任的担保人还可以向债务人追偿，或者在承担赔偿责任的范围内，要求有过错的反担保人承担赔偿责任[④]。

②主合同有效担保合同无效

针对主合同有效而第三人提供的担保合同无效的情形，最高人民法院也明确应当区分不同情况确定担保人应否以及如何承担赔偿责任：1）债权人与担保人均有过错的，担保人承担的赔偿责任不应超过债务人不能清偿部分的1/2；2）担保人有过错而债权人无过错的，担保人对债务人不能清偿的部分承担赔偿责任；3）债权人有过错而担保人无过错的，担保人不承担赔偿责任[⑤]。同

---

① 参见《中国人民银行关于企业以存款作贷款担保是否符合〈中华人民共和国担保法〉的复函》（银条法〔1998〕69号，1998年11月27日）。

② 参见《动产和权利担保统一登记办法》第3条。

③ 参见《最高人民法院关于适用〈中华人民共和国民法典〉有关担保制度的解释》第17条。

④ 参见《最高人民法院关于适用〈中华人民共和国民法典〉有关担保制度的解释》第18条、第19条。

⑤ 参见《最高人民法院关于适用〈中华人民共和国民法典〉有关担保制度的解释》第17条。

样，担保人承担赔偿责任后，也仍然有权向债务人或者反担保人追偿。

需要注意的是，对于此类无效担保，尽管有缔约过失责任的成分，但是最高人民法院的司法解释并未根据缔约过失责任将赔偿范围限定在债权人的信赖利益损失上，而是将连带责任的赔偿范围扩大至债权人的全部损失。

当然，就缔约过失责任本身而言，也会牵涉诸多的法律问题。例如，在某矿业公司、某市财政局股权转让纠纷案[①]中，双方对于缔约过失责任的赔偿范围是否包括可得利益损失产生争议，最高人民法院经审理后认为：某市财政局对某矿业公司所主张的可得利益损失应予适当赔偿。其理由如下：

第一，当事人客观合理的交易机会损失应属于缔约过失责任赔偿范围。通常情况下，缔约过失责任人对善意相对人缔约过程中支出的直接费用等直接损失予以赔偿，即可使善意相对人利益得到恢复。但如果善意相对人确实因缔约过失责任人的行为遭受交易机会损失等间接损失，则缔约过失责任人也应当予以适当赔偿。

一方面，免除缔约过失责任人对相对人间接损失的赔偿责任没有法律依据；另一方面，缔约过失责任人对于相对人客观合理的间接损失承担赔偿责任也是贯彻诚实信用原则，保护无过错方利益的应有之义。虽然交易机会本身存在的不确定性对相应损害赔偿数额的认定存在影响，应当根据具体案情予以确定，但不应因此而一概免除缔约过失责任人的间接损失赔偿责任。

第二，关于某市财政局应否对某矿业公司其他损失承担赔偿责任的问题。

首先，某市财政局恶意阻止合同生效的过错明显；

其次，某矿业公司因某市财政局的不诚信行为存在客观现实的交易机会损失；

最后，某市财政局对某矿业公司交易机会损失承担赔偿责任是维护公平正义和市场交易秩序的需要。一方面，某市财政局对某矿业公司交易机会损失承担赔偿责任符合公平原则。某市财政局所获得的股权出售价差利益，是以某矿业公司丧失购买涉案股权的机会为代价。在某市财政局因其过错行为获得利益

① 《某矿业公司、某市财政局股权转让纠纷二审民事判决书》，载中国裁判文书网，https：//wenshu. court. gov. cn/website/wenshu/181107ANFZ0BXSK4/index. html? docId=cfde190278a647fa89efa7de010d1824，2022 年 7 月 17 日访问。

的情况下，如果不对某矿业公司的交易机会损失予以赔偿，将导致双方利益严重失衡，不符合公平原则。另一方面，某市财政局在赔偿某矿业公司直接损失的基础上，对某矿业公司间接损失承担适当赔偿责任，以使其为不诚信行为付出相应代价，有利于敦促各类民事主体善良行事，恪守诚实信用，也有利于维护诚实守信的市场交易秩序。

二、担保的特殊法律问题

股权投融资实务的复杂性、商业社会的不确定性以及相关法律法规规定的不断变化和综合性的特点，对股权投资涉及的担保问题提出了更为务实和深层的要求，投融资交易双方除应当了解担保的一般要件和特点外，还有必要关注特殊的担保法律问题，以防范风险，避免引发新的争议。

（一）独立担保

如前文所述，担保合同作为股权投资合同的从合同，其法律效力取决于主合同。但是，实践中，基于特殊的需求，债权人要求担保人和债务人提供独立担保的情况也时常发生。独立担保，包括独立保函，通常会有类似于“见索即付”“无条件、不可撤销”“独立于主合同”“不因主合同的无效而无效”等表述。由于对担保独立性的不同认识和理解，投融资交易的各方主体在实务操作中产生了一定的误解和难题。

1. 独立担保的法律属性

适用独立担保是实践发展的客观需要，建立从属担保和独立担保制度也是国际担保制度的发展趋势[①]。国际商会也早在1992年公布的《见索即付担保统一规则》中对独立保函作了规定。结合该规则的规定和实践，独立保函源自主合同的约定，但原则上又独立于主合同和基础交易行为，不会因主合同的无效而无效；独立保函的权利人行使索赔权等权利时既不依据主合同和基础合同的

---

① 2006年《法国民法典》修正新增担保篇承认独立保证；2009年《欧洲示范民法典草案》中对从属保证与独立保证采取了并列的类型化安排。

内容，也不以主合同和基础合同是否真实存在违约为前提和条件[①]。只要是在保函的有效期内，权利人就可以随时提交符合保函条件的书面要求，以及保函规定的任何其他单据（有时候则不需要），担保人即应无条件地将款项赔付给权利人。

但是，应当注意到，独立保函和独立担保不同，独立担保作为担保的具体表现形式，具有保证的法律属性，并且只具有从合同的性质，主合同或者基础合同的成立、生效、无效等情况都会对保函的效力产生实质的影响。因此，从这一点来看，实务中所使用的"独立担保"并不是完完全全具有独立性。

2. 独立担保的适用范围

依据现有民法、物权法、担保法的规定，独立担保与中国法下的担保制度存在直接的冲突，所以存在无效的风险。同时，《见索即付保函统一规则》作为国际惯例，事实上对我们的民商事活动，尤其是涉外的商事行为都产生了一定的影响。因而，实践中就如何妥善处理独立保函给司法审批带来了困扰。

在独立担保的司法应用中也有类似的观点，认为为了避免严重影响或动摇我国担保法律制度体系的基础，目前独立担保只能在国际商事交易中使用……在主合同有效的前提下，若当事人在非国际商事交易领域约定独立保证或独立担保物权，应当否定担保的独立性，并将其转换为有效的从属性连带保证或担保物权……部分法院在司法实践中也有类似的判决。综上可知，就独立担保的适用问题，最高人民法院在实务中基本确定了内外有别的司法指导精神，即涉外商事交易中承认保函的独立性，国内经济活动中则不承认保函的独立性[②]。

3. 独立保函的司法实践

然而，不可否认的是，上述处理独立担保的基本原则实行内外有别的处理方式，而且并没有为实践中独立担保的适用提供有效的法律依据。在现有立法没有给出明确规定的情况下，对于国内商事活动中因独立担保无效的责任认定

---

① 韩如波：《建设工程领域独立保函的法律分析》，https：//bjac. org. cn/news/view？id=3728，载中国律师网，2015 年 10 月 18 日访问。

② 刘贵祥：《独立保函纠纷法律适用刍议》，载《人民法院报》2009 年 6 月 25 日第 6 版。参见最高人民法院中国应用法学研究所编著：《人民法院案例选》，中国法制出版社 2009 年版。

和权利救济也仍然是实务和理论中研究和讨论的议题之一。为了统一司法，《最高人民法院关于审理独立保函纠纷案件若干问题的规定》（2020 年修正）首次以司法解释的方式承认了保函的独立性，并对独立保函的例外情形和保函欺诈也进行了规定，可以说是对独立担保制度的重大突破。

实务中的独立保函，通常会有类似于“见索即付”“无条件、不可撤销”“独立于主合同”“不因主合同的无效而无效”等表述。最高人民法院认为，具有下列情形之一，当事人主张保函性质为独立保函的，人民法院应当予以支持：

（1）保函载明见索即付。

（2）保函载明适用国际商会《见索即付保函统一规则》等独立保函交易示范规则。如果保函未载明适用《见索即付保函统一规则》等独立保函交易示范规则，但开立人和受益人在一审法庭辩论终结前一致援引的。

（3）根据保函文本内容，开立人的付款义务独立于基础交易关系及保函申请法律关系，其仅承担相符交单的付款责任。

在符合上述情形时，当事人以独立保函记载了对应的基础交易为由，主张该保函性质为一般保证或连带保证的，或者当事人主张独立保函适用担保法关于一般保证或连带保证规定的，人民法院不予支持。除保函欺诈外，如果保函开立人以基础交易关系或独立保函申请关系对付款义务提出抗辩的，法院不予支持。同时，独立保函也不会因其不具有涉外因素而无效。这些都为保函的独立性提供了有利的法律保障。

但是，同时也应当注意到，最高人民法院关于独立保函仅解决了保函的独立性问题，独立保函仅是独立担保制度中的一种形式，并且有其特殊性，而就我国现行的法律而言并没有认可独立担保。

4. 独立保函的例外情形

但是，正如前文提到的，对于保函独立性的认定方面，最高人民法院也规定了其例外的情形，即如果保函未载明据以付款的单据和最高金额的，则不视为独立保函。此处的单据具体包括独立保函载明的受益人应提交的付款请求书、违约声明、第三方签发的文件、法院判决、仲裁裁决、汇票、发票等表明发生付款到期事件的书面文件。

此外，对于保函欺诈，最高人民法院的司法解释也做了明确的规定，这些情形包括：

（1）受益人与保函申请人或其他人串通，虚构基础交易的；

（2）受益人提交的第三方单据系伪造或内容虚假的；

（3）法院判决或仲裁裁决认定基础交易债务人没有付款或赔偿责任的；

（4）受益人确认基础交易债务已得到完全履行或者确认独立保函载明的付款到期事件并未发生的；

（5）受益人明知其没有付款请求权仍滥用该权利的其他情形。

衡量受益人有无主张索款的权利，必须结合基础交易合同的履行情况来加以判断。经严格审查，原告提供的证据足以证明其已完全履约。在此情况下，被告违反诚实信用原则，作出虚假陈述，仍以原告没有履约为由索取保函项下款项，显已构成欺诈，应认定无效。

可以预见，最高人民法院针对独立保函的最新司法解释势必会对投融资实务产生重大的影响。银行、担保公司等金融机构在开立保函时也会更加关注保函的内容以及对单据的审核，以做好相应的风险防控和应对措施。

（二）让与担保和后让与担保

按照物权法定原则，担保物权的设定必须要有法律的明文规定。例如，与前文所述的抵押、质押、留置等不同，让与担保、后让与担保则是实践中应时应势而产生的新型的非典型担保方式。当然，也正是其新型性和法律规定的滞后，投资人在股权投融资的实务中尤其应予以注意，厘清其法律属性和内在的风险，以便有效地预防和解决争议。

1. 让与担保之效力

让与担保是指债务人或第三人与债权人约定，由债务人或第三人将特定物（多为动产）的所有权移转给债权人，以担保主债务的履行；若债务人清偿债务，则担保物应返还债务人或第三人，若债务人不履行到期债务，则债权人有权就该担保物优先受偿。同时，因为向债权人移转所有权的目的在于担保，故一般情况下并不向债权人移转该担保物的直接占有权，而是采用“占有改定”的方式，使债权人取得对物的间接占有权，而仍然由担保人直接占有该担保物。

让与担保在现实生活中经常使用。在实务操作中，通常是先由股权转让方与受让方签署股权转让合同，将目标公司的股权转让给股权受让方，用于担保股权受让方所享有的债权，之后在工商部门办理股权变更登记，将股权受让方登记为目标公司股东，在债务人清偿债务后，再由股权受让方将受让的目标公司股权无偿或以极低的价格转回给股权转让方。但是，受限于我国现行民法典的相关规定，理论上和实践中对于让与担保的效力存在不同的理解和处理方式。

（1）否定让与担保效力的观点认为，根据我国民法典的规定，让与担保并非法律规定的物权担保形式，让与担保行为违反了物权法定原则。而且，在股权让与担保中，一方以获得股权作为债务履行的担保，具有“流质”的属性，而依据物权担保的相关规定，当事人之间关于“流质”“流押”的约定并不具有法律效力，因此让与担保无效。此外，还有观点认为，股权让与担保实际上虽然是以合法的形式转让股权，但并不是双方转移股权的真实意思表示，股权转让是假，让与担保是真，其目的在于设定抵押或质权，所以属于双方通谋虚伪转移所有权①，根据“行为人与相对人以虚假的意思表示实施的民事法律行为无效”的原理和规定，股权让与担保行为应当无效。

以朱某、胡某与沈某、沃某斌房屋买卖合同纠纷案②为例，法院就认为沃某斌与胡某、朱某签订的房屋买卖合同无效。在该案中，沃某斌与沈某因借贷问题，将房屋过户到其名下，并向银行办理按揭贷款后将款项交付给沈某及沈某认可的人员使用，因此沃某斌与沈某之间存在的关系是借贷关系，过户给沃某斌的房屋符合让与担保的特征，该担保行为违反了担保法的规定应属无效，

---

① 《某投资公司、某稀土公司合同纠纷二审民事判决书》，载中国裁判文书网，https：//wenshu. court. gov. cn/website/wenshu/181107ANFZ0BXSK4/index. html？ docId = de6bb198c68e4b539940a9d601141e90，2022 年 7 月 17 日访问。

② 《朱某、胡某与沈某、沃某斌房屋买卖合同纠纷再审复查与审判监督民事裁定书》，载中国裁判文书网，https：//wenshu. court. gov. cn/website/wenshu/181107ANFZ0BXSK4/index. html？ docId = 49e28be7e031408f89c8d76128ac7399 ，2022 年 7 月 17 日访问。

沃某斌并不能取得该房屋的所有权。

（2）肯定让与担保效力的观点则认为，让与担保属于当事人的真实意思表示，应依契约自由原则予以承认，让与担保物已办理权属变更或备案登记，具有公示作用以及对抗第三人的效力，能够限制让与担保人对让与担保物的转让或其他处分，因此，在让与担保不具有法定的合同无效情形，且不侵害他人的合法权益的情形下，应当有效。物权法定原则和流质条款也不影响股权让与担保合同的效力。现行法律尽管没有规定包括股权让与担保在内的让与担保，但也没有禁止此种担保方式。根据“法无禁止即可为”的私法解释规则，只要是当事人的真实意思，让与担保本身就是合法的，应予保护①。

在朱某诉韩某股权转让合同纠纷案②中，法院认为债务人与债权人以股权转让方式为债权实现担保的，属于市场经济发展中的特殊担保类型，能够弥补典型担保和其他非典型担保方式之缺陷，为股权质押方式之有益补充。债权人与债务人签订的名为股权转让实为股权让与担保的合同，系双方当事人真实意思表示，未违反法律及行政法规的强制性规定，此种担保方式合法有效。债务人未按约定清偿债务的，不能以股权转让无效为由要求返还股权。但借款协议中的流质条款系无效条款，债务人依法清偿债务后，有权要求债权人归还股权。

尽管有上述不同的观点，但是从总体的发展趋势来看，目前理论上对于让与担保多倾向于采用“物权法定缓和主义”的观点，司法实践中也对让与担保秉持较为开放和宽容的态度，一般会承认让与担保的合同效力。而随着《全国法院民商事审判工作会议纪要》的颁布，进一步肯定了让与担保合同下债权人对财产拍卖、变卖和折价所得享有的求偿权，即债务人或者第三人与债权人订立合同，约定将财产形式上转让至债权人名下，债务人到期清偿债务，债权人将该财产返还给债务人或第三人，债务人到期没有清偿债务，债权人可以对财产拍卖、变卖、折价偿还债权的，合同有效。合同如果约定债务人到期没有清

① 《最高人民法院当前民商事审判中的10个重要问题》，2019年7月3日全国法院民商事审判工作会议。

② “朱某诉韩某股权转让合同纠纷案”，参见刘龙：《本案股权让与担保合同应认定有效》，载最高人民法院《人民司法·案例》2014年第16期。

偿债务，财产归债权人所有的，该部分约定无效，但不影响合同其他部分的效力。当事人根据上述合同约定，已经完成财产权利变动的以公示方式转让至债权人名下，债务人到期没有清偿债务，债权人请求确认财产归其所有的，不予支持，但债权人请求参照法律关于担保物权的规定对财产拍卖、变卖、折价优先偿还其债权的，应依法予以支持。债务人因到期没有清偿债务，请求对该财产拍卖、变卖、折价偿还所欠债权人合同项下债务的，亦应依法予以支持 。

2. 让与担保之优先受偿权

即使目前大多数法院认可了让与担保的效力，但是就其所涉及的担保物权是否具有物权担保意义上的优先受偿权也仍然存在争议。最高人民法院认为，仅就担保功能而言，股权让与担保完全可以为股权质押所代替，在法律明确规定了股权质押的情况下，似无再肯定股权让与担保的必要。但就让与担保行为本身，一方面要依法认定其效力；另一方面要根据当事人的真实意思表示确定实际的权利义务关系①。

司法实践中，关于债权人是否应当享有优先受偿权的认定，存在诸多不同的做法。例如，在丁某灿等与某投资公司等民间借贷纠纷上诉案②中，原、被告双方签订股权转让及回购协议书和补充协议，并办理了股权变更登记，福建省高院认为，当事人约定将讼争股权变更登记到受让方名下，期限届满后，讼争股权由转让方回购。在转让方支付股权回购款后，讼争股权变更登记至转让方名下。因此，从本案协议书和补充协议的内容看，某投资公司的目的不是长期持有讼争股权，而是按时收回股权回购款。该讼争股权实质是作为转让方丁某辉支付股权回购款的担保，在债务履行完毕后，股权又回归于转让方。债权人可就让与担保物的折价、拍卖、变卖所得价款优先受偿。

与之相反的是，在某银行东宁支行与某小额贷款公司、某经济贸易公司第

① 《全国法院民商事审判工作会议纪要》，载最高人民法院网站，https：//www. court. gov. cn/zixun-xiangqing-199691. html，2020 年 12 月 3 日访问。

② 《丁某灿、吴某与某投资公司、丁某辉民间借贷纠纷二审民事判决书》，载中国裁判文书网，https：//wenshu. court. gov. cn/website/wenshu/181107ANFZ0BXSK4/index. html？docId = 5651fd02d1d74b9abffe00db62626a53，2022 年 7 月 17 日访问。

三人撤销之诉一案①中，黑龙江高院认为，让与担保行为的类型属于非典型担保，并非法定担保物权，债权人对让与担保物不享有优先受偿权，债权人的债权不属于特别保护的债权情形。同样地，在曾某琴、肖某元等与钟某贵、严某珍借款合同纠纷再审复查与审判监督案②中，江西高院也认为，债权人对让与担保物并不享有优先受偿权，只有在债务人不履行还款义务时，才能申请拍卖让与担保物以偿还债务。

不可否认的是，最高人民法院对于让与担保的优先权也存在不同的看法。例如，在某集团公司与某投资公司、某融资担保公司等合同纠纷案③中，最高人民法院认为，某融资担保公司、某投资公司对担保物享有的是优先受偿权，而非所有权，并不因此产生“流质”的法律后果，因而并不违反目前我国物权法和担保法的相关规定。

就上述案件不难看出，即使承认了让与担保的效力，就股权让与担保项下的权利人是否优先于一般债权人受偿的问题也有不同的声音。最高人民法院还认为，如果认为权利人享有的是股权，股权的绝对权性质决定了其优先于一般债权。如果认为受让人享有的是债权，鉴于当事人已经完成了股权变更登记，根据“举重以明轻”的法律解释规则，可以认为完成了股权质押登记，参照适用股权质押实现的有关规定，股权让与担保权利人也享有优先于一般债权人受偿的权利。可见，仅就担保的功能而言，不论权利人取得的是股权还是质权，其享有的权利都要优于一般债权。

此外，最高人民法院颁布的《全国法院民商事审判工作会议纪要》也再次肯定了让与担保的合同效力，并进一步明确了让与担保合同下债权人对财产拍卖、变卖和折价所得享有的求偿权。这些也都为股权让与担保的效力及其处理

---

① 《某银行东宁支行与某小额贷款公司、某经济贸易公司第三人撤销之诉一案二审民事裁定书》，载中国裁判文书网，https：//wenshu. court. gov. cn/website/wenshu/181107ANFZ0BXSK4/index. html？docId=a523d62c3b0d445797b5951219271adc，2022年7月17日访问。

② 《曾某琴、肖某元等与钟某贵、严某珍借款合同纠纷再审复查与审判监督民事裁定书》，载中国裁判文书网，https：//wenshu. court. gov. cn/website/wenshu/181107ANFZ0BXSK4/index. html？docId=7f31f39d0ea74178be5c0d8b083f6586，2022年7月17日访问。

③ 《某集团公司与某投资公司、某融资担保公司等合同纠纷申诉、申请民事裁定书》，载中国裁判文书网，https：//wenshu. court. gov. cn/website/wenshu/181107ANFZ0BXSK4/index. html？docId=940aedbf115f4a0681a51ae63997b71d，2022年7月17日访问。

提供进一步的司法支持。

3. 后让与担保之效力

后让与担保是从让与担保延伸出来的概念，它是指债务人或者第三人为担保债权人的债权，与债权人签订不动产买卖合同，约定将不动产买卖合同的标的物作为担保标的物，但权利转让并不实际履行，于债务人不能清偿债务时，须将担保标的物的所有权转让给债权人，债权人据此享有的以担保标的物优先受偿的非典型担保物权①。

与让与担保不同，在实务操作中，后让与担保方式的债务人并不事先转移担保物的所有权，而是代之以签署买卖合同，只有在债务人逾期未履行的情况下，才进行所有权的移转，而不是像让与担保中，事先进行担保物的所有权移转。但事实上，笔者理解，从属性上来看，后让与担保可以说是以订立买卖合同的方式担保借贷债权，并且实践中多以不动产为担保物。后让与担保可以说是让与担保的升级版，其目的在于避免出现让与担保被认定为“流质”“流押”可能导致的无效风险。

与让与担保的效力认定类似，司法实践中对后让与担保也有不同的观点。杨立新教授认为后让与担保是一种正在形成的习惯法上的非典型担保物权，这种与让与担保相似的新型担保物权，与让与担保产生的背景和发展过程基本一致，应当予以确认②。

《最高人民法院关于审理民间借贷案件适用法律若干问题的规定》第24条首次以司法解释的方式认可了后让与担保形式。该条款规定，当事人以签订买卖合同作为民间借贷合同的担保，借款到期后借款人不能还款，出借人请求履行买卖合同的，人民法院应当按照民间借贷法律关系审理；按照民间借贷法律关系审理作出的判决生效后，借款人不履行生效判决确定的金钱债务，出借人可以申请拍卖买卖合同标的物，以偿还债务。就拍卖所得的价款与应偿还借款本息之间的差额，借款人或者出借人有权主张返还或补偿。

与此类似，对于信托公司在资金信托成立后，以募集的信托资金受让特定

---

① 杨立新：《后让与担保：一个正在形成的习惯法担保物权》，载《中国法学》2013年第3期。

② 杨立新：《后让与担保：一个正在形成的习惯法担保物权》，载《中国法学》2013年第3期。

资产或者特定资产收益权，如果合同中约定后期以交易本金加上溢价款等固定价款无条件回购的，无论转让方所转让的标的物是否真实存在、是否实际交付或者过户，只要合同不存在法定无效事由，应依法予以支持。当事人在相关合同中同时约定采用信托公司受让目标公司股权、向目标公司增资方式并以相应股权担保债权实现的，应当认定在当事人之间成立让与担保法律关系。可以预见在未来，后让与担保与让与担保一样，虽然没有物权法等明文规定，但司法实践仍将更多地对其予以接受和认可。

不过，在实务和司法审判实践中，后让与担保和让与担保也经常被混同，并没有做严格和明确的区分，而且，现有的关于后让与担保的讨论也更多地集中在因民间借贷涉及不动产买卖合同时的效力和处理，但后让与担保是否可以同样延伸至股权投资领域似乎并无明确的定论。笔者理解，既然司法实践按照民法典关于习惯法可作为民法渊源的规定，认可了让与担保、后让与担保都属于新型的非典型物权担保方式，那么在股权投资领域，法院处理当事人之间为融资需要，安排股权转让、股权买卖合同的做法时没有理由排斥适用让与担保、后让与担保的认定，股权本身作为特定的物权客体同样也可以适用后让与担保。

4. 以物抵债的特殊问题

除前文所述的让与担保、后让与担保外，以物抵债也是实务中常见的做法。以物抵债是指债务人对债权人负有到期债务，且未到期清偿，为保证债权人利益，双方签订以物抵债协议，约定以债务人名下动产或不动产抵扣债务。其具体的做法包括当事人在债权未届清偿期之前达成以物抵债的合同、当事人在债务履行期届满前不仅达成以物抵债合同并办理了物权转移手续、在债权届期后达成的以物抵债协议。

关于以物抵债的性质，理论上有不同的观点，存在着“实践合同说”和“诺成合同说①”的争议②，如果属于实践合同，债务人在未实际履行前协议未生效力；如果属于诺成合同，原则上双方达成一致即生效。依以物抵债的法律

① 司伟：《债务清偿期届满后的以物抵债纠纷裁判若干疑难问题思考》，载《法律适用》2017 年第 17 期。

② 陆青：《以房抵债协议的法理分析》，载《法学研究》2015 年第 3 期。

构造而言，又有“有偿契约说”“类似买卖说”“清偿行为说”“特殊债务变更契约说”等学说。[①] 由此引发的对于以物抵债行为的效力之争：一种观点认为，以物抵债是当事人的真实意思表示，并且标的房产的实际价值与拟抵偿的债务数额相当，应当尊重当事人的真实意思，认定有效；而相反的观点则认为以物抵债违反了物权法中关于流押、流质的禁止性规定，自始无效。

实践中，针对以物抵债的不同做法，各地法院对以物抵债效力的认定也有着诸多不同观点，并没有统一的做法。而且，最高人民法院在其审理的案件中也有着不同的裁判观点。比如针对债务履行期限届满后以物抵债协议的效力，在某市国土资源局某分局与某房地产公司、某实业公司、某科技实业公司债权人代位权纠纷案[②]中，最高人民法院认为，债务人与次债务人约定以代物清偿方式清偿债务的，因代物清偿协议系实践性合同，故若次债务人未实际履行代物清偿协议，则次债务人与债务人之间的原金钱债务并未消灭，债权人仍有权代位行使债务人的债权。而在某集团公司与某房地产公司建设工程施工合同纠纷案[③]中，最高人民法院则认为，对以物抵债协议的效力、履行等问题的认定，应以尊重当事人的意思自治为基本原则。一般而言，除当事人有明确约定外，当事人于债务清偿期届满后签订的以物抵债协议，并不以债权人现实地受领抵债物，或取得抵债物所有权、使用权等财产权利，为成立或生效要件。只要双方当事人的意思表示真实，合同内容不违反法律、行政法规的强制性规定，合同即为有效。

针对债务履行期限届满前达成的以物抵债协议效力的主要争议焦点在于，协议是否违反了禁止流押（质）契约的规定。在某房地产开发公司、某筑业建设工程施工合同纠纷再审审查与审判监督案[④]中，最高人民法院认为，补充协

① 陈自强：《无因债权契约论》，中国政法大学出版社2002年版，第259页。

② 《某市国土资源局某分局与某房地产公司、某实业公司、某科技实业公司债权人代位权纠纷案》，载最高人民法院公报网站，http：//gongbao. court. gov. cn/Details/6c41f375c4883285252469af021a80. html? sw=%e6%8b%9b%e5%95%86，2022年7月17日访问。

③ 《某集团公司与某房地产公司建设工程施工合同纠纷二审民事判决书》，载中国裁判文书网，https：//wenshu. court. gov. cn/website/wenshu/181107ANFZ0BXSK4/index. html? docId = 43f5361d75cc4d63ac3a4ac281d1e583，2022年7月17日访问。

④ 《某房地产开发公司、某筑业建设工程施工合同纠纷再审审查与审判监督民事裁定书》，载中国裁判文书网，https：//wenshu. court. gov. cn/website/wenshu/181107ANFZ0BXSK4/index. html? docId = aafe18063df546c1a10fa80b00efa851，2022年7月17日访问。

议中以房屋抵偿工程款的约定，是某房地产开发公司与某筑业在债务履行期届满前达成的以物抵债协议，其本质是为了担保工程价款的实现，原审法院参照担保法第40条以及物权法第186条关于禁止流押的规定，认定该补充协议中以房屋抵偿工程款的条款无效，并无不妥。

就上述问题，最高人民法院的《全国法院民商事审判工作会议纪要》规定，当事人在债务履行期限届满后达成以物抵债协议，抵债物尚未交付债权人，债权人请求债务人交付的，应首先着重审查以物抵债协议是否存在恶意损害第三人合法权益等情形，避免虚假诉讼的发生。经审查，不存在以上情况，且无其他无效事由的，应依法予以支持。抵债物已经交付债权人或者已经办理权属变更登记的，以物抵债协议性质上属于让与担保，可以参照物权抵押权或者质押权实现的相关规定处理。这也意味着最高人民法院将不再否定债务期限届满前达成的以物抵债协议的效力。

（三）特殊权利质押

按照民法典的规定，质押包括动产质押和权利质押。权利质押按照其客体（财产权利）不同，可分为四大类，即债权质权、股权质权、信托受益权质权和知识产权质权①。在实务中，较为常见的用于质押的权利包括股权、知识产权、票据、提单、存款单等。当然，对于权利质押，首先必须是依法可以转让的财产权利，其次也应当注意到法律的相关限制性规定，比如特定的收费公路的收费权不得设立质押②、抵押权不得与债权分离单独转让或者作为其他债权的担保、动产所有权和质权以及不动产上的物权不得设定质押③等。此外，在股权投资实务中，还有一些较为特殊的质权担保也值得交易各方关注。

1. 应收账款质押

股权投资中，以应收账款作为融资担保在近几年也屡见不鲜。应收账款是

---

① 程啸：《担保物权研究》，中国人民大学出版社2017年版，第529~530页。其中可作信托受益权质押的仅限于基金份额。

② 《收费公路管理条例》第22条规定，有下列情形之一的，收费公路权益中的收费权不得转让：（1）长度小于1000米的二道独立桥梁和隧道；（2）二级公路；（3）收费时间已超过批准收费期限2/3。

③ 程啸：《担保物权研究》，中国人民大学出版社2017年版，第527页。

指权利人因提供一定的货物、服务或设施而获得的要求义务人付款的权利以及依法享有的其他付款请求权，包括现有的和未来的金钱债权，但不包括因票据或其他有价证券而产生的付款请求权，以及法律、行政法规禁止转让的付款请求权。

应收账款质押本质上属于债权质押。《动产和权利担保统一登记办法》即规定了对于销售、出租产生的债权、提供贷款或其他信用产生的债权和其他以合同为基础的具有金钱给付内容的债权也可以作为担保权利的标的物。而民法典也规定了，作为与收益权相关的特殊权利质押，对于债务人或者第三人有权处分的应收账款的权利也可以出质。

债务人不履行到期债务或者发生当事人约定的实现质权的情形，质权人有权就该应收账款及其收益优先受偿。不过，需要注意的是，自 2021 年 1 月 1 日开始，应收账款的质权人应在通过中国人民银行征信中心（以下简称征信中心）动产融资统一登记公示系统自主办理登记①，并根据主债权履行期限确定登记期限，最短 6 个月，超过 6 个月的，按年计算，最长不超过 30 年；在登记期限届满前 90 日内，质权人可以申请展期，展期次数不限，但展期期限按年计算，每次不得超过 30 年。

2. 收益权质押

收益权质押是指以公路、桥梁、隧道、港口码头、城市市政等公用基础设施的收益权为标的物的质押。收益权质押属于可质押的应收账款的一种。由于股权投资所涉及的行业、领域非常之广泛，可以提供担保的动产以及财产权利的种类也具有多样性的特点。在一些采用 BOT、BOOT 等形式融资建设的基础设施投资项目中，有可能涉及以公路桥梁、公路隧道或者公路渡口等不动产收益权进行质押的情形。对此，国务院认为公路建设项目法人可以用收费公路的收费权质押方式向国内银行申请抵押贷款，质权人可以依法律和行政法规许可的方式取得公路收费权，并实现质押权②。但是，需要注意的是，此处的质权人仅限于国内银行。因此，如果是非银行的投资人和相关方，则需要注意合规性的问题。

---

① 参见《国务院关于实施动产和权利担保统一登记的决定》。

② 参见《国务院关于收费公路项目贷款担保问题的批复》。

而司法实践中也肯定了此类不动产收益权可以作为民法典担保制度规定的其他可以质押的权利，对质权人也并没有特殊的限制。在司法实践中，比如在某银行诉某污水处理公司、某工程公司金融借款合同纠纷案①中，最高人民法院也认定：（1）特许经营权的收益权可以质押，并可作为应收账款进行出质登记；（2）特许经营权的收益权依其性质不宜折价、拍卖或变卖，质权人主张优先受偿权的，人民法院可以判令出质债权的债务人将收益权的应收账款优先支付质权人。而对于涉及土地担保的，投资人则更应当注意其性质、权属等风险。

由此可见，投融资担保措施的使用和合理的设计、规划对于投资项目的实施和保障也有着极为重要的影响。

（四）在建工程抵押

实践中可用于抵押的财产种类较多，其中较为特殊的是在建工程抵押，它是抵押人为取得在建工程继续建造资金的贷款，以其合法方式取得的土地使用权连同在建工程的投入资产，以不转移占有的方式抵押给贷款银行作为偿还贷款履行担保的行为。此外，司法实践中还明确以依法获准尚未建造的或者正在建造中的房屋或者其他建筑物抵押的，当事人办理了抵押物登记，人民法院可以认定抵押有效。民法典也将在建工程纳入可抵押物的范畴。

目前实践中，大多数情况下在建工程抵押用于业主向银行机构进行融资，是债务融资的重要渠道和担保措施，因此，实务中认为抵押权人仅限于银行等金融机构，而不包括其他非银行投资主体。

但是，事实并非如此，最高人民法院明确指出，在建工程属于民法典担保制度规定的可以抵押的财产范围。法律对在建工程抵押权人的范围没有做出限制性规定，《城市房地产抵押管理办法》第3条有关在建工程抵押的规定，是针对贷款银行作为抵押权人时的特别规定，但并不限制贷款银行以外的主体成为在建工程的抵押权人②。由此可知，在建工程的抵押权人也可以是承包人或

---

① 《某银行诉某污水处理公司、某工程公司金融借款合同纠纷案》，载最高人民法院网站，https：//www.court.gov.cn/shenpan-xiangqing-16095.html，2022年7月17日访问。

② 《最高人民法院关于〈城市房地产抵押管理办法〉在建工程抵押规定与上位法是否冲突问题的答复》。

者其他非银行投资人，如果业主进行在建工程抵押，抵押合同依法有效。

为确保在建工程抵押的合法性，抵押权人和抵押人应当依法办理正式的抵押登记手续，抵押权自登记时设立。司法实践中，有些地方对于在建工程的抵押有着较为严格的规定。比如，有观点认为：如果对在建工程所取得的是抵押权的预告登记，其功能在于保障登记权利人将来取得涉案房屋的抵押权。但是预告登记有别于抵押权登记，预告登记本身不能使登记人直接取得抵押权，权利人若想取得在建工程的抵押权，仍然需要按照法律规定办理相应的抵押权设立登记。而法律法规和实务中对于预告登记和设立登记的区分并不十分明确，这也在一定程度上导致法律规定、实际操作与司法裁判的冲突。

综上可以看出，在建工程抵押所涉的问题颇为复杂，实践性极强，投融资各方在处理相关的在建工程抵押事务时，除了需要关注国家层面有关在建工程抵押方面的规定外，还有必要提前对项目所在地的政府主管机关、金融机构对在建工程抵押的态度进行了解和核实，以确保抵押担保的有效性和实际可操作性。

三、投资担保的决策

公司对外提供担保将会影响其自身的实力，带来经济负担。为此《公司法》第16条特别规定，公司为他人提供担保，依照公司章程的规定，由董事会或者股东会、股东大会决议；公司章程对投资或者担保的总额及单项投资或者担保的数额有限额规定的，不得超过规定的限额。公司为公司股东或者实际控制人提供担保的，必须经股东会或者股东大会决议。并且，被担保股东或受实际控制人支配的股东不得参加表决。

但是，与公司法关于对外投资需由股东决议的规定不同，公司法本身并没有具体规定公司为股东和实际控制人之外的其他人提供担保应由股东会还是董事会决策，而是留给公司章程自行规定。同时，在实务中，就公司对外提供担保，还需要注意区分以下两个不同的问题：

(一) 未经股东会或者董事会决议为他人提供担保的效力

民法典第143条规定了违反法律和行政法规的合同无效的情形，《最高人民法院关于适用〈中华人民共和国合同法〉若干问题的解释（二）》第 14 条中进一步明确了导致合同无效的“强制性规范”仅指效力性强制性规范，而不包括管理性强制性规范。对此，实务中一般可以按照以下规则认定和处理[①]：a. 如果法律和行政法规明确规定违反禁止性规定将导致合同无效或不成立的，依该规定；b. 如果法律和行政法规没有明确规定违反禁止性规定将导致合同无效或不成立的，但违反该规定以后若使合同继续有效将损害国家利益和社会公共利益，也应当认为该规范属于效力性强制性规范；c. 法律法规虽没有明确规定违反禁止性规定将导致合同无效或不成立，违反该规定以后若使合同继续有效并不损害国家利益和社会公共利益，而只是损害当事人的利益，应认定为管理性强制性规范。

基于此，对于公司违反公司法第 16 条的规定提供的对外担保的效力，尽管存在不同的学说或切入点或者论证的角度，目前在司法实践中多倾向于认定该对外担保有效。

（二）未经股东会决议为关联关系人提供担保的效力

关联关系是公司控股股东、实际控制人、董事、监事、高级管理人员与其直接或者间接控制的企业之间的关系，以及可能导致公司利益转移的其他关系。公司若与投资人之间存在关联关系，那么在进行投资担保决策时，作为股东的投资人或者受实际控制人支配的股东则不得参加担保事项的表决。而且若是为股东或实际控制人提供担保，则必须经股东会或者股东大会决议。但是，就未遵守该规定的法律后果则又有不同的司法实践。例如，在某银行东港支行与某氟涂料公司、某集团公司借款合同纠纷案[②]中，最高人民法院认为，公司法中关于为公司股东或者实际控制人提供担保的，必须经股东会或者股东大会决议的规定，是管理性强制性规范，属于对公司内部控制管理的规定，违反该规范的，原则上不宜认定合同无效，如将该条作为效力性规范认定将会降低交

---

① 王利明：《论无效合同的判断标准》，载《法律适用》2012 年第 7 期。

② 《某银行东港支行与某氟涂料公司、某集团公司借款合同纠纷案》，载最高人民法院网站，http：//gongbao. court. gov. cn/Details/b074b7e89d98ea5a25d89ed110d032. html？ sw＝%E5%A4%A7%E8%BF%9E%E6%8C%AF%E9%82%A6%E9%9B%86%E5%9B%A2%E6%9C%89%E9%99%90%E5%85%AC%E5%8F%B8，2022 年 7 月 17 日访问。

易效率和损害交易安全。北京高院也对此持相同的观点。

综上来看，目前司法实践中对于违规的对外担保的效力，更倾向于持肯定态度。但是，同时也不得不注意到，目前法院在承认违规担保的效力的同时，加强了担保相对方对公司担保的审查义务。

不过，就该审查义务仍有不同的理解。有观点认为公司法第16条为管理性强制性规范，外部第三人对章程不负有审查义务，在未审查章程的情形下，担保合同仍属有效。也有观点认为，公司法第16条具有一定的外部效力，外部第三人对公司内部决议负有形式审查义务，在未审查章程的情形下，担保合同应属无效。例如，在某银行仙游县支行与某房地产开发公司、某家具公司等金融借款合同纠纷案①中，最高人民法院认为公司法第16条具有相应的外部效力，根据该条规定，合同相对人负有对公司内部决议的形式审查义务，即合同相对方应当要求公司提供内部决议书。此处的注意义务是形式审查义务，即只要公司提供的内部决议符合公司法与公司章程的形式要求，相对人即完成了注意义务，而无须对公司是否真正召开了股东会负责。但是，也有相反案例表示，第三人无义务审查是否已经召开股东会，亦无义务对股东会决议进行审查②。

结合最新的趋势，最高人民法院对公司违反规定的对外担保的认定，如果该担保依法不构成表见代表、表见代理或者公司不予追认的，法院应认定该担保合同对公司不发生效力。同时，对于公司担保的债权人而言，在接受公司担保时，也应对董事会或股东（大）会决议负有必要形式审查义务，否则不构成表见代表中的善意相对人，该担保行为对公司不发生效力。对此，《全国法院民商事审判工作会议纪要》进一步指出，债权人对公司机关决议内容的审查一般限于形式审查，只要求尽到必要的注意义务即可，标准不宜太过严苛。

综上所述，在股权投资涉及担保事项时，为避免出现担保合同无效的法律

---

① 《某银行仙游县支行与某房地产开发公司、某家具公司等金融借款合同纠纷申诉、申请民事裁定书》，载中国裁判文书网，https：//wenshu. court. gov. cn/website/wenshu/181107ANFZ0BXSK4/index. html？docId=6a07470f58c14cd58cbf7ebfbe773d98，2022年7月17日访问。

② 《加某杰与何某恒、张某仪与某置业公司、某担保公司股权转让纠纷申请再审民事裁定书》，载中国裁判文书网，https：//wenshu. court. gov. cn/website/wenshu/181107ANFZ0BXSK4/index. html？docId=998bbd22c6ca4117b3ba18045d732d77，2022年7月17日访问。

后果，投资人、担保权人、接受股权质押担保的债权人应当有义务对担保设立是否获得股东会或者董事会决议进行审查。

四、股权质押的特殊问题

（一）股权质押条件

股权是身份权和财产权的结合体。按照民法典的规定，股权可以设立质押，但必须是依法可以转让的财产权利并且符合权利质权的性质。同时也应当注意到公司不得接受本公司的股票作为质押权的标的，有限公司的股权质押适用公司法关于股权转让的相关规定，这也意味着股东之间可以进行股权质押，而向股东以外的第三人质押股权则需要经过半数的股东同意。如果涉及国有企业的股权质押，且可能导致不具有控制权的，还应当报请本级人民政府批准。

另外，由于股权质押涉及多种不同的主体，因此实务中还需要关注不同出质人的股权质押条件和限制性规定，其中包括：

（1）在上市公司中，公司发起人持有的国有股，在法律限制转让期限内不得用于质押，国有股东授权代表单位持有的国有股只限于为本单位及其全资或控股子公司提供质押，且用于质押的国有股数量不得超过其所持该上市公司国有股总额的50%，同时还应当经董事会（不设董事会的由总经理办公会）审议决定。

（2）外资企业的股权质押应当经企业其他投资者同意，签订质押合同并经审批机关批准。同时，投资者不得质押未缴付出资部分的股权、不得将其股权质押给本企业，未经同意，质权人不得转让出质股权、不得将已出质的股权转让或再质押。未经办理审批和备案的质押行为无效。

（3）商业银行不得接受以下银行股权作为质物：①本行的股权；②银行章程、有关协议或者其他法律文件禁止出质，或其他在限制转让期限内的银行股权；③权属关系不明、存在纠纷等影响到出质股权价值和处分权利的，或价值难以评估的银行股权；④被依法冻结或采取其他强制措施的银行股权；⑤证券交易所停牌、除牌或特别处理的上市银行股权；⑥按要求出质前应向股权所在银行董事会备案而未备案或备案未通过的银行股权；⑦涉及重复质押或银保监会认定的其他不审慎行为的银行股权。

（4）独立基金销售机构应当保持股权结构稳定。股权相关方应当书面承诺，独立基金销售机构取得基金销售业务资格3年内不发生控股股东、实际控制关系的变更。股东质押所持独立基金销售机构股权的，不得约定由质权人或者其他第三方行使表决权等股东权利，也不得变相转移对独立基金销售机构股权的控制。持有独立基金销售机构5%以上股权的股东，质押股权比例不得超过所持该独立基金销售机构股权比例的50%。

而且，除非征得质权人同意，否则出质后的股权不得转让，经同意后转让所得的价款，也应当向质权人提前清偿债务或者提存。

(二) 股权质押登记

与抵押一样，股权质押也应当签订书面的质押合同，并且办理登记。民法典规定以股权出质的，质权自办理出质登记时设立。可见，股权质押有内外登记之别。有案例认为，股权出质因未记载于股东名册，质押协议未生效、质权未设立，债权人要求质押人承担质押担保责任，不予支持。因此，如果需要对有限公司的股权进行质押，应当记载于公司股东名册，而不仅仅只依赖于股东会决议等公司内部文件。

实务中，办理股权质押工商登记一般需要提供以下文件：（1）《股权出质设立登记申请书》；（2）股权质押合同原件；（3）同意股权质押的股东会决议原件；（4）公司章程复印件，加盖公章；（5）双方的营业执照、组织机构代码证复印，并加盖公章；（6）记载出质人名称及其出资额的公司股东名册复印件，加盖公司公章；（7）各自或者共同委托代理人办理股权质押手续的证明文件并加盖公章；（8）出质人关于股权质押的会议纪要；（9）其他工商局需要的资料。

就股权质押的登记手续，一方面，合作双方有必要事先了解抵押人所涉及的股权质押的合法性，审查是否已经通过股东会决议，是否记载于股东名册，避免出现股权出质但未记载于股东名册，导致质押协议未生效，质权未设立的不利后果。另一方面，在实务中还应注意，由于各地股权质押行政主管部门对于股权质押审查时掌握的尺度宽严不一。因此，也需要办理质押手续的双方提前了解和知悉当地的具体操作规则。

（三）未登记质押的法律后果

根据民法典的规定，以基金份额、股权出质的，质权自办理出质登记时设立。可见，公司以股权提供质押担保，即使取得了公司内部董事会或股东会的决议，并且也记载于股东名册，但是如果没有依法办理工商登记的，也仍然无法明确质权的法律效果。在某资产公司、某投资公司企业借贷纠纷案[①]中，最高人民法院认为，以有限责任公司股权出质的，合同中质押担保条款因出质人原因并未办理股权质押登记，导致涉案股权质押并未有效设立，虽然质押权并未设立，但并不影响合同中质押担保条款的效力，根据合同法的相关规定，出质人应当在质押股权的价值范围内承担相应的违约责任，赔偿其对质押权人造成的损失。

不过，也需要注意的是，这里的赔偿责任仅是普通的债务承担[②]，依据的是民法典第 577 条关于当事人一方不履行合同义务或者履行合同义务不符合约定的，应当承担继续履行、采取补救措施或者赔偿损失等违约责任的规定，而不具有物权担保的优先权利，也就是说质押权人（债权人）无法就股权拍卖、变卖的价格获得优先受偿权。

---

① 《某资产公司、某投资公司企业借贷纠纷二审民事判决书》，载中国裁判文书网，https：//wenshu. court. gov. cn/website/wenshu/181107ANFZ0BXSK4/index. html？docId＝43485701b02443929e9eaa3700bf268d，2022 年 7 月 17 日访问。

② 《侯某阳与某能源材料公司、韩某全等民间借贷纠纷申诉、申请民事裁定书》，载中国裁判文书网，https：//wenshu. court. gov. cn/website/wenshu/181107ANFZ0BXSK4/index. html？docId＝83894baa84ce4e098ca5bc0043273a25，2022 年 7 月 17 日访问。

第八章
股权投资的协议安排

概　述

股权投资作为复杂的商业交易活动，其中涉及主体多、法律关系复杂、权利义务交错、商业诉求多样。因此，这些内容都需要通过相关的协议进行统筹、有序的安排。股权投资实务中经常会涉及股权投资协议、合作协议、股权转让协议、融资协议、担保协议、保密协议以及公司章程等法律文件。可以说，股权投资就是由一系列的协议、合同、法律文件构建的商业交易体系。

在股权投资交易文件中，除应当遵守公司法的相关规定外，民法典关于合同的原则和相关规定对于交易双方的权利义务安排以及相应的救济方式也有至关重要的影响。股权投资实际上融合了公司法、民法典的诸多规定，因而需要交易双方提前从多方面、多角度进行综合衡量和考虑。

一、股权投资的协议规划

股权投资是由一系列的协议、合同以及附属文件等法律文件组成的复杂商业交易体系，这些法律文件是一个完整的、系统的宏观体系，而不仅仅是单独、孤立的协议、合同。因此，交易各方参与主体起草、签署的各类协议、合同条款和内容之间的相互照应、衔接不仅是避免和减少歧义、争议的重要方式，同时也是顺利推进项目实施，实现合同目的，对项目风险进行合理转移、消化的重要途径。

另外，考虑到交易的最终目标在于实现盈利并顺利退出，因此资金对于项目实施也有至关重要的影响，这涉及交易的项目筹备、资金募集、实施、投入、交割、运营、退出、清算等整个交易的生命周期和链条，项目资金来源、如何进入、何时进入、进入额度、进入条件、何时退出等都需要在交易前期筹划合同体系阶段提前进行综合考虑和分析论证。

除提前设计和规划各类协议的内容外，对民法典中有关的物权、合同等相关规定和内容的整体把握也需要引起交易各方的注意。

（一）协议成立和生效

合同、协议的成立应当遵循要约和承诺的过程。按照民法典的相关规定及合同理论，要约是希望和他人订立合同的意思表示，该意思表示的内容必须具体确定，并且表明经受要约人承诺，要约人即受该意思表示约束。而承诺则是受要约人同意要约的意思表示，并不得对要约的实质性内容进行变更。承诺生效之时合同即告成立。通常情况下，合同成立时即生效，但是，合同双方也可以约定合同生效的条件或期限。如果法律、行政法规规定合同应当经过批准、登记时，合同生效还应办理批准、登记手续。

（二）当事人意思自治

当事人意思自治（Party Autonomy）是私法领域，包括合同领域最基本的原则和精神，一向被奉为圭臬。意思自治意味着除法律、行政法规明确禁止或者强制规定的内容外，当事人都可以在合同中自行约定和处置各自的权利、义务，也即“法无明文禁止即可为”。

1. 意思自治在合同中的体现

合同自由是意思自治原则的表现，具体来说合同自由包括合同当事人依法享有缔结合同、选择相对人、选择合同内容、变更和解除合同、确定合同方式等方面的自由①。

我国现行的民法、合同法、公司法等都赋予了当事人依法自愿订立合同的权

① 王利明、崔建远：《合同法新论·总则》（修订版），中国政法大学出版社2000年版，第107页。

利，可以按照自己的意思设立、变更、终止民事法律关系。纵观民法典有关合同的相关规定，除总则的原则规定外，其中还有很多条款都同样体现了当事人意思自治的原则，通常以“当事人另有约定的除外”的方式表述，这些规定下的条款实际上都允许当事人自由约定相应的内容，分配各自的权利、义务和责任。

这一原则也要求司法机关在审判实践中必须明确，凡是没有违反法律法规强制性规定的，人民法院就无权去改变或者变更当事人符合合同自由原则的约定，避免轻率地宣告合同无效，随意改变当事人签订的合同内容，甚至在没有法定理由的情况下，擅自解除正在履行的合同等做法①。

2. 意思自治的限制

尽管意思自治被公认为私法领域最根本的原则，也是私法主体平等原则的逻辑结论②。但是，不可否认的是，当事人需要注意到意思自治并非意味着当事人可以随意约定双方的权利义务以及对合同后果的处理，而不受任何限制。例如，民法典就规定当事人订立、履行合同，应当遵循公平原则，合理确定各方的权利和义务，应当遵循诚信原则，秉持诚实，恪守承诺，不得违反法律，不得违背公序良俗。从另一个角度来看，合同的相对性也是对意思自治的限制，即合同的内容仅约束签约主体，当事人不能给第三人设定义务。由此可见，当事人的意思自治应当是在法律框架下的自治。

（三）协议内容的规制

除遵循意思自治的原则外，与一般的民事行为一样，股权交易的行为、各类协议的内容也会受到一定的规制。毕竟，意思自治应当是在法律许可范围内的自治。其中，除公司法、民法典的相关强制性规定外，公平、平等和诚实信用也是重要的原则。

公平、平等和诚实信用原则又被称为民事活动的帝王条款。民法典第 7 条规定，民事主体从事民事活动，应当遵循诚信原则，秉持诚实，恪守承诺。这

① 唐德华：《高度重视对民事权益的保护》，载《新民事诉讼法配套规则适用指引》，法律出版社 2016 年版，第 33 页。

② 陈小君：《合同法学》，高等教育出版社 2004 年版，第 28 页。

也是公平和诚实信用原则的法律依据。在股权投资中，交易双方当事人也同样需要遵守公平、平等和诚实信用的原则，并且，这些原则相互补充，而非孤立地存在。

1. 公平原则

公平原则是指在民事活动中以利益均衡作为价值判断标准，在民事主体之间发生利益关系摩擦时，以权利和义务是否均衡来平衡双方的利益。依据民法典的规定，当事人应当遵循公平原则确定各方的权利义务，兼顾他人利益和社会公共利益。由此可见，公平原则在当事人协商、订立合同关系、设定合同权利义务等内容时，都具有重要的指导意义。

此外，公平原则也是一项法律适用的原则，换一句话说，司法机关在裁决具体纷争时，如果现有的法律规范缺乏明文规定时，为了判决的公平合理，可以根据公平原则来平衡当事人之间的权利义务。

（1）显失公平及其处理

显失公平规则不是一项独立的法律原则，但却是公平原则的具体体现，也是规范民事行为的一项重要制度，它具体是指一方当事人利用优势或者利用对方没有经验，致使双方的权利义务明显违反公平、等价有偿原则的情况。显失公平的民事行为往往是当事人双方的权利和义务极不对等，造成经济利益上的不平衡。

（2）显失公平的法理依据

公平是市场交易行为的基本准则。“设置显失公平制度，其主要目的在于保证合同双方能够在完全自愿、平等的基础上进行交易，督促人们遵循诚实信用原则订立和履行合同，同时也赋予交易中因合同条件显失公平而遭受损害的一方以变更或撤销合同的请求权，以维护交易的公正性。显失公平制度的构建并不是对合同自由的否定，而是对不能体现当事人真实意思的情形加以限制，以最大限度地体现真正的实质意义上的合同自由和意思自治。而如何在确保契约自由与维护合同正义之间寻求一种平衡，既保证合同正义，又维护合同自由，在契约自由体制下维护契约正义，则正是契约自由原则正确适用的关键。”①

① 林立：《工程合同：法律、规则和实践》，北京大学出版社 2016 年版，第 31 页。

（3）显失公平的构成要件

现行的法律法规并没有规定显失公平的具体构成要件，理论上讲，显失公平的构成要件主要包含以下几个要点：

①显失公平一般适用于具有对价关系的有偿合同。有偿合同存在各方的权利义务的分配，才会出现由于显失公平行为而导致利益失衡的情形。

②显失公平行为导致的后果是双方当事人之间的权利义务关系严重背离公平原则，双方的利益严重失衡，而非一般的利益不均。

③造成显失公平的原因是一方当事人主观上故意利用自己的优势或利用对方没有经验，这是显失公平的主观构成要件。

④显失公平的利益受损方屈服了对方的优势地位，或者是缺乏经验，或者是过于轻率而被人利用从而接受了对方的条件。

⑤受损方当事人接受显失公平的合同条件并非出于其真实的意愿。这是行为相对方的主观要件。

在司法实践中则认为适用显失公平规则“一是要考察合同对一方当事人是否明显不公平。判定行为是否显失公平应以民事行为成立时的市场行情为标准来判断，而不能以民事行为实现时的市场行情为标准；二是要考察合同订立中一方是否故意利用其优势或者对方轻率、没有经验。所谓利用优势，是指一方利用其在经济上或其他方面的优势地位，使对方难以拒绝对其明显不利的合同条件；所谓没有经验，是指欠缺一般生活经验或者交易经验。显失公平的合同中，利益受损的一方往往因为无经验，或对合同的相关内容缺乏正确认识的能力，或者因为某种急迫的情况，并非出于真正的自愿而接受了对方提出的合同条件”。[①]

（4）显失公平的处理

显失公平的合同，当事人一方有权请求人民法院或者仲裁机关予以变更或者撤销，至于是请求变更还是请求撤销合同，当事人享有选择权。如果当事人申请变更的，法院或者仲裁机构不应予以撤销。法律规定显失公平的民事行为应予变更或撤销，不仅是公平原则的体现，而且也切实保障了公平原则的实

---

① 《某房地产公司诉某房地产公司合同纠纷案》，载最高人民法院网站，http：//gongbao. court. gov. cn/Details/a4e95345c0812c59030cabae250b89. html，2021 年 10 月 14 日访问。

现。同时，对于当事人享有的选择权也是合同意思自治原则的体现，裁决机构应当予以尊重。

同时，笔者认为，尽管商业交易活动与一般的民事行为存在较大的差异，但是缺少适度的司法矫正同样可能导致商业交易双方权利义务失去平衡的尺度，通过司法裁判，适度矫正民事活动，可以起到平衡利益、维护公平的基本作用。

2. 平等原则

平等原则是民事活动的基本原则。依据民法典第 4 条的规定，民事主体在民事活动中的法律地位一律平等，即合同一方不得将自己的意志强加给另一方。它立足于当事人的身份和机会平等。平等原则也从侧面体现和反映了民事活动的公平原则，避免显失公平。平等原则包括三方面内容：

（1）合同当事人的法律地位一律平等。需要注意的是，平等原则所要求的平等，不是指经济地位的平等或经济实力的平等，而是指“法律地位”的平等。也就是说，在法律上，合同双方当事人都是平等的主体，没有高低、从属之分，不存在命令者与被命令者、管理者与被管理者的关系。

（2）合同中的权利义务对等。所谓“对等”，是指享有权利的同时就应承担义务，没有无权利的义务，也没有无义务的权利。而且，双方彼此的权利、义务是相对应的，一方的权利对应着对方的义务，反之亦然。这就要求当事人取得财产、劳务或工作成果与其履行的义务大体相当；一方不得无偿占有另一方的财产，侵犯他人权益。

（3）合同当事人必须就合同条款充分协商，取得一致，合同才能成立。合同是双方当事人意思表示一致的结果，是在互利互惠基础上充分表达各自意见，并就合同条款取得一致后达成的协议。因此，任何一方都不得凌驾于另一方之上，不得把自己的意志强加给另一方，更不得以强迫命令、胁迫等手段签订合同。同时还意味着凡协商一致的过程、结果，任何单位和个人不得非法干涉。法律地位平等是自愿原则的前提，如果当事人的法律地位不平等，就谈不上协商一致，更谈不上自愿。

3. 诚实信用原则

诚实信用原则是民法确定的民事行为和民事活动的最高准则。确立诚实信用原则对于指导交易主体的行为，确立合同双方“以善意方式行使权利、履行义务，在进行民事活动时遵循基本的交易道德，以及禁止当事人滥用权利，行使权利不得超出正当界限”方面具有重要的作用。而且，在司法实践中，运用诚信原则可以“弥补法律漏洞，维持当事人之间的利益以及当事人利益与社会利益之间的平衡”。[①]

民法典规定，民事主体从事民事活动，应当遵循诚信原则，秉持诚实，恪守承诺。诚实信用原则贯穿民事活动的全过程，如缔约过失责任即是诚实信用原则的表现形式。

缔约过失责任是指一方当事人在订立合同过程中，因自己的过失而给对方当事人造成损失时所应承担的责任。民法典规定了两类缔约过失责任情形：一类是当事人在订立合同过程中，假借订立合同，恶意进行磋商；故意隐瞒与订立合同有关的重要事实或者提供虚假情况；或者具有其他违背诚实信用原则的行为，而给对方造成损失的，要承担损害赔偿责任。另一类是当事人泄漏或者不正当使用在签订合同过程中所知悉的商业秘密而给对方造成损失的，要承担损害赔偿责任。

对于上述两种缺乏诚信的行为，尤其是在订立合同过程中的恶意磋商或者隐瞒事实或影响对方做出决策的不利信息，在实践中也经常遇到，比如一方故意隐瞒隐形债务，或者利用一方掌握的信息和情况，将交易可能出现的风险和错误全部转嫁到另一方等。对于此类行为，作为合同相对方，一方面需要认真核实相关信息和资料，另一方面，对于此类行为的后果和责任承担，笔者认为，在发生争议时，司法机关和仲裁机构也有必要倾向于不利于提供信息的一方，以维护诚实信用原则。

二、协议起草的注意事项

如前所述，股权投资必然涉及各类合同文件，而合同文件的起草，一方面自然要充分体现交易各方主体的真实意愿，以“当事人意思自治”为基本原

---

① 杨立新：《民法总则》，法律出版社 2013 年版，第 65 页。

则；另一方面，交易各方主体在起草和讨论合同过程中，也需要注意公司法等相关法律法规的规定在合同中的体现和反馈。对于法律法规中已有明确规定的内容，有时为了引起双方的重视和注意，需要在合同中予以重述，有些则不必要；而对于法律法规允许双方自行约定的事项，则应当在合同中予以明确，以更好地反映合同各方的想法，但不得违反法律、行政法规的禁止性规定和限制性规定；而对于不具有强制法律约束力的法规规定，合同各方也可以考虑根据项目具体情况和各自需求决定是否在合同中进行合约化处理。

（一）协议文件的内容特征

协议的内容可繁可简，不一而足。就具体的协议文件来说，结合法律、法规的规定和实践，其内容的表述可以分为以下几类①：

（1）宣示性条款。这些条款通常是对法律规定的重述，起到提示作用，其本身是否写入各类协议条款中并不影响相关法律规定的效力。换言之，即使不在协议中做此类表述，法律、法规的规定也同样对协议各方当事人具有约束力。例如，协议中约定“当事人应当按照约定全面履行自己的义务。当事人应当遵循诚实信用原则，根据合同的性质、目的和交易习惯履行通知、协助、保密等义务”。而此内容实际上系民法典第509条之规定，因此，即使协议中并未明确约定，双方当事人也仍然应当依法履行上述义务。

（2）授权性条款。即允许双方对法律规定的内容作出变更。此类合同条款的重点在于对法律、法规中的授权性或者任意性条款的修改或者补充。对于此类条款，双方有约定的按照约定，没有约定的，则仍然依据法律已有的规定执行，比如未履行出资义务即转让股权时的受让人追偿权，公司法即规定“当事人另有约定的除外”。对于授权性条款的把握应当从严，只适用于相关法律中明示双方可以另行约定的内容，否则合同条款的约定将无所限制，法律规定的内容也将形同虚设。

（3）约定性条款。这部分条款在股权投资交易中占据绝对多数的内容，凡是除前述宣示性条款和授权性条款之外的内容，都可以归入此类。约定性的条

① 林立：《项目融资和PPP实务运作全程指引》，中国法制出版社2018年版，第261页。

款绝大多数是属于法律没有具体规定或者是没有涉及的内容，允许合同双方当事人自行约定相关的内容，典型的如公司章程中关于出资比例、投票权的约定、公司两会的议事规则等条款。

另外，在法律实务中，使用行业惯例、交易习惯的现象也不足为奇。比如民法典第510条就规定，合同生效后，当事人就质量、价款或者报酬、履行地点等内容没有约定或者约定不明确的，可以协议补充；不能达成补充协议的，按照合同有关条款或者交易习惯确定。司法实务中，在不违反法律、行政法规强制性规定的前提下，人民法院可以认定以下情形属于“交易习惯”：

（1）在交易行为当地或者某一领域、某一行业通常采用并为交易对方订立合同时所知道或者应当知道的做法；

（2）当事人双方经常使用的习惯做法。

为此，笔者建议，如有可能，各方当事人可以考虑在合同中预先对何为交易习惯、行业惯例作出约定，有助于作为履约依据，避免此类交易习惯引发的争议。

（二）协议主要条款的起草

从根本上来说，股权投资中的协议体系所要解决的是哪个主体依据哪类合同承担何种工作以及与之相应的权利、义务和责任问题。由此可见，在股权投资交易中，各个协议都应当至少具备诸如主体、标的、数量、质量、价款、履行期限和方式、违约、争议解决等基本条款。此外，对于以下一些特殊的具有共性的条款也应当在起草相关协议时引起重视。

1. 陈述和保证条款

尽管在签署股权投资的相关协议之前，投资人会对标的公司、标的资产进行尽职调查，然而，毕竟第三方机构的尽调无法涵盖标的公司股权和资产的方方面面，特别是有些交易项目，历史悠久而尽调时间有限、尽调手段受限，在这种情况下，除在现有条件下尽可能详尽地调查项目信息外，在相关的协议中写入陈述和保证条款就显得尤为重要。

陈述和保证条款源于英美法中的 representation 和 warranty，违反前者，则构成虚假陈述，一方可申请撤销合同（rescission 或 setting aside）或者要求违约赔偿；违反后者，一方则可申请违约赔偿。中国法下的陈述和保证则以民事法律行为的诚实信用为基础。

实务中，陈述和保证的内容有繁有简，因具体项目而有较大的不同。通常是双方对各自企业的合法存续、债权债务的真实性、交易前已发生的事件、已签署的合同、处罚和争讼的描述和保证，以及对拟转让的股权真实、合法、无权利负担，并已经获得或保证能够获得内部审批程序条件、标的企业不存在隐性债务等内容的陈述和保证。投资人的陈述和保证则可能会涉及投资并购的动机、投资人的良好信誉和资金、资源能力，以及对改善治理结构和促进公司发展的管理等方面的内容。

此外，重大不利变化条款也经常出现在陈述、保证条款中，即由股权出卖方保证在某一个特定的日期之前，目标公司没有发生重大不利变化事件；如有发生，则由卖方承担相应的违约和赔偿责任等。

2. 违约责任条款

“有约必守，违约必究”是契约精神的具体体现。民法典也规定了当事人应当按照约定全面履行自己的义务。为了约束各方依约行事，在股权投资项目的各类协议中都有必要明确约定一方违约时所应当承担的责任。违约责任的形态、范围以及责任的承担方式既有法律的规定，也可以由合同的双方当事人自行约定。违约责任的承担方式主要包括赔偿损失、支付违约金、继续履行、采取补救措施、解除合同等。其中，较为典型的也是比较常用的违约责任承担方式就是在合同中约定违约方向对方支付一定数额的违约金，或是约定因违约产生的损失赔偿额的计算方法。

（1）违约金。违约金是主要的违约责任形式，分为法定违约金和约定违约金两种。多数情况下，违约金的适用以双方约定为主，如果合同中缺少相应的违约金条款，则由法定违约金进行规范，如最高人民法院曾明确规定，对于合同当事人没有约定逾期付款违约金标准的，人民法院可以参照中国人民银行规定的金融机构计收逾期贷款利息的标准计算逾期付款违约金。中国人民银行调整金融机构计收逾期贷款利息的标准时，人民法院可以相应调整计算逾期付款违约金的计算标准。司法实践一般把按中国人民银行公布的同期逾期付款利率标准计算的利息即罚息认定为法定违约金；但是，司法实践中也同时认为该种违约金仅适用于付款（给付货币）逾期场合，且应当是当事人在合同中约定了违约金，但未约定违约金的计算标准的情况下，才有逾期付款违约金适用的余地。

此外，实务中也应当注意违约金的适用条件。例如，在某物业公司与某企业集团、某电讯公司、某实业公司股权转让合作纠纷案①中，最高人民法院就指出，违约金是合同双方对合同义务不履行时违约方应付损害赔偿额的约定，所以违约金是针对特定的义务而存在。这种特定的义务有时是合同中的某一项义务，有时是合同约定的双方的任何一项义务，法院首先必须准确地认定违约金所针对的义务内容。在认定后，还要审查该义务是否实际发生，商事合同中双方常常对合同义务附加前提条件，在条件未成就时合同义务实际上并不存在，故也谈不上履行问题，此时，针对该义务约定的违约金条款就不能适用。

而对于合同中已经约定违约金的，如果约定的违约金低于或者过分高于造成的损失的，当事人还可以请求予以调整。其中是否过分高于所造成的损失，则一般以是否超过实际损失的30%为标准，同时，应注意到此处的损失还应当包括实际损失和可得利益损失。

（2）损害赔偿。损害赔偿是合同违约情况下的重要救济方式。根据民法典的规定，当事人一方不履行合同义务或者履行合同义务不符合约定，给对方造成损失的，损失赔偿额应当相当于因违约所造成的损失，包括合同履行后可以获得的利益，但不得超过违反合同一方订立合同时预见到或者应当预见到的因违反合同可能造成的损失。其中，可预见规则作为限制违约损害赔偿范围的最重要的标准之一，在世界各国民法或合同法中得到了普遍的承认。可预见规则的法理基础在于诚实信用原则，可预见规则与因果关系在功能、判断标准、所确定的赔偿范围、保护的重点等方面存在不同，而判断是否可预见的因素主要是合同当事人的身份和合同的主要内容②。

最高人民法院指出，要区分可得利益损失类型，妥善认定可得利益损失，

---

① 《某物业公司与某企业集团、某电讯公司、某实业公司股权转让合作纠纷案》，载最高人民法院网站，http：//gongbao. court. gov. cn/Details/87b502a72d401166b21994af729e60. html，2022 年 7 月 17 日访问。

② 毛瑞兆：《论合同法中的可预见规则》，载《中国法学》2003 年总第 114 期。

而根据交易的性质、合同的目的等因素，可得利益损失主要分为生产利润损失、经营利润损失和转售利润损失等三种类型。其中①：

①生产设备和原材料等买卖合同违约中，因出卖人违约而造成买受人的可得利益损失通常属于生产利润损失；

②承包经营、租赁经营合同以及提供服务或劳务的合同中，因一方违约造成的可得利益损失通常属于经营利润损失；

③先后系列买卖合同中，因原合同出卖方违约而造成其后的转售合同出售方的可得利益损失通常属于转售利润损失。

对于不同的可得利益的界定和区分，有助于客观实效地解决有关损失的争议。

在实务中，需要引起合同各方主体注意的是损害赔偿的举证责任分配、损害赔偿的因果联系、损害赔偿的计算、损害赔偿与其他违约救济方式的共存性等问题，而这些通常也是争议较为集中的问题。

不过在实践中，如果是因为存在欺诈经营、当事人约定损害赔偿的计算方法以及因违约导致人身伤亡、精神损害等情形的，则不宜适用可得利益损失赔偿规则。并且，对于恶意违约者一般不予调整约定违约金比例，且违约金与赔偿金可同时使用，赔偿的范围是合同订立时可以预见到的直接损失加间接损失。

此外，商业活动中，风险因素多种多样，在某商贸公司与某棉花公司买卖合同纠纷案②中，最高人民法院认为原判决中认定的损失包括了棉花减值等的差价损失以及在此期间因市场行情下跌所造成的收益损失。但是，后者的收益损失显属市场风险造成，非为双方当事人所能预见，亦非某棉花公司过错所致。因某棉花公司与该部分损失之间不存在因果关系，故某棉花公司不应承担市场行情变化导致的某商贸公司的收益损失。原判决将某商贸公司在市场行情低迷时基于转售关系所形成的销售价格与本案行情高涨时形成的购买价格之差作为某商贸公司的损失由双方分担显属不当，不仅合同关系各不相同，亦有违公平原则及过错责任原则。对此，最高人民法院判决因市场风险等因素造成

---

① 《最高人民法院关于当前形势下审理民商事合同纠纷案件若干问题的指导意见》。

② 《某商贸公司与某棉花公司买卖合同纠纷案》，载最高人民法院网站，http：//gongbao. court. gov. cn/Details/9203965691fd00b37f0aaee02322c7. html，2022 年 7 月 17 日访问。

的、双方当事人均不能预见的损失，违约方无须向守约方承担赔偿责任。

（3）继续履行。一般来讲，继续履行作为违约救济方式需要区分不同的债权债务性质而有所区别，其表现形式存在不同之处。根据民法典的规定，对于金钱债务的违约责任，当事人一方未支付价款或者报酬的，对方可以要求其支付价款或者报酬。而对于非金钱债务违约的继续履行，民法典也做出了明确的规定，即当事人一方不履行非金钱债务或者履行非金钱债务不符合约定的，对方可以要求履行。

继续履行可以普遍地作为合同违约的补救措施，并且该义务不影响违约金的给付义务，按照民法典的规定，当事人就迟延履行约定违约金的，违约方支付违约金后，还应当履行债务。但继续履行义务的适用性也有例外的情况。一般来说，金钱债务不会出现不能继续履行的情况，而对于非金钱债务，民法典明确规定了这些例外情形，即法律上或者事实上不能履行、债务的标的不适于强制履行或者履行费用过高、债权人在合理期限内未要求履行。

此外，实务中，在合同中约定违约责任的不公平分担、约定排除一方因违约行为造成的责任、约定违约方承担高额的违约金和赔偿金等条款的现象也并非不常见。对此，笔者认为或许可以依据法律有关显失公平的规定予以矫正。但是，不可否认，对于何谓“公平”、何谓“显失公平”，不论是理论还是实践，每个人也都有不同的理解和观点。而且，即使是最高人民法院已经明确规定了一方当事人利用优势或者利用对方没有经验，致使双方的权利义务明显违反公平、等价有偿原则的，可以认定为显失公平。但是，也并不能就此认为法律上对于公平和显失公平已经有了统一的标准。实际上该条规定本身对于显失公平的适用有着严格的限制，而且也没有具体的客观评定标准，因而就显失公平条款的实际运用，仍存在不确定性。

3. 合同解除条款

合同的解除是合同履行的非正常终结，合同的解除可以基于当事人的约定和法律的规定，在法律实务中需要注意的是违约不一定导致合同解除，而合同的解除也并不一定意味着合同当事人的违约，在处理违约和合同解除的争议上，需要具体案件具体分析，针对不同的原因划分责任，确定是否应当承担违约责任和损害赔偿责任。

合同的解除包括法定解除和约定解除。前者显然基于法律的明文规定，比如因不可抗力致使不能实现合同目的，在履行期限届满之前，当事人一方明确表示或者以自己的行为表明不履行主要债务，当事人一方迟延履行主要债务，经催告后在合理期限内仍未履行，当事人一方迟延履行债务或者有其他违约行为致使不能实现合同目的等情形。而后者自然就是当事人自行约定的结果。对于约定解除，同样也可以是约定具体的解除事项、解除时间，或者是约定特定的合同解除条件，又或者是在特殊情形下的协商一致解除。

如果合同中约定了具体的解除事由和解除权行使期限，按照民法典的规定期限届满当事人不行使的，该解除权消灭；若干法律没有规定或者当事人没有约定解除权行使期限，经对方催告后在合理期限内不行使的，该解除权消灭。

此外，尤其值得注意的是，民法典对于合同解除的两个新的立法规定，对于未来股权投资交易将会产生重大的影响：

（1）情势变更下的合同解除权，即在合同成立之后，由于合同基础条件发生了订立合同时无法预见的、不属于商业风险的重大变化，继续履行合同对于当事人一方明显不公平的，双方在合理期限内协商不成的，当事人可以请求变更或者解除合同。

（2）合同僵局时的解除规定，即一方不履行非金钱债务或者履行非金钱债务不符合约定，且系因法律上或者事实上不能履行，或者债务的标的不适于强制履行或者履行费用过高，或者债权人在合理期限内未请求履行，致使不能实现合同目的的，当事人可以请求终止合同权利义务关系，但是不影响违约责任的承担。

4. 争议解决条款

争议解决条款也是合同中的必备条款。根据或裁或诉的基本原则，合同主体务必注意在合同中明确是以仲裁方式解决争议，还是以诉讼方式解决争议。若是选择仲裁方式，则应当明确仲裁处理的事项范围，明确选定仲裁机构和适用的仲裁规则，包括国内的商事仲裁机构或是境外的商事仲裁机构；但若是争议不具有涉外因素的，则只能选择国内的仲裁机构而不得约定境外仲裁机构。

若是选择诉讼方式，则可以根据项目特点在合同签署地、合同一方所在地、合同履行地、项目所在地中选择合适的管辖法院，必要时可在相关协议中明确管辖法院。

同时，确保相关协议争议解决方式的一致性和协调性也是需要考虑的重要因素。另外，在协议中设置多层级争议解决机制，也可以避免直接将争议提交仲裁或诉讼，从而起到缓冲争议的作用。至于在双方协商、调解，甚至是仲裁、诉讼等过程中为了达成一致意见，各自所陈述的不利于己方的观点，或者自认的事实，在后续诉讼和仲裁中也不得作为对其不利的证据。因此，这些制度也为有效地协商解决争议提供了有利的法律支持。

三、股权投资中的协议文件

如前所述，股权投资是由一系列法律文件组成的综合体。实务中经常会涉及股权投资协议、合作协议、股权转让协议、增资扩股协议、融资协议、担保协议、合伙协议、排他协议、保密协议等协议文件。上述各类不同的协议文件会有不同的侧重点和要点，而根据不同的股权投资交易方式和项目特点，同样的协议本身在内容上也会存在差异性，有时候，交易双方并不单独签署相应的协议而是以具体条款作为替代的方式。因而实践中，仍然需要有针对性地起草和修改，从而避免千篇一律的条款导致的法律风险。

（一）意向书和备忘录

在股权投融资交易中，交易双方通常会在前期达成某种意向，并以意向书、备忘录、框架协议等方式留存备案。意向书（Letter of Intent）是指双方当事人在签署正式的合同文件之前，在经过协商和讨论后，就某一个交易或者对一系列交易的原则性问题所达成的一致意见。其内容的主要特点在于对合作意愿的肯定和确认。在理论上和实践中，对于意向书的法律属性以及法律救济存在不同的理解，并由此对各方的实体权利产生不同的影响，因此，有必要对其进行梳理和分析。

1. 意向书的内容和构成

在实践当中，意向书的形式是多样的，其具体可以表现为：（1）意向书，即直接写明是双方就合作事项达成的意愿，即意向性文件；（2）谅解备忘录，记录双方取得一致性的原则意见的内容，通常情况下是对一系列事实，包括未来双方需要协商的方向等事项达成的一致[①]；（3）以会议纪要的形式，记录双方经过协商达成一致的内容、双方的意见分歧，以及后续进一步细化和讨论的内容；（4）条款清单或协议要点，记载双方经过协商已经达成一致的内容，是对将来拟签署的合同条款具体而清晰地达成一致意见，并作为将来正式合同签署或进一步细化的基础。甚至在某些情况下，框架协议也可以作为意向书的表现形式，对合作的事项进行概括性和原则性的约定。

根据上述意向书的表现形式，结合实践可以看出，意向书的内容视其表现形式的不同而有所不同。意向书可以是原则性的内容，也可以是非常具体地包括未来签署的正式合同的主要条款和细节。通常来讲，意向书可以涉及实体性内容和程序性内容两个方面，因此，与此相对应，根据意向书的内容及其与未来拟签署的正式合同的关系，其条款可以分为两类，即实体性条款和程序性条款。前者是指构成未来拟签署的正式合同条款的内容；后者则是关乎缔约过程，用于调整和规范谈判程序，或是规定当事人在缔约中的通知、协助等相关义务的条款[②]。

2. 意向书的法律性质

通常来讲，意向书只是双方就将来签署某一具体合同所达成的一致意思表示，其针对的是双方将来要签署的合同，但是并不意味着必须签署相应的合同文件。

关于意向书的法律性质，法律并无统一和明确的规定。尽管民法典规定，当事人约定在将来一定期限内订立合同的认购书、订购书、预定书等构成预约合同，一方不履行预约合同的义务，对方可以请求其承担预约合同的违约责任。但是，民法典并未明确将意向书列入预约合同的范围，因此，对于意向书

① 徐德风：《意向书的法律效力问题》，载《法学》2007年第10期，总第311期。
② 徐德风：《意向书的法律效力问题》，载《法学》2007年第10期，总第311期。

本身是否必然属于预约合同也会有不同的理解。因此，对于股权领域中遇到的投资意向书的法律属性问题，仍需要结合实际进行具体分析和界定。

（1）理论上的分析

理论上，一般的理解是意向书并不具有强制约束力。但也有观点认为意向书的法律效力需要结合和进一步细化意向书的含义来确定，并且根据表意人的主观意愿、意向书的客观内容，将意向书的类型划分为不具任何法律约束力的仅表达初步设想的意向文书，具有部分约束力的预约合同以及具有完全约束力的正式合同①。

（2）法律规定和司法实践

根据司法实践，当事人对合同是否成立存在争议，人民法院能够确定当事人名称或者姓名、标的和数量的，一般会认定合同成立。对于无法确定的条款内容，则可以根据民法典的规定进行推定。另外，如果双方决定采用意向书形式订立合同，在签字或者盖章之前，当事人一方已经履行主要义务，对方接受的，该合同也属于已经成立。由此可见，在实务当中，如果涉及的意向书已具备合同的基本条款，能够确定合同的主要内容，当事人也没有明确排除其法律约束力，并且一方已经履行了该意向书项下的部分义务，另一方也接受该履行的，此时的意向书就应当具有法律效力。

按照一般的原则，意向书完全有约束力的条件是内容具体确定和当事人有受约束的意思②。司法实践中，对意向书的法律效力也并没有统一的观点和做法，尤其是双方仅有意向书而无正式合同时，更多的是需要结合案件的具体事实和条件作出个案分析和裁判，其认定结果可能是磋商性文件或是预约合同或是正式合同，各地法院也会有所差异。

在某投资公司等与某农业公司等股权转让纠纷案③中，法院认为，当事人之间签订的合作意向书，虽然名义上为意向书，但该意向书中明确约定了双方

① 王颖洁：《论意向书的法律效力及其法律责任》，载《法制与社会》2013 年 7 月。

② 陈进：《意向书的法律效力探析》，载《法学论坛》2013 年第 1 期。

③ 《某投资公司等与某农业公司等股权转让纠纷一审民事裁定书》，载中国裁判文书网，https：//wenshu. court. gov. cn/website/wenshu/181107ANFZ0BXSK4/index. html？ docId = cd9632d1ff94414a81d2147650c25845，2022 年 7 月 17 日访问。

的权利义务，以及合同履行的先后顺序、时间、金额，合同条款明确具体，该意向书已经符合合同成立的要件，故可以认定为双方当事人之间签订了合作合同。该合作合同未违反有关法律法规的强制性规定，且系双方当事人真实意思表示，各方均应按约履行。法院据此赋予意向书具有正式合同的法律效力。

（3）意向书的法律救济

如前文所述，理论上和实践中对于意向书的法律含义并没有统一的认识，其法律性质也呈现多样性的特点，其可能是磋商性文件、预约合同或者本约合同。如果是磋商性文件，则一般无法律约束力；如果构成预约合同，若违反约定内容则应当承担预约合同的违约责任或者损害赔偿责任；如果构成本约合同，则应当按照合同法的有关规定承担违约责任。而对于意向书的性质和效力，应从约定形式是否典型、内容是否正确以及是否有受约束的意思表示等方面出发，根据有关法律和司法解释的规定来具体审查认定。例如，在标的、数量不确定，缺少当事人受其约束的意思表示的情况下，一般将其认定为磋商性文件①。如果意向书的性质为磋商性、谈判性文件，则不具备合同的基本要素，没有为双方设定民事权利义务，双方当事人之间也并未形成民事法律关系，此时将无法获得合同法项下有关的合同违约、赔偿等权利救济方式。

此外，意向书的内容可分为实体性条款和程序性条款。在违反程序性条款时，对如何确定损害赔偿却有着不同的理解。司法实践中，通常认为违反程序性条款会构成信赖利益的损害赔偿，即一方当事人应赔偿他方因信赖意向书效力而支出的成本和费用②。而对于违反实体性条款的情况，笔者认为可以根据当事人的主观意愿以及具体的事实，确定意向书的不同属性及其法律效力，进而给予相应的法律救济。

3. 备忘录

与意向书类似，备忘录也是股权投资交易前期工作中常见的法律文件之一。目前，我国现有法律并没有对备忘录做出明确的规定，仅有最高人民法院

---

① 郭魏：《透析“意向书”的法律性质和效力》，载《人民司法》2015 年 22 刊。

② 徐德风：《意向书的法律效力问题》，载《法学》2007 年第 10 期，总第 311 期。

在买卖合同司法解释中将备忘录界定为预约合同。然而，股权投资实践中对于备忘录的法律性质和效力有着不同的理解和操作方法。

（1）备忘录的类型

备忘录有很多类似的名称，如谅解备忘录、合作备忘录等。在实际商业活动中所使用的备忘录，主要可以分为三类：①记录性的备忘录，是将谈判的题目、争议或合作的解决办法、共同点、分歧点、彼此提出的意见要点、实事求是地记录下来；②确认性的备忘录，是将谈判的题目，讨论的问题与解决办法，彼此同意照办的具体条款，记录下来并加以确认，实质上乃是一种单项协议或为补充性的附件协议；③理解性的备忘录，将谈判的结果写成记录，说明彼此对某一问题已取得某种程度的理解与谅解并加以阐释，以备作为将来或许要进一步谈判的根据与参考。有时也可作为会谈友好圆满结束的记录文件。

此外，在外交场合，备忘录作为外交文件，阐明一国政府对于某一事件或问题的立场或进行辩驳，或者在外交会谈后所制作的记录也经常被使用①。在一些大型的对外援助项目中，以及国际合作项目中，两国政府签署备忘录也被广泛地使用。

（2）备忘录的性质和效力

从法律性质上来看，备忘录和意向书具有共性，通常都理解为非正式的文件，不管是意向书，还是备忘录，其目的都是对双方将来的行为进行一定的限制，或者就解决某些事务达成了一致。但两者也有区别。实践中，意向书更倾向于就合作事宜达成的一致，其内容较宽泛；而备忘录的内容可能比意向书更为详细和具体，除就双方的合作内容取得一致意见外，也会涉及合作过程中、合同履行中发生的争议和分歧而达成的解决方案等内容。

《最高人民法院关于审理买卖合同纠纷案件适用法律问题的解释》中把备忘录、意向书作为预约合同，并支持一方请求承担预约合同违约责任或者要求解除预约合同及损害赔偿的权利主张。但这些都是从买卖合同成立、生效的角度对备忘录所作的解读，而并非针对备忘录的普遍的规定。而实务中使用的备

---

① 隋淑静：《备忘录的法律性质与效力刍议》，载中国律师网，http://www.acla.org.cn/lilunyanjiu/2421.jhtml，2012年8月20日访问。

忘录并不仅限于此，正因为法律法规、司法解释并没有如此，对于备忘录的法律效力也就有了不同的观点。

结合实践来看，目前关于备忘录的法律性质和效力，普遍的观点是以备忘录的具体内容和签署方的真实意思表示来确定其效力，而非简单地定性为具有法律约束力或者不具有法律约束力。例如，在某工程公司与某交通开发公司、某控股集团建设工程施工合同纠纷案①中，某交通开发公司与某工程公司签署的《备忘录》载明，对某工程公司请求支付因工期延长和实际工程总价款减少引起的管理费增加问题，系双方有分歧的事项，某交通开发公司表示此费用按索赔事项处理。据此，最高人民法院认为，从《备忘录》的约定来看，双方当事人均同意有关损失按照索赔程序处理，这说明双方当事人对该索赔事项尚存争议，某交通开发公司未同意支付此部分工程款，故某工程公司针对管理费增加的诉请，并无双方当事人之间的合意依据。

而在某投资公司与某省心血管疾病医院、第三人某科贸公司中外合资经营企业合同纠纷案②中，最高人民法院认为，双方签署的《备忘录》虽然变更了《合资合同》约定的出资时间及额度，但三方签订《备忘录》的背景系因心血管疾病医院以土地使用权作价入资需要办理规划、财政、土地等报批手续，其目的并非刻意规避或者改变审批机关的审批事项而是更合理地调整各方出资时间、额度及先后顺序，《备忘录》约定的事项并非必须报经审批机关审批之事项，无须再行报批。因此，《备忘录》系合资三方在平等、自愿、协商一致的基础上达成的，其对各方出资所做的调整是必要和合理的，其内容反映了合资各方的真实意思表示，依法应当认定其合法有效，对合资各方均具有约束力。

根据上述不同的司法审判案例可以看出，司法机关在审理备忘录时，与意向书的处理原则类似，也需要结合文件的具体内容和相关争议背景来分析，对于符合条件的备忘录，则认可其具有相应的法律效力，反之则不然。

---

① 《某工程公司与某交通开发公司、某控股集团建设工程施工合同纠纷二审民事判决书》，载中国裁判文书网，https：//wenshu. court. gov. cn/website/wenshu/181107ANFZ0BXSK4/index. html？docId=c34d48604f4e4720bb8c1112e40cfd66，2022 年 7 月 17 日访问。

② 《某投资公司与某省心血管疾病医院、第三人某科贸公司中外合资经营企业合同纠纷案》，载最高人民法院网站，http：//gongbao. court. gov. cn/Details/5a2e1c9ccd834cd9f001d6562ab094. html？sw =，2022 年 7 月 17 日访问。

(二) 条款清单和投资协议

条款清单（Term Sheet）和投资协议是股权投资交易中经常使用的核心文件。前者是股权投资交易双方就未来的投资交易所达成的原则性约定，通常不具有强制的法律约束力，其目的在于通过财务、法律等尽职调查之后，再进一步确定是否继续进行交易，而一旦确定继续交易，则双方的权利义务安排将按照条款清单的约定签署。在某些具体的股权投资交易中，双方还会明确约定条款清单对任何一方均不具有约束力。而后者是股权投资双方就交易达成的正式协议，其内容通常包括条款清单中约定的主要条款以及其他诸如违约、争议解决、保密等更为详细的协议内容。

不论是财务投资还是战略投资，条款清单和投资协议的内容有繁有简，但都会约定包括标的企业的估值、计划投融资的金额和持股比例、标的公司的主要义务、投资者的主要权利、投资的前提条件、企业治理、清算和退出等在内的主要内容。而在条款清单的这些条款内容中，至关重要的还是关于投资者的权利条款。实务中，股权投资的条款清单又集中包括以下若干具体内容：

（1）优先认购权（Right of first refusal），即在标的公司新增资本时，投资者有优先按照约定或者实缴的出资比例认缴出资的权利。对于此项权利，公司法有着明确的规定，即公司新增资本时，股东有权优先按照实缴的出资比例认缴出资。但是，全体股东约定不按照出资比例分取红利或者不按照出资比例优先认缴出资的除外。

（2）清算优先权（Liquidation Preference），用来解决和确定公司清算时投资者享有的优先于其他债权人获得剩余财产分配的权利。但是，也应当注意到公司法第186条的规定，即“公司财产在分别支付清算费用、职工的工资、社会保险费用和法定补偿金，缴纳所欠税款，清偿公司债务后的剩余财产，有限责任公司按照股东的出资比例分配，股份有限公司按照股东持有的股份比例分配”。实务中，如需解决法律强制性规定对于清算程序的影响，股权投融资双方有必要提前约定相应的补偿机制，以便落实清算优先权。

（3）出售权条款，具体又分为随售权/共同出售权条款（Tag-Along Rights）和拖售权/强制出售权条款（Drag-Along Rights）。前者适用于标的公司控股股东向第三人出让股权时，投资者有权优先于控股股东出售给该第三方的情形；后者则是在约定的期限内，标的公司的业绩不达标或不能实现上市、挂牌或被并购等目标时，投资者有权强制控股股东和投资方共同按照投资方拟定的价格和条件转让股权。

（4）防稀释条款（Anti-dilution Provisions），也称反摊薄条款，其核心是指标的公司在本轮融资之后又发行了新的股份融资时，原投资者必须获得与新投资者同样的购股价格。实务中有两种方式用来实现此目的，一是当标的公司增发新股时，应当无偿地或按照双方认可的价格给予原投资者相应的股份，以保证其股权比例不变；二是如果后续发行的股权价格低于原投资者的价格，那么新的股权价格就会降低为原投资者价格和后续融资发行价格的加权平均值。

（5）股份回购条款（Redemption Rights），或称回赎权，指如果标的公司没有在约定期限内实现上市、业绩达标或者其他事先约定的事由时，标的公司有义务以事先约定的价格买回投资者所持有的全部或部分股权，从而实现投资者退出的目的。由于公司法实行资本不变原则。因此，标的公司在存续期间，除非经过法定的程序，否则不允许减少资本，而股权回购则相当于变相地减少资本，因此法律上对此多持否定态度。在2018年关于股份回购的公司法修正案中，扩大了股份有限公司、上市公司股份回购的范围。

（6）保护性条款（Protective Provisions），即用来保护小股东的条款。通常情况下，投资人是以小股东的身份进入标的公司，其以财务投资为主，并不直接干预公司的运营和决策，但是，鉴于原有股东对于标的公司有着较强的控制，因此，对投资者等小股东进行适当的保护就显得尤为重要。保护性条款的内容包括该条款适用的情形、投资者的否决权、针对特定事项的多数投票权等。

（7）估值调整条款（Valuation Adjustment Mechanism，VAM），即标的公司控股股东向投资方承诺，未实现约定的经营指标或不能实现上市、挂牌或被并购目标，或出现其他影响估值的情形（如丧失业务资质、重大违约等）时，对约定的投资价格进行调整或者提前退出。实务中大多将估值调整条款解释为“对赌条款”，但是，笔者认为，将估值调整条款的目的理解为基于标的公司不同经营条件和业绩标准下的股权动态变化管理似乎更为恰当，或可减少投资者与标的公司的对立，有助于双方建立诚信合作的长远目标。

（8）公司治理条款，其中主要是股东会、董事会、监事会的具体组成和结构、权限和相应的议事规则以及董事、监事、财务和总经理等高管人员的任免。在这些内容中，经常容易被忽视的是议事规则的制定和实施。事实上，公司运营实践中，对于议事规则约定的不明确或者不合理有可能会导致公司经营、决策举步维艰。

除此之外，条款清单还会包括其他诸如排他性条款，即不交易条款、禁止招揽条款、约束条款、保证和承诺条款、先决条件、保密条款、争议解决条款等不一而足。总体来看，上述这些条款主要涵盖了股权投资的几个主要环节，如投资环节，包括投资额、估值和股比、投资工具，公司治理结构、清算和退出方法。

尽管私募和风险投资属于舶来品，其中诸多交易设计和安排与公司法或其他法律法规存在不兼容的问题，如双层股权结构、回购等，但客观来讲，这些条款带来了新的投资理念和思维方式，也为其他类型的股权投资和公司治理在类似问题上的处理提供了借鉴，同时也推动了公司法的改进和完善。

尤其需要注意的是，条款清单作为专业术语，并不仅限于私募和风险投资中，事实上，条款清单的内容与框架协议类似，在融资、贷款、资产购买以及其他的一些商业交易活动中也经常使用，只是其具体的内容会因项目类型、交易背景、条件等情况的不同而有所不同。不过，反过来，私募股权投资中的条款清单内容也为其他类型的股权投资提供了参考，在一定程度上促进了股权投资交易在权利义务方面的安排和发展。

（三）合资协议

合资协议（Joint Venture Agreement），根据项目情况和投资方式不同，有时候也称为“股东协议”“出资协议”“增资协议”“发起人协议”等，它是投资人决定以新设项目公司或增资扩股或以合伙企业等 SPV 方式具体实施投资项目时，对参与各方的权利义务安排、项目公司或合伙企业的组织架构、决策管理等内容进行的约定。实务中由于设立 SPV 的形式不同，故合资协议的内容和侧重点也会各不相同。合资协议是公司设立的法律文件之一，也是公司在正式成立之前出资人依法活动的重要依据和成立之后制定公司章程、议事规则的主要来源。

对合资协议的内容并无统一的规定，其内容可繁可简。在多数投融资实务中，合资协议的内容会沿袭前期的条款清单的内容，并作进一步的细化。因此合资协议的内容会包括条款清单或者框架协议的内容。实务中，合资协议的内容也通常是对条款清单中相关内容的细化。此外，一般来说，合资协议的内容主要包括公司设立的目的、公司的资本金、出资方式、股权比例、出资人的义务、未出资的处理、公司设立的开支、公司董事会和监事会的组成及职权、公司利润分配、账户和财务内容、股权转让、小股东保护、协议的终止、公司日常管理、对出资人的限制和保护、协议的生效条件等。

实践中，为了保障合资协议的实施，目标公司在接受股权投资之后能够按照既定的目标运营管理，投资人还可能起草一系列的法律文件作为合资协议的附属协议，如管理协议、资产和财产协议、贷款协议、维好协议、货物采购协议、知识产权协议、服务协议、担保协议等，如果涉及这些法律文件，也应当注意这些协议的内容与合资协议的相互对应、协调。

另外，在起草、设计合资协议过程中，一方面投资人之间可以根据公司法赋予股东意思自治权，自行约定涉及公司股东会、董事会的议事规则和高管选派、更换的条件；另一方面也要避免出现不合理的股权比例，以免影响公司决策，导致公司陷入僵局。但是，在某些投融资实务中，不可避免会出现股权50：50的情形，以及其他容易产生公司僵局的情形。因此，在起草合资协议时，也应当提前设置僵局的处理方式等预案，这里就包括各种违约赔偿机制、退出机制以及多层级的争议解决方式。

（四）股权买卖协议

在股权投资交易中，最主要的是交易双方的股权买卖协议。股权买卖的本质还是股权转让。因此，股权买卖协议有时候又称为股权转让协议。从交易双方的立场来看，买方和卖方的关注点会存在差异，但就协议本身的完整性来看，其主要包括的内容具有相通性。

一般来讲，除合同本身应当具有的诸如合同主体、变更、权利义务转移、解除、违约责任、赔偿、争议解决等基本条款外，股权买卖协议的结构和内容还会包括鉴于条款、术语和定义、陈述和保证、股权估值、股权价格、支付条款、价格调整、交割先决条件、过渡期条款、各类税和费用的承担、保密、知识产权、终止、不可抗力、股权交割、赔偿限额、权利担保、免责、弃权、债权债务处理、生效条款，以及与股权买卖相关的一系列的辅助和配套的文件。

当然，从整个股权交易的商业目的来看，股权买卖协议不仅需要对保障交易本身顺利实现的相关内容进行约定，还需要考虑股权交易之后对于目标公司的经营、管理的安排，即公司治理条款，如董事会安排、高管人员安排、目标公司人员留任、各类会议和决策机制的设定，以及投资人对于后续合法有效的退出、转让股权等一系列事务的提前布局。此部分的内容也可以通过公司章程等予以确定。

（五）融资协议

融资贷款协议也是股权并购和融资交易中常见的核心法律文件之一。融资协议的好坏往往直接影响到交易的成败。实务中，融资贷款协议也并非一份单独的贷款协议，它通常由一系列的配套法律文件作为支撑。融资贷款协议的内容与股权投资协议、股权转让协议等一脉相承、密不可分，三者相互依赖。

1. 融资备忘录

融资备忘录，或称为前期信息备忘录。在安排具体的融资事务之前，签署融资备忘录也是通行的做法。融资备忘录的签署在于向贷款人提供必要的信息以便贷款人作出最初的信贷决定，以及就具体信贷所做的初步计划。

融资备忘录的内容通常包括，融资计划（包括额度、时间和资金用途）、贷款资金类型、条款清单、利率和利息、承诺费、项目公司、资金、产品市场、竞争、产品生产、管理人员、商业风险、项目公司融资信息和历史、计划和预测以及保护性法律文件等。

2. 贷款协议

贷款协议根据类型不同可以分为不同的协议，如短期、中长期贷款、双边贷款协议、银团贷款协议等。双边贷款协议是指借款人和贷款人均为单一主体的借贷方式。签署股权交易文件时，如果融资已经启动，那么，双边贷款协议的签署时间和条件对于股权交易，以及合同的签署、履行也有一定的积极影响。

双边贷款按照偿还期限可分为短期（1 年以下）、中期（1~5 年）和长期贷款（5 年以上）；按照贷款利率不同可分为固定利率贷款和浮动利率贷款；按照贷款担保方式不同，又可分为信用贷款、担保贷款和票据贴现。

双边贷款协议的种类繁多，有贷款人、银行律师起草的各种协议文件。实践中，一般也会考虑采用银行业协会制定的标准化合同条件。

以国内的双边贷款协议为例，贷款协议的内容主要包括借款种类、币种、用途、数额、利率、贷款期限、发放时间和还款方式等基本条款。为了保护贷款人的利益，商业银行通常还会在借款合同中约定保护贷款人利益的一些关键条款，包括：

（1）对借款人重要财务指标的约束性条款；

（2）对借款人特定情形下获得的额外现金流用于提前还款的强制性条款；

（3）对借款人的主要或专用账户的监控条款；

（4）确保贷款人对重大事项知情权或认可权的借款人承诺条款。

此外，为了保障贷款的安全，降低风险，如果在贷款期限内出现诸如重要股东的变化、经营战略的重大变化、重大投资项目变化、营运成本的异常变化、品牌、客户、市场渠道等的重大不利变化、产生新的重大债务或对外担保、重大资产出售、影响企业持续经营的其他重大事项等情形时，商业银行等贷款人还可以采取进一步的风险防范措施，包括在贷款协议中约定出现上述情形时的提前还款、解除贷款协议等内容。因此，投资人在签署协议时也应当关注相关约定。

（六）合伙协议

如前文所述，在股权投融资实务中，交易各方都可能会利用各种 SPV 载体作为主体签署相关的协议。相较于公司而言，合伙企业在诸多方面都有便利和灵活的特点，因此合伙企业形式是较为普遍采用和接受的 SPV 形式，也更符合投资人的需求。依据合伙企业法第 18 条的规定，合伙协议一般应当包括以下内容：合伙企业的名称和主要经营场所的地点，合伙目的和合伙经营范围，合伙人的姓名或者名称、住所，合伙人的出资方式、数额和缴付期限，利润分配、亏损分担方式，合伙事务的执行，入伙与退伙，违约责任，合伙企业的解散与清算，争议解决。

此外，在合伙人的竞业禁止、合伙期限、除名、继承人的合伙资格、合伙份额的处分，以及对合伙事务的表决和决议等问题上，合伙协议中也都应当进行明确的约定。通常情况下，合伙协议未约定或者约定不明确的，实行合伙人一人一票并经全体合伙人过半数通过的表决办法。为了更为有效地执行合伙事务，针对不同的事务，合伙协议有必要分别约定不同的表决机制，比如：改变合伙企业的名称、改变合伙企业的经营范围、处分合伙企业的不动产、以合伙企业名义为他人提供担保、聘任合伙人以外的人担任合伙企业的经营管理人员等方面，可能需要按照 2/3、3/4 或者是全体一致同意的方式来进行表决，这一点与公司的决策机制类似。

同时，合伙企业法也规定了合伙可以分为普通合伙、特殊的普通有限合伙和有限合伙等不同的形式，因此，在合伙协议中，需要明确区分普通合伙人和有限合伙人以及各自的职责和权限范围，普通合伙人的授权也是重点关注的事项。对于有限合伙，其合伙协议除应当具备前述的通用条款和内容外，还有必要约定以下内容：

（1）普通合伙人和有限合伙人的姓名或者名称、住所；

（2）执行事务合伙人应具备的条件和选择程序；

（3）执行事务合伙人权限与违约处理办法；

（4）执行事务合伙人的除名条件和更换程序；

（5）有限合伙人入伙、退伙的条件、程序以及相关责任；

（6）有限合伙人和普通合伙人相互转变程序。

总而言之，合伙协议在股权投融资交易中有着非常重要的地位，尤其是对于投资人而言，因此，事先统筹考虑和规划投资框架、提前布局、详细明确地约定协议的各项内容是必不可少的环节。

（七）担保协议

正如本书前文所述，法定的典型担保方式包括定金、保证、抵押、质押、留置等几种。作为股权交易的保障措施，担保和反担保中的保证、抵押和质押的适用性和使用频率非常高，而担保协议的内容则会因为所涉及的担保类型和方式的不同而存在较大的区别和灵活性。但是，无论如何，除独立保函外，担保协议作为主合同的附属合同，应当在内容方面紧扣主合同的要求，并能够与主合同涉及的事项相互呼应。

同时，应当注意到，首先，担保协议的效力取决于主合同的效力，若主合同无效，则担保协议也将归于无效，除非法律另有规定。实务中就涉及提供担保的主体审核问题，如公司股东、母公司还是实际控制人等。其次，对于涉及物的担保协议，对物的权属是否合法、清晰等问题也应当在签约之前进行合理的调查。最后，对于担保协议项下的权利，应当及时办理相应的登记手续。

至于担保协议的内容，法律上并无具体的规定，主要仍然基于当事人之间的自由约定。在签署担保协议时，首先应当确定采用何种担保方式，之后再根据具体担保方式的不同约定不同的协议内容。基于相关的法律规定和实务的操作，一般而言，除非当事人另有约定，担保协议确定的担保范围包括主债权及其利息、违约金、损害赔偿金、保管担保财产和实现担保物权的费用。因此，担保协议应当明确地写明主债权的数额以及担保的范围。

为了明确各方的权利义务，担保协议应当约定债务人履行债务的期限。根据民法典的相关规定，债权人与保证人可以约定保证期间，但是约定的保证期间早于主债务履行期限或者与主债务履行期限同时届满的，视为没有约定；没有约定或者约定不明确的，保证期间为主债务履行期限届满之日起六个月。同样，在其他类型的担保协议中，也应当明确约定债务履行期限，以确保主债权人行使担保权利，使担保人知悉其承担的担保义务的起止时间。

另外，除了担保协议作为合同应当具备的基本内容之外，针对不同的担保形式，还需要在担保协议中进一步区别约定，如保证担保协议中需要明确保证方式，即是一般保证还是连带保证，是按份连带保证还是共同连带保证；抵押担保协议中需要明确抵押物的名称、数量、质量、状况、所在地、所有权权属或者使用权权属；而质押担保协议则应当明确抵押物的名称、数量、质量、状况、所在地、所有权权属或者使用权权属。

四、股权投资中的其他法律文件

本章开头部分就指出，股权投资就是由一系列的协议、合同以及附属文件等法律文件组成的复杂商业交易体系，运用不同的法律文件来搭建和确定交易各方的权利、义务和责任。除前文所阐述的各类合同、协议外，还有一些非常重要的法律文件，在股权交易中占据着非常核心的地位、扮演着重要的角色，关乎交易的推进和后续的运作。这些法律文件就包括了公司章程、公司的议事规则、公司内部管理制度，以及为了有效建立和实施这些制度的文件。

（一）公司章程

公司章程是体现投资人和公司意思自治的法律文件，也是公司有效管理、运行和决策的依据，素有公司的“宪法”之称。公司章程系指根据法律规定由全体股东或者发起人共同制定的规范公司的组织与行为，规范公司与有关各方权利义务关系的基本规则的法律文件，是公司存在和活动的基本依据，是公司行为的根本准则，公司内部的组织活动及公司所从事的经营活动均应当遵守公司章程规定。

关于公司章程的性质和效力，理论界和实务界有着多种不同的观点。如自治法说、契约法说等，其性质也有对内和对外的区别。但是，普遍认可和达成的共识是章程是公司的必备条件，设立公司应当依法制定公司章程。公司设立之后，股东、董监高等人员以及公司本身的运营、管理等一系列活动都将依法、依约进行，而这些活动又都受制于公司法和公司章程的规定，因此，公司章程中关于股东权益、议事规则等公司治理的约定尤为重要。

1. 公司章程的内容

公司章程的具体内容因股份有限公司和有限责任公司而有所差异。依据公司法的规定，有限责任公司章程应当载明下列基本事项：

（1）公司名称和住所；

（2）公司经营范围；

（3）公司注册资本；

（4）股东的姓名或者名称；

（5）股东的出资方式、出资额和出资时间；

（6）公司的机构及其产生办法、职权、议事规则；

（7）公司法定代表人；

（8）股东会会议认为需要规定的其他事项。

与有限责任公司的法定章程内容不同，公司法规定股份有限公司的章程还应当记载公司利润分配办法、公司的解散事由与清算办法、公司的通知和公告办法。笔者认为，这几项内容也同样适用于有限责任公司。

除此之外，根据上述法定内容，结合公司的组建、股东协议等约定，为了体现股东意思自治的原则和精神，公司法还规定了可以由股东和公司章程对法定内容进行变更的事项，即公司法中的授权性规定。也就是说，公司章程还可以对股东自由约定事项进行特殊安排，如分红比例、认缴公司新增资本比例与出资比例不一致，股东的表决权，排除股东资格的继承，在全体股东一致同意的情况下，可以书面形式行使股东会职权，股东会会议通知期限等。而上述事项一旦登记在公司章程中，那么公司、股东以及董监高都应当严格遵守，同时，经登记的公司章程（包括修改后的章程）也就有了对抗第三人的对外公示效力。

此外，对于公司法没有做出规定的其他事项，则更是属于意思自治的范畴，完全取决于股东和章程的自由约定，如辞职股东的股权处分、未全额出资股东的权利限制等。不过，也应当注意到，股东和章程中的这些自由权，通常也不是绝对的，也仍然应当受到一定的限制，如限制股东转让股权的约定、约定某些股东以劳务等出资的条款、约定某些股东只享有权益不分担亏损的内容等，都存在被认定为无效的法律风险。

至于公司章程是否可以变更除公司法明文规定“章程另有规定”外的内容，以及股东会和董事会的职权分工等内容，则由于法律规定的不明确，理论和实务中都有不同的理解和做法，进而会影响到公司治理结构的安排和布局，其中涉及的部分问题在本书公司组织结构一章中将略作阐述。

由上可见，公司章程是公司的根本性法律文件，其重要性不言而喻。由于股权投资交割之后，公司就回归到日常的生产经营管理，而由于公司治理结构以及公司章程修改必须由 2/3 以上表决权通过等要求，这也决定了事先准备一份好的章程有多么的重要。当然，对于如何评判公司章程“好坏”则可能见仁见智。

2. 公司章程与股东协议

通常情况下，公司章程和股东协议/合资协议是一脉相承的，两者在内容上具有相互补充、相互解释、相互重合以及相互区分的特点。实务中经常遇到的一个难题就是公司章程与股东协议不一致时的处理。目前的公司法对此并没有专门的规定。相关法律规范中仅有《中外合作经营企业法实施细则》① 规定了合作企业协议、章程的内容与合作企业合同不一致的，以合作企业合同为准。

正因如此，理论界和司法实践中对公司章程与股东协议不一致有着不同的处理方式。例如，一些法院认为，公司章程是规范公司组织和活动的基本规则，是公司设立的基本条件，具有最高效力，合资协议与公司章程不一致时，一般应当以公司章程规定为准②。部分地方法院的司法指导意见也规定公司成立后，发起人协议或投资协议与公司章程不一致的，以公司章程规定为准，但发起人有特殊约定的除外。

笔者理解，股东协议和公司章程所调整的对象、适用的法律都存在本质的区别。股东协议用于解决股权交易双方或者出资人之间的权利义务关系，并不对外公示，具有对内的约束力。而公司章程则是为了调整公司与股东、公司与董监高、股东相互之间的关系设定的法定文件，并且公司章程还应当登记和公示，具有对外宣示的效力。因此，如果股东协议和公司章程发生冲突，从保护善意第三人、促进交易的目的出发，应当以公司章程为准。至于公司、股东、董监高依据章程规定进行交易造成的损失，除了按照公司内部机制处理外，股东可以依据股东协议追究其他股东的违约和赔偿责任。

当然，有观点提出，应当在股东协议中增加关于“股东协议与公司章程不一致时以公司章程为准”的表述，但是，笔者认为，鉴于股东协议的保密性，

---

① 《外商投资法》于 2020 年 1 月 1 日实施之后，《中外合作经营企业法实施细则》也被废止。

② 《某空调公司与某路桥工程公司、某市公路局股东出资纠纷二审民事判决书》，载中国裁判文书网，https://wenshu.court.gov.cn/website/wenshu/181107ANFZ0BXSK4/index.html? docId = b445864d33b94d24ad1845e31305f695，2022 年 7 月 17 日访问。

除股东外，第三人并不知晓股东协议的内容，即使加上这一句话也仅在股东之间产生法律约束力，而无法对抗股东之外的第三人①。另外也有观点提出，公司章程中应当载明“公司章程与股东协议不一致时以股东协议为准”，但若如此，一则可能导致公司章程改变股东协议约定的情形，可能违背了股东之间合作的初衷的情况；二则第三人在与公司进行每一项交易时，可能都会要求查看股东协议，从而导致交易成本增加和效率降低。

因此，不论何种操作方式，一旦股东协议与公司章程发生冲突，以何者为准的争议必将陷入死循环。实践中，为了解决公司章程和股东协议之间不一致造成的冲突，股权投融资双方应当高度重视公司章程的重要性，避免使用定式化的公司章程文本，而应当结合股东协议、公司治理结构进行定制化设计。股东协议的内容也应当与公司章程保持一致、相互对应，并且各有侧重，避免出现两者不同或者冲突的情形。当然，最终的解决可能仍需立法和司法实践对于相关问题的明确化。

（二）公司其他法律文件

除公司章程和议事规则外，股权投资和公司治理中还有众多的管理文件和法律文件，包括相当多的内部管理文件，在此无法一一赘述。随着公司法的发展和股权投资实务及司法实践的推动，各方主体还有必要关注下列几类法律文件的性质和实务中的作用。

（1）股权代持协议

本书第二章中对股权代持、隐名股东等相关的法律性质、风险等作了详细的分析，其合法性也得到了司法机关的承认，此处不再重复。尽管对股权代持协议的法律性质会因个案而有所差异，但就股权代持协议本身的内容而言，其

---

①《中华人民共和国市场主体登记管理条例》第20条第2款规定，申请设立有限责任公司，应当向公司登记机关提交下列文件：（1）公司法定代表人签署的设立登记申请书；（2）全体股东指定代表或者共同委托代理人的证明；（3）公司章程；（4）股东的主体资格证明或者自然人身份证明；（5）载明公司董事、监事、经理的姓名、住所的文件以及有关委派、选举或者聘用的证明；（6）公司法定代表人任职文件和身份证明；（7）企业名称预先核准通知书；（8）公司住所证明；（9）国家工商行政管理总局规定要求提交的其他文件。法律、行政法规或者国务院决定规定设立有限责任公司必须报经批准的，还应当提交有关批准文件。

仍应当遵守并受民法典的约束，同样遵循邀约承诺的成立规则，其内容也应当具备合同的基本要素。

通常来讲，股权代持协议中，除常备的主体、违约、争议解决等条款外，对于代持股权这一事实本身应当描述清楚，以避免混淆代持与其他性质的行为。尤其是，对于代持期间行使股东权利、履行股东义务，特别是涉及投票表决和决策、代持人的报酬、代持人无权处分的后果和责任等事务的约定应当尽可能详细、清晰明确，以避免和减少纠纷。

此外，鉴于股权代持这一事实本身具有一定的隐秘性，代持双方并不想为他人所知悉，因此保密条款就会变得相对重要，需要对双方进行约束，也需要约定在特定情形下公开代持关系和信息时协助和配合事务的安排。

（2）一致行动协议

实务当中，由若干个股东联合组成一致行动人以达到公司控制权的方式也较为常见。一致行动人之间可以通过协议、合作、关联方关系等合法途径扩大其对公司股权的控制比例或者提高控制地位，在行使表决权时由相关股东采取相同的意思表示。其中签署一致行动协议便是较为普遍的采取一致行动的做法。

一致行动协议通常会包括一致行动的目的、一致行动意思表示及具体范围、对表决或处理事项意见不一致时的处理（内部讨论先决或其他）、一致行动协议的期限、违约责任、终止和解除、争议解决方式等内容。

不过，现实中较难处理的是如果股东之间就表决事项存在不同意见时，其最终可能无法按照一致行动协议执行，与上市公司不同，在这种情况下，非上市公司的一致行动协议可能会缺少强制履行的机制，因而更类似于股东之间的“君子协定”。

（3）表决权委托协议

公司法规定，股东可以委托代理人出席股东会议，代理人应当向公司提交股东授权委托书，并在授权范围内行使表决权①。表决权委托在法律性质上属于委托代理，因此其应当满足委托代理的要件。

① 参见《公司法》第106条。

表决权委托协议在内容上主要包括具体的委托事项，一般是“一事一委托”，而不是概况性的全权委托，否则，对于此类委托和被授权人行为的有效性也会引发争议。与一致行动协议类似，表决权委托协议也可能是为了实现股东在某些事务上能够共同进退以控制公司的目标。

此外，实践中与表决权委托类似的还有表决权信托、表决权集中委托等，形式也变得越来越多。有观点认为，在表决权代理的情况下，表决权并未转移，只是由他人代为行使，在法律效果上与本人行使一样；而在表决权信托的情况下，表决权虽然转移给受托人，但该种转移并非股权的转让，而是基于表决权的管理需要将表决权本身转交受托人行使，受托人不仅没有支付获得表决权的对价，反而获得管理佣金，并且在信托期限届满之后，这种表决权即恢复给委托人①。但鉴于目前的公司法并没有具体的规定，而仅从合同约定的角度考虑有可能会因缺少对公司这一特殊主体而失之偏颇。当然，对于此类新型事务的法律定性、后果和责任承担等也有待立法和司法的定论。

（三）公司议事规则

纵观公司法的全文，有关公司的组织机构和议事规则的内容占有较大的比重。公司法对股东会、董事会、监事会的组织结构及其职权也作了相对详细的规定，对于实务操作起到了重要的指引功能。可以说，公司法不仅是公司的组织法还是公司的行为法。但是，实务中的公司本身具有多元化、多样化的特点，而基于公司法本身的普遍适用性的特点，其内容必定不可能面面俱到。因此，公司章程和股东协议需要在一定程度上对公司法的规定进行进一步的细化和补充。

另外，公司章程依法应当进行登记和公示，而公司内部更多的治理架构、管理制度和内容则并不适宜对外公开。因此，对于公司的股东会、董事会、监事会、经理职责或者其他专门委员会等内部机构的组建、治理、运行和决策等管理制度方面的内容，在公司章程之外另行制定议事规则也变得必不可少，这些议事规则的功用和目的即在于有效地推进和规范各类机构的组织和管理、会

---

① 施天涛：《公司法论（第四版）》，法律出版社2018年版，第273页。

议召集和表决。反过来，出于保密需要，或许也能理解为何目前公司实务中股东和投资人在章程内容的布局和设计上不愿过多涉及。

议事规则是公司运营和治理的重要内容。现行的公司法对股东会、董事会、监事会的议事规则作了原则性的规定。同时也明确了股东会、董事会的议事方式和表决程序，除公司法另有规定外，可以由公司章程另行规定①。

在公司的内部治理结构中，遵守公司法、章程是股东、董事和公司管理层做出有关融资、经营、管理、担保等事务的决定、决议时必须遵守的基本原则，否则，其股东会、董事会决定、决议有可能被依法认定为无效或撤销，进而引发争议。同时，股东也可以运用公司法赋予公司章程的自主权，结合实际情况对公司议事规则作出特别的安排。

实践中，为了保障股权投资目标实施的需要，除股权安排外，投资人借助公司治理结构实施有效监督是较为有效的方式，具体可以包括投资人委派代表出席或是列席股东会、董事会；对董事、监事、高级管理人员的选任；对公司章程的变动的决策权和知情权。并且，投资人虽然不一定具有控股权，但在某些重大事项上或可以考虑有一票否决权等。相比较而言，合法有效地运用法律手段，行使股东权利监督、管理和推动公司的有序运营或许更能符合股权投资项目的初衷和目标。

---

① 参见《公司法》第43条第1款。

第九章
股权投资和治理

概　述

股权投资与其他类型的投资一样，其终极目的都是获得收益。“投、融、管、退”作为股权投资的基本路径，交易各方需要对股权投资交易的全路径多加关注，而不宜厚此薄彼。不过事实证明，相比于股权投资前期交易环节中的投资、融资以及退出方式等曝光率较高的交易环节，市场和交易各方对作为股权投资重要组成部分的“管理”环节，尤其是项目中后期的投后管理、公司治理的关注度则略显不足。

从股权投资的全路径可以看出，对投资的统筹考虑和安排将关系到整个交易的顺利进行和成功退出。这里的整个交易不仅是股权交割的完成，还应该纵深到投后管理。尤其是外部资金和投资人进入目标公司之后的运营管理等事务，其中就包括了对股权和治理结构的设计、各方对公司的管理和控制权的争夺，而控制权则涵盖了人、财、物等诸多方面。实务中，股权结构和治理结构与公司控制权通常既相辅相成又相互制约。对于交易双方而言，在投资初期就需要做好相应的规划，统筹考虑股权结构、公司组织架构、管理人员的安排等众多事项。

一、股权架构

众所周知，股权是公司得以生存和发展的核心要素，也是维系股东利益的重要纽带。股权关系涉及股东的股利分配权、公司剩余资产取得权、参与公司会议和表决权、股权转让和受让权、公司信息知情权等内容，股权与公司所有权一样，其最终的指向都是标的公司的财产①。正因为如此，在股权投资项目中，公司原股东、投资人行使股东权利、履行股东义务、目标公司的正常运转，都高度依赖于股权制度以及基于股权安排的决策机制等。

（一）股权配置规则

公司的股权配置比例取决于出资人之间、原始股东和投资人之间的协商确定，并以股东协议和公司章程的规定为依据。从实际效果来看，股东在公司中所占股权比例，以及在公司决策中的表决权，都将直接影响到公司的运营，乃至股权投资项目本身的成败。

各方股东对于具体设置的公司股权比例，属于公司意思自治的范畴。因此，对于公司法规定的允许股东通过章程等文件自行约定的事项，尤其是与股权和公司治理相关的事项，公司章程应当结合项目实际情况作出具体的约定。例如，公司章程可以自行约定股东不按照出资比例分取红利或者不按照出资比例优先认缴出资，章程可以约定股东会会议可以不按照股东的出资比例行使表决权，章程可以自行约定股东的具体出资额、出资方式和时间等。

当然，不能忽略的是，公司治理结构同样应当遵循和综合考虑公司法的一些强制性规定，如股东会会议作出修改公司章程、增加或者减少注册资本的决议，以及公司合并、分立、解散或者变更公司形式的决议，必须经代表 2/3 以上表决权的股东通过；股东大会作出有关决议，必须经出席会议的股东所持表决权过半数通过；代表 10%以上表决权的股东有权提议召开临时股东会议；单独或者合计持有公司全部股东表决权 10%以上的股东有解散公司诉讼的权利；董事会决议的表决，实行一人一票。对于这些事项，股东不得以公司章程形式自行约定改变。

此外，在公司的股权配置上，需要注意避免一些常见的问题。比如，应当注意避免 50%：50%之类的比例。在实务中，公司治理中涉及的决策至少需要

① 刘俊海：《现代公司法（第三版）》，法律出版社 2015 年版，第 283 页。

超过 1/2 的表决权方可通过，而 50%：50%的比例会给公司的股东会决议等带来不利影响，容易导致公司僵局，甚至引发公司强制解散[①]。事实上，根据投资目的不同，产业投资人和财务投资人对于实际投资比例的需求和出发点是不同的。一般来讲，财务投资人更倾向于小比例投资，如 10%～30%，而产业投资人则可能希望占有更多的比例，甚至是绝对的控股权。笔者理解，如果投资人本身对于所投资的公司、产业或行业并不熟悉，那么作为股东的主要职责只是监督公司的正常运营，而不参与具体管理和决策，此时，小比例持股即可满足基本的需要，过多反而不利于标的公司和原管理团队的自主经营和管理。反之，投资人对于行业、产业链的理解和布局更有利于目标公司做大做强，则可以考虑适当地增大占股比例，有助于公司运营和决策的推进。

1. 公司股权变动

股权的创设及股权的转让，本质上属于私法自治的行为。法律并不禁止各方通过协议约定并且不以登记机关的登记作为判断公司实际股权状况的依据。就公司内部关系而言，股权变动应当遵照意思主义原则，公司登记机关的股权变更登记不是股权变动的生效要件，其仅在公司外部关系上，具有对抗善意第三人的效力。在不涉及名义股东与实际股东之间的纠纷，且没有证据显示名义股东对于实际股东与受让人之间约定股权转让有异议的情况下，解决实际股东与受让人之间就实际股东所享有的权益的转让而产生的纠纷，完全可以适用民法典有关合同的一般规定，只要相关约定不违反法律的强制性规定等导致合同无效的情形，即在当事人之间具有法律约束力。

同样，公司法也明确规定了股权转让的合法性和有效性，即公司股东之间可以相互转让其全部或者部分股权；股东向股东以外的人转让股权，应当经其他股东过半数同意。这些为股权的变动提供了法律上的依据。

2. 股权变更限制

公司设立和运营的初衷和目的，以及投资人新入股作为股东，其初衷都是为了目标公司能够获得相应的融资、投资机会、发展壮大公司实力和提高营利

① 《林某清诉某实业公司、戴某明公司解散纠纷案》，载最高人民法院网站，https：//www.court.gov.cn/shenpan-xiangqing-4221.html，2022 年 7 月 17 日访问。

能力，为确保公司的稳定性以及投资项目本身的有序运转，避免投资人撤资对公司造成不利影响，股权投资协议和公司章程中可能会对股权的变更设置一定的限制，甚至约定在合作期间或公司存续期间股权不得变更。笔者认为，股权本身具有变现的功能，其能否变更应当视具体项目情况而定，不宜一概予以禁止。

首先，公司的股东中既有原始股东又有财务投资人或产业投资人等外部投资人，根据公司发展所处的不同阶段，每个股东对公司的价值也会各不相同，各股东之间的股权比例分配和侧重亦会不同。例如，在投融资环节，为了推进投融资的进行和公司决策，不排除财务人占有较大比例的股权，而当公司进入正常运营环节时，对公司管理和外部资源有效利用的股东则可能会起到关键作用，因此，此类股东适当地占多数股份可能更符合公司运营的需要。

其次，股权的自由转让是股东的主要权利之一，只要符合公司法的规定，股权在公司股东之间进行转让，股东以及任何第三人都无权予以禁止、限制，即使是向股东之外的第三人转让股份，也符合股权自由转让的原则，而且，在必要时，以股权转让和变更的方式也可以实现投资人退出投资的目的，因此也不应当予以禁止。当然，在投资协议中也可以为股权变更设置一定的条件和相应的救济途径，但不应过度限制，尽量避免采用“未经一方同意，另一方不得变更股权”之类的约定和表述。

3. 股权动态变化机制

股权投资交割完成之后，公司即进入经营管理阶段。根据不同的投资目标、方式，股东之间的合作期间有长有短，一些以目标公司上市为目标的财务投资，如私募基金，希望公司很快地进入 IPO 准备，争取 2~3 年上市，如果不能上市，则可能采取出售等方式退出。对于一些需要保证有长期较为稳定的收益的投资者，如保险资金、社保资金，通常可能需要 10~15 年的投资期间。而对于另外一些实业投资人而言，需要的是长线投资，因此，其投资周期会更为长久。在合作期间，投资人的投资进入、资金运用、退出都可能使股权发生变化，而这些股权变动情况也属于公司运营的正常现象。

笔者理解，建立股权动态变化机制要比简单地限制和禁止股权转让更为有效。正如前文所述，如果从公司高效运营的角度出发，可以允许在公司经营管理的各阶段根据实际情况和需要，结合公司经营情况，按照股东在融资、资源整合、生产、销售等不同方面的不同地位和作用适当地进行股权比例动态调整或许更能促进各方对公司贡献价值，而不是从一开始定下股权比例即要求始终如一，导致出现股东的付出和回报不成比例进而引发矛盾和争议。例如，协议一方未按协议约定按时投入资金的，另一方则可以请求按照协议约定调整股权比例①，并可以据此进行股权变更登记。

而且，还有一点需要在实践中注意的是，为公司发展的需要，利用公司股权进行再融资也是经常采用的融资手段，如果公司章程中一味地限制和禁止股权变动，也可能会给公司的融资和运作造成制约和不利影响。为避免此类风险，一方面，需要在股权投资协议、增资协议和公司章程等法律文件中约定股权变更的情形、条件和程序；另一方面，也需要由各方股东借助股东会、董事会、监事会等组织机构，依据章程和股东权行使有效的监督，避免出现股权转让的无序情形，防范相应的法律风险。

当然不可否认的是，由于股权是股东利益的直接体现，股权的变动往往牵一发而动全身，因此，真正施行起来并非易事。如果调整股权的条件和方式约定不清晰，或者如果股东不愿自动调整股权比例，则又会因缺少了强制其转让的公司内部机制而变得难以执行。笔者理解，作为公司的股东，都由不同的利益体构成，不论是自然人股东还是法律拟制人股东，由于对利益的根本诉求，即使有前述安排也不能完全排除因变动股权而发生的相关风险，但总体上来讲，提前预防风险总比事后补救要来得合适。

4. 股权分级制度

尽管股东之间可以约定出资比例与股权比例、表决权、分红权不同，但是同股同权、同股同利则是股权的基本特征，也是股权平等原则在公司法中的体现。对此，公司法也明确规定了，股东所持的每一股份均享有一个表决权。与此相应地，在公司董事会中，董事会的决议也实行一人一票制度。

---

① 《某集团公司、韩某收股权转让纠纷二审民事判决书》，载中国裁判文书网，https：//wenshu.court.gov.cn/website/wenshu/181107ANFZ0BXSK4/index.html？docId = d5ef87b4eb9644b1a2e1acae01223742，2022 年 7 月 17 日访问。

股权平等、同股同权的规定侧重于同一种类的每一个股权对应的内容、权利、义务的一致性，而不是厚此薄彼。这与实践中常见的优先股、次优先股、普通股的股权分级制度有着不同的内涵和外延。优先股是指依照公司法，在一般规定的普通种类股份之外，另行规定的其他种类股份，其股份持有人优先于普通股股东分配公司利润和剩余财产，但参与公司决策管理等权利受到限制①。优先股一般应用于上市公司和非上市的公众公司，而且其发行也应当符合公司法的相关规定。

而在多数股权投资项目中，一般以有限责任公司的形式出资设立或增资，后续根据需要进行股份制改造。虽然关于有限责任公司的股东权利能否设定不同的股权次序，法律并无明确的规定。但是，仅就现行公司法的基本规定和《国务院关于开展优先股试点的指导意见》来看，有限责任公司的股权仍应当遵循同等权利原则而无优先劣后的区别。至于在股权投资项目中可能出现的关于某个特定股东一票否决权的约定，其依据也是对于公司法中关于股东会的议事方式和表决程序的体现，而不是股权的分级制度安排。

（二）股权结构设计

在股权投资交易中，股权结构的设定与投资人投资的初衷、目标公司有着密切的关系，股权结构设计也是股权投资，特别是在一些风险投资中，而其中股权比例则又是较为敏感和核心的内容。其中首先要考虑的是投资人是要控股还是只需参股，以及参股情况下，占有多少股权比例既符合投资目标，又可满足公司运营管理过程中的权利保障。

根据公司法的相关规定，实务中经常遇到的若干比较重要的股权比例包括以下几种：持有公司10%股权的股东可以提议召开临时股东会议，自行召集和主持股东会，并有权质询、调查、起诉、清算及解散公司；修改公司章程、分立、合并、变更公司形式、增减资、解散等重大决策应由2/3以上表决权的股东通过，反之持有34%的股权则可以否决股东会的重大决议；1/2以上简单多数可以通过一般事项的股东会决议；占有公司50%以上股权的为控股股东。此

① 参见《优先股试点管理办法》第2条。

外，还应注意股权关系或重大债权关系所能控制或者对其经营决策施加重大影响的关联企业持股超过20%会构成同业竞争[①]；股东持有3%以上股份则可以在股东大会召开10日前提出临时提案；持有1%股份的股东即可行使代位诉讼权；持有上市公司5%以上股份的法人或者其他组织及其一致行动人构成关联方；收购上市公司超过5%股权时需要进行变动公告；30%的上市公司要约收购线等。

当然，股权结构设计并不完全等同于股权比例安排，股权结构设计除需要考虑上述不同的股权比例的法律意义外，对于初创企业等，还需要建立相关的股权激励机制，直接或者通过持股平台为公司的科研技术人员和管理层人员预留一定的股权比例。

基于此，股权投资实务中，应当尽可能避免出现不符合上述股权比例的设计和安排，避免设置诸如50：50、25：25：25：25之类的等比例股权结构，以免出现后续因经营管理陷入困境的不利后果。

（三）表决权制度

股东表决权是股东权利的核心内容之一，属于共益权的范畴。公司股东会和董事会的表决权设计直接关乎各方股东的利益诉求。除公司章程另有约定外，股东会的表决权通常按照各自的认缴出资比例分配。

一股一票，同股同权是股权平等的基本原则，但公司法也规定了累积投票权，允许在选举董事、监事时，每一股份拥有与应选董事或者监事人数相同的表决权，股东拥有的表决权可以集中使用，不过该条规定仅限于股份公司而并未规定是否可在有限责任公司中使用。例如，表决权委托代理和表决权信托，由于两者的法律关系和基础不同，可能导致不同的法律后果。特别表决权目前在公司法层面并没有相关规定，而仅是作为特例在科创板企业中使用。

而实务中的股东表决权制度又会牵涉到表决权集中委托代理、一票否决、股权代持、一致行动人、表决权信托、特别表决权等不同的形式，都可能对表决权产生不同的影响，并由此引发诸多新型的法律问题。

---

① 此20%股权比例并无法律明确规定，为学者观点，但不排除实务中公司章程等另作约定。

另外，就表决权本身，不能忽略表决权的限制性规定，如公司所持有的股份不享有表决权，尤其是利害股东表决权的排除和董事表决回避，否则，经由表决的会议将面临被撤销、宣告无效的风险。公司章程也可以考虑进一步细化对控股股东、相关利益方的表决权限制、降低表决权比例、弃权等安排，以充分保障其他股东的合法权益。

(四) 控制权

公司控制权是实施公司有效管理的方式之一，其目的是保持公司经营决策的一致性和有序推进，最终实现公司的营利目标。实务中，控制权通常是由一套组合拳构成，并非单一地通过股权比例安排所能完成的。

实践中有观点认为，要想控制公司，必须要有51%的股权比例，然而事实并非如此。现实是丰富多彩的，除股权比例的设计和安排外，对董事、监事、高级管理人员的选举和罢免也会成为公司控制权的利器。例如，1/3以上董事、监事可以提议召开股东会，董事长或副董事长不能或者不履行职务时，1/2以上董事可以推选一名董事主持股东会；1/2以上的董事可以做出董事会决议。

事实上，控制权的方式可以集中表现为控制表决权、控制董事人选、影响股东会决议、实际掌管公司运营等①。具体而言，也会因公司类型等略有不同，借鉴上市公司的规定，投资者的控制权是指持股50%以上的控股股东、可以实际支配上市公司超过30%的股份表决权、通过实际支配上市公司股份表决权能够决定公司董事会半数以上成员的选任、实际支配的上市公司股份表决权足以对公司股东大会的决议产生重大影响②，或者董事、高级管理人员可以支配公司重大的财务和经营决策③等情形。

而且，除人员外，股东之间、股东与管理层之间对公司的控制权之争还可能会涉及印章的实际使用和管理、公司财务资料的掌管等。印章作为公司意志的表现形式，往往也会成为股东争夺的焦点。虽然此类行为的法律效力和效果未必都能尽如人意，但在客观事实上可能会对公司形成一定的控制力。

---

① 于强伟：《股权架构解决之道》，法律出版社2018年版，第33~34页。

② 参见《上市公司收购管理办法》第84条。

③ 参见《上市公司重大资产重组管理办法》第13条。

二、公司组织架构

在股权投资交易的中后期，特别是股权交割完成之后，公司即将回归运营的正常轨道，也即进入股权的投后管理阶段。公司治理结构除前面所述的股权结构、表决权设计外，公司本身在组织架构上的安排，如股东会和董事会组建、各机构的议事规则、董监高的权限和任职、法定代表人等内容也都会对投后管理产生或利或弊的影响。

（一）公司机构

传统上，依照公司法的规定，股东会、董事会和监事会是公司治理结构中的三驾马车。而在国有企业系统中，国企的党委会、职代会与工会制度则可以说是新三会，是构成国企治理结构的必备机构。尤其是党委会，在企业的对外投资决策中，党委会的决定往往具有举足轻重的作用。

1. 公司两会职权

根据现行公司法的理论和实践，股东会是公司的权力机关，董事会是公司的执行机关，监事会是公司的监督机关。现行公司法还对股东会、董事会、监事会的职权作了列举式的规定。同时也赋予股东一定的自由权，可以通过公司章程作进一步的规定。

从公司法的规定本身再结合股东会、董事会的法律定性来看，前者的职权主要是公司法第 4 条规定的“参与重大决策和选择管理者”，其权力内容集中在有关公司经营和发展方向的决策权、对公司重大制度（修改章程、改变公司形式、发债、增减资、合并分立解散）的决定权以及董事、监事的人事决定权；而后者的职权主要是“业务经营和事务管理的权力”，具体包括对公司业务和股东会决策的执行权、针对公司经营的计划、方案和公司内部管理制度的决定权，以及人事权（决定公司经理、副经理、财务负责人的聘用和解聘）。

2. 两会职权分工

除上述列举式的规定外，公司具体还有哪些职权可以由股东会行使，哪些由董事会行使，公司章程在多大程度上可以对公司法规定的两会权力进行重新分配和规定，以及公司章程、公司法未规定或者规定不明的事项，该由股东会还是董事会决定等内容方面，公司法并未作统一的规定，容易在实务中引起争议。

基于公司的合同理论，通常认为公司法是任意性规范和强制性规范的结合体[①]。但是就公司法关于股东会和董事会职权的规定本身属于任意性规范还是强制性规范，以及属于管理性规范还是效力性规范均存在不同的看法。此外，对于公司两会职权的划分，理论上还有两种不同的理论基础和观点。

一种观点认为，根据公司法理论，股东会是公司的权力机关，选举产生董事会，但“在既定的法律框架下，公司董事会的权力来自法律的直接规定，而不是股东会的授权”[②]，因此公司法中所列举的股东会和董事会的职权都属于法定职权，而不得随意变更。对于公司章程中未划分和界定的两会职权，如果未明确将股东会的决策权授予董事会，那么按照股东主权思想，仍应当由股东会来决策[③]。

另一种观点认为，股东是公司的所有者，只要不违背公司法的强制性规定和公序良俗，股东会都有权作出决议[④]。基于此，股东有权对股东会、董事会的职权进行重新划分和界定，可以通过公司章程对两会的职权，包括公司法已经明确的职权进行扩大或缩小的安排。

前述理论上的分歧也导致了司法实践中不同的裁判意见。例如，在徐某霞与某报业宾馆有限公司、某报业发展公司公司决议效力确认纠纷案[⑤]中，某报业宾馆有限公司章程第7条规定了应由股东行使的权利，第33条第2款规定了董事会有权通过决议方式对报业宾馆进行解散等应由股东行使的权利。后各方就董事会决议发生争议。贵州高院经审理认为，公司章程是由公司发起人或全

① 郭锐：《商事组织法中的强制性和任意性规范》，载《环球法律评论》2016年第2期。

② 施天涛：《公司法（第四版）》，法律出版社2018年版，第354页。

③ 刘俊海：《现代公司法（第三版）》，法律出版社2019年版，第585页。

④ 邓峰：《普通公司法》，中国人民大学出版社2009年版，第418页。

⑤ 《徐某霞与某报业宾馆有限公司、第三人某报业发展公司公司决议效力确认纠纷上诉案民事判决书》，载中国裁判文书网，https://wenshu.court.gov.cn/website/wenshu/181107ANFZ0BXSK4/index.html?docId=b2af71e86a834bf0b633c9ae94d2d5c5，2022年7月17日访问。

体股东共同制定的公司基本文件，也是公司成立的必备性法律文件，主要体现股东意志。公司法第 11 条规定："设立公司必须依法制定公司章程"，表明公司章程具有法定性，即它不仅体现股东的自由意志，也必须遵守国家的法律规定。公司法第 37 条、第 46 条分别以列举的形式规定了股东会和董事会的职权，从两条法律规定来看，董事会、股东会均有法定职权和章程规定职权两类。无论是法定职权还是章程规定职权，强调的都是权利，在没有法律明确禁止的情况下，权利可以行使、可以放弃，也可以委托他人行使。

根据公司法第 4 条规定，公司股东依法享有选择管理者的权利，相应地，该管理者的权限也可以由公司股东会自由决定，公司法并未禁止有限责任公司股东会自主地将一部分决定公司经营方针和投资计划的权力赋予董事会。

但与之持有不同观点的则是在张某等与某水泥集团公司证照返还纠纷案[①]中，北京市中级人民法院认为，我国公司法第 36 条规定："有限责任公司股东会由全体股东组成。股东会是公司的权力机构，依照本法行使职权。"公司法第 37 条规定了股东会可行使的职权，其中第 2 项为"选举和更换非由职工代表担任的董事、监事，决定有关董事、监事的报酬事项"，即赋予股东会对于董事的人事任免权。因此，法院认为，股东会的性质为公司的权力机构，也即公司一切重大问题，需要由该机构作出决议，其他公司机关不能超越自己权限来决定股东会职权范围内的事项，故我国公司法规定的股东会的职权应当属于强制性规定。

其他法院在类似问题上也存在着不同的观点。例如，北京高院认为公司章程是股东之间的协议，是公司的组织准则与行为准则，只要不违反法律、行政法规的强制性规定，公司章程即具有法定约束力。公司章程与公司法条款规定不一致时，应当结合具体案件判定所涉法条的性质是否属于强制性规定，凡所涉法条不属于强制性规定的，即不影响公司章程的效力[②]。

---

① 《张某等与某水泥集团公司证照返还纠纷二审民事判决书》，载中国裁判文书网，https://wenshu.court.gov.cn/website/wenshu/181107ANFZ0BXSK4/index.html?docId=af9d793534584618ac76a8ce0010afa9，2022 年 7 月 17 日访问。

② 参见《北京市高级人民法院关于审理公司纠纷案件若干问题的指导意见（试行）》。

除上述争议外，还存在其他问题，比如有观点认为公司法中有关公司两会职权中所涉及的股东会的“经营方针、投资计划”决定权和董事会的“经营计划、投资方案”决定权，两者有何不同及其具体的差异在何处、“公司章程规定的其他职权”的表述所覆盖的具体内涵和外延是什么等，也都存在不同的理解，缺少明确的界定，实务中容易引发争议。

在某国际公司与某包装公司、某自然资源公司的决议撤销纠纷案①中，江苏高院认为，案涉核决权限表的内容涉及的是公司的具体经营问题，且该表的修订未规定在股东会职权范围内。本案中，管委会《章程》第13条对股东会的职权范围进行了明确规定，修订核决权限表并未明确列于其中。而且，核决权限表主要是对公司经营过程中，具体事项的“立、审、决、报”的流程和批准进行规定，是为了规范公司日常经营和管理，因此，其体现的是公司对具体经营事项的处理、决断方式。故对于核决权限表的修订并不属于必须由股东会决议的事项，亦不属于国际公司所称的重大事项。

至于公司法所说的“公司章程规定的其他职权”的设定范围更具不确定性，不论是股东会中心主义还是董事会中心主义，都需要结合具体的事项进行甄别，分别进行分析。严格来讲，应当属于股东自由意志的范畴，可以自由约定。只要是不违背前述公司法已有之规定，股东均可在股东会和董事会之间进一步明确各自的具体职权。

3. 两会决议的冲突及解决

前文分析了公司两会的职权分工以及公司章程是否可以重新分配两会的职权等法律问题。除此之外，还有必要再讨论股东会的决议是否必须先由董事会提议，以及股东会是否可以对属于董事会决议的事项作出决定、是否可以改变董事会已经作出的决议。

现行公司法规定了董事会有权制订包括公司的年度财务预决算方案、利润分配方案和弥补亏损方案、增减注册资本和发行债券方案、公司合并分立、解散或

---

① 《某国际公司与某包装公司、某自然资源公司公司决议撤销纠纷二审民事判决书》，载中国裁判文书网，https：//wenshu. court. gov. cn/website/wenshu/181107ANFZ0BXSK4/index. html？ docId = f9dad8a4f8844e46b274ab2b016e8f58，2022年7月17日访问。

变更公司形式的方案在内的职权，而这些方案最终将提交股东会审议批准，以此体现董事会和股东会分别作为公司执行机关和权力机关的分级设置的初衷。

但是，这一规定也带来公司制度设计本身的瑕疵，董事会的不作为极可能导致股东会的无法作为。即如果董事会不制订上述方案，股东会该如何行使决策权？股东会只能在董事会提议的范围内进行审议以及多大程度上可以对董事会的提案进行修正？如果股东会自行对上述事项进行决议是否会导致决议无效或可撤销？这些法律问题都值得深入探讨并对实务具有重要的指导意义。

此外就是公司股东会和董事会的决议之间存在冲突时，特别是在股东会和董事会之间存在重大分歧时应该如何处理，以及股东会是否可以直接以决议方式改变公司章程中对董事会的授权，也是实务中经常遇到的疑难问题。虽然公司法第 22 条规定了董事会的会议召集程序、表达方式违反法律、行政法规或公司章程，或者决议内容违反公司章程的，股东可以自决议作出之日起 60 天内请求法院撤销，但它并没有规定股东是否可以直接以股东会决议的方式否决或是推翻董事会的决议。因此，司法实践中亦有不同做法。

有观点认为，现行的公司法对董事会与股东会的主要职权进行了划分，公司章程可以对两会的职权进行明确和细化，从而使公司的所有权与治理权相分离，董事会在公司职权范围内作出的决议，股东会无权干涉，更无权推翻，否则将会动摇公司法的理论基础。若是出现公司法第 22 条规定的法定情形，股东可以向法院起诉主张董事会决议不成立、撤销或无效，以维护公司和股东自身的合法权益。

与此相反的观点则认为，股东是公司的所有者，董事会依据股东的授权管理公司，股东会有权否决董事会的决议，若凡事都要经由股东诉讼解决和确定董事会决议，不论是从商事交易的便利性角度来看，还是从诉讼的时间和财务成本角度来看，都不是最适宜的途径，因此应赋予股东会直接否决董事会决议的权力。例如，在某房地产公司、潘某公司决议效力确认纠纷案[①]中，贵州高院经审理认为，本案当事人对某房地产公司对外解除合同属于股东会的职权还

---

① 《某房地产公司、潘某公司决议效力确认纠纷二审民事判决书》，载中国裁判文书网，https：//wenshu. court. gov. cn/website/wenshu/181107ANFZ0BXSK4/index. html？docId=ab24798a3e604a50b261aa1e00b30090，2022 年 7 月 17 日访问。

是董事会的职权存在争议，如果被上诉人认为董事会决议越权，鉴于股东会是公司最高权力机关，可以通过召开股东会作出撤销董事会决议来解决纠纷。

公司章程规定公司为他人提供担保由董事会决议，而公司股东会或者股东大会作出同意决议的，应认定公司同意或追认担保。公司章程没有规定公司为他人提供担保决议机构的，相对人以担保行为经董事会同意或者追认为由要求公司承担担保责任的，应予支持，但违反公司法第 16 条第 2 款规定的除外。

综合上述不同的观点和司法裁判，有关公司两会职权划分以及与之相应的不同处理方式和不同观点的背后主要是股东会中心主义和董事会本位主义之间的差异和分歧。在股东会本位主义下，股东会是公司的最高权力机关，可以否决董事会决议；而在董事会中心主义下，董事会是公司业务和经营意思的决定机关，享有独立的经营决策权，股东会不能否决董事会依职权作出的决议①。按照现行公司法的制度设计和规定，我国采用股东会中心主义，以体现股东作为公司所有者的权利。而理论界的学者则基于董事会优位主义的国际发展趋势，越来越多地倾向于限制股东会权力，充实董事会权力的观点和做法②。

但是，股东会和董事会的职权中，有些权力的界定是相对比较明确的，不可逾越。例如，公司法第 16 条规定了公司为他人提供担保，依照公司章程的规定，由董事会或者股东会、股东大会决议；公司为股东或者实际控制人提供担保的，必须经股东会或者股东大会决议。可见，对于公司担保，法律作了区分规定：为他人提供担保，允许由董事会决议；但为股东或实际控制人提供担保，则禁止由董事会决议，必须经股东会或股东大会决议③。公司法第 43 条规定的有关修改公司章程、增加或者减少注册资本的决议，以及公司合并、分立、解散或者变更公司形式的决议，也只能由股东会进行决议并且必须经代表 2/3 以上表决权的股东通过④。

---

① 赵旭东：《公司法学（第二版）》，高等教育出版社 2006 年版，第 381 页。

② 许可：《股东会与董事会分权制度研究》，载《中国法学》2017 年第 2 期。

③ 《农业公司、某煤业贸易公司金融借款合同纠纷二审民事判决书》，载中国裁判文书网，https：//wenshu. court. gov. cn/website/wenshu/181107ANFZ0BXSK4/index. html？ docId = 0b6a17322824438d9c3ea9c20005f080，2022 年 7 月 17 日访问。

④ 《徐某霞与某报业宾馆公司、第三人某报业发展公司公司决议效力确认纠纷上诉案民事判决书》，载中国裁判文书网，https：//wenshu. court. gov. cn/website/wenshu/181107ANFZ0BXSK4/index. html？ docId = b2af71e86a834bf0b633c9ae94d2d5c5，2022 年 7 月 17 日访问。

整体上，就目前公司法规定而言，关于公司股东会和董事会的权力划分和职权界限等问题仍未有统一的标准，因而股权交易的各方当事人在实务中都应当注意可能由此引起的争议和风险，并尽可能在公司章程中进一步细化有关决议事项的分层、分级安排。但不可否认，有关公司两会权力的界定仍然有待立法的最终解决。

（二）两会议事规则

公司股东会和董事会的议事规则是公司治理中更为实务和关键的内容。显然，作为商事主体的公司是一个严肃负责的组织，需要有自己的议事规则，以规范其自身的运作和治理。

按照公司法的规定，股东会和董事会的议事方式和表决程序，除本法有规定的外，由公司章程规定。而公司法也规定了股东会会议由股东按照出资比例行使表决权；但是，公司章程另有规定的除外，而董事会决议的表决方式则是实行一人一票。由此可见，除了董事会表决不存在章程另行规定之外，有关公司两会的议事规则都可以由股东决定并在公司章程中约定。

1. 议事规则的内容

公司两会议事规则涉及诸多方面，既有程序上的内容，也有实体上的内容，既有公司法已经明确规定的内容，也有需要由股东事先约定并在公司章程中加以明确的内容。前者如代表1/10以上表决权的股东，1/3以上的董事，监事会或者不设监事会的公司的监事提议召开临时会议的；应当于股东会会议召开15日前通知全体股东；但是，公司章程另有规定或者全体股东另有约定的除外；股东、董事会应当对所议事项的决定作成会议记录，出席会议的股东、董事应当在会议记录上签名。后者的内容则更为广泛，诸如对召开临时股东会的规定、薪酬与提名委员会、审计委员会和风险控制委员会等内部机构的设立，对董事会成员的产生、权责、免职，股东会会议通知的形式和内容（有明确议题和具体决议事项），股东和董事参加会议的具体要求，举行会议的地点，股东会和董事会会议记录需要记载的内容等。当然，在两会议事规则中最为重要的还是关于股东会和董事会的表决规则，决定了两会的决议是否能够获得通过。

根据公司法的规定，董事会的议事方式和表决程序除本法规定外，由公司章程规定；董事会决议的表决，实行一人一票。相较于有限公司而言，公司法还进一步明确规定股份公司的“董事会会议应有过半数的董事出席方可举行。董事会作出决议，必须经全体董事过半数通过”。但对于此处的“全体董事”系指所有的董事，还是出席的全体董事存在不同的理解。

事实上，公司两会的议事规则是最为务实的内容，可能涉及公司的方方面面，大到公司治理机构方面的事务，包括章程的制订和修改、各类委员会的设置、公司会议的具体规程；小到会议或动议的具体流程，如会前通知、主持人、会议记录、决策文件的制定等。总体上来看，因为每个公司都有其自身的特点，而且法律对于议事规则的内容无法完全统一确定，所以每个公司的议事规则更具有鲜明的个性。但反过来，不论议事规则的内容如何，都应当遵守的核心原则是要谨慎仔细地评核“组织”和“会议”中个人和群体的权利，包括多数方的权利、少数方的权利、缺席者的权利、每个成员的权利和所有上述人群作为一个整体的权利①。

2. 两会决议的瑕疵情形

股东会和董事会的决议必须同时符合内容（不违法或违章）、程序（召集和表决）的合法要件方才有效。如果股东会、董事会会议在形式或内容上存在缺陷或瑕疵，则有可能导致股东会、董事会决议的不成立、可撤销、无效等法律后果。

(1) 决议无效或可撤销

无效的决议主要是因为股东会、董事会的决议内容违反法律、行政法规的规定。具体来讲，无效的决议包括违反股权平等原则，对同种类的股权分配不同的权利，违反股利分配原则，在未清偿债务前分配公司利润，违反公司法的规定回购股权，董事会对应由股东会决定的事项作出决议，或者其他违反法律法规规定的行为②。

---

① [美] 亨利·马丁·罗伯特：《罗伯特议事规则》，袁天鹏、孙涤译，格致出版社和上海人民出版社 2018 年版，第 47 页。

② 施天涛：《公司法论（第四版）》，法律出版社 2018 年版，第 391 页。

可撤销的决议则是因为股东会、董事会会议的召集程序、表决方式违反法律、行政法规或公司章程的规定，或者决议的内容违反章程的规定。其表现形式多种多样，如无权召集会议的人召集了会议、会议的通知存在瑕疵、对会议通知以外的事项进行表决、对利害关系股东和董事未作表决排除等。

可见，对于无效和可撤销的决议的认定方面，两者的事由和侧重点略有差异。司法实务中，法院对于决议无效、可撤销的司法审查内容也应当受限于此，而不宜随意扩大范围。例如，在李某诉某环保科技公司公司决议撤销纠纷案①中，最高人民法院认为，对董事会决议效力的司法审查应遵循公司自治的原则，严格限定审查的范围，即审查会议召集程序、表决方式是否违反法律、行政法规或者公司章程，决议内容是否违反公司章程。在不违反上述规定的前提下，解聘公司总经理职务的决议所依据的事实是否属实，理由是否成立，不属于司法审查范围。

不过，同时也应当注意到，公司法第 22 条中所称的“违反法律、行政法规”导致决议无效、可撤销的情形并没有细分此处违法是指违反效力性还是管理性规定。笔者理解，公司决议行为无效与民法、合同理论中的民事法律行为的无效具有相同的法律基础。民法典规定了“违反法律、行政法规的强制性规定的民事法律行为无效，但是，该强制性规定不导致该民事法律行为无效的除外”。但民法典的该条规定并没有解决合同实务中一直以来颇有争议的效力性强制规定和管理性强制规定对合同效力影响的问题。

（2）决议不成立

我国现行公司法仅规定了无效和可撤销的公司决议，但是实务中涉及公司决议不成立的争议也并不鲜见，最高人民法院据此补充了公司决议不成立的相关规定。《最高人民法院关于适用〈中华人民共和国公司法〉若干问题的规定（四）》规定，股东会或者董事会决议存在下列情形之一时，人民法院应当支持当事人提出的决议不成立的主张，具体包括：

①公司未召开会议的，但依据公司法第 37 条第 2 款或者公司章程规定可

---

① 《指导案例 10 号：李某诉某环保科技公司公司决议撤销纠纷案》，载最高人民法院网站，https：//www.court.gov.cn/shenpan-xiangqing-13307.html，2022 年 6 月 12 日访问。

以不召开股东会或者股东大会而直接作出决定，并由全体股东在决定文件上签名、盖章的除外；

②会议未对决议事项进行表决的；

③出席会议的人数或者股东所持表决权不符合公司法或者公司章程规定的；

④会议的表决结果未达到公司法或者公司章程规定的通过比例的；

⑤导致决议不成立的其他情形。

但是，最高人民法院也认为如果会议召集程序或者表决方式仅有轻微瑕疵，且对决议未产生实质影响的，则不应予以支持。这也是综合考虑了公司决策的效率。

在王某与某会计师事务所等公司决议效力确认纠纷案①中，二审法院认为，我国公司法第41条规定有限责任公司召开股东会会议应当于会议召开十五日以前通知全体股东，但未规定必须通知会议审议的事项，亦未禁止会议期间对会议通知未列明事项进行表决。本案中，临时股东会议增加审议事项，并不违反法律强制性规定。《最高人民法院关于适用〈中华人民共和国公司法〉若干问题的规定（四）》第5条就股东会决议不成立列举的事由包括决议不存在、未形成有效决议等情形，案涉临时股东会议按通知时间召开，并根据章程规定的表决程序通过案涉决议，并不存在股东会决议不成立的情形，故案涉决议依法应认定为有效。至于会议纪要的记录问题，法院认为，会议纪要中虽未详细记录审议的全部内容，但对会议最终决议内容有明确记载，且案涉决议得到出席会议所有人员的确认，由此可见，临时股东会议已对案涉决议中所列事项进行过表决并予以通过。

3. 公司决议的补救

针对公司决议的无效、撤销和不成立，股东可以依法提起诉讼。但公司法也规定了股东提起撤销之诉的时间是自决议作出之日起60日内。对此，实务

① 《王某与某会计师事务所等公司决议效力确认纠纷二审案件二审民事判决书》，载中国裁判文书网，https://wenshu.court.gov.cn/website/wenshu/181107ANFZ0BXSK4/index.html?docId=2401740bed6242649fefab91010780b1，2022年7月17日访问。

中需要注意两点：一是请求确认无效和不成立没有时间的规定；二是关于撤销决议申请中的60日的法律性质。

按照民法理论，无效的民事法律行为自始没有法律约束力，其无效状态也并不受限于时间的限制，不会因为时间的推进而自动变成有效。民法理论认为民事行为成立需同时满足主体、标的和意思表示三要素。股东对公司决议是否成立有异议，意味着主体之间的意思表示未能达成一致，或者至少不符合公司既定的议事方式和表决程序达成多数的一致意见。而依据民事法律行为自成立时方才生效①的原则，未成立的公司决议自然也就不发生法律效力。不过，对于公司及股东之间就决议是否无效、不成立的争议仍然需要由股东提出主张（确认之诉），经司法机关裁判后才能在客观和事实上对公司、股东产生拘束力。民法理论认为股东请求法院确认公司决议不成立或者无效的权利属于形成权②，因此不受诉讼时效的限制。

根据民法典第152条的规定，当事人自知道或者应当知道撤销事由之日起1年内，或自民事法律行为发生之日起5年内没有行使撤销权的，撤销权消灭。但是公司法规定了相对较短的撤销权的行权期限，即自公司决议作出之日起60日内。关于此期限的法律性质，理论上通常认为其属于除斥期间，超过这一期间，股东即丧失提起诉讼的权利。这样规定有利于督促股东行使权利以保持法律关系的稳定状态③。对此，《最高人民法院关于适用〈中华人民共和国公司法〉若干问题的规定（一）》也规定了，股东请求撤销公司决议时，超过公司法规定期限的，法院不予受理。

此外，就公司决议被确认无效或者撤销后，公司依据该决议与善意相对人形成的民事法律关系则不受影响④；同时，对于已经根据股东会或者董事会决议办理的变更登记，公司应当向公司登记机关申请撤销变更登记。

不可否认，对于上述所涉及的公司决议补救都属于司法救济手段，即通过

---

① 参见《民法典》第136条。

② 朱锦清：《公司法学》，清华大学出版社2019年版，第196页。

③ 施天涛：《公司法论（第四版）》，法律出版社2018年版，第394页；王军：《中国公司法》，高等教育出版社2015年版，第245页。

④ 参见《最高人民法院关于适用〈中华人民共和国公司法〉若干问题的规定（四）》第6条。

仲裁、诉讼等方式进行解决。诚然，用诉讼、仲裁的方式解决争议更具有法律约束力，但是诉讼和仲裁本身的复杂性和长期性自然会影响公司决议快速、高效地处理，因此，股权投资和公司运营实务中是否可以考虑引入独立第三方来更为快速、高效地解决争议或许也是需要进一步探讨的议题，同时也需要通过实践加以证明。

三、公司管理层

如前文所述，股东会、董事会和监事会构成了公司的三驾马车，而与之对应，董事、监事、高管等则构成公司治理和实际运行的核心。董事包括执行董事、非执行董事、独立董事等，而公司高管则包括了经理、副经理、财务负责人、董事会秘书，以及首席执行官（CEO）、首席技术官（CTO）、首席财务官（CFO）、首席运营官（COO）等其他人员。法定代表人严格来讲属于公司的机构，但为了便于理解，实务中通常将法定代表人和董事、高管等并列作为公司管理层人员，属于公司“高层”。

（一）董事高管的权责

大多数进行股权投资的合资项目，都会由各方股东委派董事、高管担任相应的管理职位。鉴于公司董事、高管对公司运营的重要性，公司法及实务中对于董事、高管作了制度化的规范，提出了相对较高的标准。

1. 董事高管的任职

公司法规定，选举和更换董事由股东会决议，而董事会决定聘任或者解聘公司经理，并根据经理提名决定副经理、财务负责人的聘任和解聘。每届董事任期不超过三年，可以连选连任。有时候，公司章程也会规定董事每年进行一定比例的更换，既可以维持董事会管理经验的持续性，又可以避免不合格的董事只占位不做事。

同时，对于担任董事、高管的资格，公司法也作了规定。公司法规定存在下列情形之一的，不得担任公司的董事、监事、高级管理人员：

（1）无民事行为能力或者限制民事行为能力；

（2）因贪污、贿赂、侵占财产、挪用财产或者破坏社会主义市场经济秩序，被判处刑罚，执行期满未逾五年，或者因犯罪被剥夺政治权利，执行期满未逾五年；

（3）担任破产清算的公司、企业的董事或者厂长、经理，对该公司、企业的破产负有个人责任的，自该公司、企业破产清算完结之日起未逾三年；

（4）担任因违法被吊销营业执照、责令关闭的公司、企业的法定代表人，并负有个人责任的，自该公司、企业被吊销营业执照之日起未逾三年；

（5）个人所负数额较大的债务到期未清偿。

公司违反前款规定选举、委派董事、监事或者聘任高级管理人员的，该选举、委派或者聘任无效。董事、监事、高级管理人员在任职期间出现前述情形的，公司应当解除其职务。

除此之外，公司章程可以自行规定董事、高管的任职资格和解职的条件，如利用职权收受贿赂或获得其他非法收入、侵占公司财产，从事其他章程或公司法禁止的行为，或者其他不适宜继续担任公司董事、高管职务的情形。

实践中，对于公司控制权的争夺也会较多体现在董事会的席位、董事人选的任命和罢免上，但是目前法律对董事、高管的罢免并没有具体的规定，由此引发的争议也并不鲜见。董事由股东会选举产生，董事会执行股东会的决议这是公司治理的基本原则之一。因此，股东会罢免董事也应是股东会的权力，体现股东的权益，只要股东会的召集、表决等符合公司法和公司章程的规定即可。但同时，由于董事会作为执行机构也有其相对独立性，董事的职责不仅是对股东负责，也对公司负责，这就决定了当公司利益和部分股东利益产生矛盾时，董事也很容易成为双方攻击的对象，不利于董事制度的健全和完善。因此，从维护公司和股东权益的角度出发，一方面通过公司章程或者公司议事规则等对董事、高管的任免进行制度化的规定，赋予股东选择有经营能力的董事、罢免不受信任或不合适的董事的权利，或可以在一定程度上减少董事任免的相关争议，另一方面也能促使董事履行应尽的职责。

2. 董事高管责任

所有权和经营权分离是公司的基本特征。董事、高管作为公司的经营管理者，其行为和决策都会对公司的经营、股东利益产生不同程度的影响，同时也可能会因其不当行为对公司和股东利益造成损害。董事高管对公司的主要责任就源于受信义务。

（1）受信义务的法律基础

按照传统的公司理论，董事、高管作为公司的经验管理者，其主要义务就是受信义务或信托义务（fiduciary duty）。但是，就此类受信义务的具体内涵外延以及法律基础是什么并无统一的界定。有观点认为，董事受信义务源自普通法下的信托关系，公司法第147条规定的董事、高级管理人员对公司负有忠实义务和勤勉义务就是指信托义务中所包含的内容①。而中国公司理论中，多数观点认为，受信义务本质上属于一种管理义务，适用于基于“委托—代理”关系所发生的“代理人”对“委托人”的管理责任②，董事接受公司的委派、聘任从事经营管理工作，与公司之间属于委托法律关系③。

还有观点认为目前董事对公司承担的受信义务已经达成共识且已经制度化，无须再借助信托关系或者代理关系来解说④。但笔者认为，信托关系或代理关系对于董事应当对公司承担的受信义务本身的确不受影响，但是董事未履行受信义务的后果和责任承担却会因两者的法律基础关系的不同而不同，如在代理关系下，代理人按照委托人的意思行事，而在信托关系中，受托人可以根据自己的意思行事。此外，此类不同的法律关系同时也会影响董事会中心和股东会中心的选择，以及董事制度的核心价值判断，这也是理论研究和实务中需要注意的问题。

此外，就董事、高管是否需要对全体股东或者委派其担任董事的股东负有勤勉和忠诚等受信义务也会有不同的理解。有观点认为，公司法第147条仅规定了董事和高管对公司负有勤勉、忠诚义务，而没有规定对股东的义务，因此，董事和高管应免于其对股东的此类法定义务和责任。另有观点则认为，董事、高管是现代公司和股东仰赖的受托人，既然承人之信、受人之托、纳人之

① 朱锦清：《公司法学（修订版）》，清华大学出版社2019年版，第579页。

② 施天涛：《公司法论（第四版）》，法律出版社2018年版，第398页。

③ 王军：《中国公司法》，高等教育出版社2015年版，第326页。

④ 施天涛：《公司法论（第四版）》，法律出版社2018年版，第398页。

财，董事、高管就必须对公司和全体股东履行诚信义务[①]。况且基于股东的信托或代理关系，董事会尚且对全体股东负责，更何况是董事和高管。董事、高管对公司的义务也就是对股东的义务[②]。但这里需要注意一点，即使董事、高管需要对股东负责，那也应该是对全体股东，或对股东整体负责，而不应是仅对某些特定的股东负责，如投资人提名或指派的董事。但是，在后一种情形中，如果确保董事、高管对提名股东的独立性以及平衡股东权益和公司利益的冲突，其标准和尺度在实务中则更难掌握。

（2）董事高管禁止行为

既然董事、高管负有受信义务，因此就不得出现有损公司利益的失信行为。但也正如前文所述，对于受信义务、忠诚义务、勤勉义务到底包括哪些内容却没有统一明确的界定，由此在理论和实务中存在不同的理解。

一般理解，忠诚义务（duty of loyalty）或称为忠实义务、诚信义务、信义义务等，具体包括避免利益冲突规则和不牟利规则[③]，即要求董事和高管忠诚于公司的事业和股东的利益，不得利用职权谋取私利[④]，当董事高管的个人利益与股东、公司利益发生冲突时，则必须把公司和股东的利益放在第一位[⑤]。勤勉义务（duty of care）有时候又被称为注意义务或审慎义务，即要求董事和高管在服务于公司时应恪尽职守，尽到具有同等能力、专业经验的审慎理性人的勤勉、注意义务和具备相应的技能。忠诚义务着重点在于要求董事、高管的行为目的和做出决策的出发点是否正确，是否为了公司利益的最大化；而勤勉义务则着重于董事、高管行为本身和做出决策的过程是否尽职和是否到位[⑥]。

就现行法律法规的具体规定而言，目前的公司法也明确规定了董事、高管的若干禁止性行为，如董事、经理除公司章程规定或者股东会同意外，不得同本公司订立合同或者进行交易，或者未经股东会或者股东大会同意，利用职务便利为自己或者他人谋取属于公司的商业机会，自营或者为他人经营与所任职

① 刘俊海：《现代公司法（第三版）》，法律出版社2016年版，第624页。

② 施天涛：《公司法论（第四版）》，法律出版社2018年版，第405页。

③ 王军：《中国公司法》，高等教育出版社2015年版，第328页。

④ 朱锦清：《公司法学》，清华大学出版社2019年版，第579页。

⑤ 张维迎：《理解公司》，上海人民出版社2014年版，第325页。

⑥ 仲继银：《董事会与公司治理（第三版）》，企业管理出版社2018年版，第59页。

公司同类的业务，董事、高级管理人员也不得违反公司章程的规定，未经股东会或者董事会同意，将公司资金借贷给他人或者以公司财产为他人提供担保。

此外，公司法还规定了董事的回避表决制度，即董事与董事会决议事项所涉及的企业有关联关系的，不得对该项决议行使表决权，也不得代理其他董事行使表决权。公司的控股股东、实际控制人、董事、监理、高级管理人员不得利用其关联关系损害公司利益，禁止公司直接或通过子公司向董事、高管提供借款。这些禁止性行为本身就是失信行为的表现。尽管上述规定无法囊括实务中全部的失信行为，但这些规定至少能够起到一定的规则作用，而对于前述失信行为获得的利益则应当归公司所有，造成公司损害的，则应当承担赔偿责任。

（3）董事高管责任承担

正如前文所述，董事、高管对公司、股东负有忠诚义务和勤勉义务，此类义务从本质上来讲源自人和人之间的信任关系，事实上也是对人性和人格的考验，而人性是最难以捉摸的，尤其是在利诱面前，因此必须通过法律、规则进行约束。而公司法正是提供了这样的约束和规则，并对违反此类受信义务的行为后果进一步规范。两者缺一不可。但从实践来看，如何将人性和制度规则进行有效融合则可能是最为艰难的课题。

董事、高管违反法定受信义务应当承担的后果主要是赔偿责任。例如，根据公司法的相关规定，董事、高级管理人员执行公司职务时违反法律、行政法规或者公司章程的规定，给公司造成损失的，应当承担赔偿责任，如果损害股东利益的，股东可以向法院起诉请求赔偿。

此外，股东在公司增资时未履行或者未全面履行出资义务，对于出资未缴足、未尽义务的董事、高管应当承担相应责任，由于股东抽逃出资，公司或者其他股东请求其向公司返还出资本息，协助抽逃出资的其他股东、董事、高级管理人员或者实际控制人应当对此承担连带责任。例如，在某科技公司、胡某生损害公司利益责任纠纷案①中，涉案公司被债权人申请破产清算，法院认为其股东未缴清出资的行为实际损害了公司的利益，而公司董事未履行向股东催

---

① 《某科技公司、胡某生损害公司利益责任纠纷再审民事判决书》，载中国裁判文书网，https：//wenshu. court. gov. cn/website/wenshu/181107ANFZ0BXSK4/index. html？ docId = 623d58f6ffde464b904bab2600c1e9ac，2022 年 7 月 17 日访问。

缴出资义务的行为与所在公司所受损失之间存在法律上的因果关系，公司董事对所在公司遭受的股东出资未到位的损失，应承担连带赔偿责任。

但是，回归到责任承担的法律基础，则还需要讨论董事高管在这里所承担的究竟是侵权责任还是合同违约责任，抑或是其他责任。因为不同责任的形态和法律属性决定了各自的构成条件、后果，乃至争议解决的方式、所适用的程序、举证责任等内容的不同。

结合董事、高管的不同失信行为本身所应当承担的后果，实务中还有必要区分不同的失信情形分别对待。对于利用职务之便侵害公司、股东利益等违反忠诚义务的行为和情形，董事、高管毫无疑问应当承担赔偿责任，以维护董事制度的价值保障，否则董事高管制度的根基将被毁坏。较难处理的是有关董事、高管未尽勤勉义务、疏忽或者能力不足等导致公司损失的情形。由于法律本身对此并没有明确的规定，理论上和实务中也会有不同的理解。

此外，公司法也规定了董事应当对董事会的决议承担责任。商业世界的变化和复杂性决定了包括股权投资在内的任何一项决策，不论是对外投资还是接受投资，事后都可能被认为是失误的，并可能造成公司利益的损失。此时，对于作出此类决策的董事、高管是否追责以及如何追责则是需要进一步探讨的问题。一方面，需要考虑董事高管的行为是否尽心尽责，为公司利益而善意决策，防止出勤不出力的情形；另一方面，也应该排除简单地以决策是否造成公司损失或为公司带来盈利作为唯一标准，避免落入“成王败寇”论，抑制其经验和能力的。其中较为常见的就是商事判断规则，即注重董事、高管的决策过程是否善意、无私利和知情决策①，而不应局限于决策的结果。

值得借鉴的是，政治学中常说的要将公权力关进制度的笼子这一观点，同样也可适用于公司董事、高管，甚至更进一步，同样也适用于对大股东、控股股东、实际控制人的行为规范，监督和约束董事、高管、大股东、实际控制人等谨慎行事，防范各种有损公司利益的行为的发生。同时，对于董事、高管的激励机制、期权奖励等措施也是对公司进行有效治理的不可或缺的工具，奖惩结合才有可能使董事高管专心公司运营，放手把公司治理好。

---

① 仲继银：《董事会与公司治理（第三版）》，企业管理出版社 2018 年版，第 63 页。

（二）法定代表人

公司法定代表人是代表公司履行法定职责的人员。由于实践的多样性，法定代表人的具体称谓则是丰富多样的，如经理、总经理、董事总经理、执行董事、董事长、总裁、CEO 等不一而足，但无论如何，公司法定代表人有且只能有一个自然人①。从法律角度来看，法定代表人依法依章程代表公司作出意思表示，以公司名义对外进行民事活动，其行为后果则由公司承担②；同时，公司的民事、行政或刑事责任，也有可能延伸至法定代表人。因此，法律法规或者公司章程就需要对法定代表人的任职和权责等进行相应的规范。

1. 任职和变更

根据公司法的规定，法定代表人依照公司章程的规定，可以由董事长、执行董事或者经理担任并依法登记，董事长、副董事长的产生办法由公司章程规定；不设董事会的有限公司，则设一名执行董事并可由其兼任公司经理；股份公司的董事长则由董事会以全体董事的过半数选举产生。但法定代表人并不必然就等同于董事长、执行董事或经理，而且法律也并未规定法定代表人由董事会还是股东会选举产生。实务中，尤其是在公司设立之初或者在签署合资协议、股权投资协议之时会约定由哪一方提供法定代表人的人选，但有时候会忽略对法定代表人的变更等约定，以至于后续股东、董事对法定代表人的变更引发争议。因此，在公司章程中对法定代表人的产生和变更进行详细规定则可有效避免此类问题。

至于法定代表人的登记公示的法律效力，也有不同的观点，一种观点认为，法定代表人资格的取得应当以其是否在公司营业执照中载明并经核准登记和公示为判断标准③；另一种观点认为，法定代表人的权限起始于董事会选举

① 理论上或实务中有共同代表人、联合代表人的情况，但笔者认为，单个自然人的法定代表人情形更符合公司高效运作的机制设定。公司股东会、董事会已经采用了多数决的方式决策公司的经验运作，有多个法定代表人也无必要。而且，多个代表人无法就公司一致，或者均以公司名义对外行事而且意见不同时，将会引发各种争议。

② 《民法典》第 62 条规定，法定代表人因执行职务造成他人损害的，由法人承担民事责任；法人承担责任后，依照法律或法人章程的规定，可以向有过错的法定代表人追偿。

③ 参见《中华人民共和国市场主体登记管理条例》。

和决议，工商登记仅为公示，不是法定代表人身份和权限的成就条件。这一分歧同样也延伸至法定代表人的变更登记效力上①，即公司变更法定代表人而未做登记的，只产生内部效力而无对外效力②，还是说只要公司作出变更决定即可对外发生效力。

在某公司与某环保公司股东出资纠纷案③中，最高人民法院认为，工商登记的法定代表人对外具有公示效力，如果涉及公司以外的第三人因公司代表权而产生的外部争议，应以工商登记为准。而对于公司与股东之间因法定代表人任免产生的内部争议，则应以有效的股东会任免决议为准，并在公司内部产生法定代表人变更的法律效果。

此外，变更后原法定代表人的对外行为效力认定，公司或原法定代表人拒绝配合进行相关的变更登记手续也是实务中经常遇到的问题。当然，从担任公司法定代表人的资格方面，也有特定的要求和条件，否则企业登记机关不予核准登记。

2. 职权范围

公司法定代表人虽然由自然人担任，但仍然属于公司的组织机构，其对内享有业务执行权，对外享有公司代表权④。但现行公司法并没有具体规定法定代表人的职权内容。而只是对董事长、经理等职权进行了规定。笔者认为，法定代表人因其具有特殊的法律意义，公司法等法律法规需要规范的是法定代表人的职权和行为，但是由于董事长、执行董事、总经理等身份未必就等同于公司的法定代表人，因此，对于此类人员担任非法定代表人时的具体职权则应当遵循公司意思自治原则，交由公司章程自行规定更为合适。

从实务的角度来看，最容易引发争议的是法定代表人的行为是否超越其权限范围。按照一般的通识理解，法定代表人的对外行为就应当代表公司的行为，否则，任何一项交易相对方都要去核实其权限，可能存在无效的情形，这

---

① 参见《中华人民共和国市场主体登记管理条例》。

② 马向伟：《公司代表人制度法律适用问题研究》，载《商事审判指导》2011 年第 1 辑。

③ 《某公司与某环保公司股东出资纠纷二审案》，载最高人民法院网站，http：//gongbao. court. gov. cn/Details/7f487bb61c8c587ca9dfd61c9f3c2c. html？ sw=，2022 年 7 月 17 日访问。

④ 施天涛：《公司法论（第四版）》，法律出版社 2018 年版，第 375 页。

将降低交易的效率。反过来，如果一律认可其行为效力，虽然有助于保护善意相对人，促进交易，但对公司而言则存在较大的风险。而且即使在公司章程等中对法定代表人的权限进行约束，也并不一定能够对抗善意相对人。因此，这里就涉及法定代表人的权限范围和保护善意相对人的冲突和平衡。

民法典规定了执行法人工作任务的人员，就其职权范围内的事项，以法人的名义实施的民事法律行为对法人发生效力；同时又规定了法人的法定代表人超越权限订立的合同，除相对人知道或者应当知道其超越权限外，该代表行为有效，订立的合同对法人发生效力。但事实上，这些规定仍然没有解决法定代表人的权限范围和边界问题。对此，英美法中的"正常生意规则（ordinary business rule），对属于一般日常生意和经营的事项法定代表人都有权签署合同，超出这个范围则属于非正常生意，则法定代表人无权签署合同"[①] 或可作为借鉴。但其中如何区分正常和非正常的生意，以及谁来证明则又会是一个难点。

为此，笔者认为需要结合法定代表人行为的特征区分对内和对外效力。首先，区分法定代表人的行为属于滥用权利还是越权行为，而越权行为又分为超越法定的权限和超越公司章程的权限[②]，由于目前公司法缺少统一的法定代表人职权规定，因此需要结合具体的案件分析。其次，对于法律已有明确规定的权限，比如法定代表人的对外担保，这一点与公司为控股股东提供担保类似，非经股东会、董事会的决议进行授权，法定代表人无权对外提供担保，并根据合同相对方在签订合同时是否善意分别认定合同效力；善意则有效，反之则无效；根据相应的规则处理行为效力和行为后果。而对于法律没有规定但公司章程有限制的职权，则仅对内发生效力，对外则不得对抗善意相对人。但这仍然有待于公司法对法定代表人的职权范围的进一步明确和统筹规定。

另外，对于法定代表人的行为本身的定性也会影响其行为效力。通说认为法定代表人的行为属于代理，其越权之后的行为按照表见代理的规则来处理。

---

① 朱锦清：《公司法学》，清华大学出版社 2019 年版，第 253 页。

② 施天涛：《公司法论（第四版）》，法律出版社 2018 年版，第 376 页。

但是，法定代表人行使职权行为是否等同于委托代理，两者是否为同一法律属性，也存在不同的理解和观点[①]。

3. 法定代表人和公章

一直以来，公司的法人章（公章）一直被视为法人的象征。实务中，我们也经常会说“章大于人”“认章不认人”，也就是说公司的公章要比法定代表人的签字更管用。这是因为，公司的公章、合同专用章、财务专用章以及法定代表人印章都需要进行工商登记备案。只有经依法核准登记注册后，公司才能刻制印章，一旦注销登记，则由登记主管机关收缴公章。因此，在实践中，公章的对外公信效力明显强于法定代表人的签字，往往是有公章无签名的文件被视为有效，仅有法定代表人签名而无公司公章文件的效力则受到质疑。例如，常见的在合同签署中要求“签字”“盖章”生效的条款，若没有公司盖章，则可能会导致合同未生效的后果。

实务中，也时常会出现公司公章等使用管理不善、伪造公章、私刻公章、公司有多枚公章等情形造成的纠纷。最高人民法院规定“行为人私刻单位公章或者擅自使用单位公章、业务介绍信、盖有公章的空白合同书以签订经济合同的方法进行的犯罪行为，单位有明显过错，且该过错行为与被害人的经济损失之间具有因果关系的，单位对该犯罪行为所造成的经济损失，依法应当承担赔偿责任[②]”。

在某矿业公司、洪某等民间借贷纠纷案[③]中，《担保保证书》上加盖的“某矿业公司”印文虽经鉴定机构认定与其在西宁市公安局备案的印章不符，但由于创新公司确认其曾使用的公司印章不止一枚，因此，最高人民法院认为公司不得以对外使用公章与备案公章不一致为由主张签订合同对其没有约束

---

① 一般认为，孤立地看，代表与代理功能一致，但构造分殊，二者的主要区别有二：(1) 代表与法人系一个权利主体间的关系，代表人以法人名义所为之行为，系属本人（法人）的行为；代理人与本人则是两个权利主体间的关系，代理人系自为意思表示，而其效果归属于本人。(2) 代表除法律行为外，兼及事实行为及侵权行为；代理限于法律行为。参见王泽鉴：《民法总则》，北京大学出版社 2009 年版，第 352 页。

② 参见《最高人民法院关于在审理经济纠纷案件中涉及经济犯罪嫌疑若干问题的规定》第 5 条。

③ 《某矿业公司、洪某等民间借贷纠纷申请再审民事裁定书》，载中国裁判文书网，https://wenshu.court.gov.cn/website/wenshu/181107ANFZ0BXSK4/index.html?docId=a38ab48fc94f49558d221fda70ca6e2c，2022 年 7 月 17 日访问。

力。只要公司知晓对外公章的存在、使用而未采取措施防止相对人的利益损害，且在其他案件或交易中认可其效力的，则使用该公章签订的合同对公司同样具有约束力。

此外，在涉及公司的公章等相关的争议中，更有可能的是被当作各方股东在争夺公司控制权时的筹码。

四、投资人保护

除前文已经阐述的股权结构、公司两会、公司管理层等治理问题外，公司经营管理中还会经常遇到诸如控制权之争、关联交易以及投资人作为小股东时的特殊保护等问题。这些问题所涉及的法律问题和争议同样与前文所述的众多议题那样丰富多彩，其中所涉及的法律风险也仍然不容忽视。

（一）控制权规制

关于公司控制权的讨论是近几年比较热门的话题，也是公司治理中不可回避的议题。股权投资所涉及的控制权与股东会和董事会的两会架构与议事规则等一样都是股权交易各方关注的重中之重。就公司的控制权而言，其表现方式是多种多样的。控制权可以体现在人、财、物三个不同的维度，其中人即公司管理层等人事安排，财主要集中在股权结构，物则会体现在诸如公司印章、资料等方面。

但是，也应当注意到，股权投资完成后，就需要回归到公司的常规生产经营管理中。无论是对股权交易的任何一方当事人，过分强调对公司的控制权并不见得利于公司经营，而且控制权也并非解决公司治理问题的唯一正确方式。

对于股权投资交易的各方主体而言都应当避免对公司的过度支配和控制。尤其是公司的控股股东，如果其操纵公司的决策过程，使公司完全丧失独立性，沦为控股股东的工具或躯壳，严重损害公司债权人利益，则会被法院否认公司的独立人格，并由滥用控制权的股东对公司债务承担连带责任。

在实践中，常见的控股股东和实际控制人过度支配公司的情形主要包括以下情形：

（1）母子公司之间或者子公司之间进行利益输送的；

（2）母子公司或者子公司之间进行交易，收益归一方，损失却由另一方承担的；

（3）先从原公司抽走资金，然后再成立经营目的相同或者类似的公司，逃避原公司债务的；

（4）先解散公司，再以原公司场所、设备、人员及相同或者相似的经营目的另设公司，逃避原公司债务。

而且，如果控股股东或实际控制人控制多个子公司或者关联公司，滥用控制权使多个子公司或者关联公司财产边界不清、财务混同，利益相互输送，丧失人格独立性，沦为控股股东逃避债务、非法经营的工具，可以综合案件事实，否认子公司或者关联公司法人人格，判令承担连带责任。

此外，如前文所述，鉴于公司印章的特殊性质和功能，现实中当法定代表人、大小股东之间发生争议时，争夺公章、伪造公章的事件就会层出不穷。但这些行为事实上未必能够达到控制公司的目的，反倒是影响了公司的正常运营，增加公司和生意伙伴的风险，也容易增加争议发生的概率，最终则是降低了公司的公信力、妨碍了正常的商业活动。

在张某等与某水泥集团公司证照返还纠纷案①中，法院认为，公司公章归属于公司所有，唯有公司的所有人能决定何人保管和使用公章。根据某水泥集团公司唯一股东，即某水泥公司的真实意志，某水泥集团公司的法定代表人已变更为李某平，而张某、张某奎、陈某师已不再是该公司的高级管理人员，失去了继续掌握该公司公章的资格。而庭审中，三人认可某水泥集团公司的公章现由三人占有、掌握。根据民法典第 235 条规定，无权占有不动产或者动产的，权利人可以请求返还原物。据此，该院认为某水泥集团公司有权要求张某、张某奎、陈某师返还自己公司的公章。

---

① 《张某等与某水泥集团公司证照返还纠纷二审民事判决书》，载中国裁判文书网，https：//wenshu. court. gov. cn/website/wenshu/181107ANFZ0BXSK4/index. html？docId＝af9d793534584618ac76a8ce0010afa9，2022 年 7 月 17 日访问。

（二）关联交易限制

公司的日常经营管理大多由公司管理层、控股股东或实际控制人等主导，实践中，前述人员利用关联交易进行利益输送、掏空公司资产、侵害公司利益的行为也大量存在，导致公司和投资人的风险和争议。为此，公司法明确禁止控股股东、实际控制人、董事、高级管理人员利用直接或间接控制的企业之间的关联关系或其他可能导致公司利益发生转移的其他关系，损害公司利益。从纵向看，在企业财务和经营决策中，关联方主要存在于一方控制、共同控制另一方，或对另一方施加重大影响；从横向看，当两方或多方同受一方控制，则该两方或多方之间视为关联方。

从财务角度来看，关联交易是指关联方之间相互转移资源和劳务或义务的事项，而不论是否授权价款，其具体可以通过商品和资产的购销、接受和提供劳务、代理、租赁、担保和抵押、管理合同、许可协议、研究开发项目的转移、管理人员报酬等方式进行，但原则上来讲，认定关联交易的原则是应视其关系的实质，而不仅仅是法律形式。

但是，关联交易并非被完全禁止的行为，并且它在一定程度上可以起到降低公司运营、管理和交易的成本，建立有效的供应链的作用，有利于公司的生产经营。其关键在于是否获得公司的许可，是否损害公司利益，交易是否在公允的基础之上进行。

如果涉及关联交易，则应当在会计报表中说明定价政策，包括：（1）关联交易定价方法；（2）与非关联方的交易价格是否一致；（3）关联方交易没有金额或只有象征性金额的交易情况。对于符合条件的关联交易，应当予以许可和规范，但是相关利益方应当回避，不得对决议事项行使表决权，否则，相关的决议存在被撤销或认定为无效的风险。

（三）小股东保护

公司的股权设计，即使按照 50：50 的比例分配，通过其他方式的安排也会出现大股东和小股东的区别。因此，不论是在产业投资还是在财务投资中，都会面对如何保护小股东权益的情形。如本书第一章关于股权内涵和外延的介绍，小股东根据其所持有的股权份额，除享有依法参与公司经营决策和人事权，以及优先购买权、退股权等权利外，还有下列两项权利值得股权投资人关注。

1. 知情权

知情权是股东的重要权利，包括查阅、复制公司章程、股东会会议记录、董事会会议决议、监事会会议决议和财务会计报告。通过知情权的行使，股东可以了解公司的经营、管理信息以及自身享有的权益。

鉴于此类权利属于股东的最基本的权利。因此，如果股东之间通过公司章程、股东协议等方式实质性剥夺股东查阅或者复制公司文件材料的权利，则不会获得法院的支持。不过，此类权利也不是绝对的，如果公司有证据证明股东有“不正当目的”情形之一的，则法院不予支持该股东的查阅权和复制权：

（1）股东自营或者为他人经营与公司主营业务有实质性竞争关系业务的，但公司章程另有规定或者全体股东另有约定的除外；

（2）股东为了向他人通报有关信息查阅公司会计账簿，可能损害公司合法利益的；

（3）股东在向公司提出查阅请求之日前的三年内，曾通过查阅公司会计账簿，向他人通报有关信息损害公司合法利益的；

（4）股东有不正当目的的其他情形。

另外，实务中还需要注意两点：一是享有知情权的条件之一应当是具备股东资格的主体，也就是在主张知情权时具有股东主体资格，或者是就其持股期间其合法权益受到损害，请求依法查阅或者复制其持股期间的公司特定文件材料的情况；二是查阅和复制的范围、内容则因司法实践的不同而存在较大的差异，需要结合个案具体分析。

2. 利润分配权

营利性是公司的主要目标和特征，而股东之所以投资公司也是为了通过公司而获利。因此，股东对公司天然地享有财产请求权，包括利润分配权和剩余财产分配权。前者也就是股东的分红权。通常情况下，在公司弥补亏损、依法提取资本公积金和盈余公积金以及缴纳税金后仍然有盈利的情况下，应当依照股东的出资比例或者约定的比例分配利润。

但是，公司法并未明确规定分红方式、类型，以及何时分红等具体内容。这些更多地取决于公司经营现状、盈利情况、公司章程等约定。实务中经常出现的利润分配权争议，如一方或多方股东把持公司，拒不分配公司利润，其可能源自股东会和董事会之间、股东和管理层之间、控股股东与少数股东之间的矛盾。

依照公司法的规定，董事会负责制订公司的利润分配方案并具体执行，股东会则负责审议批准利润分配方案。如果股东会作出分配利润的决议，公司应当在决议载明的时间内完成利润分配；如果决议没有载明时间，则以公司章程规定的为准；若决议、章程中均未规定时间或者时间超过一年的，则公司应当自决议作出之日起一年内完成利润分配。而对于股东会和董事会作出的不分配利润的决议，股东也有权提起公司决议之诉，即主张决议不成立、无效或撤销。

然而，倘若董事会或股东会根本就不制订或不审议利润分配方案，股东似乎就没法行使表决权并通过法院解决，因为根据公司法解释的规定，股东提交载明具体分配方案的股东会有效决议，请求公司分配利润，而公司拒绝分配利润且其关于无法执行决议的抗辩理由不成立的，法院应当判决公司按照决议载明的具体分配方案向股东分配利润；股东未提交载明具体分配方案的股东会决议，请求公司分配利润的，法院应当驳回其诉讼请求，除非是违反法律规定滥用股东权利导致公司不分配利润，给其他股东造成损失。对此，股东可以行使退股权，单独或者合计持有公司 10%以上股份的股东或许还可以请求召开临时股东大会，并就相关分红议案进行讨论。

不可否认，现实中的争议和问题远不止于此，尽管司法救济是维护股东权利的最后一道屏障，但是由于司法诉讼耗时长、成本高，因此，除依法提起诉讼外，是否还有另外行之有效、合法可行的替代解决方案也值得关注和探讨。

（四）公司僵局处理

公司的经营管理和发展离不开全体股东、公司管理层的合作，朝着共同的目标和方向前进。从本质上来看，公司的经营决策最终都将落实到具体的个人身上，而每个股东、管理人员的个体差异导致了各自对于公司的经营管理、发展等存在不同的理解和利益诉求，因此分歧就会发生。为了解决此类分歧，股东协议、公司章程可能都会结合公司法的相关规定，预设一系列的人、财、物的安排和相应的解决方式。

但现实是复杂多变的，在股权投资实务中，并不是所有的事情都可以按照预定的设想完美进行，事实上也没有完美无缺的方案能够解决公司治理中可能出现的所有问题。对于公司的经营管理等决策事务，往往会因为股东会、董事会之间的分歧、意见不统一而导致公司僵局。

1. 公司僵局情形

现实中，导致公司僵局的原因和情形各不相同，也不论公司经营良好还是陷入困境，总体上来看，公司僵局主要包括董事会僵局和股东会僵局两类。

董事会的组成人数一般为单数，并按照一人一票的方式表决，但如果出现其中有一个董事弃权或应当回避投票时，则董事会的表决就可能出现一半赞成一半反对的结局，在这种情况下，即使是1/2以上的简单多数都有可能无法达成，更何况是设置多数决的决议事项或者设置偶数董事的情形。

而股东会的僵局则更为复杂，常见的50：50的股权比例、一票否决权、一致行动人安排、管理层的失职行为等都可能导致公司僵局的结果。比如，尽管股权投资的交易双方都知道诸如50：50之类的股权比例会给公司治理带来诸多问题，存在较大风险。但是在很多股权投资实务中，50：50的股权比例安排有时候是出于主观、客观因素的多重影响，虽然事后觉得不应该设置同等比例的股权结构，但是商业活动的复杂性，为促成交易，此类结构也可能是在投资之初的特定背景不得已而为之的权宜之计，在当时可能是对双方最有利的安排。

《最高人民法院关于适用〈中华人民共和国公司法〉若干问题的规定（二）》列举了导致公司“经营管理发生困难”的四种情形，分别是：（1）公司持续两年以上无法召开股东会；（2）股东表决时无法达到法定或者公司章程规定的比例，持续两年以上不能做出有效的股东会决议；（3）公司董事长期冲突，且无法通过股东会解决；（4）经营管理发生其他严重困难，公司继续存续会使股东利益受到重大损失的情形。针对以上四种重大分歧事项，公司即可谓陷入僵局。

当然，公司经营管理困难，主要是指公司的股东会、董事会等公司机关处于僵持状态，无法作出有关经营决策，导致公司日常运作陷入停顿与瘫痪状态。理解公司经营管理是否发生严重困难的侧重点在于公司管理方面是否存有严重内部障碍，如股东会机制失灵无法就公司的经营管理进行决策等。

2. 重大分歧解决机制

从股权交易实务的角度来看，一方面需要事先预防和避免可能导致公司僵局的股权结构和公司治理结构，另一方面需要针对已有的结构预先设计合理的方案解决潜在的公司僵局风险。就公司僵局的解决方案而言，主要依赖于内部机制和外部机构两种方案。

对于公司内部解决机制的设置，更多地取决于股东、董事等管理人员的充分协商，毕竟公司是股东之间的合作，人的影响因素在其中占据了很大的比重。通过协商，双方化干戈为玉帛，重新达成一致是最为有效的方式，其他的诸如收购异议方的股权，或者公司回购股权、减资等也可以作为解决冲突和打破僵局的方式。

为此，公司法也提供了一些解决方案，如异议股东的股权回购请求权，也就是对股东会决议投反对票的股东可以请求公司按照合理的价格收购其股权。此外，对于出现的股东重大分歧，法院也认可只要不违反法律、行政法规的强制性规定，经当事人协商一致后也可以由公司回购部分股东股权、其他股东受让部分股东股权、他人受让部分股东股权、公司减资、分立或者其他能够解决分歧、恢复公司正常经营、避免公司解散的方式解决分歧。

但是通过协商或重大分歧解决机制，若股东各方水火不容，仍然难以解决问题，则需要借助于进一步的司法救济措施等外部力量来做终极解决，即解散公司。

3. 公司解散

股东依法向法院申请解散公司可以说是对公司僵局的最后一个解决方案，

除非公司章程对于僵局另有更为可行有效的解决方案。根据公司法解释的规定及相关司法实践，公司经营管理发生严重困难，继续存续会使股东利益受到重大损失，通过其他途径不能解决时，单独或者合计持有公司全部股东表决权10%以上的股东，可以提起解散公司诉讼，其具体包括：

（1）公司持续两年以上无法召开股东会，或者股东表决时无法达到法定或者公司章程规定的比例，持续两年以上不能作出有效的股东会决议；

（2）公司董事长期冲突，且无法通过股东会或者股东大会解决；

（3）经营管理发生其他严重困难，公司继续存续会使股东利益受到重大损失的情形；

（4）公司连续六个月以上处于停业状态，对公司债权人或股东利益可能造成严重损害；

（5）因董事僵局导致董事会连续一年以上无法召开，或者董事行使表决权陷入僵局，无法达到法定的多数而持续不能作出有效董事会决议，并且股东不能打破僵局，损害或可能损害公司利益的。

司法实践中，判断“公司经营管理是否发生严重困难”，应从公司组织机构的运行状态进行综合分析。公司虽处于盈利状态，但其股东会机制长期失灵，内部管理有严重障碍，已陷入僵局状态，可以认定为公司经营管理发生严重困难，不应片面理解为公司资金缺乏、严重亏损等经营性困难①。

另外，由于解散公司的后果不仅涉及公司及股东本身，还会涉及公司员工、债权人等第三方的权益。因此，非不得已不应解散。而法院对于因公司僵局而申请解散也仍然秉持谨慎原则，强调诉讼调解。并且，一般都以“通过其他途径无法解决”作为解散诉讼的限制条件，其目的就是保护公司的稳定和存续，防止中小股东滥用司法解散制度，鼓励当事人通过其他非诉讼途径解决僵局，同时也是使人民法院审慎适用强制解散公司的手段，但并非要求对于公司僵局的处理必须以穷尽其他救济途径为前提。

综合上述关于股权架构、公司结构、股东权利保护、公司僵局等一系列法

---

① 《林某清诉某实业公司、戴某明公司解散纠纷案》，载最高人民法院网站，https：//www. court. gov. cn/shenpan-xiangqing-4221. html，2022 年 7 月 17 日访问。

律问题的分析不难看出，与前期投资交易行为本身相比较，股权投后管理和公司治理同样复杂和烦琐，受主客观因素的影响也比较大。并且，由于公司法规定的瑕疵和股权投资交易实务的不断发展，源于公司治理引发的问题和风险仍然是股权投后管理需要关注的事项，股权投资交易的各方当事人不仅应当重视前期交易本身，也需要在交易前期重视投后管理中潜在的争议，提前预设相应的可行性解决方案，避免由于争议导致投资目标的落空。

附 录

动产和权利担保统一登记办法

（2021 年 12 月 28 日中国人民银行令〔2021〕第 7 号发布 自 2022 年 2 月 1 日起施行）

第一章 总 则

第一条 为规范动产和权利担保统一登记，保护担保当事人和利害关系人的合法权益，根据《中华人民共和国民法典》《优化营商环境条例》《国务院关于实施动产和权利担保统一登记的决定》（国发〔2020〕18 号）等相关法律法规规定，制定本办法。

第二条 纳入动产和权利担保统一登记范围的担保类型包括：

（一）生产设备、原材料、半成品、产品抵押；

（二）应收账款质押；

（三）存款单、仓单、提单质押；

（四）融资租赁；

（五）保理；

（六）所有权保留；

（七）其他可以登记的动产和权利担保，但机动车抵押、船舶抵押、航空器抵押、债券质押、基金份额质押、股权质押、知识产权中的财产权质押除外。

第三条 本办法所称应收账款是指应收账款债权人因提供一定的货物、服务或设施而获得的要求应收账款债务人付款的权利以及依法享有的其他付款请求权，包括现有的以及将有的金钱债权，但不包括因票据或其他有价证券而产生的付款请求权，以及法律、行政法规禁止转让的付款请求权。

本办法所称的应收账款包括下列权利：

（一）销售、出租产生的债权，包括销售货物，供应水、电、气、暖，知识产权的许可使用，出租动产或不动产等；

（二）提供医疗、教育、旅游等服务或劳务产生的债权；

（三）能源、交通运输、水利、环境保护、市政工程等基础设施和公用事业项目收益权；

（四）提供贷款或其他信用活动产生的债权；

（五）其他以合同为基础的具有金钱给付内容的债权。

第四条 中国人民银行征信中心（以下简称征信中心）是动产和权利担保的登记机构，具体承担服务性登记工作，不开展事前审批性登记，不对登记内容进行实质审查。

征信中心建立基于互联网的动产融资统一登记公示系统（以下简称统一登记系统）为社会公众提供动产和权利担保登记和查询服务。

第五条 中国人民银行对征信中心登记和查询服务有关活动进行督促指导。

第二章 登记与查询

第六条 纳入统一登记范围的动产和权利担保登记通过统一登记系统办理。

第七条 担保权人办理登记。担保权人办理登记前，应当与担保人就登记内容达成一致。

担保权人也可以委托他人办理登记。委托他人办理登记的，适用本办法关于担保权人办理登记的规定。

第八条 担保权人办理登记时，应当注册为统一登记系统的用户。

第九条 登记内容包括担保权人和担保人的基本信息、担保财产的描述、登记期限。

担保权人或担保人为法人、非法人组织的，应当填写法人、非法人组织的法定注册名称、住所、法定代表人或负责人姓名，金融机构编码、统一社会信用代码、全球法人识别编码等机构代码或编码以及其他相关信息。

担保权人或担保人为自然人的，应当填写有效身份证件号码、有效身份证件载明的地址等信息。

担保权人可以与担保人约定将主债权金额、担保范围、禁止或限制转让的担保财产等项目作为登记内容。对担保财产进行概括性描述的，应当能够合理识别担保财产。

最高额担保应登记最高债权额。

第十条 担保权人应当将填写完毕的登记内容提交统一登记系统。统一登记系统记录提交时间并分配登记编号，生成初始登记证明和修改码提供给担保权人。

第十一条 担保权人应当根据主债权履行期限合理确定登记期限。登记期限最短 1 个月，最长不超过 30 年。

第十二条 在登记期限届满前，担保权人可以申请展期。

担保权人可以多次展期，每次展期期限最短 1 个月，最长不超过 30 年。

第十三条 登记内容存在遗漏、错误等情形或登记内容发生变化的，担保权人应当办理变更登记。

担保权人在原登记中增加新的担保财产的，新增加的部分视为新的登记。

第十四条 担保权人办理登记时所填写的担保人法定注册名称或有效身份证件号码变更的，担保权人应当自变更之日起 4 个月内办理变更登记。

第十五条 担保权人办理展期、变更登记的，应当与担保人就展期、变更事项达成一致。

第十六条 有下列情形之一的，担保权人应当自该情形发生之日起 10 个工作日内办理注销登记：

（一）主债权消灭；

（二）担保权利实现；

（三）担保权人放弃登记载明的担保财产之上的全部担保权；

（四）其他导致所登记权利消灭的情形。

担保权人迟延办理注销登记，给他人造成损害的，应当承担相应的法律责任。

第十七条 担保权人凭修改码办理展期、变更登记、注销登记。

第十八条 担保人或其他利害关系人认为登记内容错误的，可以要求担保权人办理变更登记或注销登记。担保权人不同意变更或注销的，担保人或其他利害关系人可以办理异议登记。

办理异议登记的担保人或其他利害关系人可以自行注销异议登记。

第十九条 担保人或其他利害关系人应当自异议登记办理完毕之日起7日内通知担保权人。

第二十条 担保人或其他利害关系人自异议登记之日起30日内，未就争议起诉或提请仲裁并在统一登记系统提交案件受理通知的，征信中心撤销异议登记。

第二十一条 应担保人或其他利害关系人、担保权人的申请，征信中心根据对担保人或其他利害关系人、担保权人生效的人民法院判决、裁定或仲裁机构裁决等法律文书撤销相关登记。

第二十二条 担保权人办理变更登记和注销登记、担保人或其他利害关系人办理异议登记后，统一登记系统记录登记时间、分配登记编号，并生成变更登记、注销登记或异议登记证明。

第二十三条 担保权人开展动产和权利担保融资业务时，应当严格审核确认担保财产的真实性，并在统一登记系统中查询担保财产的权利负担状况。

第二十四条 担保权人、担保人和其他利害关系人应当按照统一登记系统提示项目如实登记，并对登记内容的真实性、完整性和合法性负责。因担保权人或担保人名称填写错误，担保财产描述不能够合理识别担保财产等情形导致不能正确公示担保权利的，其法律后果由当事人自行承担。办理登记时，存在提供虚假材料等行为给他人造成损害的，应当承担相应的法律责任。

第二十五条 任何法人、非法人组织和自然人均可以在注册为统一登记系统的用户后，查询动产和权利担保登记信息。

第二十六条 担保人为法人、非法人组织的，查询人以担保人的法定注册名称进行查询。

担保人为自然人的，查询人以担保人的身份证件号码进行查询。

第二十七条 征信中心根据查询人的申请，提供查询证明。

第二十八条 担保权人、担保人或其他利害关系人、查询人可以通过证明编号在统一登记系统对登记证明和查询证明进行验证。

第三章 征信中心的职责

第二十九条 征信中心应当建立登记信息内部控制制度，采取技术措施和其他必要措施，做好统一登记系统建设和维护工作，保障系统安全、稳定运行，建立高效运转的服务体系，不断提高服务效率和质量，防止登记信息泄露、丢失，保护当事人合法权益。

第三十条 征信中心应当制定登记操作规则和内部管理制度，并报中国人民银行备案。

第三十一条 登记注销、登记期限届满或登记撤销后，征信中心应当对登记记录进行电子化离线保存，保存期限为15年。

第四章 附 则

第三十二条 征信中心按照国务院价格主管部门批准的收费标准收取登记服务费用。

第三十三条 本办法由中国人民银行负责解释。

第三十四条 本办法自2022年2月1日起施行。《应收账款质押登记办法》（中国人民银行令〔2019〕第4号发布）同时废止。

最高人民法院关于人民法院强制执行股权若干问题的规定

（2021年11月15日最高人民法院审判委员会第1850次会议通过 2021年12月20日最高人民法院公告公布 自2022年1月1日起施行 法释〔2021〕20号）

为了正确处理人民法院强制执行股权中的有关问题，维护当事人、利害关系人的合法权益，根据《中华人民共和国民事诉讼法》《中华人民共和国公司法》等法律规定，结合执行工作实际，制定本规定。

第一条 本规定所称股权，包括有限责任公司股权、股份有限公司股份，但是在依法设立的证券交易所上市交易以及在国务院批准的其他全国性证券交易场所交易的股份有限公司股份除外。

第二条 被执行人是公司股东的，人民法院可以强制执行其在公司持有的股权，不得直接执行公司的财产。

第三条 依照民事诉讼法第二百二十四条的规定以被执行股权所在地确定管辖法院的，股权所在地是指股权所在公司的住所地。

第四条 人民法院可以冻结下列资料或者信息之一载明的属于被执行人的股权：

（一）股权所在公司的章程、股东名册等资料；

（二）公司登记机关的登记、备案信息；

（三）国家企业信用信息公示系统的公示信息。

案外人基于实体权利对被冻结股权提出排除执行异议的，人民法院应当依照民事诉讼法第二百二十七条的规定进行审查。

第五条 人民法院冻结被执行人的股权，以其价额足以清偿生效法律文书确定的债权额及执行费用为限，不得明显超标的额冻结。股权价额无法确定的，可以根据申请执行人申请冻结的比例或者数量进行冻结。

被执行人认为冻结明显超标的额的，可以依照民事诉讼法第二百二十五条的规定提出书面异议，并附证明股权等查封、扣押、冻结财产价额的证据材料。人民法院审查后裁定异议成立的，应当自裁定生效之日起七日内解除对明显超标的额部分的冻结。

第六条 人民法院冻结被执行人的股权，应当向公司登记机关送达裁定书和协助执行通知书，要求其在国家企业信用信息公示系统进行公示。股权冻结自在公示系统公示时发生法律效力。多个人民法院冻结同一股权的，以在公示系统先办理公示的为在先冻结。

依照前款规定冻结被执行人股权的，应当及时向被执行人、申请执行人送达裁定书，并将股权冻结情况书面通知股权所在公司。

第七条 被执行人就被冻结股权所作的转让、出质或者其他有碍执行的行为，不得对抗申请执行人。

第八条 人民法院冻结被执行人股权的，可以向股权所在公司送达协助执行通知书，要求其在实施增资、减资、合并、分立等对被冻结股权所占比例、股权价值产生重大影响的行为前向人民法院书面报告有关情况。人民法院收到报告后，应当及时通知申请执行人，但是涉及国家秘密、商业秘密的除外。

股权所在公司未向人民法院报告即实施前款规定行为的，依照民事诉讼法第一百一十四条的规定处理。

股权所在公司或者公司董事、高级管理人员故意通过增资、减资、合并、分立、转让重大资产、对外提供担保等行为导致被冻结股权价值严重贬损，影响申请执行人债权实现的，申请执行人可以依法提起诉讼。

第九条 人民法院冻结被执行人基于股权享有的股息、红利等收益，应当向股权所在公司送达裁定书，并要求其在该收益到期时通知人民法院。人民法院对到期的股息、红利等收益，可以书面通知股权所在公司向申请执行人或者人民法院履行。

股息、红利等收益被冻结后，股权所在公司擅自向被执行人支付或者变相支付的，不影响人民法院要求股权所在公司支付该收益。

第十条 被执行人申请自行变价被冻结股权，经申请执行人及其他已知执行债权人同意或者变价款足以清偿执行债务的，人民法院可以准许，但是应当在能够控制变价款的情况下监督其在指定期限内完成，最长不超过三个月。

第十一条 拍卖被执行人的股权，人民法院应当依照《最高人民法院关于人民法院确定财产处置参考价若干问题的规定》规定的程序确定股权处置参考价，并参照参考价确定起拍价。

确定参考价需要相关材料的，人民法院可以向公司登记机关、税务机关等部门调取，也可以责令被执行人、股权所在公司以及控制相关材料的其他主体提供；拒不提供的，可以强制提取，并可以依照民事诉讼法第一百一十一条、第一百一十四条的规定处理。

为确定股权处置参考价，经当事人书面申请，人民法院可以委托审计机构对股权所在公司进行审计。

第十二条 委托评估被执行人的股权，评估机构因缺少评估所需完整材料无法进行评估或者认为影响评估结果，被执行人未能提供且人民法院无法调取补充材料的，人民法院应当通知评估机构根据现有材料进行评估，并告知当事人因缺乏材料可能产生的不利后果。

评估机构根据现有材料无法出具评估报告的，经申请执行人书面申请，人民法院可以根据具体情况以适当高于执行费用的金额确定起拍价，但是股权所在公司经营严重异常，股权明显没有价值的除外。

依照前款规定确定的起拍价拍卖的，竞买人应当预交的保证金数额由人民法院根据实际情况酌定。

第十三条 人民法院拍卖被执行人的股权，应当采取网络司法拍卖方式。

依据处置参考价并结合具体情况计算，拍卖被冻结股权所得价款可能明显高于债权额及执行费用的，人民法院应当对相应部分的股权进行拍卖。对相应部分的股权拍卖严重减损被冻结股权价值的，经被执行人书面申请，也可以对超出部分的被冻结股权一并拍卖。

第十四条 被执行人、利害关系人以具有下列情形之一为由请求不得强制拍卖股权的，人民法院不予支持：

（一）被执行人未依法履行或者未依法全面履行出资义务；

（二）被执行人认缴的出资未届履行期限；

（三）法律、行政法规、部门规章等对该股权自行转让有限制；

（四）公司章程、股东协议等对该股权自行转让有限制。

人民法院对具有前款第一、二项情形的股权进行拍卖时，应当在拍卖公告中载明被执行人认缴出资额、实缴出资额、出资期限等信息。股权处置后，相关主体依照有关规定履行出资义务。

第十五条 股权变更应当由相关部门批准的，人民法院应当在拍卖公告中载明法律、行政法规或者国务院决定规定的竞买人应当具备的资格或者条件。必要时，人民法院可以就竞买资格或者条件征询相关部门意见。

拍卖成交后，人民法院应当通知买受人持成交确认书向相关部门申请办理股权变更批准手续。买受人取得批准手续的，人民法院作出拍卖成交裁定书；买受人未在合理期限内取得批准手续的，应当重新对股权进行拍卖。重新拍卖的，原买受人不得参加竞买。

买受人明知不符合竞买资格或者条件依然参加竞买，且在成交后未能在合理期限内取得相关部门股权变更批准手续的，交纳的保证金不予退还。保证金不足以支付拍卖产生的费用损失、弥补重新拍卖价款低于原拍卖价款差价的，人民法院可以裁定原买受人补交；拒不补交的，强制执行。

第十六条 生效法律文书确定被执行人交付股权，因股权所在公司在生效法律文书作出后增资或者减资导致被执行人实际持股比例降低或者升高的，人民法院应当按照下列情形分别处理：

（一）生效法律文书已经明确交付股权的出资额的，按照该出资额交付股权；

（二）生效法律文书仅明确交付一定比例的股权的，按照生效法律文书作出时该比例所对应出资额占当前公司注册资本总额的比例交付股权。

第十七条 在审理股东资格确认纠纷案件中，当事人提出要求公司签发出资证明书、记载于股东名册并办理公司登记机关登记的诉讼请求且其主张成立的，人民法院应当予以支持；当事人未提出前述诉讼请求的，可以根据案件具体情况向其释明。

生效法律文书仅确认股权属于当事人所有，当事人可以持该生效法律文书自行向股权所在公司、公司登记机关申请办理股权变更手续；向人民法院申请强制执行的，不予受理。

第十八条 人民法院对被执行人在其他营利法人享有的投资权益强制执行的，参照适用本规定。

第十九条 本规定自2022年1月1日起施行。

施行前本院公布的司法解释与本规定不一致的，以本规定为准。

关于加强私募投资基金监管的若干规定

（2020年12月30日中国证券监督管理委员会公告〔2020〕71号）

第一条 为了规范私募投资基金（以下简称私募基金）业务活动，保护投资者和相关当事人的合法权益，促进私募基金行业健康发展，防范金融风险，根据《证券投资基金法》《私募投资基金监督管理暂行办法》（以下简称《私募办法》）等法律法规，制定本规定。

第二条 在中国证券投资基金业协会（以下简称基金业协会）依法登记的

私募基金管理人从事私募基金业务，适用本规定。

私募基金管理人在初次开展资金募集、基金管理等私募基金业务活动前，应当按照规定在基金业协会完成登记。

第三条 未经登记，任何单位或者个人不得使用“基金”或者“基金管理”字样或者近似名称进行私募基金业务活动，法律、行政法规另有规定的除外。

私募基金管理人应当在名称中标明“私募基金”、“私募基金管理”、“创业投资”字样，并在经营范围中标明“私募投资基金管理”、“私募证券投资基金管理”、“私募股权投资基金管理”、“创业投资基金管理”等体现受托管理私募基金特点的字样。

第四条 私募基金管理人不得直接或者间接从事民间借贷、担保、保理、典当、融资租赁、网络借贷信息中介、众筹、场外配资等任何与私募基金管理相冲突或者无关的业务，中国证券监督管理委员会（以下简称中国证监会）另有规定的除外。

第五条 私募基金管理人的出资人不得有代持、循环出资、交叉出资、层级过多、结构复杂等情形，不得隐瞒关联关系或者将关联关系非关联化。同一单位、个人控股或者实际控制两家及以上私募基金管理人的，应当具有设立多个私募基金管理人的合理性与必要性，全面、及时、准确披露各私募基金管理人业务分工，建立完善的合规风控制度。

第六条 私募基金管理人、私募基金销售机构及其从业人员在私募基金募集过程中不得直接或者间接存在下列行为：

（一）向《私募办法》规定的合格投资者之外的单位、个人募集资金或者为投资者提供多人拼凑、资金借贷等满足合格投资者要求的便利；

（二）通过报刊、电台、电视、互联网等公众传播媒体，讲座、报告会、分析会等方式，布告、传单、短信、即时通讯工具、博客和电子邮件等载体，向不特定对象宣传推介，但是通过设置特定对象确定程序的官网、客户端等互联网媒介向合格投资者进行宣传推介的情形除外；

（三）口头、书面或者通过短信、即时通讯工具等方式直接或者间接向投资者承诺保本保收益，包括投资本金不受损失、固定比例损失或者承诺最低收益等情形；

（四）夸大、片面宣传私募基金，包括使用安全、保本、零风险、收益有保障、高收益、本金无忧等可能导致投资者不能准确认识私募基金风险的表述，或者向投资者宣传预期收益率、目标收益率、基准收益率等类似表述；

（五）向投资者宣传的私募基金投向与私募基金合同约定投向不符；

（六）宣传推介材料有虚假记载、误导性陈述或者重大遗漏，包括未真实、准确、完整披露私募基金交易结构、各方主要权利义务、收益分配、费用安排、关联交易、委托第三方机构以及私募基金管理人的出资人、实际控制人等情况；

（七）以登记备案、金融机构托管、政府出资等名义为增信手段进行误导性宣传推介；

（八）委托不具有基金销售业务资格的单位或者个人从事资金募集活动；

（九）以从事资金募集活动为目的设立或者变相设立分支机构；

（十）法律、行政法规和中国证监会禁止的其他情形。

私募基金管理人的出资人、实际控制人、关联方不得从事私募基金募集宣传推介，不得从事或者变相从事前款所列行为。

私募基金募集完毕，私募基金管理人应当按照规定到基金业协会履行备案手续。私募基金管理人不得管理未备案的私募基金。

第七条 私募基金的投资者人数累计不得超过《证券投资基金法》、《公司法》、《合伙企业法》等法律规定的特定数量。投资者转让基金份额的，受让人应当为合格投资者且基金份额受让后投资者人数应当符合本条规定。国务院金融监督管理部门监管的机构依法发行的资产管理产品、合格境外机构投资者、人民币合格境外机构投资者，视为《私募办法》第十三条规定的合格投资者，不再穿透核查最终投资者。

任何单位和个人不得通过将私募基金份额或者其收（受）益权进行拆分转让，或者通过为单一融资项目设立多只私募基金等方式，以变相突破合格投资者标准或投资者人数限制。

第八条 私募基金管理人不得直接或者间接将私募基金财产用于下列投资活动：

（一）借（存）贷、担保、明股实债等非私募基金投资活动，但是私募基金以股权投资为目的，按照合同约定为被投企业提供1年期限以内借款、担保除外；

（二）投向保理资产、融资租赁资产、典当资产等类信贷资产、股权或其收（受）益权；

（三）从事承担无限责任的投资；

（四）法律、行政法规和中国证监会禁止的其他投资活动。

私募基金有前款第（一）项规定行为的，借款或者担保到期日不得晚于股权投资退出日，且借款或者担保余额不得超过该私募基金实缴金额的20%；中国证监会另有规定的除外。

第九条 私募基金管理人及其从业人员从事私募基金业务，不得有下列行为：

（一）未对不同私募基金单独管理、单独建账、单独核算，将其固有财产、他人财产混同于私募基金财产，将不同私募基金财产混同运作，或者不公平对待不同私募基金财产；

（二）使用私募基金管理人及其关联方名义、账户代私募基金收付基金财产；

（三）开展或者参与具有滚动发行、集合运作、期限错配、分离定价等特征的资金池业务；

（四）以套取私募基金财产为目的，使用私募基金财产直接或者间接投资于私募基金管理人、控股股东、实际控制人及其实际控制的企业或项目等自融行为；

（五）不公平对待同一私募基金的不同投资者，损害投资者合法权益；

（六）私募基金收益不与投资项目的资产、收益、风险等情况挂钩，包括不按照投资标的实际经营业绩或者收益情况向投资者分红、支付收益等；

（七）直接或者间接侵占、挪用私募基金财产；

（八）不按照合同约定进行投资运作或者向投资者进行信息披露；

（九）利用私募基金财产或者职务之便，以向私募基金、私募基金投资标的及其关联方收取咨询费、手续费、财务顾问费等名义，为自身或者投资者以外的人牟取非法利益、进行利益输送；

（十）泄露因职务便利获取的未公开信息、利用该信息从事或者明示、暗示他人从事相关的交易活动；

（十一）从事内幕交易、操纵证券期货市场及其他不正当交易活动；

（十二）玩忽职守，不按照监管规定或者合同约定履行职责；

（十三）法律、行政法规和中国证监会禁止的其他行为。

私募基金管理人的出资人和实际控制人，私募基金托管人、私募基金销售机构及其他私募基金服务机构及其出资人、实际控制人，不得有前款所列行为或者为前款行为提供便利。

第十条 私募基金管理人管理的私募基金不得直接或者间接投资于国家禁止或者限制投资的项目，不符合国家产业政策、环境保护政策、土地管理政策的项目，但证券市场投资除外。

第十一条 私募基金管理人不得从事损害私募基金财产或者投资者利益的关联交易等投资活动。私募基金管理人应当建立健全关联交易管理制度，对关联交易定价方法、交易审批程序等进行规范。使用私募基金财产与关联方进行交易的，私募基金管理人应当遵守法律、行政法规、中国证监会的规定和私募基金合同约定，防范利益冲突，投资前应当取得全体投资者或者投资者认可的决策机制决策同意，投资后应当及时向投资者充分披露信息。

第十二条 私募基金管理人及其出资人和实际控制人、私募基金托管人、私募基金销售机构和其他私募基金服务机构所提交的登记备案信息及其他信息材料，不得有虚假记载、误导性陈述或者重大遗漏，并应当按照规定持续履行信息披露和报送义务，确保所提交信息材料及时、准确、真实、完整。

私募基金管理人及其出资人和实际控制人、私募基金托管人、私募基金销售机构和其他私募基金服务机构及其从业人员应当配合中国证监会及其派出机构依法履行职责，如实提供有关文件和材料，不得拒绝、阻碍和隐瞒。

第十三条 中国证监会及其派出机构依法从严监管私募基金管理人、私募基金托管人、私募基金销售机构和其他私募基金服务机构及其从业人员的私募基金业务活动，严厉打击各类违法违规行为。对违反本规定的，中国证监会及其派出机构可以依照《私募办法》的规定，采取行政监管措施、市场禁入措施，实施行政处罚，并记入中国资本市场诚信信息数据库；涉嫌犯罪的，依法移送司法机关追究刑事责任。《证券投资基金法》等法律、行政法规另有规定的，依照其规定处理。

基金业协会依法开展私募基金管理人登记和私募基金备案，加强自律管理与风险监测。对违反本规定的，基金业协会可以依法依规进行处理。

第十四条 本规定自发布之日起施行。

证券公司、基金管理公司、期货公司及其子公司从事私募基金业务，不适用本规定。

本规定施行前已登记私募基金管理人不符合本规定，按下列要求执行：

（一）不符合本规定第四条、第五条、第六条第一款第（九）项、第十一条的，应当自本规定施行之日起一年内完成整改；

（二）不符合本规定第六条第三款的，应当自本规定施行之日六个月内完成整改，整改期内暂停新增私募基金募集和备案；

（三）不符合本规定第六条第一款第（一）项至第（八）项、第六条第一款第（十）项、第七条、第九条、第十二条的，中国证监会及其派出机构可以依照本规定第十三条进行处理，基金业协会可以依法依规进行处理；

（四）不符合本规定第八条、第十条的，不得新增此类投资，不得新增募集规模，不得新增投资者，不得展期，合同到期后予以清算。

中国银保监会关于保险资金财务性股权投资有关事项的通知

（2020 年 11 月 12 日　银保监发〔2020〕54 号）

各保险集团（控股）公司、保险公司、保险资产管理公司：

为规范保险资金直接投资未上市企业股权行为，加大保险资金对各类企业的股权融资支持力度，依据《中华人民共和国保险法》《保险资金运用管理办法》《保险资金投资股权暂行办法》及相关规定，现就保险资金财务性股权投资有关事项通知如下：

一、本通知所称财务性股权投资是指保险集团（控股）公司、保险公司和保险资产管理公司（以下统称保险机构）以出资人名义投资并持有未上市企业股权，且按照企业会计准则的相关规定，保险机构及其关联方对该企业不构成控制或共同控制的直接股权投资行为。

二、保险资金开展财务性股权投资，可在符合安全性、流动性和收益性条件下，综合考虑偿付能力、风险偏好、投资预算、资产负债等因素，依法依规自主选择投资企业的行业范围。

三、保险资金开展财务性股权投资，所投资的标的企业应当依法登记设立且具有法人资格。标的企业所属产业应当处于成长期、成熟期或者为战略性新兴产业，或者具有明确的上市意向及较高的并购价值。

四、保险资金开展财务性股权投资，所投资的标的企业不得存在以下情形：

（一）不具有稳定现金流回报预期和确定的分红制度，或者不具有市场、技术、资源、竞争优势和资产增值价值；

（二）最近三年发生重大违约事件；

（三）面临或出现核心管理及业务人员大量流失、目标市场或者核心业务竞争力丧失等重大不利变化；

（四）控股股东或高级管理人员最近三年受到行政或监管机构重大处罚，或者被纳入失信被执行人名单；

（五）涉及巨额民事赔偿、重大法律纠纷，或者股权权属存在严重法律瑕疵或重大风险隐患，可能导致权属争议、权限落空或受损；

（六）与保险机构聘请的投资咨询、法律服务、财务审计和资产评估等专业服务机构存在关联关系；

（七）所属行业或领域不符合宏观政策导向及宏观政策调控方向，或者被列为产业政策禁止准入、限制投资类名单，或者对保险机构构成潜在声誉风险；

（八）高污染、高耗能、未达到国家节能和环保标准、产能过剩、技术附加值较低；

（九）直接从事房地产开发建设，包括开发或者销售商业住宅；

（十）银保监会规定的其他审慎性条件。

保险资金投资市场化、法治化债转股项目，可不受本条第（一）（二）项的限制。

五、保险机构开展财务性股权投资，可以运用自有资金和与投资资产期限相匹配的责任准备金。

本条所称自有资金，指保险机构本级实收资本、资本公积、盈余公积、未分配利润及其他自有资金。

六、保险机构开展财务性股权投资，应当符合银保监会规定的直接投资股权有关资质条件，加强股权投资能力建设，完善内部控制流程，采取有效措施防范操作风险和道德风险，不得进行内幕交易、利益输送等损害保险机构利益的行为。

七、保险机构应当建立完善财务性股权投资基本制度，明确拟投资企业的行业范围和主要条件，加强项目论证和风险管控，并报经董事会、经营管理层或其授权机构批准。

八、保险机构应当按照银保监会关于非重大股权投资的监管要求，履行财务性股权投资报告程序。保险机构违反规定开展投资的，银保监会将责令限期改正，依据相关规定采取限制股权投资行业范围、责令调整负责人及有关管理人员等监管措施；情节严重的，将依法对相关机构和人员给予行政处罚。

九、保险机构投资金融机构股权，金融监管部门另有规定的从其规定。

十、《保险资金投资股权暂行办法》（保监发〔2010〕79号）、《关于保险资金投资股权和不动产有关问题的通知》（保监发〔2012〕59号）、《保险资金境外投资管理暂行办法实施细则》（保监发〔2012〕93号）关于保险资金直接股权投资行业范围的条款，自本通知发布之日起停止执行。

企业境外投资管理办法

（2017 年 12 月 26 日国家发展和改革委员会令第 11 号公布　自 2018 年 3 月 1 日起施行）

第一章　总　　则

第一条　为加强境外投资宏观指导，优化境外投资综合服务，完善境外投资全程监管，促进境外投资持续健康发展，维护我国国家利益和国家安全，根据《中华人民共和国行政许可法》《国务院关于投资体制改革的决定》《国务院对确需保留的行政审批项目设定行政许可的决定》等法律法规，制定本办法。

第二条　本办法所称境外投资，是指中华人民共和国境内企业（以下称“投资主体”）直接或通过其控制的境外企业，以投入资产、权益或提供融资、担保等方式，获得境外所有权、控制权、经营管理权及其他相关权益的投资活动。

前款所称投资活动，主要包括但不限于下列情形：

（一）获得境外土地所有权、使用权等权益；

（二）获得境外自然资源勘探、开发特许权等权益；

（三）获得境外基础设施所有权、经营管理权等权益；

（四）获得境外企业或资产所有权、经营管理权等权益；

（五）新建或改扩建境外固定资产；

（六）新建境外企业或向既有境外企业增加投资；

（七）新设或参股境外股权投资基金；

（八）通过协议、信托等方式控制境外企业或资产。

本办法所称企业，包括各种类型的非金融企业和金融企业。

本办法所称控制，是指直接或间接拥有企业半数以上表决权，或虽不拥有半数以上表决权，但能够支配企业的经营、财务、人事、技术等重要事项。

第三条　投资主体依法享有境外投资自主权，自主决策、自担风险。

第四条 投资主体开展境外投资，应当履行境外投资项目（以下称“项目”）核准、备案等手续，报告有关信息，配合监督检查。

第五条 投资主体开展境外投资，不得违反我国法律法规，不得威胁或损害我国国家利益和国家安全。

第六条 国家发展和改革委员会（以下称“国家发展改革委”）在国务院规定的职责范围内，履行境外投资主管部门职责，根据维护我国国家利益和国家安全的需要，对境外投资进行宏观指导、综合服务和全程监管。

第七条 国家发展改革委建立境外投资管理和服务网络系统（以下称“网络系统”）。投资主体可以通过网络系统履行核准和备案手续、报告有关信息；涉及国家秘密或不适宜使用网络系统的事项，投资主体可以另行使用纸质材料提交。网络系统操作指南由国家发展改革委发布。

第二章　境外投资指导和服务

第八条 投资主体可以就境外投资向国家发展改革委咨询政策和信息、反映情况和问题、提出意见和建议。

第九条 国家发展改革委在国务院规定的职责范围内，会同有关部门根据国民经济和社会发展需要制定完善相关领域专项规划及产业政策，为投资主体开展境外投资提供宏观指导。

第十条 国家发展改革委在国务院规定的职责范围内，会同有关部门加强国际投资形势分析，发布境外投资有关数据、情况等信息，为投资主体提供信息服务。

第十一条 国家发展改革委在国务院规定的职责范围内，会同有关部门参与国际投资规则制定，建立健全投资合作机制，加强政策交流和协调，推动有关国家和地区为我国企业开展投资提供公平环境。

第十二条 国家发展改革委在国务院规定的职责范围内，推动海外利益安全保护体系和能力建设，指导投资主体防范和应对重大风险，维护我国企业合法权益。

第三章 境外投资项目核准和备案

第一节 核准、备案的范围

第十三条 实行核准管理的范围是投资主体直接或通过其控制的境外企业开展的敏感类项目。核准机关是国家发展改革委。

本办法所称敏感类项目包括：

（一）涉及敏感国家和地区的项目；

（二）涉及敏感行业的项目。

本办法所称敏感国家和地区包括：

（一）与我国未建交的国家和地区；

（二）发生战争、内乱的国家和地区；

（三）根据我国缔结或参加的国际条约、协定等，需要限制企业对其投资的国家和地区；

（四）其他敏感国家和地区。

本办法所称敏感行业包括：

（一）武器装备的研制生产维修；

（二）跨境水资源开发利用；

（三）新闻传媒；

（四）根据我国法律法规和有关调控政策，需要限制企业境外投资的行业。

敏感行业目录由国家发展改革委发布。

第十四条 实行备案管理的范围是投资主体直接开展的非敏感类项目，也即涉及投资主体直接投入资产、权益或提供融资、担保的非敏感类项目。

实行备案管理的项目中，投资主体是中央管理企业（含中央管理金融企业、国务院或国务院所属机构直接管理的企业，下同）的，备案机关是国家发展改革委；投资主体是地方企业，且中方投资额 3 亿美元及以上的，备案机关是国家发展改革委；投资主体是地方企业，且中方投资额 3 亿美元以下的，备案机关是投资主体注册地的省级政府发展改革部门。

本办法所称非敏感类项目，是指不涉及敏感国家和地区且不涉及敏感行业的项目。

本办法所称中方投资额，是指投资主体直接以及通过其控制的境外企业为项目投入的货币、证券、实物、技术、知识产权、股权、债权等资产、权益以及提供融资、担保的总额。

本办法所称省级政府发展改革部门，包括各省、自治区、直辖市及计划单列市人民政府发展改革部门和新疆生产建设兵团发展改革部门。

第十五条 投资主体可以向核准、备案机关咨询拟开展的项目是否属于核准、备案范围，核准、备案机关应当及时予以告知。

第十六条 两个以上投资主体共同开展的项目，应当由投资额较大一方在征求其他投资方书面同意后提出核准、备案申请。如各方投资额相等，应当协商一致后由其中一方提出核准、备案申请。

第十七条 对项目所需前期费用（包括履约保证金、保函手续费、中介服务费、资源勘探费等）规模较大的，投资主体可以参照本办法第十三条、第十四条规定对项目前期费用提出核准、备案申请。经核准或备案的项目前期费用计入项目中方投资额。

第二节 核准的程序和时限

第十八条 实行核准管理的项目，投资主体应当通过网络系统向核准机关提交项目申请报告并附具有关文件。其中，投资主体是中央管理企业的，由其集团公司或总公司向核准机关提交；投资主体是地方企业的，由其直接向核准机关提交。

第十九条 项目申请报告应当包括以下内容：

（一）投资主体情况；

（二）项目情况，包括项目名称、投资目的地、主要内容和规模、中方投资额等；

（三）项目对我国国家利益和国家安全的影响分析；

（四）投资主体关于项目真实性的声明。

项目申请报告的通用文本以及应当附具的文件（以下称“附件”）清单由国家发展改革委发布。

第二十条 项目申请报告可以由投资主体自行编写，也可以由投资主体自主委托具有相关经验和能力的中介服务机构编写。

第二十一条 项目申请报告和附件齐全、符合法定形式的，核准机关应当予以受理。

项目申请报告或附件不齐全、不符合法定形式的，核准机关应当在收到项目申请报告之日起5个工作日内一次性告知投资主体需要补正的内容。逾期不告知的，自收到项目申请报告之日起即为受理。

核准机关受理或不予受理项目申请报告，都应当通过网络系统告知投资主体。投资主体需要受理或不予受理凭证的，可以通过网络系统自行打印或要求核准机关出具。

第二十二条 项目涉及有关部门职责的，核准机关应当商请有关部门在7个工作日内出具书面审查意见。有关部门逾期没有反馈书面审查意见的，视为同意。

第二十三条 核准机关在受理项目申请报告后，如确有必要，应当在4个工作日内委托咨询机构进行评估。除项目情况复杂的，评估时限不得超过30个工作日。项目情况复杂的，经核准机关同意，可以延长评估时限，但延长的时限不得超过60个工作日。

核准机关应当将咨询机构进行评估所需的时间告知投资主体。

接受委托的咨询机构应当在规定时限内提出评估报告，并对评估结论承担责任。

评估费用由核准机关承担，咨询机构及其工作人员不得收取投资主体任何费用。

第二十四条 核准机关可以结合有关单位意见、评估意见等，建议投资主体对项目申请报告有关内容进行调整，或要求投资主体对有关情况或材料作进一步澄清、补充。

第二十五条 核准机关应当在受理项目申请报告后20个工作日内作出是否予以核准的决定。项目情况复杂或需要征求有关单位意见的，经核准机关负责人批准，可以延长核准时限，但延长的核准时限不得超过10个工作日，并应当将延长时限的理由告知投资主体。

前款规定的核准时限，包括征求有关单位意见的时间，不包括咨询机构评估的时间。

第二十六条 核准机关对项目予以核准的条件为：

（一）不违反我国法律法规；

（二）不违反我国有关发展规划、宏观调控政策、产业政策和对外开放政策；

（三）不违反我国缔结或参加的国际条约、协定；

（四）不威胁、不损害我国国家利益和国家安全。

第二十七条 对符合核准条件的项目，核准机关应当予以核准，并向投资主体出具书面核准文件。

对不符合核准条件的项目，核准机关应当出具不予核准书面通知，并说明不予核准的理由。

第二十八条 项目违反有关法律法规、违反有关规划或政策、违反有关国际条约或协定、威胁或损害我国国家利益和国家安全的，核准机关可以不经过征求意见、委托评估等程序，直接作出不予核准的决定。

第三节 备案的程序和时限

第二十九条 实行备案管理的项目，投资主体应当通过网络系统向备案机关提交项目备案表并附具有关文件。其中，投资主体是中央管理企业的，由其集团公司或总公司向备案机关提交；投资主体是地方企业的，由其直接向备案机关提交。

项目备案表格式文本及附件清单由国家发展改革委发布。

第三十条 项目备案表和附件齐全、符合法定形式的，备案机关应当予以受理。

项目备案表或附件不齐全、项目备案表或附件不符合法定形式、项目不属于备案管理范围、项目不属于备案机关管理权限的，备案机关应当在收到项目备案表之日起5个工作日内一次性告知投资主体。逾期不告知的，自收到项目备案表之日起即为受理。

备案机关受理或不予受理项目备案表，都应当通过网络系统告知投资主体。投资主体需要受理或不予受理凭证的，可以通过网络系统自行打印或要求备案机关出具。

第三十一条 备案机关在受理项目备案表之日起 7 个工作日内向投资主体出具备案通知书。

备案机关发现项目违反有关法律法规、违反有关规划或政策、违反有关国际条约或协定、威胁或损害我国国家利益和国家安全的，应当在受理项目备案表之日起 7 个工作日内向投资主体出具不予备案书面通知，并说明不予备案的理由。

第四节 核准、备案的效力、变更和延期

第三十二条 属于核准、备案管理范围的项目，投资主体应当在项目实施前取得项目核准文件或备案通知书。

本办法所称项目实施前，是指投资主体或其控制的境外企业为项目投入资产、权益（已按照本办法第十七条办理核准、备案的项目前期费用除外）或提供融资、担保之前。

第三十三条 属于核准、备案管理范围的项目，投资主体未取得有效核准文件或备案通知书的，外汇管理、海关等有关部门依法不予办理相关手续，金融企业依法不予办理相关资金结算和融资业务。

第三十四条 已核准、备案的项目，发生下列情形之一的，投资主体应当在有关情形发生前向出具该项目核准文件或备案通知书的机关提出变更申请：

（一）投资主体增加或减少；

（二）投资地点发生重大变化；

（三）主要内容和规模发生重大变化；

（四）中方投资额变化幅度达到或超过原核准、备案金额的 20%，或中方投资额变化 1 亿美元及以上；

（五）需要对项目核准文件或备案通知书有关内容进行重大调整的其他情形。

核准机关应当在受理变更申请之日起 20 个工作日内作出是否同意变更核准的书面决定。备案机关应当在受理变更申请之日起 7 个工作日内作出是否同

意变更备案的书面决定。

第三十五条 核准文件、备案通知书有效期2年。确需延长有效期的，投资主体应当在有效期届满的30个工作日前向出具该项目核准文件或备案通知书的机关提出延长有效期的申请。

核准机关应当在受理延期申请之日起20个工作日内作出是否同意延长核准文件有效期的书面决定。备案机关应当在受理延期申请之日起7个工作日内作出是否同意延长备案通知书有效期的书面决定。

第三十六条 核准、备案机关应当依法履行职责，严格按照规定权限、程序、时限等要求实施核准、备案行为，提高行政效能，提供优质服务。

第三十七条 对核准、备案机关实施的核准、备案行为，相关利害关系人有权依法申请行政复议或提起行政诉讼。

第三十八条 对不符合本办法规定条件的项目予以核准、备案，或违反本办法规定权限和程序予以核准、备案的，应当依法予以撤销。

第三十九条 核准、备案机关应当按照《政府信息公开条例》规定将核准、备案有关信息予以公开。

第四章 境外投资监管

第四十条 国家发展改革委和省级政府发展改革部门根据境外投资有关法律法规和政策，按照本办法第十三条、第十四条规定的分工，联合同级政府有关部门建立协同监管机制，通过在线监测、约谈函询、抽查核实等方式对境外投资进行监督检查，对违法违规行为予以处理。

第四十一条 倡导投资主体创新境外投资方式、坚持诚信经营原则、避免不当竞争行为、保障员工合法权益、尊重当地公序良俗、履行必要社会责任、注重生态环境保护、树立中国投资者良好形象。

第四十二条 投资主体通过其控制的境外企业开展大额非敏感类项目的，投资主体应当在项目实施前通过网络系统提交大额非敏感类项目情况报告表，将有关信息告知国家发展改革委。

投资主体提交的大额非敏感类项目情况报告表内容不完整的，国家发展改革委应当在收到之日起5个工作日内一次性告知投资主体需要补正的内容。逾期不告知的，视作内容完整。大额非敏感类项目情况报告表格式文本由国家发展改革委发布。

本办法所称大额非敏感类项目，是指中方投资额 3 亿美元及以上的非敏感类项目。

第四十三条　境外投资过程中发生外派人员重大伤亡、境外资产重大损失、损害我国与有关国家外交关系等重大不利情况的，投资主体应当在有关情况发生之日起 5 个工作日内通过网络系统提交重大不利情况报告表。重大不利情况报告表格式文本由国家发展改革委发布。

第四十四条　属于核准、备案管理范围的项目，投资主体应当在项目完成之日起 20 个工作日内通过网络系统提交项目完成情况报告表。项目完成情况报告表格式文本由国家发展改革委发布。

前款所称项目完成，是指项目所属的建设工程竣工、投资标的股权或资产交割、中方投资额支出完毕等情形。

第四十五条　国家发展改革委、省级政府发展改革部门可以就境外投资过程中的重大事项向投资主体发出重大事项问询函。投资主体应当按照重大事项问询函载明的问询事项和时限要求提交书面报告。

国家发展改革委、省级政府发展改革部门认为确有必要的，可以公示重大事项问询函及投资主体提交的书面报告。

第四十六条　投资主体按照本办法第四十二条、第四十三条、第四十四条、第四十五条规定提交有关报告表或书面报告后，需要凭证的，可以通过网络系统自行打印提交完成凭证。

第四十七条　国家发展改革委、省级政府发展改革部门可以根据其掌握的国际国内经济社会运行情况和风险状况，向投资主体或利益相关方发出风险提示，供投资主体或利益相关方参考。

第四十八条　投资主体应当对自身通过网络系统和线下提交的各类材料的真实性、合法性、完整性负责，不得有虚假、误导性陈述和重大遗漏。

第四十九条　有关部门和单位、驻外使领馆等发现企业违反本办法规定的，可以告知核准、备案机关。公民、法人或其他组织发现企业违反本办法规定的，可以据实向核准、备案机关举报。

国家发展改革委建立境外投资违法违规行为记录，公布并更新企业违反本办法规定的行为及相应的处罚措施，将有关信息纳入全国信用信息共享平台、国家企业信用信息公示系统、“信用中国”网站等进行公示，会同有关部门和单位实施联合惩戒。

第五章 法律责任

第五十条 国家发展改革委工作人员有下列行为之一的，责令其限期改正，并依法追究有关责任人的行政责任；构成犯罪的，依法追究刑事责任：

（一）滥用职权、玩忽职守、徇私舞弊、索贿受贿的；

（二）违反本办法规定程序和条件办理项目核准、备案的；

（三）其他违反本办法规定的行为。

第五十一条 投资主体通过恶意分拆项目、隐瞒有关情况或提供虚假材料等手段申请核准、备案的，核准、备案机关不予受理或不予核准、备案，对投资主体及主要责任人处以警告。

第五十二条 投资主体通过欺骗、贿赂等不正当手段取得项目核准文件或备案通知书的，核准、备案机关应当撤销该核准文件或备案通知书，对投资主体及主要责任人处以警告；构成犯罪的，依法追究刑事责任。

第五十三条 属于核准、备案管理范围的项目，投资主体有下列行为之一的，由核准、备案机关责令投资主体中止或停止实施该项目并限期改正，对投资主体及有关责任人处以警告；构成犯罪的，依法追究刑事责任：

（一）未取得核准文件或备案通知书而擅自实施的；

（二）应当履行核准、备案变更手续，但未经核准、备案机关同意而擅自实施变更的。

第五十四条 投资主体有下列行为之一的，由国家发展改革委或投资主体注册地的省级政府发展改革部门责令投资主体限期改正；情节严重或逾期不改正的，对投资主体及有关责任人处以警告：

（一）未按本办法第四十二条、第四十三条、第四十四条、第四十五条规定报告有关信息的；

（二）违反本办法第四十八条规定的。

第五十五条 投资主体在境外投资过程中实施不正当竞争行为、扰乱境外投资市场秩序的，由国家发展改革委或投资主体注册地的省级政府发展改革部门责令投资主体中止或停止开展该项目并限期改正，对投资主体及主要责任人处以警告。

第五十六条 境外投资威胁我国国家利益和国家安全的，由国家发展改革委或投资主体注册地的省级政府发展改革部门责令投资主体中止实施项目并限期改正。

境外投资损害我国国家利益和国家安全的，由国家发展改革委或投资主体注册地的省级政府发展改革部门责令投资主体停止实施项目、限期改正并采取补救措施，对投资主体及有关责任人处以警告；构成犯罪的，依法追究刑事责任。

投资主体按照本办法第四十三条规定及时提交重大不利情况报告表并主动改正的，可以减轻或免除本条规定的行政处罚。

第五十七条 金融企业为属于核准、备案管理范围但未取得核准文件或备案通知书的项目提供融资、担保的，由国家发展改革委通报该违规行为并商请有关金融监管部门依法依规处罚该金融企业及有关责任人。

第六章 附 则

第五十八条 各省级政府发展改革部门要加强对本地企业境外投资的指导、服务和监管，可以按照本办法的规定制定具体实施办法。

第五十九条 国家发展改革委对省级政府发展改革部门的境外投资管理工作进行指导和监督，对发现的问题及时予以纠正。

第六十条 核准、备案机关及其工作人员，以及被核准机关征求意见、受核准机关委托进行评估的单位及其工作人员，依法对投资主体根据本办法提交的材料负有保守商业秘密的义务。

第六十一条 事业单位、社会团体等非企业组织对境外开展投资参照本办法执行。

第六十二条 投资主体直接或通过其控制的企业对香港、澳门、台湾地区开展投资的，参照本办法执行。

投资主体通过其控制的香港、澳门、台湾地区企业对境外开展投资的，参照本办法执行。

第六十三条 境内自然人通过其控制的境外企业或香港、澳门、台湾地区企业对境外开展投资的，参照本办法执行。

境内自然人直接对境外开展投资不适用本办法。境内自然人直接对香港、澳门、台湾地区开展投资不适用本办法。

第六十四条 法律、行政法规对境外投资管理有专门规定的，从其规定。

第六十五条 本办法由国家发展改革委负责解释。

第六十六条 本办法自2018年3月1日起施行。《境外投资项目核准和备案管理办法》（国家发展和改革委员会令第9号）同时废止。

企业国有资产交易监督管理办法

（2016年6月24日国务院国有资产监督管理委员会、财政部令第32号公布　自公布之日起施行）

第一章　总　　则

第一条 为规范企业国有资产交易行为，加强企业国有资产交易监督管理，防止国有资产流失，根据《中华人民共和国企业国有资产法》、《中华人民共和国公司法》、《企业国有资产监督管理暂行条例》等有关法律法规，制定本办法。

第二条 企业国有资产交易应当遵守国家法律法规和政策规定，有利于国有经济布局和结构调整优化，充分发挥市场配置资源作用，遵循等价有偿和公开公平公正的原则，在依法设立的产权交易机构中公开进行，国家法律法规另有规定的从其规定。

第三条 本办法所称企业国有资产交易行为包括：

（一）履行出资人职责的机构、国有及国有控股企业、国有实际控制企业转让其对企业各种形式出资所形成权益的行为（以下称企业产权转让）；

（二）国有及国有控股企业、国有实际控制企业增加资本的行为（以下称企业增资)，政府以增加资本金方式对国家出资企业的投入除外；

(三) 国有及国有控股企业、国有实际控制企业的重大资产转让行为 (以下称企业资产转让)。

第四条 本办法所称国有及国有控股企业、国有实际控制企业包括：

(一) 政府部门、机构、事业单位出资设立的国有独资企业 (公司)，以及上述单位、企业直接或间接合计持股为100%的国有全资企业；

(二) 本条第 (一) 款所列单位、企业单独或共同出资，合计拥有产 (股) 权比例超过50%，且其中之一为最大股东的企业；

(三) 本条第 (一)、(二) 款所列企业对外出资，拥有股权比例超过50%的各级子企业；

(四) 政府部门、机构、事业单位、单一国有及国有控股企业直接或间接持股比例未超过50%，但为第一大股东，并且通过股东协议、公司章程、董事会决议或者其他协议安排能够对其实际支配的企业。

第五条 企业国有资产交易标的应当权属清晰，不存在法律法规禁止或限制交易的情形。已设定担保物权的国有资产交易，应当符合《中华人民共和国物权法》、《中华人民共和国担保法》等有关法律法规规定。涉及政府社会公共管理事项的，应当依法报政府有关部门审核。

第六条 国有资产监督管理机构 (以下简称国资监管机构) 负责所监管企业的国有资产交易监督管理；国家出资企业负责其各级子企业国有资产交易的管理，定期向同级国资监管机构报告本企业的国有资产交易情况。

第二章 企业产权转让

第七条 国资监管机构负责审核国家出资企业的产权转让事项。其中，因产权转让致使国家不再拥有所出资企业控股权的，须由国资监管机构报本级人民政府批准。

第八条 国家出资企业应当制定其子企业产权转让管理制度，确定审批管理权限。其中，对主业处于关系国家安全、国民经济命脉的重要行业和关键领域，主要承担重大专项任务子企业的产权转让，须由国家出资企业报同级国资监管机构批准。

转让方为多家国有股东共同持股的企业，由其中持股比例最大的国有股东负责履行相关批准程序；各国有股东持股比例相同的，由相关股东协商后确定其中一家股东负责履行相关批准程序。

第九条 产权转让应当由转让方按照企业章程和企业内部管理制度进行决策，形成书面决议。国有控股和国有实际控制企业中国有股东委派的股东代表，应当按照本办法规定和委派单位的指示发表意见、行使表决权，并将履职情况和结果及时报告委派单位。

第十条 转让方应当按照企业发展战略做好产权转让的可行性研究和方案论证。产权转让涉及职工安置事项的，安置方案应当经职工代表大会或职工大会审议通过；涉及债权债务处置事项的，应当符合国家相关法律法规的规定。

第十一条 产权转让事项经批准后，由转让方委托会计师事务所对转让标的企业进行审计。涉及参股权转让不宜单独进行专项审计的，转让方应当取得转让标的企业最近一期年度审计报告。

第十二条 对按照有关法律法规要求必须进行资产评估的产权转让事项，转让方应当委托具有相应资质的评估机构对转让标的进行资产评估，产权转让价格应以经核准或备案的评估结果为基础确定。

第十三条 产权转让原则上通过产权市场公开进行。转让方可以根据企业实际情况和工作进度安排，采取信息预披露和正式披露相结合的方式，通过产权交易机构网站分阶段对外披露产权转让信息，公开征集受让方。其中正式披露信息时间不得少于20个工作日。

因产权转让导致转让标的企业的实际控制权发生转移的，转让方应当在转让行为获批后10个工作日内，通过产权交易机构进行信息预披露，时间不得少于20个工作日。

第十四条 产权转让原则上不得针对受让方设置资格条件，确需设置的，不得有明确指向性或违反公平竞争原则，所设资格条件相关内容应当在信息披露前报同级国资监管机构备案，国资监管机构在5个工作日内未反馈意见的视为同意。

第十五条 转让方披露信息包括但不限于以下内容：

（一）转让标的基本情况；

（二）转让标的企业的股东结构；

（三）产权转让行为的决策及批准情况；

（四）转让标的企业最近一个年度审计报告和最近一期财务报表中的主要财务指标数据，包括但不限于资产总额、负债总额、所有者权益、营业收入、净利润等（转让参股权的，披露最近一个年度审计报告中的相应数据）；

（五）受让方资格条件（适用于对受让方有特殊要求的情形）；

（六）交易条件、转让底价；

（七）企业管理层是否参与受让，有限责任公司原股东是否放弃优先受让权；

（八）竞价方式，受让方选择的相关评判标准；

（九）其他需要披露的事项。

其中信息预披露应当包括但不限于以上（一）、（二）、（三）、（四）、（五）款内容。

第十六条 转让方应当按照要求向产权交易机构提供披露信息内容的纸质文档材料，并对披露内容和所提供材料的真实性、完整性、准确性负责。产权交易机构应当对信息披露的规范性负责。

第十七条 产权转让项目首次正式信息披露的转让底价，不得低于经核准或备案的转让标的评估结果。

第十八条 信息披露期满未征集到意向受让方的，可以延期或在降低转让底价、变更受让条件后重新进行信息披露。

降低转让底价或变更受让条件后重新披露信息的，披露时间不得少于20个工作日。新的转让底价低于评估结果的90%时，应当经转让行为批准单位书面同意。

第十九条 转让项目自首次正式披露信息之日起超过12个月未征集到合格受让方的，应当重新履行审计、资产评估以及信息披露等产权转让工作程序。

第二十条 在正式披露信息期间，转让方不得变更产权转让公告中公布的内容，由于非转让方原因或其他不可抗力因素导致可能对转让标的价值判断造成影响的，转让方应当及时调整补充披露信息内容，并相应延长信息披露时间。

第二十一条 产权交易机构负责意向受让方的登记工作，对意向受让方是否符合受让条件提出意见并反馈转让方。产权交易机构与转让方意见不一致的，由转让行为批准单位决定意向受让方是否符合受让条件。

第二十二条 产权转让信息披露期满、产生符合条件的意向受让方的，按照披露的竞价方式组织竞价。竞价可以采取拍卖、招投标、网络竞价以及其他竞价方式，且不得违反国家法律法规的规定。

第二十三条 受让方确定后，转让方与受让方应当签订产权交易合同，交易双方不得以交易期间企业经营性损益等理由对已达成的交易条件和交易价格进行调整。

第二十四条 产权转让导致国有股东持有上市公司股份间接转让的，应当同时遵守上市公司国有股权管理以及证券监管相关规定。

第二十五条 企业产权转让涉及交易主体资格审查、反垄断审查、特许经营权、国有划拨土地使用权、探矿权和采矿权等政府审批事项的，按照相关规定执行。

第二十六条 受让方为境外投资者的，应当符合外商投资产业指导目录和负面清单管理要求，以及外商投资安全审查有关规定。

第二十七条 交易价款应当以人民币计价，通过产权交易机构以货币进行结算。因特殊情况不能通过产权交易机构结算的，转让方应当向产权交易机构提供转让行为批准单位的书面意见以及受让方付款凭证。

第二十八条 交易价款原则上应当自合同生效之日起 5 个工作日内一次付清。

金额较大、一次付清确有困难的，可以采取分期付款方式。采用分期付款方式的，首期付款不得低于总价款的 30%，并在合同生效之日起 5 个工作日内支付；其余款项应当提供转让方认可的合法有效担保，并按同期银行贷款利率支付延期付款期间的利息，付款期限不得超过 1 年。

第二十九条 产权交易合同生效后，产权交易机构应当将交易结果通过交易机构网站对外公告，公告内容包括交易标的名称、转让标的评估结果、转让底价、交易价格，公告期不少于 5 个工作日。

第三十条 产权交易合同生效，并且受让方按照合同约定支付交易价款后，产权交易机构应当及时为交易双方出具交易凭证。

第三十一条 以下情形的产权转让可以采取非公开协议转让方式：

（一）涉及主业处于关系国家安全、国民经济命脉的重要行业和关键领域企业的重组整合，对受让方有特殊要求，企业产权需要在国有及国有控股企业之间转让的，经国资监管机构批准，可以采取非公开协议转让方式；

（二）同一国家出资企业及其各级控股企业或实际控制企业之间因实施内部重组整合进行产权转让的，经该国家出资企业审议决策，可以采取非公开协议转让方式。

第三十二条 采取非公开协议转让方式转让企业产权，转让价格不得低于经核准或备案的评估结果。

以下情形按照《中华人民共和国公司法》、企业章程履行决策程序后，转让价格可以资产评估报告或最近一期审计报告确认的净资产值为基础确定，且不得低于经评估或审计的净资产值：

（一）同一国家出资企业内部实施重组整合，转让方和受让方为该国家出资企业及其直接或间接全资拥有的子企业；

（二）同一国有控股企业或国有实际控制企业内部实施重组整合，转让方和受让方为该国有控股企业或国有实际控制企业及其直接、间接全资拥有的子企业。

第三十三条 国资监管机构批准、国家出资企业审议决策采取非公开协议方式的企业产权转让行为时，应当审核下列文件：

（一）产权转让的有关决议文件。

（二）产权转让方案。

（三）采取非公开协议方式转让产权的必要性以及受让方情况。

（四）转让标的企业审计报告、资产评估报告及其核准或备案文件。其中属于第三十二条（一）、（二）款情形的，可以仅提供企业审计报告。

（五）产权转让协议。

（六）转让方、受让方和转让标的企业的国家出资企业产权登记表（证）。

（七）产权转让行为的法律意见书。

（八）其他必要的文件。

第三章 企业增资

第三十四条 国资监管机构负责审核国家出资企业的增资行为。其中，因增资致使国家不再拥有所出资企业控股权的，须由国资监管机构报本级人民政府批准。

第三十五条 国家出资企业决定其子企业的增资行为。其中，对主业处于关系国家安全、国民经济命脉的重要行业和关键领域，主要承担重大专项任务的子企业的增资行为，须由国家出资企业报同级国资监管机构批准。

增资企业为多家国有股东共同持股的企业，由其中持股比例最大的国有股东负责履行相关批准程序；各国有股东持股比例相同的，由相关股东协商后确定其中一家股东负责履行相关批准程序。

第三十六条 企业增资应当符合国家出资企业的发展战略，做好可行性研究，制定增资方案，明确募集资金金额、用途、投资方应具备的条件、选择标准和遴选方式等。增资后企业的股东数量须符合国家相关法律法规的规定。

第三十七条 企业增资应当由增资企业按照企业章程和内部管理制度进行决策，形成书面决议。国有控股、国有实际控制企业中国有股东委派的股东代表，应当按照本办法规定和委派单位的指示发表意见、行使表决权，并将履职情况和结果及时报告委派单位。

第三十八条 企业增资在完成决策批准程序后，应当由增资企业委托具有相应资质的中介机构开展审计和资产评估。

以下情形按照《中华人民共和国公司法》、企业章程履行决策程序后，可以依据评估报告或最近一期审计报告确定企业资本及股权比例：

（一）增资企业原股东同比例增资的；

（二）履行出资人职责的机构对国家出资企业增资的；

（三）国有控股或国有实际控制企业对其独资子企业增资的；

（四）增资企业和投资方均为国有独资或国有全资企业的。

第三十九条 企业增资通过产权交易机构网站对外披露信息公开征集投资方，时间不得少于40个工作日。信息披露内容包括但不限于：

（一）企业的基本情况；

（二）企业目前的股权结构；

（三）企业增资行为的决策及批准情况；

（四）近3年企业审计报告中的主要财务指标；

（五）企业拟募集资金金额和增资后的企业股权结构；

（六）募集资金用途；

（七）投资方的资格条件，以及投资金额和持股比例要求等；

（八）投资方的遴选方式；

（九）增资终止的条件；

（十）其他需要披露的事项。

第四十条 企业增资涉及上市公司实际控制人发生变更的，应当同时遵守上市公司国有股权管理以及证券监管相关规定。

第四十一条 产权交易机构接受增资企业的委托提供项目推介服务，负责意向投资方的登记工作，协助企业开展投资方资格审查。

第四十二条 通过资格审查的意向投资方数量较多时，可以采用竞价、竞争性谈判、综合评议等方式进行多轮次遴选。产权交易机构负责统一接收意向投资方的投标和报价文件，协助企业开展投资方遴选有关工作。企业董事会或股东会以资产评估结果为基础，结合意向投资方的条件和报价等因素审议选定投资方。

第四十三条 投资方以非货币资产出资的，应当经增资企业董事会或股东会审议同意，并委托具有相应资质的评估机构进行评估，确认投资方的出资金额。

第四十四条 增资协议签订并生效后，产权交易机构应当出具交易凭证，通过交易机构网站对外公告结果，公告内容包括投资方名称、投资金额、持股比例等，公告期不少于5个工作日。

第四十五条 以下情形经同级国资监管机构批准，可以采取非公开协议方式进行增资：

（一）因国有资本布局结构调整需要，由特定的国有及国有控股企业或国有实际控制企业参与增资；

（二）因国家出资企业与特定投资方建立战略合作伙伴或利益共同体需要，由该投资方参与国家出资企业或其子企业增资。

第四十六条 以下情形经国家出资企业审议决策，可以采取非公开协议方式进行增资：

（一）国家出资企业直接或指定其控股、实际控制的其他子企业参与增资；

（二）企业债权转为股权；

（三）企业原股东增资。

第四十七条 国资监管机构批准、国家出资企业审议决策采取非公开协议方式的企业增资行为时，应当审核下列文件：

（一）增资的有关决议文件。

（二）增资方案。

（三）采取非公开协议方式增资的必要性以及投资方情况。

（四）增资企业审计报告、资产评估报告及其核准或备案文件。其中属于第三十八条（一）、（二）、（三）、（四）款情形的，可以仅提供企业审计报告。

（五）增资协议。

（六）增资企业的国家出资企业产权登记表（证）。

（七）增资行为的法律意见书。

（八）其他必要的文件。

第四章 企业资产转让

第四十八条 企业一定金额以上的生产设备、房产、在建工程以及土地使用权、债权、知识产权等资产对外转让，应当按照企业内部管理制度履行相应决策程序后，在产权交易机构公开进行。涉及国家出资企业内部或特定行业的资产转让，确需在国有及国有控股、国有实际控制企业之间非公开转让的，由转让方逐级报国家出资企业审核批准。

第四十九条 国家出资企业负责制定本企业不同类型资产转让行为的内部管理制度，明确责任部门、管理权限、决策程序、工作流程，对其中应当在产权交易机构公开转让的资产种类、金额标准等作出具体规定，并报同级国资监管机构备案。

第五十条 转让方应当根据转让标的情况合理确定转让底价和转让信息公告期：

（一）转让底价高于100万元、低于1000万元的资产转让项目，信息公告期应不少于10个工作日；

（二）转让底价高于1000万元的资产转让项目，信息公告期应不少于20个工作日。

企业资产转让的具体工作流程参照本办法关于企业产权转让的规定执行。

第五十一条 除国家法律法规或相关规定另有要求的外，资产转让不得对受让方设置资格条件。

第五十二条 资产转让价款原则上一次性付清。

第五章 监督管理

第五十三条 国资监管机构及其他履行出资人职责的机构对企业国有资产交易履行以下监管职责：

（一）根据国家有关法律法规，制定企业国有资产交易监管制度和办法；

（二）按照本办法规定，审核批准企业产权转让、增资等事项；

（三）选择从事企业国有资产交易业务的产权交易机构，并建立对交易机构的检查评审机制；

（四）对企业国有资产交易制度的贯彻落实情况进行监督检查；

（五）负责企业国有资产交易信息的收集、汇总、分析和上报工作；

（六）履行本级人民政府赋予的其他监管职责。

第五十四条 省级以上国资监管机构应当在全国范围选择开展企业国有资产交易业务的产权交易机构，并对外公布名单。选择的产权交易机构应当满足以下条件：

（一）严格遵守国家法律法规，未从事政府明令禁止开展的业务，未发生重大违法违规行为；

（二）交易管理制度、业务规则、收费标准等向社会公开，交易规则符合国有资产交易制度规定；

（三）拥有组织交易活动的场所、设施、信息发布渠道和专业人员，具备实施网络竞价的条件；

（四）具有较强的市场影响力，服务能力和水平能够满足企业国有资产交易的需要；

（五）信息化建设和管理水平满足国资监管机构对交易业务动态监测的要求；

（六）相关交易业务接受国资监管机构的监督检查。

第五十五条 国资监管机构应当对产权交易机构开展企业国有资产交易业务的情况进行动态监督。交易机构出现以下情形的，视情节轻重对其进行提醒、警告、通报、暂停直至停止委托从事相关业务：

（一）服务能力和服务水平较差，市场功能未得到充分发挥；

（二）在日常监管和定期检查评审中发现问题较多，且整改不及时或整改效果不明显；

（三）因违规操作、重大过失等导致企业国有资产在交易过程中出现损失；

（四）违反相关规定，被政府有关部门予以行政处罚而影响业务开展；

（五）拒绝接受国资监管机构对其相关业务开展监督检查；

（六）不能满足国资监管机构监管要求的其他情形。

第五十六条 国资监管机构发现转让方或增资企业未执行或违反相关规定、侵害国有权益的，应当责成其停止交易活动。

第五十七条 国资监管机构及其他履行出资人职责的机构应定期对国家出资企业及其控股和实际控制企业的国有资产交易情况进行检查和抽查，重点检查国家法律法规政策和企业内部管理制度的贯彻执行情况。

第六章 法律责任

第五十八条 企业国有资产交易过程中交易双方发生争议时，当事方可以向产权交易机构申请调解；调解无效时可以按照约定向仲裁机构申请仲裁或向人民法院提起诉讼。

第五十九条 企业国有资产交易应当严格执行“三重一大”决策机制。国资监管机构、国有及国有控股企业、国有实际控制企业的有关人员违反规定越权决策、批准相关交易事项，或者玩忽职守、以权谋私致使国有权益受到侵害的，由有关单位按照人事和干部管理权限给予相关责任人员相应处分；造成国有资产损失的，相关责任人员应当承担赔偿责任；构成犯罪的，依法追究其刑事责任。

第六十条 社会中介机构在为企业国有资产交易提供审计、资产评估和法律服务中存在违规执业行为的，有关国有企业应及时报告同级国资监管机构，国资监管机构可要求国有及国有控股企业、国有实际控制企业不得再委托其开展相关业务；情节严重的，由国资监管机构将有关情况通报其行业主管部门，建议给予其相应处罚。

第六十一条 产权交易机构在企业国有资产交易中弄虚作假或者玩忽职守、给企业造成损失的，应当承担赔偿责任，并依法追究直接责任人员的责任。

第七章 附 则

第六十二条 政府部门、机构、事业单位持有的企业国有资产交易，按照现行监管体制，比照本办法管理。

第六十三条 金融、文化类国家出资企业的国有资产交易和上市公司的国有股权转让等行为，国家另有规定的，依照其规定。

第六十四条 国有资本投资、运营公司对各级子企业资产交易的监督管理，相应由各级人民政府或国资监管机构另行授权。

第六十五条 境外国有及国有控股企业、国有实际控制企业在境内投资企业的资产交易，比照本办法规定执行。

第六十六条 政府设立的各类股权投资基金投资形成企业产（股）权对外转让，按照有关法律法规规定执行。

第六十七条 本办法自发布之日起施行，现行企业国有资产交易监管相关规定与本办法不一致的，以本办法为准。

政府投资基金暂行管理办法

（2015年11月12日 财预〔2015〕210号）

第一章 总 则

第一条 为了进一步提高财政资金使用效益，发挥好财政资金的杠杆作用，规范政府投资基金管理，促进政府投资基金持续健康运行，根据预算法、合同法、公司法、合伙企业法等相关法律法规，制定本办法。

第二条 本办法所称政府投资基金，是指由各级政府通过预算安排，以单独出资或与社会资本共同出资设立，采用股权投资等市场化方式，引导社会各类资本投资经济社会发展的重点领域和薄弱环节，支持相关产业和领域发展的资金。

第三条 本办法所称政府出资，是指财政部门通过一般公共预算、政府性基金预算、国有资本经营预算等安排的资金。

第四条 财政部门根据本级政府授权或合同章程规定代行政府出资人职责。

第二章　政府投资基金的设立

第五条 政府出资设立投资基金，应当由财政部门或财政部门会同有关行业主管部门报本级政府批准。

第六条 各级财政部门应当控制政府投资基金的设立数量，不得在同一行业或领域重复设立基金。

第七条 各级财政部门一般应在以下领域设立投资基金：

（一）支持创新创业。为了加快有利于创新发展的市场环境，增加创业投资资本的供给，鼓励创业投资企业投资处于种子期、起步期等创业早期的企业。

（二）支持中小企业发展。为了体现国家宏观政策、产业政策和区域发展规划意图，扶持中型、小型、微型企业发展，改善企业服务环境和融资环境，激发企业创业创新活力，增强经济持续发展内生动力。

（三）支持产业转型升级和发展。为了落实国家产业政策，扶持重大关键技术产业化，引导社会资本增加投入，有效解决产业发展投入大、风险大的问题，有效实现产业转型升级和重大发展，推动经济结构调整和资源优化配置。

（四）支持基础设施和公共服务领域。为改革公共服务供给机制，创新公共设施投融资模式，鼓励和引导社会资本进入基础设施和公共服务领域，加快推进重大基础设施建设，提高公共服务质量和水平。

第八条 设立政府投资基金，可采用公司制、有限合伙制和契约制等不同组织形式。

第九条 政府投资基金出资方应当按照现行法律法规，根据不同的组织形式，制定投资基金公司章程、有限合伙协议、合同等（以下简称章程），明确投资基金设立的政策目标、基金规模、存续期限、出资方案、投资领域、决策机制、基金管理机构、风险防范、投资退出、管理费用和收益分配等。

第三章 政府投资基金的运作和风险控制

第十条 政府投资基金应按照“政府引导、市场运作，科学决策、防范风险”的原则进行运作。

第十一条 政府投资基金募资、投资、投后管理、清算、退出等通过市场化运作。财政部门应指导投资基金建立科学的决策机制，确保投资基金政策性目标实现，一般不参与基金日常管理事务。

第十二条 政府投资基金在运作过程中不得从事以下业务：

1. 从事融资担保以外的担保、抵押、委托贷款等业务；
2. 投资二级市场股票、期货、房地产、证券投资基金、评级AAA以下的企业债、信托产品、非保本型理财产品、保险计划及其他金融衍生品；
3. 向任何第三方提供赞助、捐赠（经批准的公益性捐赠除外）；
4. 吸收或变相吸收存款，或向第三方提供贷款和资金拆借；
5. 进行承担无限连带责任的对外投资；
6. 发行信托或集合理财产品募集资金；
7. 其他国家法律法规禁止从事的业务。

第十三条 投资基金各出资方应当按照“利益共享、风险共担”的原则，明确约定收益处理和亏损负担方式。对于归属政府的投资收益和利息等，除明确约定继续用于投资基金滚动使用外，应按照财政国库管理制度有关规定及时足额上缴国库。投资基金的亏损应由出资方共同承担，政府应以出资额为限承担有限责任。

为更好地发挥政府出资的引导作用，政府可适当让利，但不得向其他出资人承诺投资本金不受损失，不得承诺最低收益。国务院另有规定的除外。

第十四条 政府投资基金应当遵照国家有关财政预算和财务管理制度等规

定，建立健全内部控制和外部监管制度，建立投资决策和风险约束机制，切实防范基金运作过程中可能出现的风险。

第十五条 政府投资基金应选择在中国境内设立的商业银行进行托管。托管银行依据托管协议负责账户管理、资金清算、资产保管等事务，对投资活动实施动态监管。

第十六条 加强政府投资基金信用体系建设，建立政府投资基金及其高级管理人员信用记录，并将其纳入全国统一的社会信用信息共享交换平台。

第四章 政府投资基金的终止和退出

第十七条 政府投资基金一般应当在存续期满后终止。确需延长存续期限的，应当报经同级政府批准后，与其他出资方按章程约定的程序办理。

第十八条 政府投资基金终止后，应当在出资人监督下组织清算，将政府出资额和归属政府的收益，按照财政国库管理制度有关规定及时足额上缴国库。

第十九条 政府投资基金中的政府出资部分一般应在投资基金存续期满后退出，存续期未满如达到预期目标，可通过股权回购机制等方式适时退出。

第二十条 财政部门应与其他出资人在投资基金章程中约定，有下述情况之一的，政府出资可无需其他出资人同意，选择提前退出：

（一）投资基金方案确认后超过一年，未按规定程序和时间要求完成设立手续的；

（二）政府出资拨付投资基金账户一年以上，基金未开展投资业务的；

（三）基金投资领域和方向不符合政策目标的；

（四）基金未按章程约定投资的；

（五）其他不符合章程约定情形的。

第二十一条 政府出资从投资基金退出时，应当按照章程约定的条件退出；章程中没有约定的，应聘请具备资质的资产评估机构对出资权益进行评估，作为确定投资基金退出价格的依据。

第五章 政府投资基金的预算管理

第二十二条 各级政府出资设立投资基金，应由同级财政部门根据章程约定的出资方案将当年政府出资额纳入年度政府预算。

第二十三条　上级政府可通过转移支付支持下级政府设立投资基金，也可与下级政府共同出资设立投资基金。

第二十四条　各级政府单独出资设立的投资基金，由财政部门根据年度预算、项目投资进度或实际用款需要将资金拨付到投资基金。

政府部门与社会资本共同出资设立的投资基金，由财政部门根据投资基金章程中约定的出资方案、项目投资进度或实际用款需求以及年度预算安排情况，将资金拨付到投资基金。

第二十五条　各级财政部门向政府投资基金拨付资金时，增列当期预算支出，按支出方向通过相应的支出分类科目反映；

收到投资收益时，作增加当期预算收入处理，通过相关预算收入科目反映；

基金清算或退出收回投资时，作冲减当期财政支出处理。

第六章　政府投资基金的资产管理

第二十六条　各级财政部门应按照《财政总预算会计制度》规定，完整准确反映政府投资基金中政府出资部分形成的资产和权益，在保证政府投资安全的前提下实现保值增值。

各级财政部门向投资基金拨付资金，在增列财政支出的同时，要相应增加政府资产——“股权投资”和净资产——“资产基金”，并要根据本级政府投资基金的种类进行明细核算。基金清算或退出收回投资本金时，应按照政府累计出资额相应冲减政府资产——“股权投资”和净资产——“资产基金”。

第二十七条　政府应分享的投资损益按权益法进行核算。政府投资基金应当在年度终了后及时将全年投资收益或亏损情况向本级财政部门报告。财政部门按当期损益情况作增加或减少政府资产——“股权投资”和净资产——“资产基金”处理；财政部门收取政府投资基金上缴投资收益时，相应增加财政收入。

第二十八条　政府投资基金应当定期向财政部门报告基金运行情况、资产负债情况、投资损益情况及其他可能影响投资者权益的其他重大情况。按季编制并向财政部门报送资产负债表、损益表及现金流量表等报表。

第二十九条 本办法实施前已经设立的政府投资基金，要按本办法规定将政府累计投资形成的资产、权益和应分享的投资收益及时向财政部门报告。财政部门要按照本办法和《财政总预算会计制度》要求，相应增加政府资产和权益。

第七章 监督管理

第三十条 各级财政部门应建立政府投资基金绩效评价制度，按年度对基金政策目标实现程度、投资运营情况等开展评价，有效应用绩效评价结果。

第三十一条 政府投资基金应当接受财政、审计部门对基金运行情况的审计、监督。

第三十二条 各级财政部门应会同有关部门对政府投资基金运作情况进行年度检查。对于检查中发现的问题按照预算法和《财政违法行为处罚处分条例》等有关规定予以处理。涉嫌犯罪的，移送司法机关追究刑事责任。

第八章 附则

第三十三条 本办法由国务院财政部门负责解释。

第三十四条 省级财政部门可结合本办法及实际情况，制定本地区实施细则。

第三十五条 本办法自印发之日起实施。

后 记

股权投融资涉及的实务问题涉及面非常广泛，既需要宏观的整体筹划，又需要微观的细节处理，其中既有法律问题，也有商务问题和相关的行业问题。股权投融资交易是一项实务性极强的业务，同时又特别需要法律理论作为基础，两者结合才能有效地将理论和实践操作结合起来，为现实的交易提供高效的解决方案。市面上有关公司法、股权投资的理论和实务专著已经不胜枚举。而笔者写作本书的初衷则是为了对股权投资交易所涉及的法律实务进行系统化的整理、阐述和分析，以期构建相关知识的体系化。

得益于互联网和大数据的发展，以及司法裁判文书的公开化，使得人们获取法律信息和知识的途径、速度远超过去。这也为本书的写作提供了素材和参考，本书也受益于通过互联网分享的知识和经验。但是，互联网信息的发展同时也带来一个问题，那就是知识的碎片化、特定化。笔者认为法律条文并不等同于法律本身，合同也不完全等同于法律条文。法律知识是一个系统工程，由于股权投融资本身涉及了不同的法律行业领域和专业领域，如果缺少相关理论知识体系的支撑，实务中也很容易出现一知半解、以偏概全的情况。

而且，法律的研习和实践离不开批判精神，除了需要不断结合实务需求外，唯有追寻法律条文和个案背后的深层的法律原则和精神才会更有效地推进法律发展，才可以在法律逻辑之下为具体的交易行为和规则提供法律支撑，不至于游离于法律规则之外，进而引发争议。实务中如果过分依赖于各级法院的某个司法裁判文件，而忽视其适用的特殊性和具体的交易情况，不去进行系统理论的学习和研究，那么对于实务中遇到的疑难杂症就难以进行客观的分析、论证，也不容易处理实务中不断出现的新问题，并且也容易导致对股权投融资领域相关法律问题的误读。

此外，实务中的公司投资和股权交易，其涉及的股权投资交易与预防纠纷紧密结合，缺一不可，股权投资相关业务本身不仅涵盖公司法本身错综复杂的问题，以及不同的法院裁判规则，并且还要处理诸如不同产业和行业的惯例、不同产业投资准入、有关资金来源的金融行业监管、不同投资主体的管理等各类法律规定和交易实务问题。笔者希望通过本书搭建一座能够沟通纸面的公司法与实务的公司法的桥梁。

基于此，笔者在写作本书的过程中，力求将有关的法律理论和实务相结合，构建股权投资交易法律知识的系统化、体系化，宏观上可以让读者熟悉整个股权投资交易所需要考虑的各类问题，而微观上，又可以借此对某些特定的问题进行更深入的探讨和理解。

工作、学习、总结经验是律师执业的特点之一，通过写作可以很好地总结，不断补充欠缺、修正错误，并和读者分享过往的经验。本书既可以作为一本独立的关于股权投资的专著，指导具体的实务工作，也可以和笔者其他几本系列专著一起阅读，帮助理解基建、能源和房地产领域完整的投资、融资、开发、建设、争议预防和解决的全产业链的法律实务。笔者希望书中内容对于读者的相关实务操作有所裨益，而书中的错误也概由笔者自己负责。

同时，正是有了中国法制出版社的认可，以及谢雯老师所给予的大力推荐和坚持，本书才得以最终面世出版，笔者在此表示万分的感谢！

最后，笔者还要特别感激我的太太和孩子的陪伴，在本书和其他几本专著的写作过程中，始终离不开太太的理解和细致入微的关心，没有太太的鼓励、支持就不可能有读者面前的这几本专著，她们的信任和激励一直都是笔者得以潜心钻研和完成写作的动力源泉和坚强后盾。谨以本书献给我最亲爱的家人们。

林　立

2022 年 8 月于北京

图书在版编目（CIP）数据

股权投资实务精要 / 林立著．—北京：中国法制出版社，2022.11

（资本市场实务丛书 / 雷霆等主编）

ISBN 978-7-5216-2858-6

Ⅰ．①股…　Ⅱ．①林…　Ⅲ．①股权-投资基金-研究　Ⅳ．①F830.59

中国版本图书馆 CIP 数据核字（2022）第 162817 号

策划编辑/责任编辑：谢雯　　　封面设计：杨泽江

股权投资实务精要

GUQUAN TOUZI SHIWU JINGYAO

著者 / 林立

经销 / 新华书店

印刷 / 北京海纳百川印刷有限公司

开本 / 710 毫米×1000 毫米　16 开　　　印张 / 23.75　字数 / 308 千

版次 / 2022 年 11 月第 1 版　　　2022 年 11 月第 1 次印刷

中国法制出版社出版

书号 ISBN 978-7-5216-2858-6　　　定价：89.00 元

北京市西城区西便门西里甲 16 号西便门办公区

邮政编码：100053　　　传真：010-63141600

网址：http：//www.zgfzs.com　　　**编辑部电话：010-63141792**

市场营销部电话：010-63141612　　　**印务部电话：010-63141606**

（如有印装质量问题，请与本社印务部联系。）